高职高专学前教育专业系列

幼儿园教育活动设计与实施

主　编　付明雨
副主编　韩　雪　栾新宇　安新阳

HEUP 哈爾濱工程大學出版社

内容简介

本书根据《幼儿园教育指导纲要(试行)》及《3—6岁儿童学习与发展指南》规定的幼儿园课程实施的总体要求,并在幼儿园教育活动设计原理的基础上,以幼儿园五大领域活动(包括健康领域、语言领域、社会领域、科学领域和艺术领域)为着眼点,分别论述各领域教育活动环节的设计与实施,有机整合幼儿园教学案例,理论与实践相辅相成,充分明晰幼儿园教育活动的设计、组织、实施以及评价的要点。

本书针对中、高职学前教育专业学生的特点,帮助学生深入理解幼儿园活动设计与实施的基本原则和实施办法,强调理论与实践相结合,增强了教材内容的实用性和可操作性。同时,通过介绍当前较为流行的几种幼儿园课程,拓宽了幼儿园课程开发的新视野,为学生适应当前就业趋势奠定了良好的基础。

本书可作为普通高等学校、职业教育院校学前教育专业、幼儿师范院校的专业教材,也可供广大幼儿教育工作者阅读与参考。

图书在版编目(CIP)数据

幼儿园教育活动设计与实施/付明雨主编. —哈尔滨:哈尔滨工程大学出版社,2017.8

ISBN 978-7-5661-1597-3

Ⅰ.①幼… Ⅱ.①付… Ⅲ.①幼儿园-教学活动-教学设计 Ⅳ.①G612

中国版本图书馆CIP数据核字(2017)第184796号

选题策划 陈晓军
责任编辑 马佳佳
封面设计 博鑫设计

出版发行 哈尔滨工程大学出版社
社　　址 哈尔滨市南岗区东大直街124号
邮政编码 150001
发行电话 0451-82519328
传　　真 0451-82519699
经　　销 新华书店
印　　刷 黑龙江龙江传媒有限责任公司
开　　本 787 mm×1 092 mm 1/16
印　　张 17.25
字　　数 448千字
版　　次 2017年8月第1版
印　　次 2017年8月第1次印刷
定　　价 38.50元
http://www.hrbeupress.com
E-mail:heupress@hrbeu.edu.cn

前 言

本书根据《幼儿园教育指导纲要(试行)》及《3—6 岁儿童学习与发展指南》编写,把幼儿园健康教育、语言教育、社会教育、科学教育、艺术教育五大教育领域的内容合为一体,便于学生学习相应的理论知识与技能,同时也方便教师备课、指导学生学习与实践。

本书共分为十章:第一章,主要概述幼儿园教育活动的内涵、类型和目的;第二章,论述幼儿园教育活动设计与实施的基本原理;第三章至第九章分别阐释各年龄班的活动设计与实施,辅以教学案例向学生阐明进行五大领域教育活动设计与实施的具体原则与步骤;第十章,介绍了幼儿园一些特色教育活动的设计与实施,详细论述了蒙台梭利、奥尔夫音乐及综合性幼儿教育活动的组织与实施,进一步完善幼儿园特色课程理论。同时,每章前均设有学习目标、重点及难点提示;每章中均有基础知识、案例及评析;每章后附设练习题,力争使本书在中、高职学前教育的实践教学中更具引导性和实用性。

本书通过集体讨论、分章编写的方式完成。其中,付明雨负责第一章、第二章、第五章;韩雪负责第六章至第八章,以及第十章;栾新宇负责第三章、第四章;安新阳负责第九章。在编写过程中,张丽、张菡、肖琼花等同志提供了部分素材,李秀娟、杜旭辉、吉丽等同志也给予了大力的帮助与支持。在本书的编写过程中,因实际需要参阅了有关的教材、图书和期刊,借鉴了相关专业网站上的资料,吸取了部分学者的研究成果,在此一并表示衷心的感谢!

受到编者理论水平和工作经验的局限,粗糙和不足之处在所难免,恳请广大的同行和读者批评斧正!

编 者

2017 年 7 月

目　　录

第一章　幼儿园教育活动概述

【学习目标】

一、知识目标

1. 掌握幼儿园教育活动的含义、特点、类型；
2. 明确学习幼儿园教育活动的意义及学习方法；
3. 了解幼儿园教育活动的目的及实现教育目标的途径。

二、能力目标

1. 掌握幼儿园教育活动的基本理论，树立科学的儿童观和幼儿教育观；
2. 根据幼儿园教育活动的特点、类型，按照幼儿园教育活动的目标，设计幼儿园教育活动。

三、情感目标

培养学生热爱教育事业、教师职业的责任感，正确看待幼儿教育，形成正确的教育观。

【知识重点、难点】

一、知识重点

掌握幼儿园教育活动的特点、基本类型，以及幼儿园教育目标的层次结构。

二、知识难点

会根据教学内容分解幼儿园教育活动目标，并根据教育目标设计教育活动，通过教学活动的开展，有效实现幼儿园教育的目标。

第一节　幼儿园教育活动的内涵

一、幼儿园教育活动的含义

《幼儿园教育指导纲要（试行）》（以下简称《纲要》）指出："幼儿园的教育活动，是教师以多种形式有目的、有计划地引导幼儿生动、活泼、主动活动的教育过程。"它有广义和狭义之分，从广义上来说，幼儿园教育活动是指在幼儿园内所发生的一切活动，具体包括教育活动、游戏活动和生活活动。三者构成幼儿园教育活动的有机整体，它们相互联系、相互渗透、有机结合、共同促进幼儿身心全面和谐的发展。从狭义上说幼儿园教育活动则是指幼儿在教师有目的、有计划地引导下,生动、活泼地进行活动的过程,具体包括游戏和教学两大类。

幼儿园教育活动首先是一种教学活动,所以它应该遵循一般的教学活动规律。例如,幼儿园的集体教学活动和普通中小学一样,也包括开始部分、展开部分、结束部分等环节。但是幼儿的身心发展特点和规律与中小学生不同,幼儿园教育活动的目的是通过系统知识、技能的传授与掌握,促进幼儿身心健康、和谐的发展。因此,幼儿园教育活动的核心是幼儿园教师对幼儿各种学习活动的组织与指导。

二、幼儿园教育活动的特点

幼儿身心发展的特点决定了幼儿园的教育活动不同于中小学等其他教育机构的教学活动,幼儿园教育活动在目标、形式和内容等方面与中小学的教育活动有着显著的不同。幼儿园教育活动具有广泛性和启蒙性、趣味性和游戏性、综合性和整体性、生活性和潜在性等特点。

(一)广泛性和启蒙性

幼儿园教育活动的内容是教师根据幼儿园课程目标的要求为幼儿选择和设计的学习内容,涉及幼儿生活的方方面面,幼儿园教育活动的内容应该具有全面性和广泛性,既要考虑幼儿身体和心理的全面发展,又要包括幼儿生活的全部范围,使其接触并了解人类文化的全部精华。

由于幼儿的生活经验及学习能力的局限,使他们所能学习的知识广度和深度有限,学习的方式也较为特殊。所以在教育活动中应该根据幼儿发展的需要,运用幼儿已有的生活经验,从认识简单的事物及现象入手,引导其了解事物之间的关系,从而获得粗浅的知识,适当扩展幼儿的经验,促进幼儿的整体发展。

(二)趣味性和游戏性

兴趣是一种特殊的指向性,它是幼儿学习入门的向导;兴趣可以给幼儿的情绪得以满足,使他们产生愉快的情绪体验,有利于调动幼儿学习的积极主动性。因此,幼儿园教育活动的内容应该具有一定的趣味性。

幼儿的思维具有具体形象性的特点,在教育活动中教师需要借助一定的事物或在一定的游戏、情境中,调动幼儿积极主动地进行思考与探索、学习与交往。幼儿园教育活动的趣味性和游戏性应符合幼儿身心的发展和年龄特点。

(三)综合性和整体性

1. 幼儿园各类(各个)教育活动有机地构成一个整体,相互联系、相互渗透,各类(各个)教育活动都是整体的一部分,它们综合发挥作用,共同促进幼儿的全面发展。

2. 幼儿园教育活动的目标、内容、过程、方法、手段、评价、环境、教材、设施等因素相互联系、相互影响,共同构成教育活动的整体结构。

3. 幼儿园教育活动作为幼儿发展的基础和重要源泉,能使幼儿在活动中产生认知、技能、情感、态度等方面的整体反映,在教育过程中应依据幼儿已有的经验和学习的兴趣、特点,灵活、综合地组织、安排各方面的教育内容,使幼儿获得相对完整的综合发展。

（四）生活性和潜在性

从本质上讲，幼儿园教育活动是一个有目的、有计划、有组织的教育过程，但是幼儿的身心发展特点和学习特点的特殊性，使得幼儿园教育内容不是体现在课表、活动计划、教材、课堂教学上，而是体现在生活、游戏和幼儿喜闻乐见的活动中。而这些并不能被幼儿直接感受到，幼儿所能直接感受到的是幼儿园的环境、活动、材料及教师的行为，这些因素都是幼儿园教育的潜在课程，会潜移默化地影响幼儿的发展。因此，幼儿园应有目的、有计划地增进幼儿对周围环境的认识，使幼儿在活动中获得粗浅的知识和技能，发展智力，促进幼儿的全面发展。

三、学习幼儿园教育活动的意义

（一）有利于幼儿教师形成科学的幼儿教育理念

要树立正确的儿童观。儿童是独立的人，要尊重他们；儿童是发展中的人，要相信他们；儿童是主观能动的人，要了解他们。在教学中应尽力挖掘儿童的潜能，发挥儿童的特点，实现教与学的统一。

幼儿既是教的客体，同时也是学的主体，在教育活动中教师应该树立"以幼儿的发展为本"，即教育要尊重幼儿的人格权利、身心规律、学习特点、兴趣需要，注重调动幼儿学习的积极性与主动性，发挥幼儿自主学习的能力，使幼儿在知识、能力和经验等方面能够得到持续、稳定地发展，为其后续学习和终身发展奠定基础。

（二）为新教师从事和胜任幼儿园的教育工作奠定基础

通过学习幼儿园教育活动设计与实施，有利于教师全面掌握教育活动的基本原理，了解教育活动设计的基本目标、内容、方法、策略，进一步提高教师设计与组织幼儿园教育活动的基本能力。幼儿教育是一项长期而复杂的活动，由于每一个幼儿都具有不同的特点，这种发展的差异性，对幼儿教师提出更高的要求。因此，幼儿教师只有掌握科学的教育理念、全面而扎实的教育能力，才能更好地胜任幼儿园教育工作，提高教育质量。

（三）幼儿园教师进行教育活动设计的前提和基础

只有掌握了全面的幼儿教育活动设计的基本概念、原理、方法与措施，幼儿教师才能按照教育目标要求有效地促进幼儿的个体发展，这是幼儿教师进行教育活动设计的前提和基础，可为幼儿教师组织教育活动提供方法和依据。幼儿教师作为教育活动的设计者、组织者和引导者，在教育活动中起主导作用，幼儿教师在教育活动设计上首先着眼于设计恰当的情境，激发幼儿参与活动的积极性和学习的主动性，同时应根据教育活动的不同内容，为班级中每个幼儿的现有水平选择恰当和适合的教育策略，真正促进每个幼儿的发展，提高教育质量。

(四)促使幼儿教师对教育活动设计的反思与总结,促进教师专业发展

教育活动设计的过程是教师复杂、系统的思考过程,包括教育理念的落实、幼儿特性的分析、教育目标的确定、内容的选择、方法与途径的选择、各种资源的利用、效果的评估、对可能发生变化的问题预设等一系列过程。教师在不断地思考、实践和改进之后逐渐形成系统的、合理的、适合本班幼儿的设计理念和思路,从而使教学过程更趋于科学和完善,有效提高活动质量。

四、怎样学习幼儿园教育活动课程

(一)要密切联系相关学科的基础知识

密切联系学前教育专业相关学科,如学前教育学、学前心理学、学前卫生学、学前教育史、学前儿童发展心理学等学科的基础知识,掌握幼儿身心发展的基本特点与规律,了解学前教育专业知识前沿,能够树立终身学习观念,不断提高专业知识素养及能力素养。

(二)要培养自身多方面的能力与技能

作为一名教师不但要具有良好的文化素质(包括专业知识、文化知识和教学理论基础知识),还应该具备较强的教学研究能力(包括语言表达能力、组织管理能力、科研能力、创新能力、沟通能力、组织教育活动的能力以及自学能力等),以及较高的职业道德修养。教师的劳动是一种复杂、繁重、高智能、艺术性的劳动,所以幼儿教师应该不断加强学习,精通本专业,具有扎实而渊博的知识,培养多方面的能力与技能,以适应幼儿园教育教学活动,这样才能培养出越来越多符合国家、社会需要的人才。

(三)要联系幼儿园教育工作的实际

教师的工作是一项复杂的劳动,复杂的原因一方面是幼儿是具有主观能动的个体,每个幼儿的个体差异决定着教师劳动的复杂性;另一方面是教师工作的创新性,教师教学活动离不开一定的教学计划、教案,但是教师决不能将教案照搬出来开展活动,而是要结合幼儿园以及教学活动中的实际情况开展教学,所以幼儿教师开展教学活动应紧密联系幼儿园教育工作的实际。

(四)养成收集整理教育信息的良好学习习惯

教师应具备的专业知识、文化知识以及教育知识,经过学习、实践才能不断内化为教师的能力素养,这是作为教师必备的能力素质。所以教师应养成良好的学习习惯,在理论知识学习的同时,不断收集、整理与专业知识、文化知识以及教育知识相关的基础知识,扩大知识面,提高各方面的能力,努力使自己成为一名合格的幼儿园教师。

第二节　幼儿园教育活动的类型

一、幼儿园教育活动的基本类型

（一）按活动的性质分类

1. 教学活动

教学活动是指教师根据一定的目标有目的、有计划组织的活动，主要包括教学、参观、亲子活动、节日的庆祝、做操、劳动等。教学活动可按照幼儿活动的范畴相对划分为健康、社会、科学、语言、艺术五个领域，大致包括以下内容：

(1)健康领域

身体保健和身体锻炼。

(2)社会领域

社会文化、社会行为规范、社会交往等。

(3)科学领域

科学和数学。

(4)语言领域

听说、学前阅读、学前识字。

(5)艺术领域

美术、音乐、文学、舞蹈。

2. 游戏活动

游戏活动，在《教育大辞典》中“游戏”是指：“适合幼儿年龄特点的一种有目的、有意识的通过模仿和想象，反映周围现实生活的一种独特的社会生活活动。”

游戏是幼儿在园的一日当中最主要的活动。游戏活动可以是教师精心设计、组织的，也可以是幼儿自由完成的，其特点是可以满足幼儿不同的兴趣和需要，符合幼儿的身心发展的特点和年龄特点。丰富多彩的游戏不仅可以促进幼儿身心健康的发展，而且能增长幼儿的知识、发展幼儿的智力。我国幼儿园一般根据游戏的特征和教育作用，将游戏分为创造性游戏和规则游戏两大类。

(1)创造性游戏

创造性游戏是幼儿自主地、创造性地反映现实生活的游戏。在创造性的游戏中幼儿能够根据自己的兴趣、爱好等开展游戏。创造性游戏包括角色游戏、表演游戏、结构游戏三类。

①角色游戏

角色游戏是指幼儿通过扮演角色，运用想象和模仿，创造性的反映个体生活经验的一种游戏，又称想象性游戏、模仿性游戏。角色游戏的关键是确定游戏的主题，所以又称为主题角色游戏。如娃娃家、开超市、医院、开美容院、银行等。角色游戏有两个特点：一是表征性，即幼儿对现实生活的印象是角色游戏的源泉，因此角色游戏具有表征性；二是创造性，即幼儿的想象是角色游戏的支柱，所以角色游戏具有创造性。

②表演游戏

表演游戏是幼儿根据文艺作品中的情节、内容和角色，通过语言、表情和动作进行表现的一种创造性活动。表演游戏具有表演性、创造性、自娱性。表演游戏能够培养幼儿的表演能力以及创造力，对幼儿的语言表达能力以及人际交往能力都有一定的促进作用，同时有利于培养幼儿良好的个性品质。

③结构游戏

结构游戏是幼儿利用积木、黏土等各种结构材料或玩具进行建构或构造现实生活中的各种物品或现象的活动，如积木游戏、玩沙、玩水、玩雪等。

(2)规则游戏

规则游戏又称教学游戏，是教师根据教育目标为发展幼儿的各种能力而编制的用于教学的游戏。规则游戏的特点是竞赛性和规则性。规则游戏包括游戏的目的、玩法、规则和结果四个部分，其中规则是核心。规则游戏是一种由教师依据教育目标编制的有目的、有计划的游戏教育活动。我国幼儿园中一般将规则游戏分为音乐游戏、体育游戏、智力游戏三种。

①音乐游戏

音乐游戏是指根据音乐教育的任务而设计和编制的规则游戏。幼儿在音乐伴奏或歌曲伴唱下，按照一定的规则和音乐要求完成各种游戏动作。

②体育游戏

体育游戏是以发展幼儿基本动作和运动能力为主要目的而设计的规则性游戏，又称运动性游戏。体育游戏能够锻炼幼儿的大肌肉群与小肌肉群，增强幼儿的体质，对培养幼儿的意志力、自我控制能力、智力，以及良好的品质都有积极作用。

③智力游戏

智力游戏是为发展幼儿智力而设计的规则游戏。这种游戏以生动有趣的形式开展，帮助幼儿在轻松、愉快的状态下增长知识、获取经验，提高幼儿的学习兴趣与学习效率。

3. 生活活动

生活活动是指幼儿园一日生活中的生活环节，具体包括入园、进餐、饮水、睡眠、盥洗、如厕、离园等，几乎占了幼儿在园的一半时间。

(1)入园

为了使幼儿愉快地度过在幼儿园的每一天，入园时的活动与组织非常重要，可以调整幼儿情绪，减少幼儿入园的焦虑，使幼儿感受到幼儿园生活的快乐。

(2)进餐

幼儿园的餐饮活动包括早、中、晚餐，以及点心的进餐活动。进餐前教师要提前组织幼儿收拾玩具、整理活动室、如厕、洗手等准备工作。

(3)饮水

水是生命的摇篮，是人体内含量最多和最重要的组成部分，幼儿每天需要摄入 1 500 ~ 2 000 毫升的水，才能确保健康。所以幼儿园应培养幼儿养成良好的饮水习惯，这对于正在成长中的幼儿非常重要。

(4)睡眠

学前期是幼儿生长发育的重要时期，保证幼儿充足的睡眠，对他们身体、大脑的发育有着重要的作用。幼儿园要做好幼儿睡眠的组织与指导，包括幼儿从入睡到起床的整个过程,教师要认真、细致地进行组织与指导。

(5)盥洗

幼儿园的盥洗活动包括洗手、洗脸、刷牙和漱口等。在幼儿园盥洗活动中要让幼儿学会正确的洗手方法,养成饭前便后洗手的习惯;学会正确的洗脸、刷牙和漱口,逐步养成早晚洗脸、刷牙,饭后漱口的好习惯。

(6)如厕

培养幼儿会使用便纸,学会自己上厕所等基本生活技能。

(7)离园

幼儿在园完成了一天的愉快活动,等待家长迎接回家,教师在离园时要做好组织工作,包括向家长介绍幼儿在园的情况,同时照顾好不能按时离园的幼儿。

(二)按教育内容分类

1. 分学科的教学活动

学科课程是指以学科为中心,把有价值的知识系统化、结构化,并将这些知识传授给幼儿,以达到教育目标的课程。幼儿园一般开设计算、语言、常识、音乐、体育、美术等课程,这些课程具有启蒙性的特点。分学科教学的历史久远,自20世纪50年代起至90年代初,受苏联幼儿园教育思想的影响,分学科教学成为我国普遍采用的一种教学的组织形式。

2. 综合主题式的活动(或称单元式主题活动)

综合主题式活动主要是指以某一主题为中心组织课程,打破学科或领域的界限,把学习内容融汇成一种新的体系。综合主题式活动的特点在于建立各学科之间的自然的、有机的联系。其教学内容既可以是以某一学科知识为线索,渗透其他学科的知识体系,又可以是以幼儿兴趣为出发点的一系列有益的活动内容。

3. 按领域分类的活动

《纲要》在"教育内容与要求"中明确规定:"幼儿园的教育内容是全面的、启蒙性的,可以相对划分为健康、语言、社会、科学、艺术等五大领域,各领域的内容相互渗透,从不同的角度促进幼儿情感、态度、能力、知识、技能等方面的发展。"

(三)按组织形式分类

1. 集体活动

集体活动一般是指在教师有目的、有计划地组织下进行的活动。集体活动的特点是全班幼儿在同一时间按照教师的要求进行活动,活动过程以教师的引导和组织为主。此种活动在幼儿园教育中最为普遍,效率较高。

2. 小组活动

小组活动就是将全班幼儿分成几个小组进行的活动。小组活动的特点是能够满足幼儿的不同兴趣与需要,调动幼儿学习的积极主动性,同时注重在活动中促进幼儿与同伴、教师的交往。分组可以是教师来安排,也可以是幼儿自发的分组。

3. 个体活动

个体活动一般是指教师与一两个幼儿互动,针对幼儿的特殊情况进行专门指导的活动,也可以是幼儿自发的、自由的活动。个体活动的特点是更易于教师对幼儿的全面了解,注重幼儿的个别差异性,做到因材施教。

集体、小组、个体活动有着不同的教育功能，在教育活动中应该按照教育目标、教育要求及幼儿发展的需要，选择适宜的教育活动方式，使其互相配合、合理交替、互相补充。

（四）按学习方式分类

1. 接受式学习

接受式学习指幼儿在教师的讲解与指导下掌握知识的过程。这种学习方式的特点是可以使幼儿在短时间内掌握大量的系统科学文化知识与技能，从而促进幼儿的发展，这种方式相对简单，易于操作，教学效率较高。但是由于幼儿的发展水平不同，现有经验不同，使用这种学习方式容易忽略幼儿的个别差异性，造成注入式学习。

2. 体验式学习

体验式学习指幼儿在实践活动中，通过认知、体验和感悟，获得知识、技能、态度的学习方式。这种学习方式的特点是幼儿在一定的情境或活动中，通过感受、操作、发现、体验获得知识，使幼儿真正成为学习过程的主体。体验式学习可以使幼儿获得第一手的经验、具体化的感觉，获得对知识、技能、过程、方法、情感等的感觉、知觉、表象，有利于调动幼儿学习的兴趣与主动性。

3. 探究式学习

探究式学习指幼儿在教师的精心组织安排下，通过自主探究、发现问题，最终解决问题的学习方式。这种学习方式的特点是教师不是将现成的知识传授给幼儿，而是通过设置问题情境，主张幼儿通过动手操作、动脑思考、获取知识。这是目前在幼儿园教育中越来越提倡的一种学习方式，这种学习方式能够培养幼儿的探索能力，但是探究式学习方式要求教师具有较高水平的组织能力、探究能力，并了解幼儿的年龄特点，且教学需要花费较多的时间，同时幼儿也需要有足够的经验储备，否则难以发现问题并解决问题，所以这种学习方式仅适用于一部分学科和活动。

4. 合作式学习

合作式学习指幼儿在教师的指导下通过交流合作完成共同目标的一种学习活动。这是目前幼儿园教育中运用较多的一种学习方式。这种学习方式的特点是通过创设充满民主、和谐、愉悦的学习环境，激发幼儿的主体性，加强幼儿与同伴、教师的交流、沟通、合作，培养幼儿的竞争意识、语言表达能力、沟通能力、合作意识与合作能力。

（五）其他形式的活动

1. 全园活动

全园活动是指根据某一主题的教育内容而开展的全园性的集体活动。例如，运动会、节日娱乐活动等。

2. 亲子活动

亲子活动是指幼儿与家长共同参与的以亲子同乐、亲子互动为目的的活动。亲子活动是幼儿园与家庭教育相结合的一种教育模式。

以上介绍的种种教育活动形式具有各自的特点和优势，它们之间不是互相排斥的，而是交叉融合的，在教育中教师应根据幼儿的年龄特点和教育目标加以灵活运用，更好地发挥各自的功能和作用。

二、幼儿园教育活动与幼儿园课程

（一）幼儿园课程

幼儿园课程内容是实现幼儿园教育目的的手段，是帮助幼儿获得有益的学习经验，以促进其身心全面和谐发展，而为幼儿选择和设计的学习内容。它涉及一些相关的学科知识，但又不同于科学知识，这是因为幼儿园课程所选择的教育内容，不是出于学科知识传递的需要，而是出于促进幼儿全面发展的需要，幼儿园课程不必注重学科知识的逻辑性与系统性。

（二）两者的关系

1. 从广义的角度理解，幼儿园课程包含于幼儿在园的一切活动中，包括生活活动、教育活动和游戏活动，所以幼儿园课程与幼儿园教育活动是两个等同的概念。

2. 从狭义的角度理解，幼儿园课程作为一门一门的学科，是幼儿园教育活动的组成部分。幼儿园课程是幼儿园教育活动设计与实施的依据和基础，幼儿园教育活动则是幼儿园课程得以实现的中介和途径。

第三节　幼儿园教育活动的目的

一、我国幼儿园教育目的概述

（一）幼儿园教育目的的含义

1. 教育目的

教育目的是指社会对教育所要造就的社会个体质量规格的总的设想或规定。教育目的是教育活动的出发点和依据，也是教育活动的归宿。根据《中华人民共和国教育法》的规定，我国的教育目的是：教育必须为社会主义现代化服务，必须与生产劳动相结合，培养德、智、体等方面全面发展的社会主义事业的建设者和接班人。

2. 幼儿园教育目的

教育目的是国家对各级各类教育事业培养人的统一的质量要求，幼儿园教育的目的是国家的教育目的在幼儿园教育这一阶段的具体化，是国家对幼儿园提出的培养人的规格和质量要求，是全国各类型幼儿教育机构统一的指导思想。

（二）幼儿园教育目的的功能

幼儿园教育目的的功能是指幼儿园教育目的对幼儿园教育活动所具有的影响与作用。主要表现在以下三个方面。

1. 定向功能

定向功能是指幼儿园教育目的对教育活动具有全方位的定向与规范作用，表现为以下四个方面：

(1)教育目的规范着幼儿园的培养目标和教育方向

幼儿园的培养目标是根据教育目的的要求而层层分解的,因此教育目的是培养目标制定的依据。如我国幼儿园教育的目标和方向是培养体、智、德、美全面发展的人。

(2)教育目的规范着幼儿园课程的设置和教育教学内容

课程是幼儿园教育活动实施的载体,教学内容是课程的具体化。我国幼儿园中五大领域的内容便是根据体、智、德、美全面发展的教育目标来确定的。

(3)教育目的规范着教师的教育行为

教师承担着为社会发展培养合格人才的职责,因此教师就必须时时刻刻按照幼儿园教育目的的要求教育幼儿,促进幼儿体、智、德、美全面和谐的发展。

(4)教育目的规范着教育管理

幼儿园的教育管理是为了实现幼儿园教育目的的,幼儿园教育目的是促进幼儿身心健康和谐的发展,因此幼儿园的教育管理是为教育目的服务的。

2. 调控功能

调控功能是指幼儿园教育目的对幼儿园活动与内容的选择,以及行动方向的把握上具有调控作用。

(1)教育目的调控着幼儿园教育活动与内容的选择

人类世代积累的文化与经验是幼儿园教育活动内容的重要源泉,但是人类五千年的文明史,我们不可能将其都教给幼儿园的孩子,必须进行选择,教育目的就是幼儿园教育活动选择与衡量的依据。

(2)教育目的对教育者的行为具有调控、激励作用

一个明确的方向与可达成的幼儿园教育目标,有助于幼儿园教师积极发挥他们的创造力去设计、组织教育活动。一般来说,幼儿园教育目标越合理、明确、具体,达成的可能性就越大,就越能调动教育者的积极性;相反,目标越抽象、宏大、不切实际,达成的难度就越大,可能性就越小,对教育者的激励作用就越小。

3. 评价功能

评价功能是指幼儿园教育目的是社会对幼儿园教育活动的任务,以及完成质量的检验标准与依据。

(1)教育目的是评价幼儿园总体办学方向、办学思想、办学路线是否正确、是否清晰、是否符合社会和幼儿发展方向和需要的依据。在我国,幼儿园教育是公益性、基础性的教育,所有幼儿园都必须符合这些基本原则。

(2)教育目的是评价幼儿园教育质量是否达到目的要求、规格和标准的依据。在我国,幼儿园教育质量的评价是根据它是否达到和谐促进幼儿身心发展的各项规格和标准来进行的。

(3)教育目的是评价幼儿园管理是否科学有效,是否符合幼儿园教育目的要求,是否遵循教育规律和幼儿身心发展规律,是否促进他们健康和身心发展的依据。

总之,幼儿园教育目的的功能是多方面的,只有确立科学的幼儿园教育目的,才能使幼儿园教育活动更加合乎教育的规律,以及幼儿发展、社会发展的需要,这样幼儿园教育活动才能顺利有效地展开。

二、幼儿园教育目的制定的依据与原则

（一）幼儿园教育目的制定的依据

1. 社会发展的要求

幼儿园教育既服务于学前儿童发展，又服务于社会发展，我国幼儿园教育目的的制定要与我国当前社会发展的需求紧密结合。

（1）和谐社会的建构需要培养和谐发展的幼儿

和谐社会是世界各国建构与追求的总体目标，社会的和谐为幼儿发展提供了良好的外部条件，幼儿身心和谐健康发展是社会发展的重要基础。

（2）社会急剧变革要求注重幼儿基础素质的培养

现代社会是一个信息剧增与变革加速的社会，培养幼儿获取所需信息与应对急速变革的能力显得尤其重要。幼儿教育是基础教育的奠基阶段，是提高全民素质、培养高素质人才的启蒙教育阶段，对幼儿基础素质的培养关系到民族的兴衰，幼儿在此阶段所受的教育往往会对今后的学习、生活产生深远的影响。因此，对幼儿基础素质的培养是关系整个社会变革与发展的重要因素，同时也是制定幼儿园教育目的的重要依据。

2. 幼儿身心发展的规律与需求

幼儿身心健康发展的特点与需要是制定幼儿园教育目的的一个重要依据。

（1）教育目的的制定要符合幼儿身心发展的水平

幼儿园的教育目的是培养幼儿全面发展，促进幼儿身心健康和谐发展，所以教育目的必须遵循幼儿身心发展的现实与可能性，现实性是教育活动设计与实施的出发点，而可能性则为教育活动提供了方向与目标。

（2）教育目的的制定要符合幼儿身心发展的时代特点

不同时代的社会发展对幼儿发展提供了不同的背景与条件，因此也相应地对幼儿发展提出了不同的需求。

3. 国家教育目的的要求

幼儿园教育目的是根据一个国家总体教育目的并结合幼儿园教育的性质和任务提出来的。就我国而言，幼儿园教育目的必须在“培养体、智、德、美全面发展的建设者和接班人”这一总体教育目的的框架下考量。但是幼儿园教育目标的提法又与学校教育目标略有不同，如把“体”放到了第一位，这是因为在幼儿阶段，身体的正常发育和机能的健全发展较以后各年龄阶段更为重要。

4. 幼儿园教育目标的层次结构

国家对幼儿园目标做了宏观的表述，要实现这一宏观目标，必须将它层层分解，逐步转化为低层次的、可操作的具体目标，才能成为教师制订活动计划的有效依据，并通过各种活动，落实到幼儿的发展上，目标的层层分解就形成了幼儿园教育目标的金字塔结构。

（二）幼儿园教育目的制定的原则

1. 方向性与基础性原则

方向性原则是指幼儿园教育目的的建构要有一定的思想与价值指向。我国幼儿园教育的目标一定要反映我国的教育目的与方针，反映我国有关幼儿园教育的法规及政策精

神,使幼儿园教育具有明确的思想与价值指向。

基础性原则是指幼儿园教育的目标应当是教育领域中最基础的、启蒙性的目标。这种目标应该以幼儿的生活经验为前提,尤其幼儿教育中与一定的学科系统知识有关的目标更应注重基础化、启蒙化,这是由幼儿身心发展的特点所决定的。

2. 科学性与动态性原则

科学性原则是指幼儿园教育目的应当是一个符合幼儿自身发展与教育规律的科学体系。一方面,它要反映和遵循幼儿身心发展的规律,是适合幼儿发展的;另一方面,它应当符合教育的原理与规则,具有可教育性与可操作性。幼儿园教育目的的建构应该是在充分研究幼儿发展规律与教育原理的基础上制定出来的。

动态性原则是指幼儿园教育的目标并不总是固定不变的。教育活动中各要素总是处在动态的具体情境中,教育者需要灵活把握教育目标,不能用教育目标机械教条地去要求孩子。教师要关注幼儿的个体差异与即时表现,要根据具体情况及时灵活地调整目标,以促进幼儿个性健康的发展。由此可见,教育目标的制定应有一定的弹性空间,保持目标的动态性与开放性,让教师有更多的创造空间,也让幼儿有更多的发展空间。

3. 层次性与整体性原则

层次性原则是指幼儿园教育目的的建构是有层次的系列,这是由幼儿发展水平的层次系列所决定的。国家制定的幼儿园教育目的往往是某一学段的共同统一要求,是绝大多数幼儿应达的标准,具体的教育目标要考虑幼儿的层次与个别差异,使目标有层次性,这是因材施教原则的要求。

整体性原则是指幼儿园教育目的的建构要有整体统合观,这是由幼儿发展的整体需求所决定的。幼儿园教育目的是一个整体的层次系列,它包括横向的类别整合与纵向的层次整合。

(1)横向的类别整合包括学前儿童认知、情感、行为三方面发展目标的整合,幼儿发展目标要避免只重知识传授而忽视情感培养和行为习惯培养,要把三者有机协调起来;横向类别整合还包括各学前教育系统幼儿园教育目标的整合,即家庭、社会以及幼儿园的教育目标要基本一致,以形成教育的合力。

(2)纵向层次整合主要指学前教育各层级目标的整合,即各相连层级间教育活动的目标是相互联系、相互支持的。教育者应看到每一项活动在幼儿整体发展中的作用与位置,具备整合的教育意识。

三、幼儿园教育目标的结构体系

幼儿园教育目的是完成幼儿园教育任务,提高幼儿园保育和教育质量的指导思想。国家通过教育目的对全国学前教育进行引导和调控,全国的、宏观性的幼儿园教育目的只有分解为更加具体的各个层次的教育目标才能落实。在实践中,幼儿园教育目的和幼儿园教育目标常交叉使用。

幼儿园教育目标的结构体系可分为五个层次:幼儿园教育总目标→幼儿在五大领域的发展目标→各年龄班幼儿发展的学期教育目标→月教育与周教育目标→日教育目标与具体活动目标(图1-1)。这一结构从上到下由五个层次构成,上一层次的目标是下一层次目标制定的依据,下一层次目标比上一层次目标更具体,且可操作,形成了幼儿园教育目标的金字塔结构。

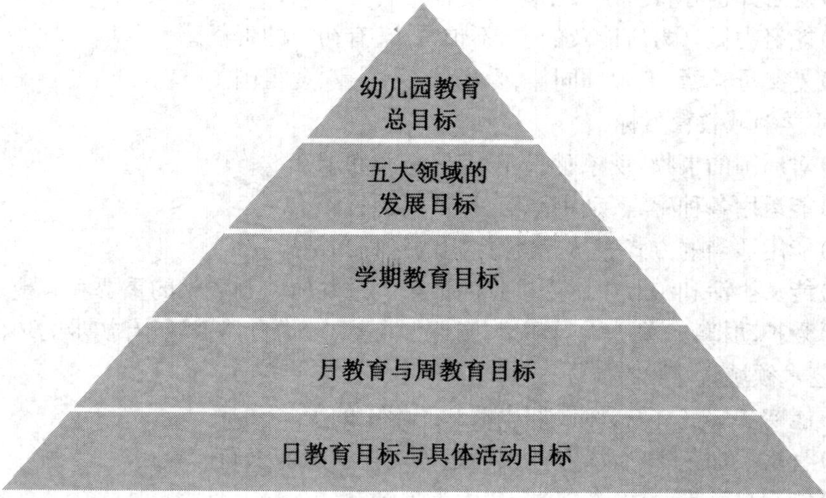

图1-1　幼儿园教育目标的结构体系

(一)幼儿园教育总目标

幼儿园教育总目标即幼儿园保育和教育目标,是我国各级各类幼儿园教育的目标,是金字塔的顶端。幼儿园教育目标的制定是按照国家教育目的层层分解,符合幼儿身心发展的特点和规律,是幼儿园各年龄班各目标制定的依据。《规程》第一章第三条明确规定,幼儿园教育的目标即幼儿园的任务是:"实行保育与教育相结合的原则,对幼儿实施体、智、德、美诸方面发展的教育,促进其身心和谐发展。"

(二)幼儿在五大领域的发展目标

在我国,《纲要》将幼儿园课程领域分为健康、语言、社会、科学、艺术五大教育领域,并对这五个领域的教育目标做了具体规定。

1. 健康领域教育目标

(1)身体健康,在集体生活中情绪安定、愉快;

(2)生活、卫生习惯良好,有基本的生活自理能力;

(3)知道必要的安全保健常识,学习保护自己;

(4)喜欢参加体育活动,动作协调、灵活。

2. 语言领域教育目标

(1)乐意与人交谈,讲话礼貌;

(2)注意倾听对方讲话,能理解日常用语;

(3)能清楚地说出自己想说的事;

(4)喜欢听故事、看图书;

(5)能听懂和会说普通话。

3. 社会领域教育目标

(1)能主动地参与各项活动,有自信心;

(2)乐意与人交往,学习互助、合作和分享,有同情心;

(3)理解并遵守日常生活中基本的社会行为规则；

(4)能努力做好力所能及的事,不怕困难,有初步的责任感；

(5)爱父母长辈、老师和同伴,爱集体、爱家乡、爱祖国。

4. 科学领域教育目标

(1)对周围的事物、现象感兴趣,有好奇心和求知欲；

(2)能运用各种感官,动手动脑,探究问题；

(3)能用适当的方式表达、交流探索的过程和结果；

(4)能从生活和游戏中感受事物的数量关系并体验到数学的重要和有趣；

(5)爱护动植物,关心周围环境,亲近大自然,珍惜自然资源,有初步的环保意识。

5. 艺术领域教育目标

(1)能初步感受并喜爱环境、生活和艺术中的美；

(2)喜欢参加艺术活动,并能大胆地表现自己的情感和体验；

(3)能用自己喜欢的方式进行艺术表现活动。

(三)学期教育目标

各年龄班幼儿发展的学期目标是对幼儿园五大领域发展目标的具体落实,即每一学期根据幼儿园发展的特点与需要制定的教育目标。幼儿园五大教育领域目标要进一步分解为学期目标才能使教育的具体活动有更具体的操作指导。

(四)月教育与周教育目标

月教育与周教育目标是对学期目标的具体化,它需要结合季节、文化与地域特点来制定更为具体的教育目标,一学期一般包括 5 个月,每一个月都有具体的教育目标。

(五)日教育目标与具体活动目标

日教育目标和具体活动教育目标是教育目标的进一步具体化,根据月教育目标与周教育目标,制定出幼儿园每天的教育目标,再细化为每一环节或每个教育活动的具体目标,幼儿园教育目的才能真正实现。

具体活动目标是指某一具体的教育活动所要达到的结果,或所引起的幼儿身心素质变化的具体要求。它是主题单元目标的具体化,是对具体的课时教学所要达到的要求的描述,它具有针对性和可操作性。教育目标必须通过一定的课程活动转化为幼儿的学习行为,才能使教育目标落到实处。因而,必须将教育目标结合一定的教育内容和幼儿特点分解为更具体的活动目标,并以适当形式表述出来,才能具体指导教师的教育教学实践。

【资料卡片】

幼儿园保育和教育目标

《规程》第一章第五条规定幼儿园保育和教育的主要目标是:

1. 促进幼儿身体正常发育和机能的协调发展,增强体质,培养良好的生活习惯、卫生习惯和参加体育活动的兴趣。

2. 发展幼儿智力,培养正确运用感官和运用语言交往的基本能力,增进对环境的认识,培养有益的兴趣和求知欲望,培养初步的动手能力。

3. 萌发幼儿爱家乡、爱祖国、爱集体、爱劳动、爱科学的情感。培养诚实、自信、好问、友爱、勇敢、爱护公物、克服困难、讲礼貌、守纪律等良好的品德行为和习惯，以及活泼、开朗的性格。

4. 培养幼儿初步的感受美和表现美的情趣和能力。

四、实现幼儿园教育目标的途径

(一)幼儿教师是实现教育目标的重要保证

1. 幼儿教师要正确的理解教育目的

幼儿教师是教育活动的指导者、组织者，教育目的实现的关键在于幼儿教师对教育活动设计与实施。因此幼儿教师应正确、全面、清楚地理解和把握幼儿园教育目的的内涵，并将这种“外在”的教育目的转化为“内在”的正确的教育观念，用以指导自己的行动。

2. 幼儿教师要正确的执行教育目的

幼儿园教育目的的执行受到多方面因素的影响。一是教师自身的因素。教师的理论观念要变为实践，需要有一个恰当的转化，而教师自身对教育目标理解与把握的能力是这一转化过程的关键。二是家庭与社会因素的影响。如有的家长望子成龙心切，希望孩子有特异的技能，而让孩子所在的幼儿园训练孩子某种技能；又如社会上各种幼儿技能大赛的宣传，偏重学历，追求升学率的风潮等，都可能干扰教师按教育目标组织教育活动，使教师的教育行为偏离幼儿园教育目标。因此，在实现幼儿园教育目标的过程中，教师要排除一切干扰，按照幼儿园教育目的来规范自己的教育行为，保证幼儿园教育目的的真正实现。

(二)幼儿园一日活动的实施是幼儿园教育目标的主要途径

幼儿园一日活动是促进幼儿全面发展的重要保证。教师要有目的、有计划地将体、智、德、美全面发展的教育内容渗透于幼儿的一日生活的各种活动之中，体现生活即教育，教育生活化的思想。幼儿园一日活动的教育内容贴近幼儿生活经验和生活实际，加强教育与生活的联系，使幼儿园教育生活化，即“寓教育于一日生活之中”。

(三)创设良好的幼儿园环境是实现幼儿园教育目标的基本条件

幼儿园环境包括精神环境和物质环境。环境对幼儿的教育起着潜移默化的影响，在教育活动中教育者通过创设和谐的精神环境和良好的物质条件，控制各种不利因素，保证幼儿顺利、健康的发展。因此，幼儿园在创设环境时，应使环境创设的目标与幼儿园教育目标相一致。环境创设要有利于教育目标的实现，在环境创设时对幼儿体、智、德、美的教育不能重此轻彼。幼儿园环境创设的重要价值在于尽可能地挖掘和利用日常生活中现有环境的教育功能，让环境的创设有效的促进幼儿的发展。所以作为幼教工作者，就应努力为幼儿的发展提供最佳的环境，使每个幼儿富有个性的发展，为其一生的发展打好基础。

(四)幼儿园与家庭、社区的合作是实现幼儿园教育目标的必要手段

幼儿园与家庭、社区合作，共同担负起幼儿教育的重任，是现代社会对幼儿教育提出的要求，也是实现幼儿教育目标的重要保证。对于幼儿来说，最有效的教育方式就是加强幼

儿园教育与家庭教育、社区教育之间的联系，从多个方面对幼儿进行综合教育。只有幼儿园、家庭、社区共同合作，才能更好地促进幼儿教育的全面发展。

《纲要》总则中指出："幼儿园应与家庭、社区密切合作，与小学衔接，综合利用各种教育资源，共同为幼儿的发展创造良好的条件。"事实上，幼儿的发展历来就是幼儿园、家庭、社会等诸方面教育影响力"汇合"的结果。为了实现幼儿园的教育目标，就要将幼儿园与家庭、社区建立起新型的合作伙伴关系，同时，在合作过程中发挥自身的优势，集合各方面的力量，放大幼儿园教育的积极影响。

总之，目标的制定是重要的，也应是清晰的，无论进行到哪一层的活动教育者都要做到心中有目标，实现与幼儿的有效互动。

【思考与练习题】

1. 名词解释

(1)教学活动。

(2)规则游戏。

(3)结构游戏。

2. 简答题

(1)如何理解幼儿园教育活动？

(2)幼儿园教育活动有哪些特点？

(3)实现幼儿园教育目标的途径有哪些？

(4)幼儿园教育目的制定的依据是什么？

第二章　幼儿园教育活动设计与实施的基本原理

【学习目标】

一、知识目标

1. 掌握幼儿园教育活动设计的含义、原则与方法；
2. 理解幼儿园教育活动设计与实施的各种策略，明确幼儿园教育活动的各项技能。

二、能力目标

1. 掌握幼儿园教育活动设计的一般结构，能尝试设计幼儿园教育活动方案；
2. 能理论联系实际理解幼儿园教育活动的指导策略。

三、情感目标

培养学生对幼儿教育的正确态度，积极思考和探索幼儿教育活动的设计与实施。

【知识重点、难点】

一、知识重点

幼儿园教育活动设计与实施的基本策略与各种技能。

二、知识难点

能够根据所学知识结合幼儿园教学实际，设计与组织教学活动。

第一节　幼儿园教育活动设计概述

一、幼儿园教育活动设计的含义

幼儿园教育活动设计是指根据一定的教育目标，教师以尊重幼儿身心发展规律和学习特点为前提，在了解和掌握幼儿已有的发展水平和发展需求的基础上，对教育活动的内容、方法、实施步骤等一系列问题进行设计的过程。简言之就是为完成一定的教育目标，教师选择教育内容和方法，对幼儿实施教育影响的过程。

二、幼儿园教育活动设计的原则

现阶段在我国幼儿园教育活动中常用的原则主要为保育与教育结合的原则、科学性与思想性统一原则、循序渐进原则、直观性原则、发展性原则、启发性原则和因材施教原则等。

（一）保育与教育结合的原则

保育与教育结合是指将有目的、有计划、系统地增进幼儿知识、经验，发展智力与保护幼儿生理、心理健康，增强幼儿体质等内容相结合。也就是说保育和教育两者密不可分，是幼儿园教育的两个主要内容，保和教相互渗透、相互影响，共同作用于幼儿，促进幼儿身心和谐发展，保教结合是我国幼儿园教育一贯坚持的重要原则。

贯彻保育与教育结合原则的要求是：

1. 保育与教育结合体现在幼儿园一日生活的各个方面

①幼儿园一日生活中的生活活动，如入园、如厕、喝水、进餐、午睡、离园等；

②教学活动，如集体教学活动，小组教学活动等；

③游戏活动，如表演游戏、音乐游戏、体育游戏等。

每一种活动都包含着保育与教育，两者紧密联系，共同影响幼儿的发展，不可将二者割裂。

2. 在同一活动中同时包含保育和教育的内容

幼儿园教育活动中的每一种活动都渗透着保育与教育，保育与教育是幼儿园教育整体的两个方面，保教相互依存、密不可分的共同存在于同一活动中，教师在教育活动中应做到保中有教，教中有保，保教结合。

3. 教师要正确看待保育与教育的关系

要切实促进幼儿的全面发展，教师就要做好幼儿生理与心理卫生保健工作，创造良好的教育环境，让幼儿生理、心理都得到健康的发展，教师应明确保教结合并非是与保育员的简单配合，教师的教育观是幼儿园保教结合原则贯彻如何的关键因素。

（二）科学性与思想性统一原则

科学性与思想性统一原则是指在教育活动中，教师既要传授给幼儿科学的知识，同时又要对幼儿进行思想教育，培养幼儿良好的道德素质。

贯彻科学性与思想性统一原则的具体要求是：

1. 保证教育内容的科学性

在教育活动中教师应该选择正确无误的、科学的、富有教育意义的内容传授给幼儿，不可以选择尚有异议的、不科学的、消极的内容，否则将影响幼儿形成正确的知识结构，造成幼儿思想上的混乱。为了便于幼儿接受，教师在传授知识时要使用简洁明了、通俗易懂的语言。

2. 发掘教学内容的思想性，注意在教育活动中对幼儿进行思想教育

充分发挥教育活动中各种要素的教育功能，培养幼儿形成对待周围事物的正确态度与情感，使幼儿在获得知识的同时，形成良好的道德品质、审美情操、学习习惯和学习态度，以及勇于和善于克服困难的意志品质。

3. 教师要不断提高自己的教育水平和思想道德修养

在教育活动中教育目标的设计、教育内容的组织与实施、教学方法、手段的运用将直接影响教育活动的质量，而这些归根到底都取决于教师的能力及素质。因此为了提高幼儿园教育活动的质量，教师必须树立终身学习的观念，加强学习不断提高自身的教育水平；3—6周岁的幼儿学习的主要方式就是模仿，教师的一言一行、一举一动都将影响幼儿的发展，所以教师要努力提高思想道德素质，做到言行一致，为人师表。

（三）循序渐进原则

循序渐进原则是指教学要按照知识的逻辑顺序与幼儿认识发展的阶段进行。循序渐进原则的必要性首先是由于知识本身的规律，教学要按照知识的逻辑顺序，严密、系统地进行；其次是根据幼儿身心发展的特点与规律，教学必须由易到难、由简到繁、由浅入深，逐渐深入。只有循序渐进，才能传授幼儿系统的知识，发展其缜密的思维能力，从而达到全面和谐的发展。

贯彻循序渐进原则的具体要求是：

1. 按幼儿园课程内容的系统性进行教学

在教学活动中教师应该严格按照知识本身的逻辑顺序进行教学，系统传授新知识，同时加强旧知识与新知识之间的联系。

2. 按幼儿认识发展的特点进行教学

教师在教学中要认真研究幼儿认识发展的特点，做到由易到难、由简到繁、由浅入深。

（四）直观性原则

直观性原则是指在教育活动中让幼儿运用视觉、味觉、嗅觉等多种感官，获得丰富的感性知识，发展认识能力。直观性原则将抽象的概念、事物，用感性的、具体的、形象的方式展示给幼儿，丰富了幼儿的感性经验，使幼儿全面而正确地认识事物及事物的特征，有利于调动幼儿学习的兴趣和积极主动性。直观性原则在幼儿园教育活动中运用较为普遍。

贯彻直观性原则的要求是：

1. 正确选择直观教具和教学手段

在教育活动中根据教学任务、内容、幼儿的身心发展特点和年龄特点正确选择直观教具。一般教具分为两类：一类是实物，包括各种实物、标本、参观等；另一类是模象，包括图片、图标、模型、多媒体、电视等。在教学中教师应该注意选择具有典型性、代表性的直观教具，让幼儿形成正确的、清晰的表象；根据教学要求，教师可以运用现代化的教学手段，以获得最佳的教学效果。

2. 重视运用语言直观

在教学活动中，教师应该边让幼儿看、听、嗅、触摸，边运用语言生动地讲解、形象地描述，帮助幼儿形成生动的表象或想象，丰富其感性知识，增强直观的效果。

（五）发展性原则

发展性原则是指在幼儿已有的发展水平基础上，向幼儿传授知识、技能、观点等，从而促进幼儿的全面发展。根据苏联著名心理学家维果斯基的“最近发展区”，至少可以确定儿童有两个发展的水平：第一个是现有的发展水平，表现为儿童能够独立、自如地完成教师提出的智力任务;第二个是潜在的可能的发展水平,即儿童还不能独立完成任务,而必须在教师的帮助下,通过模仿和自己努力才能完成的智力任务。教学的本质就是在幼儿现有的发展水平基础上,最大限度地开发幼儿的潜能,促进其发展。

贯彻发展性原则的具体要求是:

1. 教师在选择活动内容时要充分考虑幼儿的已有知识经验、可接受性、年龄特点等,符合幼儿的认识规律,循序渐进地促进其发展。

2. 幼儿身心发展的特点和规律,决定着教师设计活动时要科学合理地安排幼儿的活动时间、活动强度,一日活动中注意动静交替,在同一活动中注意采用多种方式有动有静地开展活动。

(六)启发性原则

启发性原则是指在教育活动中教师要注意调动幼儿学习的积极主动性,引导他们积极探索、独立思考、生动活泼地学习。启发性原则将教师的主导作用与幼儿主体地位统一了起来。教师在教育活动中是组织者、引导者,注重发挥幼儿学习的主体地位,有利于调动幼儿学习的积极主动性,培养幼儿独立思考、动手的能力。

贯彻启发性原则的具体要求是:

1. 树立正确的教育观。

正确看待幼儿是教学活动的主体,让幼儿成为学习活动的主人。在教学中要善于调动幼儿学习的主动性、积极性,摆正教与学的关系,变幼儿“要我学”为“我要学”。

2. 创设问题情境,引导幼儿学会质疑,学会思考,培养幼儿积极探索、独立思考的能力。

(七)因材施教原则

因材施教原则是指教师在教育活动中根据幼儿的实际情况、个性特点、现有发展水平,有针对性的促进每个幼儿获得最佳发展。因材施教原则要求教师在教育活动中有区别的对待每一个幼儿,尽量发挥其优势,弥补其不足,照顾每个幼儿的个别差异性。因材施教原则是幼儿园教育活动中常用的教学原则之一。

贯彻因材施教原则的要求是:

1. 教师要全面了解每个幼儿的个性特点

在教育活动中教师只有全面掌握每个幼儿的知识水平、个性、接受能力、兴趣、爱好,及身体等方面的特点,才能从幼儿的实际情况出发,有针对性的教学。

2. 针对幼儿的不同特点进行有区别的教学

在教育中教师应该承认与尊重幼儿的个别差异,正确对待幼儿的个别差异,采取不同的具体措施有针对性地进行教育,才能调动每个幼儿学习的主动性与积极性,使每一个幼儿的个性都得到最大限度地发展。

三、幼儿园教育活动设计的方法

现阶段在我国幼儿园教育活动中常用的方法主要有讲授法、谈话法、观察演示法、操作练习法、游戏法和发现法等。

(一)讲授法

讲授法是教师通过语言描述向幼儿传授知识的一种方法。讲授法是现阶段我国幼儿园教育活动中最常用的方法之一。

讲授法能够将系统的知识通过讲解、描述、分析等方式传授给幼儿,引导幼儿分析问题、认识问题,从而形成一定的知识结构,有利于培养幼儿严密的逻辑思维能力;教师运用讲授法能够在单位时间内传授给幼儿大量的系统的知识,教学效率较高;有利于发挥教师的主导作用,便于教师有目的、有计划地对幼儿进行思想品德教育。但是讲授法以教师的讲解为主,容易造成幼儿被动地接受知识,不易于发挥幼儿学习的主动性与积极性。

使用讲授法应该注意的问题有:

1. 保证教学内容具有科学性与思想性

在教学中教师要保证传授给幼儿的知识是正确的,错误的或者含糊不清的知识不要讲,同时注意培养幼儿形成良好的学习习惯与学习态度。

2. 连续讲课的时间不宜过长

由于幼儿阶段无意注意占优势,他们集中注意力的时间不长,根据幼儿发展的这一特点,在教学中教师讲课时间不宜过长,一般不超过15分钟。

3. 教师要注意语言的艺术

教学中教师的语言要形象、生动、有感染力、吐字清晰、音调适中,讲授的内容要条理清楚,重点突出。

4. 教师在教学中要注意启发,引导幼儿思考

避免在教学中内容枯燥、死板,教师可以设置疑问,引发幼儿的思考,调动其学习的积极性与主动性。

(二)谈话法

谈话法是指教师通过问答的形式,引导幼儿运用判断、推理的方式获取知识的一种方法。谈话法又称问答法,是现阶段我国幼儿园教育活动中最常用的方法之一。

谈话法是教师主导作用与幼儿主体地位的统一。在教学中教师与幼儿通过一问一答的形式,完成了知识的传授,有利于激发幼儿学习的兴趣,调动幼儿学习的主动性与积极性;对于幼儿而言,在一问一答的过程中,发展了语言表达能力;对于教师而言,通过与幼儿之间的对话,能够及时获得幼儿学习情况的反馈,便于教师改进教学方法、教学进度等。但是谈话法是教师以一系列的问题为教学内容,与幼儿进行对话,传授的知识不易系统,不便将全班的幼儿都参与到谈话中来,且比较费时。

使用讲授法应该注意的问题有:

1. 教师应精心设计、选择谈话的主题

在谈话前,教师需要准备好几个谈话的题目,且这些问题应该是存在于幼儿的周围生活中,同时又是幼儿感兴趣的。

2. 注意谈话时的技巧

在谈话时,教师使用的语言要形象、生动、丰富,能够启发、引导幼儿独立思考,同时注重培养幼儿的表达能力、沟通的能力;在谈话时教师应该面带笑容,并注意语气、语调;注意观察幼儿的表情,根据幼儿的兴趣对所谈问题进行及时调整。

3. 谈话结束后教师应该用准确的语言进行总结

在谈话结束后,教师应该用清晰、简洁、准确的语言对谈话的问题进行总结。表扬积极思考、勇于表达的幼儿,同时鼓励不积极的幼儿,在谈话中注意保护幼儿的想象力。

(三)观察演示法

观察演示法是指教师通过展示各种实物、教具,或运用现代化教学手段,有目的、有计划地引导幼儿运用多种感官,直接获得知识的一种方法。观察演示法是幼儿园教育活动常用的教学方法之一。

观察演示法符合幼儿的年龄特点,教师通过展示各种实物或精心准备的各种教具、图片,极大地丰富了幼儿的感性经验,加深幼儿对事物的印象,同时激发了幼儿学习的兴趣;可以提高幼儿的观察能力、逻辑思维能力。但是观察演示法往往强调教师的主导作用,忽视幼儿学习的主体地位,同时容易忽略幼儿的个别差异性,因此教学中建议教师使用观察演示法时最好和其他教学方法配合使用,才能发挥更大的作用。

使用观察演示法应该注意的问题有:

1. 做好演示前的准备

演示前,教师应该按照教学要求准备好演示需要的材料,做好检查确保演示顺利进行,如果是演示实验,教师应事先做一遍。

2. 注意演示的方法

为了易于幼儿理解,在使用演示法时教师应配合语言讲解;要求语言简洁易懂、吐字清晰,重点突出;必要时允许幼儿重复。

3. 引导幼儿及时观察

演示过程中,为了使幼儿掌握事物发展变化的过程,或是了解事物的特征,教师应注意使用语言引导幼儿进行观察。

(四)操作练习法

操作练习法是指幼儿在教师的指导下独立完成一定的操作,形成动作技能的方法。

操作练习法符合幼儿的年龄特点,符合幼儿的兴趣,极大地满足了幼儿的好奇心,能够促进幼儿学习的积极主动性;幼儿在教师的引导下,通过练习获得知识,提高了解决问题的能力,有效地提高了幼儿的各种技能。

使用操作练习法应该注意的问题有:

1. 明确目的、严格要求

在练习的过程中,教师应按照教学要求,严格控制幼儿练习的过程,在反复练习的过程中形成技能、技巧,出现错误及时纠正。

2. 循序渐进,逐渐提高

根据教学要求及幼儿认识发展的规律,练习应该由易到难、由简到繁,循序渐进地进行,切勿提高教学难度,加重教学任务,避免对幼儿造成身心伤害。

（五）游戏法

游戏法是指在游戏中传授知识、发展智力的方法，也就是说将游戏与教学两者巧妙结合，从而引起幼儿的兴趣的一种方法。游戏法是目前我国幼儿园普遍采用的一种教学方法。

游戏是幼儿的基本活动，符合幼儿的年龄特点及身心发展的需要；游戏法通过创设的宽松、活泼的学习氛围，使幼儿在轻松、愉快的状态下获得了知识，掌握了技能，发展了智力与品德等；能够激发幼儿的兴趣，满足不同幼儿的需要，做到因材施教；游戏能够促进幼儿体、智、德、美等全面发展，是实施幼儿园全面发展教育的重要方法之一。

使用游戏法应该注意的问题有：

1. 游戏应具有一定的目的性

教学应该紧紧围绕教学目标、教学任务，与教学内容一致，且在教学中加强教师的指导。

2. 游戏应具有一定的启发性

教师要善于通过游戏，启发幼儿思考，培养良好的学习态度与习惯，发展幼儿的想象力、表达能力、交往沟通能力等。

3. 游戏应该多样化

教师在教学中应该不断变化游戏的种类、规则、道具等，确保幼儿对游戏的新鲜感、兴趣与好奇心，以完成教学任务。

（六）发现法

发现法是指幼儿在教师的指导下，通过独立思考、积极探索，发现并掌握知识的一种方法。发现法又称研究法。

德国著名教育学家第斯多惠说：“一个坏的教师奉送真理，一个好的教师教人发现真理。”发现法着重于培养幼儿独立思考与探究的能力。通过设置一定的问题情境，培养幼儿发现问题、分析问题、解决问题的能力；有利于激发幼儿学习的兴趣，调动学习的积极主动性。但是发现法不适用在所有学科中，且比较费时，对教师要求较高，同时幼儿也需要有一定的知识储备。

使用发现法应该注意的问题有：

1. 让幼儿独立思考与探索

在教学中教师应放手，让幼儿独立地探索与想象，保护幼儿的探索能力与想象力，必要时给予一定的启发引导。

2. 循序渐进，因材施教

在教学中教师要按照由易到难、由简到繁的顺序引导幼儿逐渐深入思考；教师应善于设置不同的问题情境，给予每个幼儿充分发挥优势、独立思考与探索的机会，照顾幼儿的个别差异性。

教学有法，但无定法，在幼儿园教育活动中选择教学方法，还应该考虑教育目标、教育内容，并结合幼儿身心发展的特点和规律，才能使教育活动顺利开展，实现幼儿教育活动目标，取得良好的教育效果。

第二节　幼儿园教育活动设计与实施的基本策略

要想有效地开展幼儿园教育活动,促进幼儿全面发展,需要做好以下四个方面的工作:制订合理的教育活动计划、教育活动的方案、设计适宜幼儿发展的幼儿园环境以及掌握组织教育活动的基本策略。

一、幼儿园教育活动计划的设计

(一)幼儿园教育活动计划的含义

幼儿园教育活动计划是指为实现幼儿教育的目的与任务,由教师根据《纲要》规定的要求,结合幼儿园的实际和幼儿的特点,设计安排向幼儿进行全面发展教育的工作方案和实施规划。

(二)制订幼儿园教育活动计划的依据

1. 教育目的

幼儿园教育活动计划的制订,是根据国家的教育目的并结合幼儿园教育的性质和特点提出来的。幼儿园教育的目标是培养全面发展的幼儿,所以教育活动计划的制订应紧紧围绕幼儿园教育目标,它体现了国家教育目的的基本精神。

2. 幼儿身心发展的特点

教育的本质是一种培养人的社会活动,教育活动设计的好与坏除了根据国家的教育目的外,最主要的还是要符合幼儿身心发展的特点。幼儿之间的身心发展有明显的差异,如每个幼儿智力的发展、动作的发展和语言等的发展水平都各不相同,因此教师必须根据幼儿的生理特点、心理特点,制订出符合幼儿实际水平的教育活动计划。

(三)制订幼儿园教育活动计划的步骤

1. 全面分析,了解情况

(1)了解本园的基本情况,如办园思想、管理方法、现行的课程模式、工作重点、设施状况、玩具资料等。

(2)了解本班的具体情况,主要采用观察、调查等方法正确评估本班幼儿的智力、体质的发育程度及思想品德和行为习惯等;分析前一阶段执行计划、完成任务的情况,取得的成绩、经验,存在的问题及原因等;现有器材、玩具、书刊、经费等物质条件;明确本学期的季节特点及本地区的社会人文特点等。

2. 明确任务,选定内容

按照《纲要》中规定的教育内容和要求,经过层层分解,明确具体任务。明确了任务后,从幼儿发展的实际水平出发,选择科学的、有思想性和趣味性的教育内容,进行挖掘、综合、创新,以增添活动的情趣,产生对幼儿的吸引力,调动幼儿的主动性和积极性,发挥幼儿丰富的想象力和创造力,使幼儿在体、智、德、美等方面全面发展。

3. 合理安排、编写计划

从幼儿园和班级的实际情况出发，结合地区、社会的客观环境、季节特点等因素，将确定的教学内容进行分解，并计算出教学时数，在时间上给予科学合理的安排，最后制订出教育活动计划。编写计划是教师制订教育计划的最后形成阶段。计划的编写应有一定的规范，可以用文字说明，也可以用表格显示；可以简述，也可以详述。但是，不管采取哪种编写形式，都要注意目的明确、要求具体、重点突出、切实可行、便于检查。

(四)幼儿园教育活动计划的种类

幼儿园教育活动计划是多种多样的，它们从不同的角度反映了《纲要》所规定的任务、内容和要求，是幼儿教师开展教育工作的依据和全面实现幼儿教育任务的基本保证。

根据计划的时间，将幼儿园教育活动计划分为学年计划、学期计划、月计划、周计划、日计划和单项教学活动计划。

1. 学期工作计划

学期工作计划是在每学期开始前，由有经验的教师参与制订。大致包括以下内容：本班情况分析、男女比例、幼儿智力水平、道德和健康状况、个性特征及家庭教育状况等；对本班幼儿在体、智、德、美各方面的教育要求、对个别幼儿的教育要求，教材内容的确定以及按要求完成教育任务的具体措施，家长工作的内容要求和联系方式等；班级学期教育的总体目标，包括身体发展目标、认知发展目标、社会性发展目标以及个别教育目标等；新班幼儿的接待工作或大班幼儿的入小学前的准备工作等。

2. 月工作计划

月工作计划是在每月初，由幼儿教师根据班级学期工作计划，紧密结合本班幼儿实际情况和季节特点制订的。大致内容包括：上月幼儿情况分析、各领域活动（健康、语言、社会、科学、艺术五大领域）、对幼儿的个别教育、环境设计、家长工作等。一般是由有经验的教师参与制订。

3. 周工作计划

周工作计划是根据班级月工作计划制订的周教育工作计划（或活动安排），它是在上一周计划执行的基础上制订的，一般是在前一周末设计完成并由园长审阅后执行。周计划是各年龄班教师每周教育工作的依据，规定着一周的教育工作重点、内容要求和具体措施。

周工作计划是幼儿园比较具体的一种教育计划。它包括从幼儿入园到幼儿离园期间，幼儿每日活动的各方面和各环节。其中，幼儿生活与组织的常规内容及要求，如晨检、早操、睡眠、进餐、卫生要求等，不必天天写，只需要将要求综合写在计划的相应栏内，每天按预定的方式进行即可。但新的教育内容和要求必须详细写在计划内，如一周的工作重点和每日的工作重点、对个别幼儿教育的要求、家长工作等。其中教育活动主要包括有组织的活动、区域活动等，这些都要通过周计划清楚地反映出来。

4. 日活动计划

日活动计划是按照周工作计划的安排进一步详细制订的每日活动计划。具体包括入园、早操、早餐、活动区游戏（美工区、计算区、益智区、科学区、玩具加工区、表演区、语言区、棋类区等）、教学活动前准备（如厕、喝水）、教学活动、过渡环节（如厕、喝水、外出服装及鞋的检查、自查）、户外活动、午餐前活动、午餐、散步、午睡、起床（午检、穿衣服、梳理头发等），户外活动、晚餐、离园等。

5. 单项教学活动计划(又称课时计划或教案等)

教学活动计划主要指教师根据学期计划、月计划、周计划中的教学内容安排,依据幼儿的年龄特点而制订的具体的教学活动方案。它阐明在一定的活动时间内要做什么、怎么做、完成什么目标等。主要包括:

(1)活动名称

指本次活动的具体名称或主题。注意应标明班级、幼儿人数、活动日期。

(2)活动目标

主要阐明幼儿通过这一活动能达到的预期目标,包括知识目标、情感目标、能力目标等方面。

(3)活动准备

主要包括经验准备,如教幼儿画花、草等植物,教师可以先组织幼儿到植物园、公园进行观察,加深幼儿对植物的印象。此外,还包括活动材料的准备,如材料的名称、所用的数量、场地的安排等;教师教学方案及教学方法的设计与安排,如教师实现将设计几种不同的教学方案,考虑几种不同的教学方法,结合教育活动开展的实际情况,灵活运用。

(4)活动过程

主要体现目标的实施过程和步骤。一般包括开始部分、基本部分、结束部分。

①开始部分

开始部分又称导入部分。为了吸引幼儿的注意力,激发学习的兴趣,调动学习的积极主动性,教师可以从幼儿身边的故事、生活中的常识或现象等导入;还可以通过出事教具、设置问题情境等方式导入。

②基本部分

基本部分是按照各项活动目标,开展具体的教育活动的过程。可采用不同的方法和形式,如讲授法、谈话法、观察演示法、游戏法等。要求围绕活动目标、科学合理、逐渐深入、重点突出,这一部分是整个教育活动的主要部分。

③结束部分

结束部分主要是对本次活动过程的归纳总结。在这一环节中,可以由教师整理归纳,包括整个活动开展的状况、展示活动的成果等,也可以由幼儿自己总结。

(5)活动延伸

如果有未完成的内容或其他相关的内容,可以利用其他时间继续进行。

(6)活动评价

一般在活动结束后由教师本人或其他教师对整个活动过程给予客观的评价。

【参考案例】

1. 活动名称

我喜爱的小动物

2. 活动目标

根据《幼儿园教育指导纲要》、小班幼儿的年龄特点、班级幼儿的基本情况,确立了知识、能力、情感三个方面的目标。

(1)知识目标

认识生活中常见的小动物——猫、狗、鸡、鸭,知道它们的特点和生活习性。

(2)能力目标

让幼儿能说出自己喜欢的小动物,并说说为什么喜欢,通过问答、补充,培养幼儿的语言表达能力。

(3)情感目标

通过活动让幼儿知道要爱护动物与动物交朋友,激发幼儿对小动物的喜爱之情。

3. 活动准备

(1)多媒体课件。

(2)动物图片。

(3)头饰。

(4)各种动物的声音。

4. 活动过程

根据小班幼儿年龄的特点和活动目标,采用环环相扣的形式来组织本活动,运用听、看、说的形式激发幼儿对小动物的兴趣。

(1)激发兴趣

在活动开始,引出动物的叫声,请幼儿认真听,通过听觉刺激,激发幼儿说的欲望。以"有客人来了,你们想知道是谁吗?"鼓励幼儿积极猜测、大胆想象,激起幼儿的兴趣,让幼儿说说"喜欢什么动物",为活动的重点做好铺垫。

(2)感性认识

通过播放视频引入猫、狗、鸡、鸭四种动物代表,激起幼儿学习的愿望,视频中生动的画面能够吸引幼儿的注意力。让幼儿通过观看,轻松地了解到这四种动物的名字、声音、特征和生活习性。通过展示猫、狗、鸡、鸭四种动物的图片,加深幼儿的印象,进一步引导幼儿模仿小动物的叫声,这样既保证了幼儿开始的积极状态,又缓解了幼儿获取知识的紧张心理,使活动在快乐的气氛中过渡到下一个环节,此部分是本活动的教学重点。

(3)启发讨论

让幼儿观看课件中的动物图片,支持、鼓励幼儿大胆想象,启发引导幼儿说出动物的名字、特点和生活习性,并给予充分的肯定。通过幼儿自主讨论,呼吁幼儿捧出爱心,共同爱护动物,与动物交朋友。在教学中让幼儿参加探究活动,不仅提高了认识,锻炼了能力,更升华了情感,这一环节充分体现了幼儿的主体作用。

(4)操作练习

以上环节,从幼儿的感官入手,分别通过耳朵、眼睛、嘴巴来了解小动物们的特点和生活习性。在这一环节中将引导幼儿利用爱心帮助黑板上的小动物用连线的方式寻找食物。在活动中注意照顾幼儿的个别差异,进行个别指导。最后以动物的名义颁发精美的头饰,升华了幼儿对小动物的喜爱之情,这一环节是本活动的难点。

(5)创编表演

在活动最后这个环节,为了使幼儿的兴奋点上升,设计与小动物开舞会的音乐游戏,把活动推向高潮。将事先准备好的动物头饰发给幼儿,让幼儿随音乐《什么动物来了》,自由创编、表演,在愉快的氛围中体验人与动物间的和谐与美好,较好地将艺术融入社会,达到比较完美的统一。

最后,以带领小朋友们参观动物园为由,在《齐步走》的音乐中完成整个活动过程。

5. 活动延伸

继续请小朋友积极收集喜欢的小动物的图片，由他们自己讲述每种动物的名称、特点，并说明为什么喜欢这种动物。

6. 活动评价

此次活动，始终以幼儿的实际水平作为出发点，充分发挥教师的主导作用和幼儿的主体性，并运用多种教学方法和教学手段，调动幼儿的多种感官，通过听、看、想、说、演来提高幼儿的语言表达能力、动手动脑能力及创造力，让幼儿积极参与到活动中来，体验学习的乐趣，完成活动目标。

总之，以上各类活动计划，有着不同的具体要求与内容，教师可根据教育目标的不同，灵活设计并使用。但值得注意的是各个计划不是一成不变的，应根据每个班级的实际情况、幼儿的特点、地区季节的变化、偶发事件等，进行及时的调整。

二、幼儿园教育活动的组织策略

（一）将活动掀起高潮的策略

幼儿在活动中往往因为活动的单一、枯燥，导致出现兴趣降低、注意力分散等现象，教师要在活动中善于观察幼儿的表现及时调整活动内容，将幼儿的情绪、认知、注意力等外显的与内隐的能力始终保持活跃的状态，从而将活动推向高潮，以实现活动的目的。

1. 活动高潮的构成要素

（1）情绪的兴奋性

活动达到高潮时，幼儿的情绪高涨，处于兴奋状态，并伴随系列的外部特征，如语言丰富、声音洪亮、动作夸张、面部表情愉悦而生动等。

（2）智力的活跃性

活动处于高潮状态时，幼儿达到“最好的学习状态”。具体表现是：幼儿想象力丰富、思维活跃且敏捷、积极主动，并积极参与活动、回答问题等，在活动中体验到了经过动脑、动手探索、追求真知，获得成功的一种喜悦和满足感。

（3）审美的艺术性

主要是在活动达到高潮状态后，教师善于观察幼儿的表现情况，时刻注意抓住所有契机，唤醒、激励、鼓舞幼儿，达到审美的最高境界，这也是教学活动的艺术所在。

（4）高度的效益性

在幼儿园教育活动中，教师通过营造一定的氛围和情境，激发幼儿的积极性、主动性，使幼儿的思维活跃、情绪兴奋、手脑并用参与到活动中，使活动真正促进幼儿的身心全面发展，提高活动的效率；切忌为了热闹而热闹，则会出现“课堂热热闹闹，脑袋空空荡荡”的尴尬局面。

2. 高潮策略的类型

使幼儿园教育活动达到高潮的策略主要有以下五种：

（1）情绪感染策略

在活动过程中教师要善于时刻观察幼儿的表情、声音、姿势和动作等的反馈信息，掌握幼儿在活动中的情绪体验，利用同伴间情绪、情感相互影响、相互感染、相互作用的原理，设法营造一定的情境，使幼儿在群体活动中通过相互接触，相互交往、相互沟通，从而获得更多、更强烈的情感体验，达到活动的目的。

(2)悬念策略

德国教育家第斯多惠说："教学的艺术，不在于传授本领，而在于激励、唤醒、鼓舞。"在教学活动中教师巧设悬念，激发幼儿的兴趣，唤起幼儿的探究欲望，给幼儿造成一种紧张的心理和强烈渴望获取知识的状态，提高幼儿参与活动的积极性，使幼儿从疑问开始进入学习状态，达到教学活动的高潮。

(3)启发诱导策略

在活动中教师发挥教学的主导作用，注重幼儿学习的主体地位，要善于创设问题情境，激发幼儿学习的兴趣，燃起幼儿的学习动机，充分调动幼儿学习的积极主动性，发挥每个幼儿的潜能，给幼儿创造独立思考、独立创造、自由发展的空间，使幼儿通过探究发现知识，获得发展，从而推动教学活动达到高潮。

(4)随机应变策略

在教学活动中出现的突发事件、意外状况，使幼儿的注意力受到干扰，教师的教学计划受到影响，课堂陷入被动状态，在这样的情况下，教师要善于根据具体情况及幼儿的反应及时改变、调整教学内容、方法，转移幼儿的注意力，变被动为主动，以利于幼儿的发展及教学目标的实现，达到预期的教学效果。随机应变能力是新形势下赋予教师的要求，在教学中教师只有做到对知识的科学态度、对幼儿的充分了解，才能灵活自如的驾驭课堂教学过程，因此只有加强学习，不断扩大知识面，提高随机应变的能力，才能有效处理教学活动中遇到的问题。

(5)参与表演策略

瑞士著名教育家皮亚杰说："所有智力方面的活动都要依赖于兴趣。"兴趣是幼儿学习的关键，激发并保持幼儿学习的兴趣是教学活动的目的之一，参与表演策略正好符合幼儿的这一心理特点，所以在教学活动中教师可创设多种情境，给予幼儿参与表演的机会，在玩中学，寓教于乐，把教学的内容变得具体、形象、生动、有趣，让幼儿通过亲身体验获得知识，发展幼儿的智力。

(二)把握活动节奏的一般策略

由于教学活动内容单一、活动持续时间较长、教师不能很好地把握活动节奏等原因会导致教学活动变得枯燥、乏味，缺乏趣味性，幼儿兴趣不高，教学效果也不理想。教师对教育活动节奏调控的质量，是影响教育活动质量的重要因素。所以教师对教学活动的节奏把握得当，使教和学达到和谐共鸣，会取得较好的教学效果。在活动中教师可以借用强弱、突转、重复、缓急、曲折、交替、动静等节奏策略，形成起伏有致、张弛交错的活动节奏，这样能够满足幼儿学习的兴趣与好奇心，激发幼儿学习的求知欲，符合幼儿的身心发展的特点与规律，可以有效提高教育活动的效果。

把握教学活动节奏的策略：

1. 唤醒幼儿大脑，保持最佳状态

活动的内容与活动节奏，都会影响幼儿的情绪、精神状态以及反应，所以教师把握教学活动的节奏，改善活动的效果，可以激发幼儿兴趣，使幼儿的大脑高级神经活动处于最佳的唤醒状态。这样幼儿就能够注意力集中、头脑清醒、思维敏捷、行动迅速并且主动。

2. 活动过程动静结合、富于变化

动静结合是幼儿园教育活动良好节奏的体现，是幼儿园教育的一项基本原则。在教育活动中一味地“动”会使幼儿情绪一直处于兴奋状态，容易造成幼儿精神上的极度疲劳；一味地“静”则会使幼儿的情绪保持长时间的稳定，容易造成幼儿情绪低落。因此教师在教育活动中应该动静交替，这样既可以调动幼儿的积极性、主动性，又有利于消除幼儿因活动产生的疲劳，保持良好的注意力，提高活动的效率。动静交替的节奏，在活动中通常是静在前，动在后。

3. 活动速度快慢适宜，活动内容疏密相间

快慢适宜的活动速度和疏密相间的活动内容，二者构成了活动过程中的教学节奏，可以给幼儿带来情绪上的愉悦和精神上的振奋。若一味追求快节奏和高速度，会使幼儿情绪过于紧张，精神易疲劳，最终使幼儿的注意力难以集中；而一味地慢节奏和低速度又会使幼儿的情绪过于松弛，精神也易于疲劳，其效果同样不好。教师在活动中应该准确而全面的把握教材，合理组织活动内容，根据活动的内容、重难点将活动安排张弛相间，快而有度，稳而有序。

4. 活动衔接自然流畅

教学活动内容应层层递进、环环相扣，活动衔接自然、流畅，教学活动一气呵成，有利于循序渐进的促进幼儿思维的发展，否则活动内容不流畅，过渡和衔接不自然，将导致教学活动脱节、教学内容不完整。因此教师在设计教学活动时，应学会把握教学的节奏，让教学活动舒缓有度，富有节奏感。

5. 灵活运用教学机制

尽管教师在活动前设计的教学活动计划非常完美，但是在活动中常会遇到难以预见的情况出现，预先设计好的教学计划经常被打乱，使教学活动受到影响，在这样的情况下，教师只有根据活动的内容、幼儿的情况，以及突发状况，随时调整活动的节奏，运用科学、合理的教学机制来解决问题、调控活动，使活动严格按照预定的目标发展。

三、幼儿园教育活动的语言运用策略

幼儿园教学活动中多以语言指导为主，教师语言指导在某种程度上决定着一节活动的成败。在教育活动中，优秀的幼儿教师能够通过语言，化深奥为浅显、化抽象为具体、化平淡为神奇，将幼儿的注意力集中于当前开展的活动中来，从而使幼儿的一日生活更具有趣味性和艺术性。

语言表达的方式取决于教师的个人魅力和运用语言的能力，因此教师应掌握一定的语言策略，发挥说话的艺术和技巧，激发幼儿的学习兴趣，唤起幼儿的求知欲。

（一）幼儿园教育活动中教师语言策略的基本原则

1. 形象性原则

教师语言的形象性是指教师的语言应直观而具体、形象而生动，将抽象的概念具体化、枯燥的知识趣味化、深奥的哲理形象化。教师形象、生动的语言能够帮助幼儿理解和感知各种抽象的事物、词语和概念等，有利于幼儿感性经验的积累，符合幼儿思维的发展，具有具体、形象的特点。

贯彻形象性原则，就是要求幼儿教师要尊重幼儿的年龄特点、身心发展规律、生活经验

等,使用易于幼儿理解的形象化的语言来表达指令、传授知识、交流情感等。形象化的语言比抽象化的概念更易于幼儿理解、接受,因此在教育活动中,教师应当因势利导,将抽象的哲理或逻辑分析尽可能地融化在具体可感知的形象中,并多举实例、多打比方,只有这样才能激发幼儿的主动参与性,使教学活动有声有色。

2. 逻辑性原则

教师语言的逻辑性是指教师在传授知识、开发智力、培养能力时使用的语言要准确、精炼、有条理。在教育活动中教师语言具有一定的逻辑性,这样能够确切地使用概念、科学地进行判断、合乎逻辑地进行推理。教师语言的逻辑性对学生逻辑思维的形成起着潜移默化的作用,有利于促进幼儿逻辑思维的发展。教师通过语言能使复杂的内容变得简洁、明了,用最明快的语言表达最丰富的内涵。

贯彻逻辑性原则,就是要求教师的语言表达要简洁明了、干净利落,既准确又干练,句句连贯,层次分明。教师使用的语言应具有内在的逻辑力量和高度的概况水平,只有这样才能更好地启迪幼儿的思维活动,达到事半功倍的效果。

3. 启发性原则

教师语言的启发性是指教师的语言能够启发幼儿思考并让他们有所领悟。教师富有启发性的语言能激发幼儿智慧的闪光点,丰富幼儿的想象力。如,哪位小朋友敢试一试?/谁能试一试?/你真棒!已经找到了一种办法,再试试,还有其他办法吗?/你能想出几种?这是什么?为什么?怎么办呢?

通过启发性的语言,能够引导幼儿参与到活动中来,不仅可以满足幼儿对事物的新奇、幻想、探索的需要,而且能够促进其思维能力、想象能力的提高。启发性的语言,较具有开发性,每个幼儿因为生活背景、生活经验、现有水平、能力的不同,做出的反应也不一样,有的幼儿想到的内容多些,有的幼儿想到的内容少些,有的幼儿说的内容层次深些,有的幼儿说的内容层次浅些,教师应该掌握不同的教学用语,这样才能照顾不同层次的幼儿,有利于幼儿的创新思维及想象力的发展。

贯彻启发性原则,就是要求教师通过富有启迪、暗示、点拨、引导性的教学语言,激发幼儿学习的兴趣和积极性,使幼儿产生自我学习的要求与愿望。教师语言的启发性,即在用语上要处处着眼于充分调动幼儿思维的积极性,引导幼儿开动脑筋,独立地去获取知识。即,通过教师的“讲”,诱导幼儿的“想”。教师的语言像催化剂一样,深入幼儿的性格特征和情感、知识基础之中,与其融合,发生反应,从而启发幼儿的心智,刺激幼儿的神经,促其深入思考,这样的语言对幼儿才有吸引力,才能开启幼儿的思维。

4. 情感性原则

教师语言的情感性就是指教师的语言应当充满情感的色彩。教师富有情感性的语言,能够激发幼儿的学习热情,能够激起道德情感的共鸣,能够拨动幼儿的心弦,从而激发幼儿对幼儿园生活和学习的兴趣。如,你真棒!/你真有胆量,不简单!/你与众不同的见解真是让人耳目一新。/哇!你们真棒,对学习真有耐心,也很有毅力。老师佩服你们,为你们感到骄傲!

贯彻情感性原则,就是要求教师在使用过程中注意语言应具有一定的感情色彩,多使用鼓励性、赏识性的语言,多给予幼儿积极的正面教育,即告知幼儿什么可以做,为什么,如何做。教师在教学活动中注入了自己的情感,并通过语言表达出来,才能唤起幼儿的求知欲,给幼儿留下深刻的印象,收到良好的教学效果。

(二)幼儿园教育活动中教师语言策略的基本类型

作为一名幼儿教师,面对的教育对象是3—6周岁的幼儿,他们是还没有形成语言体系的人群,正在学习语言,是语言发展的关键时期,同时自我控制能力很弱,容易被无意注意左右。因此,教师在教育活动中应该善于控制语调、推敲语气、调整语速,激发幼儿学习的兴趣,调动幼儿学习的主动性。而对这些因素的良好调控与使用能力,也就成了幼儿教师语言策略的基本类型,即语调、语气、节奏、修辞等方面。

1. 语调方面

语调,通俗地说,就是说话的腔调,是语言表达的基本构成因素。语调在教师的语言艺术中占有很重要的地位,教师自然流畅的语调并配以甜润清亮的音色,会令人悦耳、舒心,使其语言平地生辉,教学充满生机和趣味,具有磁铁般的吸引力,并增强感染力,在潜移默化的熏陶中培养学生学习的兴趣;而毫无变化、单调呆板甚至拙劣的语调,则使其语言黯然失色、令人生厌,教学效果也会受到影响。

幼儿教师的语调策略,就是要求教师能根据幼儿身心发展的特点、个性的特点和教育目标、教育内容以及说话的场合等因素恰当地使用和调控自己的说话腔调。因此,语调策略要求幼儿教师在语言使用上应做到以下几点。

(1)发音准确、清晰,使用标准的普通话

课堂上,幼儿主要靠听觉、视觉接受刺激,获取知识和其他信息等,所以教师的声音要洪亮、发音准确、清晰,这样可以吸引幼儿的注意力,增强讲课效果。

(2)注意语间的高低调配,轻重音的分配

注意在讲授知识、讲述故事时语音的高低调配、轻重音的分配等,以使其表达的意思清楚、明了、重点突出。幼儿不喜欢“念经”一样的课,教师在讲授知识和讲述故事时,使用的语调过于单一,将会使幼儿感觉听觉疲劳,令人生厌;同时单调乏味、缺乏鼓动性的声音也会抑制幼儿的思维。

(3)根据不同场合采用相应语调

在教育活动中,教师要注意自己的语调,同样的内容使用不同的语调表达,意思和效果就可能大相径庭。要根据具体的内容、活动要求、目的和对象等来选择合适的语调。

(4)巧妙地处理儿化音及变调,做到说话抑扬顿挫,绘声绘色

教师的讲课有激情,抑扬顿挫,有节奏感,声情并茂,可以吸引幼儿的注意力,直接影响着幼儿的思维活动。

2. 语气方面

教师面对的幼儿不同于成人的思维方式,他们有着自己独特的思维模式,且思维模式尚未完善,如果教师使用成人化的语言、语气,他们有时候是无法理解的。因此,教师要根据幼儿身心发展的特点,在教育活动中用幼儿能理解的语气来调动幼儿学习的兴趣,增强知识的吸引力,才能更好地实现教学目标,提高教学效果。教师讲话的语气要儿童气足一些,同时又没有矫揉造作之嫌,话中洋溢着与幼儿一道探寻知识奥秘的兴味。教师的语气要亲切、柔软,且不失庄重感。

3. 节奏方面

教师语言的节奏即语言的速度,就是指教师在一定时间里吐字的快慢、多少,以及疏密间隔。教师说话的语速是非常重要的因素,不能太快也不能太慢,语速过慢会使课堂效率

降低,但是语速过快,课堂效率也不会提高,反而还会造成幼儿跟不上教师的速度,使课堂教学效果大打折扣。教学语言节奏的快慢,直接影响着幼儿的思维活动。

教师语言的节奏策略,就是在教学过程中,教师要根据幼儿对知识信息接受的情况,合理地控制语言速度的缓急。因此,教师语言的节奏策略要求幼儿教师在语言使用上应做到以下几方面。

(1)语言的节奏以教学内容本身以及幼儿的接受能力为基础

语言的速度要符合内容的需要,如果是一堂课的开始,由于幼儿刚经历课间休息,精神松弛,此时教师无论复习旧课,还是导入新课,语言都宜慢;当幼儿情绪已调动起来,思维进入正常轨道时,语言和教学进度可逐渐加快;当教师讲授知识的重、难点时,由于这些内容输入幼儿大脑需要有一个处理转换的过程,这时教师的语言又宜慢不宜快;当教师由一个教学环节过渡到另一个环节时,教学语言又宜快不宜慢;当教师有意识地锻炼幼儿的思维敏捷力或记忆能力时,又可以适当加快语言节奏,等等。

(2)根据教学环境,语言快慢得当,高低适宜

教学环境也是制约教师语言速度的条件之一。如,在教学活动室上课和教室上课,教师教学语言速度就有差别;室内上课还是室外上课语言速度也不同,空间大、距离远,语言速度就要相应地放慢。

4. 修辞方面

教师语言的修辞策略就是指教师语言要有艺术,同时具有一定的幽默感。语言的艺术就是指教师要用美的语言去教育幼儿,感化幼儿;语言的幽默感就是教师要时常考虑说话的方式,使用灵活多变的语言去启发教育幼儿。

教师从事的是一门语言的艺术,教师的语言是感化幼儿心灵不可取代的手段,教师通过语言传递知识、传达思想与理念,语言是教师的功力以及品味的表现;教师在教育活动中恰当合理地运用语言艺术,将直接影响幼儿的生活、学习、情感的发展,甚至关系到幼儿与教师的关系。

幽默、风趣的语言是课堂教学的润滑剂。培养一定的幽默感和教育机制是调节师幼情绪状态不可缺少的有效方法。富有幽默感的教师容易对课堂教学进行有效地控制,更善于缓和课堂教学的紧张局面,也更能以一种积极、乐观的态度来处理矛盾,从而营造良好的课堂氛围。

5. 肢体语言

肢体语言又称身体语言,是非语言交际的主要形式,是用身体动作来表达情感、交流信息的沟通手段,包括眼神、表情、手势、体姿等。

教学语言虽然可以传递各种信息,但是若没有眼神的交流、表情与手势的配合,课堂教学就会像运转机械一样冷漠死板。如果在教育活动中,教师能够恰当地使用肢体语言,就可以增强教学语言的力度,强化要传递的知识,给课堂增添亮色和活力。因此,教师使用肢体语言的策略时,注意以下四个方面。

(1)眼神

眼睛是心灵的窗户,教师用真诚动情的眼神与幼儿沟通交流,幼儿就会从教师的眼神里读到坚定、友爱、真诚等情绪、情感。因此,要求教师注视幼儿时,眼睛要炯炯有神,感染幼儿,使眼神与讲课的内容保持同步。

要求教师要克服以下问题：

①双目无神；

②单调呆板；

③眼睛时常向外瞟，或死盯一处。

(2)表情

表情要尽量热情、真挚、可信。需要注意的是：

①表情要自然诚实，发自内心，不能装腔作势，故作姿态；

②表情要以教学内容为基础，不能从个人好恶出发，凭感情用事；

③表情要与讲课内容一致。

(3)手势

手势要形象有力，准确得体。需要注意以下问题：

①不要过多地重复一个手势，以免学生感到乏味；

②双手不要支撑着放在讲桌上，更不要抓耳挠腮，转移幼儿的视线；

③手势要保持自然、适度，动作不要太大、太夸张。

(4)体姿

教师的体姿包括走姿、站姿。体姿是教师表达情感与思想的有力手段，只有正确使用体姿语言，才能发挥其良好的辅助教学作用。

①走姿要求

优雅、稳重、从容、落落大方。教师大方从容、自然端庄的走姿，能给予幼儿自信、亲切、热情的感受。

②站姿要求

端正、稳重、亲切、自然。教师挺身直立，自信精神的站姿，能带动幼儿的情绪，使其精神饱满、充满热情的上课。

四、教育活动的方法策略

(一)依据教学目标选择教学方法

教师在选择具体的教学方法时需要考虑两个方面的内容：一方面，幼儿园不同领域或不同层次以及幼儿园教育总体目标的有效达成，要借助于相应的教学方法和技术；另一方面，各领域间内容的交叉融合。教师可依据具体的可操作性目标来选择和确定具体的教学方法。

(二)依据教学内容特点选择教学方法

不同学科的知识内容与学习要求不同：不同阶段、不同单元、不同课时的内容与要求也不一致，这些都要求教学方法的选择具有多样性和灵活性的特点。

(三)根据幼儿的实际特点及差异性选择教学方法

幼儿的现有发展水平与实际特点各不相同，这些因素都直接制约着教师对教学方法的选择，这就要求教师能够科学而准确地研究分析幼儿的上述特点，有针对性地选择和运用相应的教学方法。

（四）依据教师的自身素质选择教学方法

任何一种教学方法，只有适应了教师的素养条件，并能为教师充分理解和把握，才有可能在实际教学活动中有效地发挥其功能和作用。因此，教师在选择教学方法时，还应当根据自己的实际优势，扬长避短，选择与自己最相适应的教学方法。

（五）依据教学环境条件选择教学方法

教师在选择教学方法时，要在时间条件允许的情况下，能最大限度地运用和发挥教学环境条件的功能与作用。

（六）选用的方法应体现先进性

教育活动方法的选择和使用，不仅受活动目标、活动内容、幼儿的年龄特点和发展差异所制约，而且受社会发展水平的制约，尤其是科技发展水平的制约，因此，教师在方法的选择上，更应该与时俱进。

（七）教学方法的优化组合和创造更新

在教育活动中教师使用的方法不可能是单一的，应该按一定的顺序和关系将多种方法配置结合在一起，构成一个最佳的组合方案，最优化地实现教育目标，提高教育活动的质量。

第三节　组织幼儿园教育活动的基本技能

一、导入技能

在教学活动中为了设置良好的活动情境，吸引幼儿的注意力，激发幼儿学习的兴趣，教师可通过导入的方式开始教学。良好的导入可以起到先声夺人的效果，导入是教育活动的起始环节，一般时间不宜过长。

常用的导入有以下五种。

（一）直接导入

直接导入是教师直接阐明教学目标、任务、要求等，通过语言形象叙述，引起幼儿的关注，开始教育活动的一种方式。这种导入法能够使幼儿明确学习的目标、任务、内容等，引起幼儿思想上的重视，并使其准备参与到教学活动中来，做到“课伊始，意亦明”。

运用直接导入法时，教师要注意以下两个方面：

1. 导入时要紧抓教学重点，语言简炼明了

教师要掌握对教材内容，导入时紧扣教学重点，语言简练、明了，教师要注意导入的时间不宜过长，否则将起到反面效果，不能激发幼儿的求知欲。

2. 借助多种教学手段，吸引幼儿的注意力，提高导入效果

为了使幼儿在短时间内集中注意力，明确本节课的教学要求，教师可以借助多种教学

手段,如图片、实物、文字等来帮助讲解,调动幼儿的多种感官,激发幼儿的兴趣。

(二)演示导入

演示导入是教师将各种实物、图片、模型、图表等展示给幼儿,或运用幻灯、投影、电视、电脑等媒体对与教学内容相关的信息进行演示,开始教育活动的一种方式。这种导入以强烈的视听效果、逼真的现场感受吸引幼儿进入学习情境,教师运用实物等直观教具,为幼儿提供生动直观的感性材料,能够化抽象为具体,增强了教学活动的趣味性,调动了幼儿学习的积极主动性,使幼儿深入的学习、求知。

运用演示导入法时,教师要注意以下两个方面:

1. 做好演示前的准备

在教育活动开展前,教师根据教学的需要,做好教具准备,选择典型的实物、教具,力求使演示成为帮助幼儿感知、理解所学内容的手段。

2. 教师运用语言不失时机地提问、叙述

教师在演示的过程中,要向幼儿提出问题,或做出适当讲解、指点,引导幼儿边看、边听、边思考、边议论,以获取最佳效果。

(三)故事导入

故事导入是教师通过讲故事开始教育活动的一种方式。以故事的形式导入新课,能吸引幼儿的注意力,符合幼儿身心发展的特点,满足幼儿的好奇心,激发幼儿的兴趣,启迪幼儿的思维,调动幼儿学习的积极主动性。

运用故事导入法时,教师要注意导入的效果不仅与故事本身的趣味性有关,还与讲故事的方式、方法有关。

(四)游戏导入

游戏导入是通过不同性质、不同特点、不同类型的游戏或活动开始教育活动的一种方式。教师通过组织幼儿进入一定的游戏情景中,使幼儿在一种既紧张又愉快的心情伴随下,进入学习。不仅激发了幼儿的学习兴趣,活跃了课堂氛围,游戏导入更是实现教学目标的手段之一。

运用游戏导入法时,教师要注意以下四个方面:

1. 做好游戏前的准备

游戏前的准备包括道具准备、知识准备、心理准备。

(1)道具准备

包括实物、头饰、卡片、音乐等。

(2)知识准备

每个游戏的进行都需要幼儿掌握与游戏相关内容的知识,以作铺垫。

(3)心理准备

游戏开始前,教师需要把游戏的规则向幼儿讲清楚,可以适当渲染下气氛,让幼儿既兴奋又期待,集中注意力,全身心投入到游戏中来。

2. 游戏的公平性与纪律性

在游戏的过程中,一方面,教师要公平地对待所有的幼儿,切不可歧视任何一个幼儿;

另一方面,教师对游戏规则的贯彻要坚决,尤其是对违反纪律的一方,不可偏袒。

3. 把握好游戏的时间

在游戏过程中,教师要把握好游戏的时间,时间过长幼儿的学习兴趣会降低,过短则达不到预期的教学效果。

4. 注意游戏后的总结

在游戏结束后,教师通过总结游戏中幼儿的感受,了解幼儿学到了什么,掌握了什么,同时引出将要讲课的内容,做好衔接工作。

(五)音乐导入

音乐导入是通过各种类型的音乐开始教育活动的一种方式。在教学中,教师可以运用各种音乐,刺激幼儿的听觉器官,给幼儿身临其境般的感觉,这样幼儿的情感就能得到充分的表现,并在此基础上得以提炼和升华。

运用音乐导入法时,教师要注意发挥幼儿学习的自主性和教师教学的艺术性,让幼儿在情感和意境中学会欣赏音乐,激发幼儿对音乐的兴趣。

二、讲解技能

讲解技能是教师在组织活动中,运用语言向幼儿传授知识、解答问题或交代活动方法的行为方式。讲解要简单、通俗、形象、直观。讲解主要分为解释式讲解、描述式讲解、论说式讲解三种类型。

(一)解释式讲解

解释式讲解就是教师在课堂教学中用语言向幼儿传授知识的同时,对知识进行剖析和揭示,使幼儿把握其实质。这种讲解方式一方面向幼儿传授知识,使其了解知识的内在联系,进而形成系统的知识结构;另一方面通过分析、归纳、推理等一系列活动,揭示知识的内在联系与形成过程,培养幼儿正确的思维方法。

教师运用解释式讲解进行教学时要注意:

(1)目的明确、重点突出;

(2)语言准确、清晰;

(3)注意与其他方式配合,长时间的讲解不利于调动幼儿的积极性。

(二)描述式讲解

描述式讲解是教师通过对客观事物发生、发展、变化过程的描述,使幼儿对事物有一个完整的印象,达到一定的认识和了解。教师运用形象、生动的语言对事物形象、结构、特征等进行描述,有利于幼儿形成直观而清晰的表象,激发幼儿学习的积极主动性。

教师运用描述式讲解进行教学时要注意:

(1)语言准确、生动、流畅;

(2)条理清晰、逻辑性强、重点突出;

(3)注重启发与沟通。

（三）论说式讲解

论说式讲解就是教师通过语言系统连贯地向幼儿传递知识的过程。教师不仅要系统而全面地向幼儿传授知识，而且要深入分析和论证事实，通过分析、论证来概括、归纳使幼儿获得知识。论说式讲解有利于激发幼儿学习的求知欲，调动学习的积极主动性，培养幼儿一定的思维能力。

教师运用论说式讲解进行教学时要注意：

（1）面向全体、教态自如；

（2）声音洪亮、速度适当、有感染力；

（3）内容正确、论述充分。

三、提问技能

提问技能是指在活动进行过程中教师通过设置问题，启发幼儿回忆、思考、观察、操作、探索，以寻求问题答案的行为方式。教师通过提问、解答问题、检查反馈，与幼儿相互作用，从而实现活动目标。提问是教师促进幼儿思维、评价教育活动效果、推进和发展教育活动、实现活动目标的基本手段。

提问技能的方法策略主要有以下几方面。

（一）提问的内容要难易适度

对教学内容的提问，教师可以从幼儿的知识水平、理解能力和学习状况出发，所提问题应是幼儿通过对所学知识进行回忆后能回答的问题。问题的难度要适宜，问题过于浅显不能反映幼儿思维的深度；问题过于深奥，不但不能引发幼儿的积极思考，还会使幼儿产生消极畏难的情绪，不利于营造活跃的课堂氛围，既浪费时间，又达不到实际的教学效果。因此，教师所提问题要难易适度，既要激发幼儿的好奇心、求知欲和积极性，又能够让幼儿通过积极思考就能解答。

（二）提问的方式要恰当

1. 把握提问的时机与艺术性

问题是思维的向导，课堂提问是教学活动的催化剂。合适的课堂提问，往往能把幼儿带入一个奇妙的问题世界，使幼儿积极思考，寻求解决问题的途径和答案，从而培养幼儿分析问题、解决问题的能力，有效地提高了教学效率。

（1）交谈提问

教师应当以愉快、友好、从容、谈话式的态度来提问。提问时既保持自由宽松的气氛，又能举止得体，使教师和幼儿共同进入一种和谐的交谈氛围中。

（2）适时而问

“不愤不启，不悱不发”充分说明了提问时机的把握，最佳时机是幼儿很想弄懂但又无法弄懂，很想说出来却又说不清的心理状态。

（3）因材施问

提问不能出现“遗忘的角落”，要让所有幼儿都能感受到教师的关注、期待，培养所有幼儿的积极参与意识和强烈的竞争意识。选择恰当的提问对象有助于培养全体幼儿回答问题的兴趣和能力。

2. 提问要由易到难,体现层次性

在提问时由易到难、由浅入深、由简到繁,层层递进、步步深入,把幼儿的思维一步一步地引向新的高度。具体来说就是教师通过预设的问题逐渐向主题靠近,幼儿在教师的引导下进行思考,展开对话,完成从已知领域到未知领域的探索。

3. 创设情境,增加趣味性

教师提问的目的是培养幼儿的思考能力,教师在教学活动中应善于利用多种教学手段创设问题情境,通过设疑激发幼儿自主思考,并通过巧妙引导,教给幼儿思维的方法,提高幼儿的思维能力。

4. 立足重点,突破难点

课堂提问在于精,关键在于教师要抓住重点、突破难点。每一节课都有一定的重点内容,教师要围绕这一内容认真设计问题、巧妙提问,充分调动幼儿的思维,拓展幼儿的视野。

5. 提问应具有探究性

为培养幼儿的创造性思维,所提问题应有一定的探究性。教师通过设置一定的问题,引导幼儿多角度、多途径地寻求解决问题的方法,培养幼儿思维的发散性和灵活性。

(三)提问的次数要得当

提问要抓住关键与本质,能用一个问题解决的就不用两个问题,这取决于教师对教学内容的把握。教师在设计课堂问题时注意运用归纳与合并方法,尽可能设计容量大的问题,以提高幼儿思维的密度和效度。

(四)突出幼儿学习的主体性

教师应该面向全体幼儿,让每个幼儿都有表现机会,都能享受到成功的愉悦。在个别幼儿回答问题时,应该让其余幼儿认真倾听。

四、观察技能

观察技能是指教师在活动中随时留意幼儿对各种不同的活动内容和方法的反应、操作与练习的情况,以及幼儿对各类活动的兴趣和理解的程度。“观察”是教师素质中的第一要素,是组织幼儿活动的基本技能,要练就这方面的能力,教师需在实践中不断尝试、摸索,形成自己的一套方法。观察主要有以下三种策略。

(一)依据幼儿的神情、行为等对幼儿进行观察

教师在活动中通过观察幼儿的神情、行为,进而了解幼儿对这一活动的反应,判断教育活动开展的情况。观察幼儿的行为、神情等,应该与他的心理活动、实际水平联系起来,通过分析、了解幼儿发展到什么水平、层次,并针对不同幼儿的发展水平提出不同的目标、要求。这就需要教师目光的敏锐性、观察的细致性,教师的眼睛要像“福尔摩斯”一样敏锐,才能更有助于对幼儿的了解。如幼儿在操作中稍微有些迟疑,就可以判断他的发展水平;当幼儿有一点点注意力不集中,就可以分析出他是出于什么心理、什么动机。

（二）依据幼儿在操作活动中的表现对幼儿进行观察

在活动中教师通过对幼儿的表现包括对注意力、想象力、感知力等心理状态，同伴合作、交流等社会性的发展，以及吃饭、如厕等自我服务性活动等方面的发展变化进行观察，边观察边做记录，然后依据记录内容分析幼儿存在的问题，找到解决的办法。这要求教师时时处处要做有心人，以最大的耐心去关注幼儿，对能力强及能力差的幼儿都要能看得见。

（三）依据幼儿的活动结果对幼儿进行观察

依据幼儿的活动结果对幼儿进行观察，公正、客观、真实、准确地判断幼儿哪方面强、哪方面弱，因为幼儿是很脆弱和敏感的，教师始终处在辨别、判断中，这就对教师的教育素质提出更高的要求。

五、演示技能

演示技能是教师根据教育活动的目标、内容，以及幼儿身心发展水平和活动特点，运用各种媒体（实物、模型、图片、声像资料、实验设备等）向幼儿展示或表演、传送信息，引导幼儿进行观察、模仿、思考，促进幼儿理解、掌握知识技能的行为方式。演示手段的运用是提高效率、实现活动目标的有力保证。在教学活动中教师运用演示手段使幼儿获得生动而直观的感性知识，丰富幼儿的感性认识，有利于培养幼儿观察和思维能力，开发幼儿的潜能，提高幼儿学习的兴趣与积极性。

（一）演示的类型

1. 实物、标本和模型演示

教师在展示实物、标本和模型时应与语言恰当结合，做必要的说明，适当板书。

2. 挂图演示

挂图一般包括正规印刷挂图和教师自制的设计图、分类图、表格图等。

3. 幻灯与投影演示

这是幼儿园常用的演示手段，教师在使用幻灯或投影教学时，要保证画面的质量，演示时间不宜过长，次数也不宜过于频繁。

4. 电影、电视与计算机演示

利用播放设备进行演示。

5. 实验演示

结合教学内容，由教师进行实验操作，幼儿观看。要求实验装置简单，主题突出，操作简便，效果直观，并富于启发性。

（二）教具选择和组合的基本要求

1. 直观教具的科学性

教具的大小比例要符合真实的比例要求，颜色真实。直观教具不是越多越好。

2. 演示教具的必要性

不要为了丰富具体表象和引起幼儿的兴趣而直观，这样做对教学活动本身毫无益处，甚至会分散幼儿的注意力，影响教学的进度。

3. 演示教具的实用性

教具要随着教学内容的变化而加以修改和更新；同时，还应该考虑教具要便于使用和携带，要经济实用，经久耐用。

4. 演示教具的立体化和动态化

立体感强、动态感好的教具能使枯燥的知识趣味化，深奥的道理形象化，抽象的概念具体化，能够调动幼儿学习的积极主动性。

（三）演示和操作的基本要求

1. 演示教具应在最佳时机及时出现

演示教具出现过早，将会干扰幼儿的注意力；出现过晚则会与教学内容脱节。教具使用后应及时移去。

2. 演示教具应有语言的配合

语言配合包括启发性的语言和说明性的语言。

3. 演示教具应该面向全班，人人可见

（1）应在全班幼儿可见的高度上展示；

（2）有足够的大小，尤其是重要部分。

4. 演示教具应按照一定的顺序分层次进行

（1）根据演示教具的特点和幼儿的视觉习惯；

（2）展示教具时，切忌乱点乱指，误导幼儿的观察。

5. 演示教具应该注意操作的精确性和教育性

（1）教师的演示是一种示范，所以一定要保证操作的科学严谨、一丝不苟；

（2）注意板书、板图的配合，最大限度地调动幼儿的多种感官，促进幼儿手、脑、口的结合。

（四）演示和操作应该注意的问题

（1）事前准备要充分；

（2）教师操作要规范、正确；

（3）展示现象要鲜明；

（4）确保安全，力争准确。

六、评价技能

评价技能是指教师通过对幼儿现有发展水平的了解，反思其所提供的教育活动、学习环境、教育策略是否适宜幼儿的发展需要，能否有效地引导幼儿的学习和发展，并做出改进与调整的技能判断。这一过程是在组织幼儿的活动中进行的，评价的方式分为两种：批评和表扬，即肯定评价和否定评价。

（一）正确运用表扬

表扬就是对幼儿良好的思想品德以及现实表现给予肯定的评价，可以树立幼儿的自尊心和自信心。表扬是激发幼儿积极主动性的催化剂，但表扬若运用不当的话会适得其反。为了更好地促进幼儿身心健康发展，运用表扬时应该注意以下四个方面。

1. 选择适合幼儿年龄特点的表扬奖励方式

教师在一日活动中应随时注意观察幼儿的种种表现,对幼儿的点滴进步应给予及时而真诚的肯定。

(1)小班幼儿

对于小班幼儿来说,教师表扬奖励多以物质方面的形式,随着年龄增长,教师可引导幼儿关注自身的行为,而不要以获得物质奖励作为一种追求。

(2)中班幼儿

奖励的方式可由物质方面的奖励逐渐过渡到精神方面的奖励为主,这样有利于幼儿良好行为的巩固,提高幼儿的自主性。

(3)大班幼儿

对于大班幼儿来说,更重视教师的关注与肯定,教师表扬奖励可以精神方面的形式,如奖励红花、奖章等,或教师肯定的笑脸、点头、竖大拇指,以及言语方面的肯定等。

2. 选择直接指向活动内容的表扬奖励方式

表扬是一个表扬者与被表扬者之间相互作用的复杂沟通过程,表扬效果的好坏取决于表扬的内容、表扬所发生的具体情境、表扬所传递的潜在信息等,不同的学科应该采取不同的表扬奖励方式,表扬内容应该指向幼儿具体的活动。

3. 表扬奖励应做到因人而异

每个幼儿的个性特点、性格特征都不同,教师应根据幼儿的差异性,采取适合每个幼儿的个性化的表扬奖励方式。教师表扬赞赏要面向全体幼儿,让每个幼儿都有经常受到表扬奖励的机会。

4. 要让幼儿知道表扬奖励的原因

表扬的目的是为了巩固、鼓舞幼儿的良好行为,使其更加进步。教师表扬幼儿的良好行为时,要说明表扬的原因,说明的越具体,幼儿对一些良好行为就越清楚。

(二)恰当科学的批评

批评是对幼儿所表现出来的不符合教育者所期望的认识或行为进行否定性评价的过程,是幼儿园常用的教育方式之一。教师运用批评教育时需要考虑:什么样的批评有效,幼儿是否能接受,以及批评过后幼儿能否改进。如果批评教育运用不恰当、不科学,不仅教师的权威不在了,同时助长了幼儿的威信。批评教育使用的策略要求是:

(1)先肯定幼儿的优点,然后指出不足,进行激励。

(2)间接提醒代替直接批评,教师可以委婉表示对幼儿的要求。

(3)鼓励代替正面批评,指出幼儿的缺点时,教师可找好的榜样进行对比。

(4)针对幼儿的个别差异,采取恰当的方式批评教育。

进行批评教育时,教师还应根据幼儿犯错时的心理、过错的程度以及改过的积极性而区别对待。批评可以是公开批评,也可以是单独的;可以是对个别批评,也可以是对全班的。

(5)批评要注意频率。

当幼儿存在问题或错误行为时,教师批评幼儿不能次数过多,可以采取其他手段配合。如果幼儿在教育活动中,听到的都是教师的批评,不能达到预期教育目的,可能会适得其反,甚至还会影响幼儿的自尊心以及自信心。

(6)批评时注意语言上的用词,要有艺术性

教师评价时语言应具有针对性、启发性、激励性,一方面又针对性的指出幼儿问题所在;另一方面还应该让幼儿从教师眼里读到赏识与信任,产生自信,获得动力。

(7)批评要注意方式、方法

教师在批评幼儿时应保持冷静,稳住自己的情绪,不要过分激动、生气,心平气和地指出幼儿存在的问题。

七、现代教育技术的应用技能

现代教育技术的应用技能主要是指运用现代化视听媒体的技能,包括幻灯、录音、录像、电影、电视、计算机等。通过现代化视听媒体,能较好地利用多种感官组合起来接受信息,其效果要远远超过单独依靠某一感官的效果。特别是计算机技术在幼儿园教育活动中的应用,对于提高教育教学效果、激发幼儿的学习兴趣有着积极的作用。

(一)熟练使用各种视听设备,发挥其功能

现代教育技术在教学中的应用,扩大了幼儿知识信息量,促进了教学内容的快速更新,同时能够激发幼儿学习的兴趣,提高课堂教学的效率。这对于幼儿教师来说是机遇也是挑战,教师应该努力学习,将现代教育技术与教学有机结合起来,有效地运用到课堂教学中,营造具有生命力的课堂教学。

幼儿园常用的视听设备有:计算机多媒体、电视、投影仪、录音机、录像机、幻灯机。

(二)配合其他教学手段使用

开展多媒体教学必须树立整合思想,发挥其与常规教学手段各自的优势,相互促进、相辅相成。计算机多媒体等各种现代教育技术在教学中的应用,调动了幼儿学习的积极性,促进了幼儿与教师的交流,提高了课堂教学的效率。因此,在课堂教学活动中,教师熟练地操作各种视听设备同时配合其他多种教学手段,这样能更好地发挥现代教育技术的功能,因为现代化教学手段有其虚拟的一面,无法代替传统教学手段比较现实的一面。如运用电视教学,或观看录像、幻灯时,教师适时的讲解与动作示范,可使教学内容更直观、形象、清晰,有效提高了教学活动的效率与质量。

(三)保护幼儿视力,教师注意提醒幼儿不宜长时间的观看

由于幼儿的视力发育不完善,在教学中教师应采用多种设备及手段教学,在教学活动必要时允许幼儿观看计算机等设备,但时间不宜过长,20 分钟左右即可。

(四)恰当使用现代化视听媒体

计算机多媒体教学寓教于乐,激发了幼儿学习的兴趣。其优点是图、文、声、像并茂,能向幼儿提供形式多样、功能各异的感性材料,形象生动的画面,悦耳的音乐背景,把幼儿带进了宽松愉悦的学习环境。但现代化教学技术是为课堂教学服务的,使用现代化教学手段要适时、适度、适量,否则会降低其使用效果。教师要明确现代化媒体设备仅仅是工具,为教师所用,可辅助教师更好地完成教学任务,而不是代替教师去进行教学,不能包办学生的学习过程。

第四节 幼儿园环境的设计

《规程》提出，要“创设与教育相适应的良好环境，为幼儿提供活动和表现能力的计划与条件”。从一定意义上说，幼儿教育是一种环境教育。通过环境的创设、调整、变化来引导并改变幼儿的行为，已经成为幼儿教育中十分重要的内容。

一、幼儿园环境及其作用

幼儿园环境是指围绕在幼儿周围的一切物质条件与精神条件的总和。既是物质的，又是精神的；既具有保育性质，又具有教育性质；既是开放的，又是相对封闭的。良好的幼儿园环境可以促进幼儿学习习惯的养成；形成自主学习的氛围；潜移默化的传递丰富的文化内涵促进幼儿的身心发展等。

二、幼儿园环境的分类

（一）根据性质可分为物质环境和精神环境

1. 物质环境主要包括生活设施、游戏器械、玩具设施、墙壁的装饰、活动角的布置、饲养角及种植园等。
2. 精神环境主要指师生关系、活动的气氛、园风、人际关系等。

（二）根据存在形式可分为室内环境和室外环境

1. 室内环境包括教室、走廊、阳台、活动室、睡眠室、盥洗室等。
2. 室外环境包括操场、门厅、园门、围墙等。

无论物质与精神环境、室内与室外环境，实际上都包含了人与物的因素，这些因素是否和谐、宽松、民主、积极，都会对幼儿的发展产生潜在的、深远的影响。

三、幼儿园环境创设的原则

为了充分发挥环境教育的功能，更好地促进幼儿园教育活动的实施，教育者在创设幼儿园教育活动环境时应当遵循以下五个基本原则。

（一）适宜性原则

适宜性原则是指幼儿园环境创设要符合幼儿年龄特征及身心健康发展的需要，促进每个幼儿全面、和谐的发展。

适宜性原则应从两方面理解：

1. 要体现全面发展的教育要求

这是由幼儿园保教目标及幼儿的身心特点决定的。幼儿园的教育内容具有一定的广泛性，所以在环境创设时要体现全面发展教育的要求，有目的、有计划地将幼儿的全面发展寓于环境创设之中。

2. 要体现一般需要和特殊需要

教育者首先应创设最基本的环境，满足幼儿身心发展的一般需要，如提供生活、学习、游戏、休息等必要设施，保证幼儿正常的生活与活动。由于幼儿之间存在年龄、性别、个性及发展水平等方面的差异，教育者有时要创设专门的环境，满足不同幼儿对环境的特殊需要。

（二）安全性原则

由于幼儿年龄小，生活能力和自我保护能力较差，在创设幼儿园环境时必须遵循安全性原则。

应当考虑两方面因素：

1. 为幼儿提供安全成长的环境

在创设幼儿园环境时，除了达到室内空气、采光、色彩、湿度、温度、通风等安全标准外，还要注意各个场所中潜在的对身体可能造成伤害的不安全因素，增强安全意识，加强安全防范和处理突发事件的应急措施。

2. 为幼儿提供安全的心理环境

幼儿心理安全感的构成有很多因素，如幼儿与教师之间的关系、教师对幼儿的态度、幼儿之间的关系等，都是构成幼儿心理安全感的重要因素。幼儿园的环境要让幼儿感到是受欢迎、受尊重、受信任、能够得到爱和感到温暖的，这样才能促进幼儿身心的健康发展。

（三）参与性原则

参与性原则是指环境的创设过程是幼儿与教师共同合作、共同参与的过程。教师通过环境创设，一方面可以发展幼儿的主体意识。另一方面通过环境创设，可以培养幼儿的责任感。

（四）开放性原则

开放性原则是指创设幼儿园环境时应把大、小环境有机结合起来，形成开放的幼儿教育系统。面对社会环境的复杂影响，教师在创设环境的时候，要主动与外界结合，选择和利用环境中有价值的教育资源，通过大小环境的配合，尤其是与家庭、社区的合作，互相取长补短、同心协力，在一个开放的系统中培养适合新时代要求的幼儿。

（五）经济性原则

经济性原则是指创设幼儿园环境应考虑不同地区、不同条件园所的实际情况，做到因地制宜、因陋就简。在环境创设时，应该坚持勤俭办园、就地取材、废物利用、一物多用，充分发挥自然材料的功效和地区、家庭的优势，教师、幼儿、家长齐动手，共创美好环境。

实际上，在创设幼儿园环境时，最根本的还在于教师的创造性、创新性，只有充分发挥了教师的创造性，幼儿园的环境才会真正成为幼儿生活和学习的乐园。

【思考与练习题】

1. 名词解释

(1)幼儿园教育活动设计。

(2)谈话法。

(3)启发性原则。

2. 简答

(1)幼儿园教育活动设计的原则有哪些?

(2)幼儿园教育活动设计的方法有哪些?

(3)运用直接导入法应注意的问题是什么?

(4)选择教学方法的依据有哪些?

3. 设计题

(1)试为1~2个活动设计活动方案,包括导入、开始、结束部分。

(2)试为1~2个活动设计活动目标。

第三章　幼儿园健康领域教育活动的设计与实施

【学习目标】

1. 了解幼儿园健康教育活动的概念、目的及意义；
2. 熟悉幼儿园健康教育活动内容选择的要求、原则及途径；
3. 掌握幼儿园健康教育活动设计的具体步骤，能编写设计方案；
4. 运用所学的幼儿园健康领域活动设计理论指导实践。

第一节　幼儿园健康教育活动概述

幼儿园作为学前教育机构，担负着保育和教育的双重任务。在幼儿园的教育活动中，健康教育是其主要的组成部分之一。通过组织健康教育活动，使幼儿获得健康的认知和态度，形成良好的行为习惯。《幼儿园教育指导纲要》中提出："幼儿园必须把保护幼儿的生命和促进幼儿的健康放在工作的首位，树立正确的健康观念，在重视幼儿身体健康的同时，要高度重视幼儿的心理健康。"幼儿园健康教育活动不仅能提高幼儿的生命质量，同时也为幼儿一生的发展奠定了坚实的基础。

一、幼儿园健康教育活动的内涵

（一）健康的含义

健康是每个人追求的目标，传统的健康观认为健康即生理健康，主要是指躯体发育良好，生理功能正常。《现代汉语小词典》（商务印书馆 1980 年版）对健康的解释为："（人体）生理机能正常，没有缺陷和疾病。"《辞海》（缩印本，上海辞书出版社 1980 年版）把健康界定为："人体各器官系统发育良好、功能正常、体质健壮、精力充沛并具有良好劳动效能的状态。"

随着社会的发展，人类对健康的认识越来越清晰。人既是一个生物性的个体，也是一个社会性的个体。因此，人的健康不仅包括身体的健康，还包括心理的健康。1946 年，世界卫生组织（WHO）成立时，在其宪章中对健康的含义做了科学的界定："健康乃是一种在身体上、心理上和社会适应方面的完好状态，而不仅仅是没有疾病和虚弱的状态。"1989 年，世界卫生组织（WHO）又将健康的概念调整为："健康应包括躯体健康、心理健康、社会适应良好和道德健康。"

世界卫生组织对健康的界定基本包括了生理健康、心理健康和社会适应良好三个方面。2012 年,我国教育部印发的《3—6 周岁儿童学习与发展指南》(以下简称《指南》)中指出:“健康是人在身体、心理和社会适应方面的良好状态。”

(二)幼儿园健康教育的界定

健康是幼儿身心充分发展的前提,而健康教育为幼儿身心的和谐发展提供了保障。目前,关于健康教育的界定有很多种,1988 年第 13 届世界健康教育大会将健康教育定义为:“健康教育是一门研究传播健康知识和技术、影响个体和群体行为、预防疾病、消除危险因素、促进健康的科学。”健康教育的核心是教育人们树立健康的意识,改变不健康的生活方式,降低或消除影响健康的危险因素。通过健康教育,使人们认识到哪些行为是有益健康的,哪些行为是影响健康的,从而自觉地选择健康的行为生活方式。

幼儿园健康教育是以实现幼儿的身心健康为目的,提高幼儿对健康的正确认知,逐步帮助幼儿形成有益的健康行为和习惯,提高自我保健意识和能力,促进身体和心理的和谐健康发展。

幼儿园健康教育活动,是指以保护和促进幼儿的健康为主要目标,以身体锻炼和身体保健的有关知识、技能为主要内容而实施的多种形式的教育过程。它是幼儿成长和发展的基石,是幼儿园教育活动的重要组成部分。理解幼儿园健康教育活动的内涵,需要把握以下几个方面。

(1)幼儿园健康教育活动作为幼儿园教育活动的重要前提,不仅为幼儿的身心发展奠定了良好的物质基础,而且为开展幼儿园其他领域的活动提供了良好的条件。幼儿身心的健康发展是幼儿园开展其他各领域教育活动的前提,这是因为幼儿的认知、情感、态度及技能等方面的发展是建立在幼儿身体健康基础之上的。

(2)幼儿园健康教育活动是幼儿园教育活动的重要内容之一,它和幼儿园其他领域的教育活动一样,都是有组织、有计划、有目的地引导幼儿生动、活泼、主动活动的多种形式的教育过程。

(3)幼儿园健康教育活动是以保护和促进幼儿的健康发展为目标,根据幼儿身心发展的特点,通过组织健康教育活动丰富幼儿有关身体保健和身体锻炼方面的相关知识和技能,提高幼儿的健康认识、改善幼儿的健康态度、培养幼儿的健康行为和习惯,最终达成身体、心理和社会适应的健全状态。

二、幼儿园健康教育的目标

幼儿园健康教育的目标是通过健康教育活动使幼儿的身心得到和谐的发展,它是幼儿园健康教育的出发点和归宿,也是评价和衡量健康教育活动成效的标尺。根据《幼儿园工作规程》(国家教育委员会,1996 年)中确定的幼儿园保教目标,以及幼儿身心发展的规律和健康教育活动的特点,我们将幼儿园健康教育活动的目标划分为三个层面:总目标、年龄目标和教育活动目标。

(一)幼儿园健康教育的总目标

1. 总目标

促进幼儿身心健康发展是幼儿园教育的根本目的,也是幼儿园健康教育的最终目标。

2001 年我国教育部正式颁布并实施的《幼儿园教育指导纲要(试行)》中明确提出四条幼儿园健康领域总目标,即:

(1)身体健康,在集体生活中情绪安定、愉快。

(2)生活、卫生习惯良好,有基本的生活自理能力。

(3)知道必要的安全保健常识,学习保护自己。

(4)喜欢参加体育活动,动作协调、灵活。

2. 价值取向

幼儿园健康教育的总目标表明了这样的价值取向:

(1)促进幼儿身心和谐发展

幼儿的健康包括身体健康和心理健康两个主要方面,幼儿的身体健康以发育健全、具备基本的生活自理能力为主要特征;幼儿的心理健康以情绪愉快、适应集体生活为主要特征。幼儿的身体健康与幼儿的心理健康是密不可分的两个方面,只有达到身心和谐发展才能真正实现幼儿的健康发展。

(2)提高幼儿自身保护能力

既通过重视掌握必要的保健知识,开展适当的锻炼活动以提高保护自身的能力,又强调通过体育活动促进和提高身体素质。

(3)培养幼儿健康意识和行为

提高幼儿的健康认识、改善幼儿的健康态度、培养幼儿的健康行为是幼儿健康教育的目标。幼儿健康意识的形成与幼儿健康行为的建立、改变和巩固是幼儿健康教育的重点。

培养幼儿健康意识和行为是幼儿园健康教育的最终目的,是确定幼儿年龄阶段目标和具体活动目标的依据。

(二)幼儿园健康教育的年龄阶段目标

2012 年教育部印发的《3—6 周岁儿童学习与发展指南》中指出:“健康是指人在身体、心理和社会适应方面的良好状态。幼儿阶段是儿童身体发育和机能发展极为迅速的时期,也是形成安全感和乐观态度的重要阶段。发育良好的身体、愉快的情绪、强健的体质、协调的动作、良好的生活习惯和基本生活能力是幼儿身心健康的重要标志,也是其他领域学习与发展的基础。”

《指南》以 3—6 周岁幼儿的身心发展特征为依据,分别对 3—4 周岁、4—5 周岁、5—6 周岁三个年龄段末期幼儿在身心状况、动作发展、生活习惯与生活能力等方面提出了不同层次的指导要求,提出了幼儿园健康教育的年龄阶段目标,具体如下:

1. 身心状况

身心状况目标如表 3 - 1 ~ 表 3 - 3 所示。

2. 动作发展

动作发展目标如表 3 - 4 ~ 表 3 - 6 所示。

3. 生活习惯与生活能力

生活习惯与生活能力目标如表 3 - 7 ~ 表 3 - 9 所示。

不同年龄阶段的幼儿身心发展规律不同,各有其典型的特征,因此幼儿园健康教育活动的目标应考虑幼儿年龄阶段的特征,提出有层次的合理的要求。

表 3－1 目标 1——具有健康的体态

3—4 周岁	4—5 周岁	5—6 周岁
1. 身高和体重适宜。 2. 参考标准： 男孩： 身高：94.9～111.7 厘米； 体重：12.7～21.2 千克。 女孩： 身高：94.1～111.3 厘米； 体重：12.3～21.5 千克。 3. 在提醒下能自然坐直、站直	1. 身高和体重适宜。 2. 参考标准： 男孩： 身高：100.7～119.2 厘米； 体重：14.1～24.2 千克。 女孩： 身高：99.9～118.9 厘米； 体重：13.7～24.9 千克。 3. 在提醒下能保持正确的站、坐和行走姿势	1. 身高和体重适宜。 2. 参考标准： 男孩： 身高：106.1～125.8 厘米； 体重：15.9～27.1 千克。 女孩： 身高：104.9～125.4 厘米； 体重：15.3～27.8 千克。 3. 经常保持正确的站、坐和行走姿势

注：身高和体重数据来源：《2006 年世界卫生组织儿童生长标准》4—6 周岁儿童身高和体重的参考数据。

表 3－2 目标 2——情绪安定愉快

3—4 周岁	4—5 周岁	5—6 周岁
1. 情绪比较稳定，很少因一点小事哭闹不止。 2. 有比较强烈的情绪反应时，能在成人的安抚下逐渐平静下来	1. 经常保持愉快的情绪，不高兴时能较快缓解。 2. 有比较强烈情绪反应时，能在成人提醒下逐渐平静下来。 3. 愿意把自己的情绪告诉亲近的人，一起分享快乐或求得安慰	1. 经常保持愉快的情绪。知道引起自己某种情绪的原因，并努力缓解。 2. 表达情绪的方式比较适度，不乱发脾气。 3. 能随着活动的需要转换情绪和注意

表 3－3 目标 3——具有一定的适应能力

3—4 周岁	4—5 周岁	5—6 周岁
1. 能在较热或较冷的户外环境中活动。 2. 换新环境时情绪能较快稳定，睡眠、饮食基本正常。 3. 在帮助下能较快适应集体生活	1. 能在较热或较冷的户外环境中连续活动半小时左右。 2. 换新环境时较少出现身体不适。 3. 能较快适应人际环境中发生的变化，如换了新老师能较快适应	1. 能在较热或较冷的户外环境中连续活动半小时以上。 2. 天气变化时较少感冒，能适应车、船等交通工具造成的轻微颠簸。 3. 能较快融入新的人际关系环境，如更换新的幼儿园或班级能较快适应

表3-4 目标1——具有一定的平衡能力，动作协调、灵敏

3—4周岁	4—5周岁	5—6周岁
1. 能沿地面直线或在较窄的低矮物体上走一段距离。 2. 能双脚灵活交替上下楼梯。 3. 能身体平稳地双脚连续向前跳。 4. 分散跑时能躲避他人的碰撞。 5. 能双手向上抛球	1. 能在较窄的低矮物体上平稳地走一段距离。 2. 能以匍匐、膝盖悬空等多种方式钻爬。 3. 能助跑跨跳过一定距离，或助跑跨跳过一定高度的物体。 4. 能与他人玩追逐、躲闪跑的游戏。 5. 能连续自抛自接球	1. 能在斜坡、荡桥和有一定间隔的物体上较平稳地行走。 2. 能以手脚并用的方式安全地爬攀登架、网等。 3. 能连续跳绳。 4. 能躲避他人滚过来的球或扔过来的沙包。 5. 能连续拍球

表3-5 目标2——具有一定的力量和耐力

3—4周岁	4—5周岁	5—6周岁
1. 能双手抓杠悬空吊起10秒左右。 2. 能单手将沙包向前投掷2米左右。 3. 能单脚连续向前跳2米左右。 4. 能快跑15米左右。 5. 能行走1 000米左右(途中可适当停歇)	1. 能双手抓杠悬空吊起15秒左右。 2. 能单手将沙包向前投掷4米左右。 3. 能单脚连续向前跳5米左右。 4. 能快跑20米左右。 5. 能连续行走1 500米左右(途中可适当停歇)	1. 能双手抓杠悬空吊起20秒左右。 2. 能单手将沙包向前投掷5米左右。 3. 能单脚连续向前跳8米左右。 4. 能快跑25米左右。 5. 能连续行走1 500米以上(途中可适当停歇)

表3-6 目标3——手的动作灵活协调

3—4周岁	4—5周岁	5—6周岁
1. 能用笔涂涂画画。 2. 能熟练地用勺子吃饭。 3. 能用剪刀沿直线剪，边线基本吻合	1. 能沿边线较直地画出简单图形，或能边线基本对齐地折纸。 2. 会用筷子吃饭。 3. 能沿轮廓线剪出由直线构成的简单图形，边线吻合	1. 能根据需要画出图形，线条基本平滑。 2. 能熟练使用筷子。 3. 能沿轮廓线剪出由曲线构成的简单图形，边线吻合且平滑。 4. 能使用简单的劳动工具或用具

表 3－7 目标 1——具有良好的生活与卫生习惯

3—4 周岁	4—5 周岁	5—6 周岁
1. 在提醒下，按时睡觉和起床，并能坚持午睡。 2. 喜欢参加体育活动。 3. 在引导下，不偏食、挑食。喜欢吃瓜果、蔬菜等新鲜食品。 4. 愿意饮用白开水，不贪喝饮料。 5. 不用脏手揉眼睛，连续看电视等不超过 15 分钟。 6. 在提醒下，每天早晚刷牙、饭前便后洗手	1. 每天按时睡觉和起床，并能坚持午睡。 2. 喜欢参加体育活动。 3. 不偏食、挑食，不暴饮暴食。喜欢吃瓜果、蔬菜等新鲜食品。 4. 常喝白开水，不贪喝饮料。 5. 知道保护眼睛，不在光线过强或过暗的地方看书，连续看电视等不超过 20 分钟。 6. 每天早晚刷牙、饭前便后洗手，方法基本正确	1. 养成每天按时睡觉和起床的习惯。 2. 能主动参加体育活动。 3. 吃东西时细嚼慢咽。 4. 主动饮用白开水，不贪喝饮料。 5. 主动保护眼睛。不在光线过强或过暗的地方看书，连续看电视等不超过 30 分钟。 6. 每天早晚主动刷牙，饭前便后主动洗手，方法正确

表 3－8 目标 2——具有基本的生活自理能力

3—4 周岁	4—5 周岁	5—6 周岁
1. 在帮助下能穿脱衣服或鞋袜。 2. 能将玩具和图书放回原处	1. 能自己穿脱衣服、鞋袜、扣纽扣。 2. 能整理自己的物品	1. 能知道根据冷热增减衣服。 2. 会自己系鞋带。 3. 能按类别整理好自己的物品

表 3－9 目标 3——具备基本的安全知识和自我保护能力

3—4 周岁	4—5 周岁	5—6 周岁
1. 不吃陌生人给的东西，不跟陌生人走。 2. 在提醒下能注意安全，不做危险的事。 3. 在公共场所走失时，能向警察或有关人员说出自己和家长的名字、电话号码等简单信息	1. 知道在公共场合不远离成人的视线单独活动。 2. 认识常见的安全标志，能遵守安全规则。 3. 运动时能主动躲避危险。 4. 知道简单的求助方式	1. 未经大人允许不给陌生人开门。 2. 能自觉遵守基本的安全规则和交通规则。 3. 运动时能注意安全，不给他人造成危险。 4. 知道一些基本的防灾知识

（三）幼儿园健康教育的活动目标

幼儿园健康教育的活动目标是总目标与年龄阶段目标在一个个具体活动中的细化，它的制定要以幼儿园健康教育总目标和年龄阶段目标为依据。每一个教育活动目标在内容上一般包含认知、情感态度和行为技能三个方面。在确定幼儿园健康教育活动目标时应考虑以下几点要求：

1. 目标表述要全面

幼儿园健康领域教育活动目标的表述要尽量从认知、情感态度和行为技能等方面全面考虑，目标制定的全面性能使健康教育活动的开展获得更好的效果。但是，我们追求目标的全面性并不意味着每个活动都必须具备上述三个方面的目标，在制定目标时，仍然要做到具体问题具体分析，如果活动的目标只能考虑从两个方面表述，那就要尊重活动内容的要求，不必牵强附会。

例如，小班健康教育活动“洗洗小手真干净”的活动目标可以表述为：

(1)让幼儿学习正确的洗手六步骤；

(2)发展幼儿手部的灵活性；

(3)培养幼儿良好的生活习惯。

2. 目标表述应准确、具体、可操作

幼儿园健康教育活动目标的表述要准确、具体，是指幼儿教师在设计教育目标时，一方面要深入了解幼儿园健康教育的总目标及年龄阶段目标，才能使活动目标符合个年龄班幼儿的特点；另一方面要使活动设计的目标与所选择的内容相符合，即目标不能脱离内容。幼儿园健康教育活动目标的表述还应具有可操作性，即活动目标的设计能通过具体的活动得以实现，避免笼统、抽象。

例如，中班健康教育活动“我爱吃蔬菜”的活动目标可表述为：

(1)认识几种常见蔬菜的名称及特征；

(2)初步了解蔬菜的营养价值，知道多吃蔬菜对健康有益；

(3)养成不挑食的良好习惯。

3. 目标表述重点要突出

幼儿园健康教育目标的表述要突出重点，既能反映幼儿园健康领域目标体系的核心，又要突出本次活动的重点。在目标表述中要确定活动的重点目标，避免次要目标喧宾夺主，导致整个活动的核心价值的偏离，影响活动的效果。

例如，中班健康教育活动“爱护眼睛”的活动目标表述为：

(1)通过观察了解眼睛的结构，知道眼睛的功能；

(2)了解自己的各种表情(笑、生气、害羞、发怒等)，通过说说、演演、画画等形式表达自己的情绪；

(3)培养用眼卫生和良好的生活习惯，知道对眼睛有益的方法；

(4)幼儿能够感知眼睛的重要性，能改掉伤害眼睛的坏习惯。

以上活动目标的表述违背了幼儿园健康教育目标要突出重点这一要求，可将其表述改为：

(1)通过观察了解眼睛的结构，知道眼睛的功能；

(2)学会保护眼睛的方法，爱护眼睛；

(3)养成良好的用眼卫生习惯，增强保护眼睛意识。

4. 目标难易程度要适中

幼儿园健康教育目标的制定要以幼儿身心发展的水平为依据，目标的难易程度要适合本班幼儿的年龄阶段发展特征。目标设置的难度超出或低于幼儿认知水平，将会导致幼儿对活动失去参与的兴趣，使活动效果受到影响。例如，将“分辨鞋子的反正，我会正确穿鞋子”作为大班健康教育目标来设置明显目标过低；而将“提高防火意识，了解灭火器的使用方法”作为小班的健康教育目标，这样的目标显然超过小班的认知能力，是不科学的。

5. 目标表述的角度要统一

幼儿园健康教育目标可以从不同的行为主体出发来表述。从教师的角度来表述活动目标，表达了教师对教育活动效果及幼儿学习结果的期待，常使用"要求""使""让""引导""培养""帮助""激发""发展"等表述方式，这样的表述教师在教学活动中的"教"，容易忽略幼儿在活动中的"学"。

例如，小班健康活动"我认识交通信号灯"的活动目标表述为：

(1)通过展示图片，使幼儿认识交通信号灯；

(2)使幼儿知道红灯停、绿灯行、黄灯需要等一等；

(3)培养幼儿的安全意识，知道要在成人的带领下过马路。

从幼儿的行为主体出发进行表述是目前比较常用的表述方法，这种表述方式表达了幼儿在活动中的主体地位，即幼儿通过学习后应该达到的发展程度。常用"能""会""学习""知道""理解""喜欢""体验""感受"等表达方式。

例如，小班体育活动"松鼠搬家"的活动目标表述为：

(1)会原地转圈和听信号向指定方向跑；

(2)能用眼睛寻找目标后能快速行动；

(3)理解游戏规则，奔跑时能够避免碰撞。

无论从哪个角度来表述目标，都应做到表述方式的前后统一。在教学活动中，幼儿教师要多关注幼儿的学习方式和学习效果，避免单纯的"以教定学"。

三、幼儿园健康教育的内容

幼儿园教育活动的内容是教育目标的具体体现，科学合理地选择适合幼儿健康发展的教育内容，是实现教育目标的关键。

(一)幼儿园健康教育内容选择的要求

1. 以健康教育目标为依据

幼儿园健康教育的内容是实现健康教育目标的载体，因此，内容的选择首先要符合健康教育目标的要求。与此同时，幼儿园健康教育的目标也界定了幼儿园健康教育的内容。

2. 与幼儿的年龄特点及生活经验相符合

教师在选择健康领域教育内容时要遵循幼儿的年龄特点及生活经验，了解幼儿的发展需要，选择适合幼儿的有价值的活动。如，小班幼儿的身体和手的动作发展已经比较自如，各种大肌肉动作和一些精细动作也已经掌握，所以根据幼儿此时的身体发展特点教师应开展一些有关生活自理方面的教育活动。同时，还要注重从幼儿身边的小事入手，发现幼儿感兴趣的、易接受的健康教育内容开展活动。

3. 为幼儿一生的发展服务

幼儿教育是人生教育的起点，教育内容的选择关乎幼儿教育质量的水平，因此，健康教育内容的选择要为促进幼儿一生的发展服务。幼儿的发展包括身体、心理及社会性等方面，教育活动内容的选择要着眼于促进幼儿全面素质的提高。应符合《纲要》的要求，体现终身教育的理念："为幼儿一生的发展打好基础，让幼儿在快乐的童年生活中获得有益于健康身心发展的经验。"

4. 与时俱进

随着时代的发展和科技的进步，健康教育内容的选择要不断吸取其积极的、有价值的部分进而补充和更新教育内容，以适应时代变化和社会发展的需要。现代幼儿在身心等各方面的发展与以往的幼儿有很大的变化和提高，因此，教师在选择健康教育内容的时应考虑现代幼儿身心发展的特点。

5. 因地制宜

我国是一个拥有56个民族的多民族国家，各区域的地理、气候、风俗等差异较大，在选择健康教育内容时，要充分考虑当地的资源优势，使教育活动的内容本土化、区域化灵活化，做到因地制宜。例如，北方地区可在冬季开展雪地游戏活动，少数民族地区结合自己的民族习俗开展丰富多彩的民间体育活动等。

6. 做好与家庭、学校和社区的衔接

幼儿园作为主要的学前机构，它不是孤立的教育阶段，应与家庭、小学和社区教育密切联系。我国《幼儿园教育指导纲要（试行）》总则里明确提出："幼儿园应与家庭、社区密切合作，与小学衔接，综合利用各种教育资源，共同为幼儿的发展创造良好的条件。"因此，教师在选择健康教育内容时既要考虑与幼儿园纵向教育内容的衔接，也要考虑与幼儿园横向教育内容的衔接。统合多方面的教育资源共同促进幼儿的健康发展。

（二）幼儿园健康教育的主要内容

幼儿园健康教育活动的内容涉及很广，概括地说，它包括身体健康和心理健康两大方面的活动内容。

1. 身体健康

身体健康活动又可以分为身体保健和身体锻炼两方面。

（1）身体保健教育活动的主要内容

①生活卫生习惯

包括生活自理习惯，如盥洗、穿脱衣服的有关知识、方法和技能，保护个人和周围环境清洁卫生的有关知识、技能及情感态度，生活作息的有关知识和习惯，学习习惯、饮食卫生的习惯等。

②饮食与营养

包括饮食有关的知识和技能，常见食物的名称及其营养知识，营养与健康的关系等。

③人体认识与保护

包括认识身体的主要器官及其主要功能，保护器官的基本知识和技能，预防接种的有关知识和态度，常见疾病的预防知识和治疗，常见外伤的简单处理知识和方法，预防龋齿及换牙的有关知识等。

④自身安全的保护

包括生活安全常识，活动安全常识，药物安全常识，应付和处理意外事故的简单知识与技能，初步自我保护能力等。

（2）身体锻炼活动的主要内容

①身体基本动作和技能

包括走、跑、跳、投掷、平衡、钻爬、攀登等基本动作及有关知识，体育运动的有关知识与技能等。

②器械类活动和游戏

包括大型体育器械(如室外大型活动器具、感统玩具等),一般体育器具(如球、圈等),可以用来进行体育活动处理的替代品(如报纸、轮胎等),利用以废旧材料为主自制的体育玩具等。

③基本体操和队列、队形

包括模仿操、徒手体操、轻器械体操,口令、信号与动作,列队与变化队形等。

2. 各年龄班教育内容

由于各年龄班幼儿身心发展特点、发展目标不同,所以,在选择和确定各年龄班的健康教育活动内容时,健康教育活动内容的侧重点和具体的教育活动内容都会有较大的差异。

(1)人体认识与保护

在人体认识与保护方面,各年龄班的教育内容分别是:

①小班的教育内容

认识身体主要外部器官的名称和主要功能,掌握简单的疾病预防和治疗的知识及方法等。

②中班的教育内容

认识身体主要内部器官的名称和主要功能,了解简单的疾病预防、疾病治疗及预防接种的有关知识和态度,处理常见外伤的简单方法,与心理健康相关的简单知识等。

③大班的教育内容

知道预防龋齿及换牙的有关知识和方法,与心理健康有关的知识和方法。

(2)队列、队形练习

在队列、队形练习方面,各年龄班的教育内容随着年龄班的增长难度逐渐增大,分别是:

①小班教育内容

立正、稍息、看齐、齐步走、立定、跑步走、一个跟着一个走成圆形队等。

②中班教育内容

立正、稍息、看齐、原地踏步、立定、齐步走、跑步走、听信号切断分队走等。

③大班教育内容

立正、稍息、看齐、原地踏步、齐步走、跑步走、立定、向左(右)转、左(右)转弯走、听信号左右分队走等。

3. 幼儿心理健康教育活动的主要内容

①学习表达和调节自己情绪的方法;

②培养社会交往能力;

③锻炼独立生活和学习的能力;

④培养讲礼貌、热爱集体、与同伴友好相处、爱护公共卫生和设施、爱护花草树木和小动物的良好习惯和情感;

⑤性启蒙教育;

⑥心理障碍和行为异常的预防。

四、幼儿园健康教育活动设计

幼儿园健康教育活动的设计是实施幼儿园健康教育活动的前提条件,它是教师依据一定教育目标,有计划、有目的地设计各层次教育教学计划的过程。教育活动的设计包括活动主题、设计意图、活动目标、活动准备、活动过程、活动延伸及活动评价等方面。

(一)活动主题

活动主题即活动名称,包括活动类型、年龄班与具体内容。活动主题的设计应简洁、明确、具体。如小班健康教育活动“爱护自己的眼睛”,中班健康教育活动“洁白的牙齿”,小班体育教学活动“小皮球”等。

(二)设计意图

设计意图主要阐述该活动主题产生的原因,以及该主题所要达成的目标。设计意图是建立在教师对幼儿情况分析基础之上的,即教师通过对幼儿日常生活的观察,发现幼儿的需要、兴趣、爱好等问题,为解决这些问题,从而产生新的、与幼儿发展相关的主题。

(三)活动目标

幼儿园健康教育活动目标是健康教育总目标和年龄阶段目标的细化。目标的表述要简洁、准确、可操作,一般包括认知、行为和情感等目标。

(四)活动准备

活动准备是活动开展的前提,它直接影响着幼儿参与活动的积极性、活动进程和实际效果。活动准备包括知识准备、材料准备和环境准备。

1. 知识准备

知识准备包括两个方面:①教师相关知识的积累与储备。教师不仅要具备一定的学前专业知识,还要广泛地查阅资料,了解与活动设计及幼儿发展相关知识。②幼儿具备哪些与该活动相关的知识、技能及能力,以便有针对性地开展教育活动。

2. 材料准备

教师为使教育活动的开展更具有直观性、生动性、趣味性,需要在活动前准备相关的材料以辅助活动有效完成。材料准备是一项艰巨的任务,教师可以发动幼儿、家长以及社区力量一起来准备。如中班主题活动“我长大了”活动准备之一:请家长帮忙,在家中收集幼儿从小到大的照片、衣裤等带到幼儿园。这样既减轻了教师的工作负担,还加强了幼儿园与家长的联系,促进了家园共育。

3. 环境准备

环境作为一种“隐性课程”,在促进幼儿个性发展及活动有效开展方面,越来越引起教育者的关注。《纲要》中也明确提出:“环境是重要的教育资源,应通过环境的创设和利用,有效促进幼儿的发展。”那如何布置环境才能使教学活动的开展更有利于幼儿的发展呢?可以根据活动内容的要求从空间安排和材料投放两方面考虑设置环境。例如,中班科学主题活动“春天来了”,应该选择空间稍大的活动室,活动室墙面贴图及挂饰应该体现春天的特点,营造春天的氛围。

(五)活动过程

活动过程一般包括开始部分、基本部分和结束三个部分。

①开始部分要考虑到如何导入,采用什么方式导入的问题。

②基本部分可以分成若干个环节来描述,各环节之间衔接要科学合理;结合多种教学方法,增加活动的趣味性,提高活动效率。基本部分中体现出哪一个环节是重点,哪一个环节是难点;解决好重点和难点的环节。

③采用正确合理的方式结束活动。每个活动环节的时间大体分配要科学。

(六)活动延伸

活动延伸是指在教师组织教育活动后,为了保持教学活动以及幼儿学习的完整性和连贯性,而设计的一些与此相关的辅助活动。活动延伸可以包括以下三个部分:

(1)可以延伸到下一个活动,使半日活动或者一日活动成为一个有机联系的整体。

(2)可以延伸到区域活动中去,使区域活动成为教学活动的自然延伸。

(3)可以延伸到家庭和社会活动中,真正实现幼儿园与家庭、社会的密切配合。

(七)活动评价

活动评价是教学活动必不可少的一个环节。教学活动评价是以教学活动为对象,根据一定的标准,采用科学的评价技术和方法对教学活动的目标、内容、过程、教师及幼儿等进行分析,最终进行的价值判断。评价的内容包括对活动目标、使用的教材、活动内容、活动过程、方法和手段、师生关系以及教师教学能力等方面进行评价。通过对活动的评价,发现活动过程中的优势与不足,以便及时调整,进而提高教学质量及活动效果。

第二节 幼儿园健康教育活动的设计

一、幼儿园身体保健教育活动设计

(一)开展幼儿身体保健教育活动应注意的问题

1. 要积极引导幼儿参与

教师应组织所有幼儿参与到活动中。活动的开展不能只停留在“教师讲、幼儿听,教师演示、幼儿看”的教育模式上,这种教育方式不利于幼儿的发展,只有幼儿亲自动手参与其中,才能使幼儿得到最优化的发展。

2. 要正确理解幼儿表现

幼儿参与时可能不如成人做得好,应给予理解。幼儿的身心发展水平较低,在参与时必会出现一些差错,我们要予以理解,给予机会,锻炼幼儿,使其发展得更好。

3. 要恰当清晰的提问

老师的提问起着十分关键的导向作用。教师的提问不够清晰、偏难或偏易,都会影响幼儿参与活动的积极性。教师要了解幼儿的发展水平,给出适当的提问。教师的提问应尽量引导幼儿发散思维,问题的答案多样性可使更多的幼儿有回答的机会,使幼儿的能力得到锻炼。

4. 要多使用幼儿语言

成人化的语言使教师无法和幼儿进行有效的沟通，影响教育效果。如一位教师问道："有一只小蜗牛很无聊，它的家里只有它自己，小朋友想想什么办法，能让小蜗牛快乐起来？"小朋友答："它太热了。"在该例子中幼儿对"无聊"一词不理解，所以答非所问，影响了幼儿的学习。

（二）幼儿园身体保健教育活动实施的途径

1. 幼儿园健康教育结合日常生活活动来进行

例如，午饭后幼儿的散步活动，作为幼儿一日生活中一种经常性的活动，便是幼儿身体锻炼的一种方式。一些生活习惯的培养，如盥洗的顺序、方法和技能，穿脱衣服的知识和技能等，结合幼儿的日常生活来进行，同样能够收到较好的教育效果。

2. 专门的健康教育活动是实施幼儿园健康教育的重要途径

按照教育活动组织的严密程度和教师指导方式的不同，幼儿园健康教育活动大致可分为正规性和非正规性两种形式。正规性健康教育活动有利于教师有目的、有计划、有组织地对幼儿实施各种能够促进幼儿身心健康的活动。非正规性健康教育活动（如幼儿园户外体育活动等）一方面可以作为正规性健康教育活动的延伸；另一方面，由于其自身具有丰富的活动内容，且活动形式又丰富多样，它又具有正规性健康教育活动所不能替代的重要作用。

3. 结合其他领域的教育活动实施健康教育

幼儿园健康教育可以结合幼儿园音乐、语言、美术、科学、社会等领域的活动来进行。例如，将枯燥单调的健康知识编成幼儿喜欢的儿歌和歌曲，或让幼儿到田间去认识蔬菜，来培养他们爱吃蔬菜的习惯等。这种将幼儿园身体保健的教育结合语言、音乐和科学等方面的活动来进行的方式，同样可以达到健康教育活动的目标。再如，社会、语言教育活动中的参观，音乐活动中的舞蹈、律动等，本身就是幼儿身体锻炼的良好途径。

4. 幼儿园健康教育应争取家庭的配合和社会的支持

幼儿园健康教育的有关内容与家庭生活密切相关。如个人卫生、饮食习惯、安全问题等，如果仅靠幼儿园的健康教育而没有家庭教育积极配合，那么幼儿健康教育的效果将会事倍功半；如果家庭教育与幼儿园健康教育协调一致，那么幼儿健康教育的效果则会事半功倍。因此，家长应当成为幼儿园健康教育活动的合作者。另外，幼儿园的健康教育也不能忽视社会的影响，如电视媒体的影响等。

（三）幼儿园身体保健教育活动设计的基本思路

现在幼儿园盛行整合性的教育活动，要想更好地整合幼儿园各领域的教育，必须首先把握各领域的特点和规律。目前，在健康教育领域，可以对如何以幼儿保健的健康成长为主线创设教育活动。

幼儿健康教育活动的设计一般考虑以下几方面。

1. 活动目标

具体的活动目标是健康教育总目标和年龄段目标的细化。在表述中应简洁清晰、准确具体，具有可操作性，目标条目不宜过多，一般2～3条。

2. 活动准备

一个成功的健康教育活动需要教师进行多方面的准备,包括物质条件和环境创设、幼儿的知识经验和心理准备等方面。

3. 活动过程

活动过程一般包括活动导入、引导幼儿参与思考及引导幼儿总结这三个环节。教师应明确希望幼儿在哪些方面获得发展?希望解决什么问题?如何启发幼儿思考?如何带动幼儿参与活动?什么时候提什么问题?如何使用最佳的教育方法?如何让幼儿对活动做出总结,使幼儿已有的经验得到提升?

在开展活动时可以运用多种文学艺术载体,增强活动的趣味性,提高活动的效率。常见的文学艺术载体有儿歌、儿童诗、诗歌剧、表演唱、童话、故事等。

4. 活动延伸

好的教育活动不是止于特定的某一次活动,而是一个长期、持续的过程,特别是能力、习惯的培养,活动延伸不可缺少。活动延伸的方法有可以是家园共育、领域渗透、环境创设、区角活动等。如教师利用15分钟时间教幼儿学会了正确的刷牙方法,在活动结束后就应该与家长联系,要求家长在家中督促幼儿按时以正确的方法刷牙,以帮助幼儿巩固刷牙的正确方法,并养成良好的刷牙习惯。

(四)身体保健教育活动设计与实施

1. 要充分认识身体保健和生活自理教育对学前儿童当前和未来发展的重要意义,要建立以健身为主、全面育人的价值观和目标观,按照身心综合能力结构理论,塑造学前儿童的身体保健和生活自理能力,发展他们的全面素质。要冲破仅限于生活技能和行为习惯培养的旧的教育模式。

2. 要发挥教师、幼儿、家长、保健医生与保育员四方的主体性,协同一致,做好此项教育。要经常向家长和保健医生、保育员介绍新的教育观和保健观,帮助他们建立新的保健教育观和主体教育观,并提出互相配合的具体建议。注意吸收家长和保育员参与评价活动,鼓励和组织他们提供有关的教育内容,或参与教材的创编和教具的制作。应把每次身体检查的结果告诉幼儿和家长,同时可有针对性地对幼儿园和家庭的有关教育环境做全面的检查和评价。如做视力检查的同时,全面检查和评价家园桌椅、照明、书画和儿童读物是否符合卫生标准,检查幼儿的阅读姿势,看电视的位置与时间和眼保健意识,检查教师自身和家长在眼保健教育上的言传身教。

3. 认识并尊重学前儿童在健康教育活动中的主体地位。要引导和组织幼儿参加教育准备、实施和评价各个阶段的活动,发挥和发展他们主体能力和其他素质。

4. 要充分利用电视、录像、影碟、图画、模型等现代媒体,帮助学前儿童认识五官,了解自己的五官发育和健康状况,这是发展自我保健意识的认识基础。

5. 幼儿教师要克服在生活自理教育中的一些心理障碍。如认为生活自理能力是生活小事,没有认识到它是人的生存能力的重要内容,没有认识到学前儿童的生活自理教育对他们未来、民族的未来的深远意义,它应是家庭和幼儿园十分重要的教育内容。有的存在过度护理。在生活中学前儿童能学会的不教,能做的事不让做。视过度护理为疼爱,没认识它是对孩子心理的伤害,对自立行为的剥夺。有的嫌孩子做得慢、做不好,不如自己做省事、又快又好。有的在教育方法上“催、管、斥、责”多,鼓励、诱导少,特别在学前儿童出现失误或显得“笨拙”时更是责怪得多,损害学前儿童自信心、自尊心和自立心的发展。

6. 眼保健教育中当前应抓好以下几个环节:

(1)帮助学前儿童掌握正确的阅读姿势与习惯,选择好看电视的位置、距离,控制看电视时间的能力;

(2)为孩子提供合乎卫生标准的桌椅和照明;

(3)成人要重视以身作则;

(4)让学前儿童了解自己的视力和视力习惯。

7. 牙保健教育应着重帮助学前儿童认识自己的牙齿,认识龋齿的危害及形成的原因,学习漱口刷牙技能,并养成漱口刷牙、少吃甜食等的口腔卫生习惯。

8. 皮肤保健教育应引起高度重视。目前在儿童教育中普遍忽视皮肤保健教育,重保护、轻锻炼,皮肤娇嫩、触觉“饥渴”,这些问题已引起有识之士的关注和忧虑。当前在皮肤保健教育中,应在做好皮肤清洁教育的同时,加强皮肤的锻炼,其中触觉训练更应加强。

9. 多管齐下,协同一致,做好身体保健和生活自理教育。身体保健和生活自理教育是渗透在学前儿童整个生活之中的。健康教育和生活活动是主体活动,音乐、美术、语言、科学、社会等教育活动和游戏活动也有丰富的身体保健和生活自理教育的内容。因此,在健康教育活动设计时,要做到突出主体、多管齐下、协同一致。在进行其他教育活动时应重视此两项教育,以发挥教育的整体效益。

10. 生活技能的教学应坚持生活中教学与专门教育活动相结合,且以生活活动中教学为主的原则。

二、幼儿园体操活动的创编与设计

(一)幼儿园基本体操的选择和创编

幼儿园体操是幼儿园重要的身体锻炼活动,对幼儿身体发展有重要作用。因此,创编幼儿体操是幼儿教师应具备的一项专业能力。幼儿基本体操创编的一般步骤和方法是:

1. 明确任务,提出总体构思。选编体操时首先应明确目的,即要选编何种体操。常见的幼儿园体操有早操、准备活动操、节日或运动会上需要的表演操等。早操属于保健操,需要每天做,因此编排的操节动作要全面,以便促进幼儿身体的全面发展。准备活动操所选用的动作随意性比较大,要求能起到准备活动的作用即可。表演操是在锻炼身体的同时,强调操节的美感、艺术性和表演效果。明确目的后,教师应根据幼儿的年龄特点构思体操的名称、体操的节数、每节操的名称、操节的节拍或呼数、操节动作的变化或节奏、操节活动量和难易程度、对身体影响的特殊要求等。

2. 组织整套体操的动作顺序、设计单个的或每节体操的动作,这是编操中最为关键的一个步骤。

(1)要根据幼儿的身心发展状况及体操的类型来选编动作。体操动作总的要求是难度适中、优美、轻快、活泼,并富有模仿性和表现力,突出动作的形象化和幼儿化,便于幼儿模仿和学习,且有较强的锻炼价值。创编内容应体现该类型体操的特点。如,选编轻器械操,应体现出所用器械的特点,充分发挥器械的锻炼功能,而不应将轻器械操看成是徒手体操的动作与器械的简单结合。

(2)应注意动作编排的科学性,遵循人体生理机能的变化规律。整套体操的活动量应遵循上升→平稳→下降的变化规律。动作由慢到快,再由快到慢,由易到难,再由难到易。一般是从动作较简单或运动量较小的踏步动作、伸展运动或头部运动开始,使身体机能由原来的安静状态转入兴奋状态,接着安排扩胸、体侧屈、体转、踢腿、体前或体后屈等动作,动作难度和活动量逐步增加,然后进入活动较激烈的全身运动或跳跃运动,使运动量达到高峰,最后以踏步或柔和、缓慢、轻松的整理运动结束。如果创编准备活动操(也称运动辅助操),则整理和放松过程应省略。

(3)要保证身体锻炼的全面性。整套体操的动作应包括头部、颈部、上肢、腰部、下肢、躯干等不同部位的动作,以及同一部位不同动作类型和不同方向的动作。把发展肌力、柔韧、协调、平衡等动作的组合放在一起,用力和放松动作交替进行,注意上肢活动与下肢活动、胸部锻炼、腰部锻炼、背部锻炼,把影响不同肌肉群的动作、活动量小的与活动量大的动作相互结合,使身体各个部位都能得到活动。

(4)在设计单个或成节动作时,应注意5个影响动作效果和难度的重要的因素:身体姿势、动作幅度、动作方向、动作频率和速度以及动作顺序。

①身体姿势是动作的外部表现形式,包括开始姿势,动作过程中的姿势和结束姿势。身体姿势的正确与否直接影响到动作的难易程度和锻炼效果。幼儿体操的操节应以屈、伸、举、踢、转和模仿性动作为主,逐步增加绕环、绕旋、单脚支撑等动作。编操时应以大肌肉群活动为主,强调身体姿势的准确、自然、协调。注意创编能有效促进胸廓和脊柱发育,形成正确身体姿势的动作。

②动作幅度是做操节动作时身体或身体某部分移动距离的大小,直接影响到体操难度和运动量的大小。幼儿体操动作应以身体平衡、自然协调为宜,幅度不宜太大。

③动作方向是动作经过一定的路线后所要达到的目标,动作方向的不同影响幼儿身体肌肉群及幼儿的方向感。幼儿体操的动作方向应以前方、上方、侧方为主,逐步增加其他方向的动作。

④动作频率和速度直接影响到运动量,前者指单位时间内动作重复的次数,后者指单位时间内身体或身体某部位移动距离的大小。动作频率和速度要适中,不宜过高或过快。

⑤动作顺序是做动作时身体各部位运动的轨迹或顺序。动作顺序的改变能有效培养幼儿动作的协调能力。幼儿的协调性较差,神经系统对肌肉的调控能力低,因而运动变化不宜过多,并注意动作的对称性。

在创编体操时应关注各要素对体操动作的影响,编排出适合幼儿练习的、新颖、独特、有一定创造性和艺术性的体操,使幼儿身体得到锻炼,并从中得到美的熏陶的体操。

3. 体操配乐的选择方法

在音乐伴奏下练习体操,能有效地增强幼儿的节奏感、韵律感以及幼儿学操的热情。所以,在有条件的情况下,体操练习应在活泼轻快、节奏鲜明、旋律优美的音乐伴奏下进行。选配音乐时常用的方法有:

(1)先编体操,再根据体操动作选配音乐;

(2)先选音乐,再根据音乐创编体操动作。

若为编好的体操选配音乐,则音乐的节奏、旋律、速度急缓、力度变换等都应与体操动作的快慢、力度和高低起伏等协调一致,达到音乐与动作之间的和谐统一。如,给模仿操选择配乐应能表现出所模仿事物的特征;若根据音乐编操,则必须使动作与音乐的韵律结构、乐曲的完整性协调一致,使音乐和动作成为一个完美的整体。如,根据儿歌编操,应使儿歌内容与体操动作统一，音乐节律与动作节拍数一致。

4. 创编体操的整理

整套体操创编结束后，要对体操动作及配乐进行整理，包括：

(1)明确体操的类型及适用的对象；

(2)体操的名称、每节操的动作名称、预备姿势和节拍数；

(3)动作说明、要点、要求及图示；

(4)配乐及音乐与体操的衔接要点。

(二)幼儿早操活动的设计

早操活动是幼儿园每天开展的，以体操为主要内容的一种身体锻炼活动形式。

1. 早操活动对增强幼儿体质、促进幼儿身心健康发展具有十分重要的意义

(1)有助于幼儿在精神饱满、体力充沛的状态中开始一日活动

在早操活动中，幼儿伴随着明快而熟悉的音乐，轻松、愉快地做着各种身体动作，能使神经系统彻底消除睡眠产生的抑制状态，激发和恢复机体主要器官系统的机能和工作能力，提高整个机体的活动能力，使其逐步进入良好的活动状态，在精神饱满、体力充沛的状态中开始一日活动。

(2)有助于培养幼儿的意志品质和良好的个性，养成体育锻炼的良好习惯

早操活动，能培养幼儿勇敢、顽强的意志品质和自信心，还能培养幼儿参与、乐群、合作及群体意识，使之形成良好的个性。开展早操活动，能使幼儿从小养成锻炼身体的良好习惯，并使幼儿逐渐体验和认识到体育锻炼是一日生活中不可缺少的内容。

(3)有助于幼儿形成良好的身体形态，增强身体抵抗能力

早操能促进幼儿良好身体形态的形成和身体的正常生长发育，增强幼儿各器官系统的功能，使其动作发展得更协调、更灵敏；早操活动一般是在早晨进行的，气温相对较低，空气相对凉爽和清新。这段时间坚持做早操等体育活动，能有效提高幼儿适应不同的气温变化。可见，在早操活动中，能提高幼儿机体对室内外气温变化的适应能力，提高抵抗疾病的能力。

2. 幼儿早操活动的实施与指导

(1)适应季节变化合理安排时间和地点

早操活动的时间10～30分钟不等，教师应根据幼儿的年龄特点和季节气候的变化而酌情选择。对年龄较大幼儿或在冬季进行早操活动，时间可适当长些。另外，如果冬季天气特别寒冷，早操活动也可安排在组织室内教育活动后，并与上午的户外体育活动结合起来进行。早操应坚持在户外进行，但若气候条件较差(如雨雪天或风大等)，也可让幼儿在室内或走廊做操。

(2)适应生活环境特点内容应丰富多样

结合上述早操活动的要求，建议各部分内容安排如下：

①开始部分

排队，变换队形、慢跑或走跑交替(冬季尤为适合)，在音乐伴奏下，做各种模仿活动或跳一些轻快而简单的舞蹈等。其目的旨在组织和集中幼儿的注意力，诱发幼儿身体各器官组织的机能由较安静状态进入活动工作状态，为做操和其他身体锻炼活动的开展做好准备。

②中间部分

在音乐伴奏下做一些节奏较快的律动(尤其在中、大班),做各类基本体操(可结合队形变化,类似小型团体操),进行各类器械练习和小型多样的体育游戏,或开展一些活动量较小的体育活动性游戏等。其目的旨在增强大肌肉群和骨骼的运动,促进幼儿身体的正常发育,培养幼儿良好的身体姿势和体格,提高幼儿的体能,全面锻炼身体,增进幼儿健康。

③结束部分

便步走,慢跑,在音乐伴奏下做一些轻快的舞蹈活动或组织一些安静的身体活动,简单小结并收拾和整理器材。目的是使幼儿的身体机能由较兴奋状态逐步转入安静状态,从而结束早操活动。

(3)早适应儿童多元性特点形式应灵活多样

幼儿园的早操活动,应将教师有组织的直接指导活动与教师间接指导的幼儿自选、自由活动,以及集体活动与小组活动有机结合起来,以适合不同活动内容的不同活动要求。并灵活运用多样形式,激发幼儿活动的积极性,提高幼儿活动的主动性、独立性和创造性。如,在幼儿器械操中,教师要指导幼儿利用同一器材或选用不同的器材开展各种玩法,培养幼儿活动的创造性和趣味性,全面锻炼幼儿的身体。

(4)适应幼儿生理机能能力变化的规律

其活动量或运动量的安排,应介于轻度和中度之间,总体不能过大,过度的运动量不利于幼儿机体成长。有的幼儿园早操会在吃完早饭后进行,大约9:00—10:00进行。如果早操活动量过大,部分幼儿会产生肌体疲劳的现象,活动后有的幼儿尚处于情绪兴奋状态,幼儿的注意力难以集中,一定程度上也影响学习效果。一些寄宿制幼儿园,早操活动一般安排在幼儿起床后进行,此时,幼儿机体生理机能还未完全苏醒,身体动作的协调性和灵活性偏弱,空腹前提下,做高强度的运动可能会导致机体某些部分器官的局部性损坏,效果不好,不利于幼儿的锻炼成长。

此外,还应做好活动前准备工作,给幼儿提供足够的活动器材,注意早操活动所用器械的安全和卫生,保证场地整洁,为早操活动的顺利进行提供保障。

三、幼儿园体育活动的创编和设计

幼儿园身体锻炼活动大多是通过体育性游戏活动、体育课和户外体育活动来进行的,因此,这里主要阐述这三种活动的设计。

(一)体育性游戏活动的创编

所谓体育性游戏活动,是指以发展幼儿的基本动作和身体素质为主要目的,具有一定的情节、角色和规则的身体锻炼游戏。在设计体育性游戏活动时,一方面要考虑所创编的游戏与幼儿身体锻炼的教育主题内容相一致;另一方面,还要考虑所选游戏符合幼儿的认知发展水平及身体的发育状况,游戏的选择。

1. 创编幼儿园体育活动性游戏必须明确游戏的构成要素

(1)游戏的任务

幼儿园体育性游戏活动的任务是多方面的,包括巩固和丰富幼儿对身体知识的了解,发展幼儿的智力,培养幼儿良好品德和个性的任务。但其主要任务是发展幼儿的基本动作和提高身体素质,促进幼儿身体的正常发育和机能的协调发展,从而增强幼儿的体质。

（2）游戏的内容

游戏任务需要通过游戏内容来实现。因此，游戏内容也是游戏的主要成分。游戏任务的多方面性决定了游戏的内容也必然是多方面的，包括活动中的动作、技能，知识、品德和智力教育等内容。游戏的主要任务又决定了游戏的动作和技能成为体育性游戏活动的主要内容，其他内容处于从属或依存的关系。

（3）游戏的设计

确定了游戏任务和内容，教师可以构思设计游戏活动了。设计游戏活动时要规划好每一个环节的动作、规则、角色及实施方式。

（4）游戏的准备

包括游戏进行多需要的精神准备和物质准备：精神准备主要包括幼儿和教师的情绪和知识经验的准备；物质准备主要包括游戏所需的场地、器械和玩具等。

2. 创编幼儿园体育性游戏活动必须遵守的设计原则

（1）教育性原则

设计开展体育性游戏活动旨在促进幼儿身体的基本动作技能和素质的发展，通过体育活动教育幼儿懂得协作、遵规守纪，培养社会化技能，因此要利用体育活动、游戏等提升幼儿的智育和德育。如体育性游戏活动“小熊搬家”，其目的是练习幼儿走、停、跑交替的能力，但通过游戏又能培养幼儿学会与他人合作的能力，这是游戏活动所蕴含的教育意义。

（2）趣味性原则

兴趣是幼儿最好的老师，如果在身体锻炼中仅仅是机械的动作练习，对幼儿是枯燥的。因此，要善于把单一的活动设计的生动有趣，对那些比较难以理解的动作和单调的素质练习变成有趣的游戏情节，调动幼儿参与活动的积极性，乐于模仿生活和周围事物，自然而轻松地进行身心运动。

（3）量力性原则

量力而行主要是考虑不同班级幼儿的个体差异和同一班级幼儿的性别差异、强弱差异等，需要针对这些差异，研究游戏角色、情节、规则，设计适合各年龄班幼儿活动的游戏，使其适应和服务整体幼儿发展。如，小班游戏内容以模拟动物的活动较适宜，而中班、大班可以逐步尝试模拟社会生活的内容。小班的游戏角色为 1 ~ 2 种，中、大班可增加到 3 个或 3 个以上，且大班的游戏角色可以相互转换。小班游戏的情节较简单，中、大班的游戏可逐渐复杂化，活动难度要有差异性。小班的游戏规则限制性少，而中、大班的游戏可加强限制性规则。

3. 幼儿园体育活动性游戏创编的步骤和方法

（1）确定创编游戏的任务

举例：“发展幼儿定向的跳跃能力”。

（2）选择合适的游戏内容

根据游戏的任务，设计合适的游戏内容、游戏动作。具有主题情节的幼儿园体育活动性游戏的内容主要来源于两个方面，即“模拟动物的各种形态”“模拟社会现象和活动”。而社会现象又包括成人的工作情景、军体活动和表演活动等诸多方面。例如，模仿环卫工人清扫街道、模仿交通警察指挥交通，主要增加幼儿的生活性常识；又如模拟“兔子”“青蛙”等动物（游戏内容）练习双脚行进跳、立定跳远、侧跳等（游戏动作），主要是发展幼儿的跳跃能力。

(3)确定游戏的规则

主要为了把角色的游戏动作情节化,具有激发角色(由幼儿担任)活动动力的作用,增加角色活动的趣味性,而游戏规则的制约性能够保证游戏具有良好的组织性和教育性。以上述的游戏内容和动作为例,如“小青蛙捉害虫”“猫和麻雀”“放鞭炮”“环卫工人清扫街道”等,都有明确的主题情节和规则,使游戏不只是简单的动作模仿,而是有组织、有变化发展、有约束的趣味性教育活动。

(4)提供必要的游戏条件

包括游戏的场地选择和设置、游戏的道具器材、游戏前的知识准备和活动引导,活动的具体实施方法,等等。

4. 编写幼儿园体育活动性游戏的基本格式

(1)游戏的名称(年龄班)

如“中班抢木马”。

(2)游戏的目的

提高幼儿身体素质,促进幼儿间的相互交流等。

(3)游戏的准备

道具准备、场所准备、知识准备、角色分配等。

(4)游戏的玩法和规则(有时规则可独立)

如每个小朋友要交替进行,活动中不许打闹,两人一组等。

(5)游戏的注意事项

注意安全,活动道具用完后由小朋友负责带回等。

(二)幼儿园体育教育活动的设计

《幼儿园工作规程》强调:“幼儿户外活动时间在正常情况下,每天不得少于两小时。”“积极开展适合幼儿的体育活动,每日户外体育活动不得少于一小时。”“要充分利用日光、空气、水及本地自然环境,有计划地锻炼幼儿肌体,增强身体的适应和抵抗能力。”幼儿园体育活动的开展是符合《幼儿园工作规程》要求的,我们要结合游戏、生活、丰富多彩的活动材料、灵活多样的活动形式开展幼儿体育活动,提高幼儿的身体素质,培养身心和谐发展的健康儿童。

1. 幼儿园体育教育活动类型

根据幼儿园体育活动所完成任务的侧重点不同可将幼儿体育课分为新授课、复习课和综合课三种类型。新授课是学习新知识,并把新知识作为身体锻炼活动的主要内容而开展的教学活动。复习课是把幼儿已经学习过的知识作为身体锻炼活动的主要内容而开展的教学活动。活动形式可以有新的变化,既有利于幼儿学习的兴趣,又能达到巩固的目的。综合课是幼儿园采用的最基本、最普遍体育课类型,它包含两方面的含义:一方面是指活动的内容既有新的,又有已经学习过的,即新旧内容的综合;另一方面是指活动中涉及多种类型的活动内容综合,如,一项以基本体操为主的体育活动中,又包括了游戏、模仿性活动、运动技能练习等。

2. 幼儿园体育教育活动的设计要遵循人体运动时的生理机能的变化规律

人体在运动过程中,生理机能经历了上升、平稳和下降三个阶段的变化。每一阶段的变化都产生了不同的身心特点,依据这一变化规律设计幼儿体育活动,更科学、合理、有效地促进幼儿身体的健康发展。

(1)上升阶段

人体在进行身体锻炼活动前,在生理和心理上会产生选择性的反应。一种是积极适应反应,表现为大脑兴奋性提高,精神愉悦,乐于参与身体锻炼活动;另一种是消极反应,表现为大脑抑制性提高,情绪低落,动作迟缓,对参与活动不感兴趣。根据人体这一规律,教师要组织好每次体育锻炼活动,让幼儿对体育活动产生积极的情绪,就要在活动开始部分,设法激发幼儿的活动兴趣,使幼儿的情绪活跃起来。这一阶段的变化,与幼儿的年龄、体质、训练水平及活动的内容等因素有关。由于幼儿身心发展的特点,他们喜好运动,情绪易受感染,活动能力上升较快,所以,开始部分活动的时间较短,运动负荷的增加稍快。通过适当的身体活动,克服幼儿心理、身体机能的惰性,提高活动的能力。因此,在活动的开始部分,教师应利用适当的热身活动或辅助性的准备活动来适应活动开始时身体活动能力较低的状态,并使身体活动能力较快地上升,以适应平稳阶段活动的需要。

(2)平稳阶段

这一阶段幼儿身心活动能力已达较高水平,身体活动效率高,能适应较激烈的身体锻炼活动。这一阶段相当于活动过程的基本部分,根据这阶段的身体运动特点,宜安排难度较大或运动负荷较大的练习。这一阶段持续时间的长短与幼儿的年龄、体质、心理状态、运动负荷、训练水平及活动练习密度等因素有关。由于幼儿的持续时间较成人短,因此,教师应选择适合本班年龄阶段幼儿的活动内容,控制好运动量和练习的密度,避免因运动负荷过大导致幼儿身体疲劳。

(3)下降阶段

身体锻炼活动进行一段时间后,幼儿体内的能量不断消耗,身体出现疲劳,活动能力下降。这时,教师应该停止较激烈的活动,安排一些放松的、缓冲的活动,使幼儿逐渐地恢复身体机能,消除身体疲劳。

3. 幼儿体育课活动方案的设计

幼儿园体育活动方案的设计包括活动名称、活动目标、活动准备、活动过程、延伸活动、活动评价等基本部分。根据幼儿园体育活动设计的要求,教师在设计幼儿体育课方案的活动过程时,要注意开始部分、基本部分和结束部分的任务、内容以及时间的安排。

(1)开始部分

这部分的时间一般占总时间的10%～20%。主要内容包括向幼儿说明活动的要求和主要内容;做一些基本体操或模仿活动;排队和队列队形练习;开展一些运动负荷不大,有利于发展幼儿体能的游戏,也可进行一些简单的舞蹈和律动等。开始部分组织幼儿热身和热心的运动。集中幼儿的注意力,使幼儿明确活动的要求和内容,激发他们参与身体育活动的兴趣;通过身体活动,克服各器官和组织的惰性,提高活动能力,发展主要肌群;做一些有针对性的准备活动,为基本部分的活动做好适应性准备。

(2)基本部分

基本部分的时间一般占总时间的70%～80%。这一部分主要是学习一些新的或较难的活动内容,巩固和提高已经学过的各类动作和游戏等,并通过幼儿的身体锻炼提高幼儿的身体素质,发展幼儿的动作协调能力,培养幼儿良好的心理品质等。具体活动内容可设置一些发展体能的游戏或基本体操。参照《纲要》中规定的内容为主,每次活动一般安排1～2项活动内容。在内容的安排上应注意新旧活动内容的合理搭配,急缓结合,全面锻炼幼儿的身体。

(3)结束部分

时间一般占总时间的10% ~20%。这一阶段的任务是降低幼儿大脑的兴奋性,使幼儿由运动的紧张状态逐渐恢复到相对平静的状态,放松肢体。教师可带领幼儿轻松自然地走步,做徒手放松练习、简单的操节、较安静的游戏或轻松舞蹈等。最后,教师合理地小结评价,收拾和整理器材,有组织地结束活动。

幼儿体育课开始部分、基本部分和结束部分之间是相互联系的,每个各部分都有自己的主要任务和内容,部分之间在活动的结构上又是一个紧密联系的整体,共同实现身体锻炼的目标。另外,体育课的结构和各部分的内容、时间等方面的安排也不是一成不变的,由于幼儿的具体情况、活动的任务和目标、季节气候情况以及场地、器材等条件对活动内容和时间的安排都会有影响,教师应根据实际情况灵活组织和安排。

此外,设计幼儿体育活动还应注意活动过程的游戏化。兴趣是幼儿学习和活动的动力,幼儿体育活动要结合多种游戏,激发和维持幼儿活动的兴趣,调动幼儿参与活动的主动性和积极性。

4. 幼儿体育课的实施与指导

(1)做好活动前的准备工作。活动准备包括知识经验准备、情感准备、器材准备和场地准备。如,幼儿的知识和教师经验的准备;教师情感准备,教师的积极的情感投入将直接影响到幼儿参与活动的情绪和兴趣。因此,教师要以积极的态度投入到活动的组织指导中,要注意自身言行对幼儿的影响,以高度的责任心对待自己的工作;活动前器材和玩具的置备,活动场地的布置等。做好活动前幼儿及场地的安全、卫生等工作。

(2)幼儿教师要熟悉自己设计的活动计划,灵活运用多种方法指导活动的实施,灵活处理随机事件。在活动过程中既要关注全体,又要注意个体之间的差异,做好个别教育。

(3)控制好活动的时间和活动量。通常小班的活动时间为15 ~20 分钟,中班为20 ~25 分钟,大班为30 分钟左右。由于幼儿的身体发展特点,他们还不大会调节自己的运动量,这就要求老师要及时观察幼儿的活动量,给予合理的指导。

(4)注意幼儿活动的安全性。做好活动前准备,活动中根据孩子活动量增减服装、活动后给幼儿及时饮水。建立规范的指挥或调动队伍的口令,如喊口令、手势、运用口哨的技能等;制定与执行幼儿体育活动的常规,通过建立活动常规等方法保障活动安全进行。

(5)注意做好活动后的复习辅导和检查评价工作,反思不足、总结经验教训,不断提高自身的组织指导能力和教育质量。教师对教育活动中不尽如人意的地方进行思考,不断地反思创造更有质量的教学活动。

(三)幼儿园户外体育活动的设计

幼儿园户外体育活动是指以教师直接指导或间接指导开展的集中形式或分散形式的户外活动,以基本动作、器械活动以及各种体育游戏为活动主要的内容的。

1. 幼儿户外体育活动的设计原则

(1)安全性原则

幼儿园在组织幼儿进行户外体育活动时,首先要注意的是安全性原则,这是第一位的原则。设计户外体育活动因为场所相对室内宽阔、开放,增加了很多不确定的因素,设计活动时要充分考虑活动场所的环境可能出现的不确定风险,要认真检查设计活动所需要的各器材,对可能发生的影响幼儿健康的因素要做好排查,保障幼儿能够安全健康地开展户外体育活动。

(2)发展性原则

幼儿体育户外活动的最终目的是促进幼儿的发展,以幼儿发展目标为核心,将幼儿园的各种教育因素、教育器材、教育环境有机地结合起来。针对幼儿知识、技能和身体素质的普遍性特点,开展设计体育户外活动,使其成为辅助幼儿成长的重要途径。把握一般规律的同时,要注意个体的差异性,考虑到每个幼儿的发展需要,根据每个幼儿发展的不同特点,因人施教,促进每个幼儿在不同水平上得到充分发展。

(3)多样化原则

幼儿的发展的爱好是多元的、多样的,坚持多样化原则,丰富户外体育活动内容、形式能够更好地适应儿童身心发展的规律。多样化设计户外体育活动避免单一枯燥,如随着季节变化和幼儿身体发育状况而相应的设计不同的体育活动方案,在统一教学目标上,通过多个模式实现等,这样既可以调动幼儿参与户外活动的兴趣,又可以丰富和提高幼儿的创造力。

(4)结合性原则

户外性体育活动不能与整体幼儿教育发展目标相割裂,幼儿的主动性作用和教师的引导性也不能相割裂,体育活动的设计不能脱离幼儿生存的物质环境和发展特点,要在坚持灵活性、发展性的基础上,发挥教师主导作用与幼儿主动性,使其相结合,要尊重幼儿兴趣与需要、注意、激发幼儿的内部动机,调动幼儿的主动性和积极性,科学地对幼儿进行户外体育游戏活动的指导,要有目的、有结合、有计划地对幼儿施加教育影响、促进幼儿全面发展。

2. 设计幼儿户外体育活动的依据

(1)依据各年级阶段目标设计

年级阶段是区分幼儿园小班、中班、大班的主要目标,个年龄班次的幼儿特点不同,幼儿是通过该年级幼儿所开展的一个个具体的体育活动来实现的,在制定每一个具体的活动目标时,应该和该年龄目标相一致。例如,中班变换方向跑的要求是幼儿能沿场地周围跑,如果户外教学活动目标的制定超出这个水平,会导致幼儿疲劳,逐渐的对体育活动失去信心,并且不感兴趣,户外教学目标不能按计划实现。

(2)依据活动内容和形式设计

幼儿户外体育教学活动受制于外在环境和体育器材,其活动内容不同,教学形式、教学目标也必然不相同。如,通过模仿社会性角色多以游戏互动的形式开展教学活动,旨在在增强幼儿体质的同时强调让幼儿体验各种情绪或情感;而多人合作类的活动,其主要还是培养幼儿的合作意识、合作能力,帮助幼儿养成遵守规则的习惯。

一般来说,户外体育活动内容不同,组织活动的形式也不相同,设计活动是需要我们结合实际组织应用。

(3)依据幼儿以往教学效果反馈情况设计

幼儿的每一次教学活动都会为下一次开展教育活动提供借鉴,其存在的问题也往往是要在教学中解决的。依据以往教学效果设计体育活动内容也是根据体育活动应遵守的循序渐进原则,从幼儿实际出发,逐步帮助幼儿提高。幼儿对知识和技能的认识和掌握都是从无到有、从低到高,从少到多不断提高的。因此,根据以往的教学情况,掌握幼儿已有能力水平，再根据实际情况在复习巩固的基础上，设计新的体育教学活动，循序提高教学要求，更加有利于帮助幼儿健康成长。

3. 幼儿户外体育活动的方法

方法是我们实践层面最重要的东西，方法的选用是否科学直接影响到教学目标实施成效的好坏。在设计活动时，必须根据知识内容的性质和幼儿的年龄特点来选用不同的方法，以保证方法的科学性。在日常实践中，练习法、比赛法、游戏法、示范讲解法等是我们所熟悉和应用的，除此，我们还应综合运用以下几种方法。

(1)榜样激励法

这里要发挥教师和幼儿的榜样作用。在教师的表率方面，言教与身教都重要，但身教更重于言教，教师的一言一行往往会成为孩子们模仿学习的样板，教师在体育活动中的表率对幼儿具有很大的带动性和说服力，对幼儿个性和良好品质的形成有着重大的教育影响。在同伴的表率方面，有的幼儿因为胆小，不敢尝试，但如果有小朋友带头示范，就会激励其他幼儿主动去尝试，使能力弱的幼儿在得到其他幼儿感染启发而同时迈出成功的一步，从而增强自信。因为，幼儿的能力存在一定的差异性，所以教师要想尽办法，鼓励幼儿交流学习，勇于尝试，不断挑战自己的弱点。

(2)主动探索法

主动探索法是发挥幼儿的好奇心，引导幼儿在好奇心的驱动下，去主动探索运用活动器材、参与游戏的一种方法。在具体实践中，教师提供体育活动材料，可以找熟练的幼儿示范自己的活动方法，引导幼儿主动去探索发现，在幼儿基本熟悉的情况下，再由教师指导，进一步巩固练习动作。这种方法注重以“儿童为中心”，发挥幼儿在体育活动中的主体地位，让幼儿感受活动的趣味性、探索性，真正形成独立探索体育趣味的理念。

(3)形体语言指导法

主要是教师不直接使用语言进行指导和提示，而是利用表情、动作、手势等，为幼儿提供思路或心里暗示，来进行组织和指导幼儿学习和练习的方法。运用这种方法，要注意不能太过于教条，适当时候也可以用语言辅助，因为幼儿理解程度不同，对动作、表情的内涵也没有全面理解。在运用这种方法时，非语言动作必须做到精确、清晰，动作含义要简单直白。

(4)口诀辅助法

朗朗上口的儿歌、口诀可以更好地帮助孩子们记忆和理解。在设计体育活动时，可以把动作的基本要领或游戏规则编成容易记忆的口诀或儿歌，教给需要参加活动的幼儿，使幼儿在理解朗诵口诀的同时，掌握动作要领或游戏的规则。运用这种方法，要注意口诀或儿歌的生动、形象，浅显易懂，让幼儿更加容易掌握，并激发参加活动的兴趣。

4. 幼儿户外体育活动的实施与指导

(1)活动前准备和指导

做好活动前的准备，教育工作活动前应集中的进行讲解指导，或者播放专题示范片，帮助幼儿掌握户外体育活动的具体要求和注意事项。活动前还应注意掌握每个孩子的情况，适当指导帮助，因材施教。

(2)合理安排好户外体育活动时间

相较于学前的知识性教育，对于学前儿童来说，掌握生活上的技能技巧更为重要。从这个角度说，应该多安排儿童户外体育活动，保证有充足的户外活动时间。排除恶劣天气影响,每天建议上下午都要安排一个小时及以上的时间来进行户外体育活动。

(3)提供充足的活动器械

幼儿对每个人都能拥有活动器材看得格外重要,投放器材要考虑充足性,或做好合理分组,保证每个幼儿都有充分的自由活动的条件。

(4)活动中启发幼儿积极思考

要在活动中,适当地向孩子们提出问题,进行间歇式的交流总结,鼓励和引导幼儿创造多种玩法,提高幼儿活动的创造性,增强幼儿的智力。同时,要求幼儿遵守规则,爱护器材,团结合作,处理好同伴间的相互关系,以促进幼儿社会性交往的能力和良好品德、个性的形成。

(5)注意户外体育活动的安全和卫生

户外活动要考虑幼儿的安全,活动前、活动中、活动后都要进行安全排查,提示和指导幼儿讲究卫生,养成良好的安全和卫生习惯。尤其应加强对幼儿自选活动的指导,避免活动的失控。

(6)做好活动收尾工作

培养孩子有始有终、善始善终的意识,活动结束时,要引导孩子们整理和收拾好活动的器材,及时将活动物品归回原处,既达到锻炼身体的目的,又能养成良好的自立习惯。

四、心理健康教育活动设计

(一)幼儿心理发展的特点

1. 形象性

3 周岁之后,幼儿的心理与行为会表现出明显的具体形象性,他们开始模仿父母、家庭成员或接触他人的言行举止,喜欢观察和模仿他人的行为和形象,热衷于各种各样的角色扮演游戏,比如,模仿医生给别的小朋友看病,自己充当“病人”接受别的小朋友的治疗、扮演玩偶的爸爸或妈妈。这时期,幼儿有了初步的逻辑思维能力,但其思维以具体形象性为主要特点,不能离开物质而抽象出事物的概念、属性、规律等,或理解事物之间的必然联系,而是要以鲜明、具体的形象或印象为关注点。

2. 随意性

经过婴儿阶段的发展,幼儿的意识和自我意识开始萌发,心理与行为也开始有了随意性的萌芽。幼儿大脑皮质的控制作用和调节作用有所增强,第二号信号系统进一步发展,这时期,幼儿开始逐步成为自己行为的主体,在生活上具有了初步的独立能力,在语言上,能进行基本的交流,可以表达自己的想法。随着幼儿活动范围的进一步扩大和生理上的快速发展,幼儿的心理与行为活动开始以“我”为主,虽然还不稳定,但是爱冲动、愿意模仿、喜欢问问题、好奇等特点会表现得很突出。

3. 个性倾向性

当幼儿开始表现出区别于其他人的个性倾向性,比如比其他孩子活泼开朗,或显得沉默寡言,这时也说明,其最初的个性倾向开始形成。但是,幼儿的个性倾向还不稳定,它就像幼儿期的身体一样,还在不断的成长完善,容易受周围环境的影响,如在家里活泼好动的幼儿到幼儿园就可能变得沉默寡言,与他人交往不主动,还有的在父母面前受不住委屈,显得很“霸道”,但与小朋友在一起却又常常被人欺负等。同时,幼儿具有了一定的自我意识,初步能评价自己的行为,并能够按父母要求逐步掌握生活规范和社会规范。

4. 敏感性

研究表明:2—3 周岁是幼儿口语发展的关键时期;2—3 周岁是计数能力发展的关键时期;5—6 周岁是数的概念发展的关键时期;3—5 周岁是音乐能力发展的关键时期;3—8 周岁是学习外语的关键时期。这些“关键期”也是敏感期,这一时期幼儿大脑的结构和功能逐渐变得成熟,到幼儿末期甚至会接近成人水平,其敏感性会集中表现在幼儿心理发展过程中。

(二)幼儿心理健康的标志

1. 智力发展正常

智力发展正常是指与正常的生理发展,特别是与大脑的正常发育相协调的各种能力的发展正常,一般包括认知能力、语言能力、社会能力等。智力发展正常的幼儿应该表现出与同龄孩子相符合的行为和能力,如,能够认识自己生活中的事物,有数的概念;能够简单自理,自己会穿衣、系鞋带、吃饭;能够用语言与他人进行交流,表达自己的意愿或想法;在游戏和学习中有与同伴合作的意识,能够以其独特的视角客观地了解和评价他人等。

2. 情绪健康稳定

情绪健康稳定是指幼儿能够对不同的外界刺激作出相应的情绪反应和身体行为,且其反应和行为具有一定的控制性和稳定性。情绪健康稳定的幼儿不会无缘无故感到快乐、痛苦、恐惧、悲伤,也不会无缘无故从快乐极端的情绪状态迅速转向痛苦极端的情绪状态,情绪状态表现出一定的稳定性。心理健康的幼儿能够体验基本情绪,表现出相应的反应行为,不会表现出对外界事物的淡漠、无动于衷,或过度焦虑和恐惧,能够对喜好的事物表现出兴趣,对不喜欢的东西表现淡漠。

3. 性格特征良好

性格特征良好是指幼儿在对现实的态度和日常的行为方式中表现出积极稳定的心理特征。具体表现为对新鲜事物感到好奇,有求知兴趣;具有一定的自我意识,希望有独立的想法、行为和空间;开朗热情,大方有礼,尊重他人,乐于助人等。心理不健康的幼儿则经常表现出胆怯、冷漠、固执、自卑等不良的性格特征。

4. 人际关系和谐

人际关系和谐是指幼儿在一定的情境下能够表现出亲社会行为,在现实生活中会扮演不同的角色。具体表现为和父母感情很好,有自己的好朋友,能够正确处理小同伴们之间的关系,尊重老师,能够积极与老师沟通请教,有一定的人际交往能力,乐于分享,会善于合作,懂得保护自己和别人。心理不健康的幼儿则多数表现出不与小朋友们玩耍,常常闷闷不乐、孤独、不合群、争执、攻击性、难以和同学们正常交往等心理与行为特征。

(三)幼儿心理健康教育的原则

1. 全面性

在幼儿心理健康教育的目标上,应确立全面性原则。所谓全面性原则,是指幼儿心理素质的方方面面的提高。全面性要处理好幼儿的共同需要和普遍问题的关系,要关注幼儿的个别需求和个性差异;既要解决和矫正不良行为,也要培养关注幼儿良好心理品质,能够兼顾幼儿的智力因素培养和非智力因素培养。

2. 整体性

在幼儿心理健康教育的对象上，应确立整体性原则。所谓全体性原则，是指幼儿心理健康教育要面向全体幼儿，即所有幼儿都是心理健康教育的对象和参与者，心理健康教育的设施、计划、组织活动都要着眼于全体幼儿的健康发展，考虑到绝大多数幼儿的共同需要和普遍存在的问题，以全体幼儿的心理健康水平和心理素质的提高为幼儿心理健康教育的基本立足点。同时，在幼儿心理健康教育的范围上，应统筹幼儿园、家庭、社区全面参与幼儿心理健康教育活动，为幼儿心理健康营造全方位的良好环境。

3. 灵活性

在幼儿心理健康教育的形式上，应确立灵活性原则。所谓灵活性原则，是指幼儿通过参与各种游戏、学习交流等多样性活动，认识陌生的外部世界，体验各种情绪感受，建立良好的人际关系。儿童原有的心理发展水平与多样性活动中新的心理需要之间的矛盾是促进儿童心理发展的动力源泉。因此，为幼儿灵活安排各种各样的游戏活动，不仅可以观察了解幼儿现有的心理发展水平和心理需要，还能够发现存在的心理与行为问题，并以此为契机，提高幼儿的心理发展水平，帮助预防和干预幼儿的心理与行为问题。

4. 发展性

在幼儿心理健康教育的内容上，要以促进发展为主旋律。在具体实践中，应根据幼儿生理心理发展的特点和规律加以安排幼儿心理健康教育的内容。主要从两方面着手，一是坚持正面引导，以促进其心理的健康发展，即提高和发展幼儿群体心理健康水平；二是坚持以预防和提高为主，兼顾矫治不良的行为习惯和心理与行为问题。

（四）幼儿园心理健康教育活动实施的途径

1. 融合于游戏活动中

寓教于乐不如寓乐于教。游戏是幼儿生命成长不可或缺的载体，每一天的活动都需要有游戏贯穿于始终的。除了游戏本身的教育作用外，心理健康教育融合于游戏中，就能发挥增效作用。游戏是合群性的养成、独立性的培养的极好手段。在自主游戏中，幼儿通过对游戏主题的确立、角色的选择、情节的发展等过程中学会如何与同伴友好相处，有利于自我意识、开朗性格、社会适应能力的培养。在规则性较强的游戏中，幼儿学会克服困难、面对挫折，能较好地促进其意志品质的发展。在实践中，我们认识到不是所有的游戏对心理健康教育都是行之有效、有意义的。幼儿心理健康教育游戏应该具有目标性和针对性。我们归纳为三个原则：游戏的功能性原则、儿童需要原则和针对性原则。我们依据三大原则灵活采用一些有心理健康教育内容的角色游戏、体育游戏等。通过游戏，让儿童体验合群的愉悦，增强合群意识，提高合作的能力。

2. 融合于教学活动中

我们的心理健康教育不是增加一日活动环节，也不是替代原有的教学活动，而是把教学活动内在的、潜在的因素挖掘出来，根据幼儿的心理特点、发展的需要，更好地发挥教学活动的心理健康教学活动的教育作用，因此各领域教学活动中潜在的教育因素以及随时出现的教育契机，是心理健康教育的重要内容。教师在制订教育活动计划时，可通过对本班儿童的心理特点和已有经验的分析，将心理目标与某一领域目标有机融合，而不是对原有材料中内含的心理因素视而不见，不考虑儿童的心理反应，一味地灌输渗透或是把各类教学活动互相割裂开来。我们在活动组织形式上采用融合模式，比如探索实现“跑班制”，打破班级界限，由小、中、大班各级组间、各班级间幼儿互相参与活动，从单一的同龄伙伴交往发展到混龄伙伴交往，扩大了儿童交往场合和机会，更好地适应他们的最近发展区。

3. 融合于日常生活中

“性相近，习相远”，生活环境对幼儿影响是巨大的。大量的日常生活是儿童人际交往相对频繁和心理品质自然显露的时刻。我们要善于利用幼儿园的生活活动进行随机心理教育。比如设立生活角、读书角、展示区，开展系鞋带、穿衣服、洗小手等活动，使幼儿在共同竞争与合作中锻炼能力，引导幼儿形成健康的心理。另外，日常生活活动分散、随机、渗透性的特点，为教师对儿童进行有效的心理健康教育奠定了基础，如，良好的师生关系和心理氛围为幼儿带来安全感；生活环节中幼儿自理能力的习得，有助于独立意识的培养；对个别幼儿在日常生活中出现的心理问题，教师在观察分析的基础上，可以给予适时地辅导与帮助。这里还要注意，教师与家长作为幼儿成长的启蒙之师，在幼儿阶段对其健康心理的形成作用影响巨大，因此要保持家园一致，通过周围良好心理氛围的营造，以及对其行为潜移默化的影响，能够使幼儿心理教育取得更好的效果。

4. 融合于体育活动中

体育活动能促进幼儿身体发展，也能促进幼儿大脑的发育，更是促进合群行为发展及塑造坚强向上等良好性格的有效方法。无论是哪种体育活动都能有效地培养幼儿团结互助、坚强勇敢、关心他人等积极向上的心理品质，还可以帮助幼儿提高团队精神、合作能力、人际沟通能力等。总之，充分利用园内外各种体育教育资源，把心理健康教育融合于幼儿在园内外体育锻炼中，也是培养幼儿健康心理的重要途径。

第三节　幼儿园健康教育活动的组织与实施

一、幼儿园健康教育活动的原则

在组织幼儿园健康教育活动时一般应遵循以下主要原则：

（一）经常化原则

经常化原则是指幼儿园健康教育活动中融入幼儿的日常活动的经常性的教育内容，并注意随机教育和个别教育。幼儿园身体和心理健康教育活动的内容与幼儿日常生活活动密切相连，健康习惯的养成不是一次教学活动就能完成的，需要幼儿教师在日常生活中反复提醒、教育、巩固，使幼儿真正养成健康的生活习惯。如应保证幼儿每日户外体育活动的时间，否则难以达到锻炼身体、强健体魄的真正目的。

（二）多样化原则

多样化原则是指开展幼儿园健康教育活动时，应灵活运用多种途径、多种组织形式和方法来进行。从幼儿园健康教育活动的实践看，用一条途径、一种组织形式和方法去完成全部幼儿健康教育的任务是不现实的。由于各种组织形式和方法都各具特点，任何一种途径、一种组织形式或一个教育方法都有其他途径、组织和方法所不能替代的作用。多种途径、多种组织形式和方法更能适应不同家庭环境、不同个性的幼儿身心特点，便于相互补充、相互配合,有利于实现幼儿健康教育的目标。

(三)全面发展原则

全面发展的原则要从两个方面去把握。

1. 促进幼儿身心全面发展

即健康教育活动不仅要促进幼儿身体的健康,而且要促进幼儿心理的健康和发展;不仅要增强幼儿的体质,而且要促进幼儿在认知、情感、态度、社会性和个性方面的良好发展。

2. 促进幼儿肌体、技能全面发展

指在幼儿的身体锻炼活动中,应尽量使幼儿身体的各个部位、各器官系统的机能、各种身体素质和基本活动技能等,都能得到全面、协调的发展,尽量避免身体锻炼的片面性和不平衡性。

(四)适量的运动负荷原则

运动负荷包括生理负荷和心理负荷。适量的运动负荷原则,是指在组织幼儿进行身体锻炼活动时,教师应合理安排及注意调节幼儿身体练习时身体和心理所承受的负荷量,根据幼儿具体活动情况和灵活调节活动的节奏,保证幼儿在运动后能取得体能恢复的最佳效果,提高身体运动的机能能力,达到增强体质的目的,这既是人体机能适应性规律的要求,也是人体生理机能能力变化规律的要求。

二、幼儿园健康教育活动的途径

(一)渗透到日常生活活动中进行

例如,午饭后幼儿的散步活动,作为幼儿一日生活中一种经常性的活动,便是幼儿身体锻炼的一种方式。至于一些生活习惯的培养,如盥洗的顺序、方法和技能,穿脱衣服的知识和技能等,结合幼儿的日常生活来进行,同样能够收到较好的教育效果。

(二)组织专门的健康教育活动

这是实施幼儿园健康教育的重要途径,按照教育活动组织的严密程度和教师指导方式的不同,幼儿园健康教育活动大致可分为正规性和非正规性两种形式。正规性健康教育活动有利于教师有目的、有计划、有组织地对幼儿实施各种能够促进幼儿身心健康的活动。非正规性健康教育活动(如幼儿园户外体育活动等)一方面可以作为正规性健康教育活动的延伸;另一方面,由于其自身具有丰富的活动内容,且活动形式又丰富多样,它又具有正规性健康教育活动所不能替代的重要作用。

(三)考虑共性的兴趣爱好进行

针对幼儿身心特点和爱好,结合其他领域的教育活动实施健康教育幼儿园健康教育可以结合幼儿园音乐、语言、美术、科学、社会等领域的活动来进行。例如,将枯燥单调的健康知识编成幼儿喜欢的儿歌和歌曲等。这种将幼儿园身体保健的教育结合语言、音乐和科学等方面的活动来进行的方式,同样可以达到健康教育活动的目标。再如,孩子愿意展示,就要适当组织社会、语言教育活动中的参观,音乐活动中的舞蹈、律动等,这些也是幼儿健康教育活动的途径之一。

(四)争取利用家庭、社会的力量进行

幼儿园健康教育应争取家庭的配合和社会的支持,幼儿园健康教育的有关内容与家庭生活密切相关。如个人卫生、饮食习惯、安全问题等,如果仅靠幼儿园的健康教育而没有家庭教育积极配合,那么幼儿健康教育的效果将会事倍功半;如果家庭教育与幼儿园健康教育协调一致,那么幼儿健康教育的效果则会事半功倍。家长是幼儿园健康教育活动的重要合作者,是幼儿园之外强化幼儿健康教育的最重要的力量。另外,幼儿园的健康教育也不能忽视社会的影响,如电视、媒体的影响等。

三、幼儿园健康教育的组织形式

(一)日常生活活动

日常生活活动作为幼儿园健康教育活动的一种非正规的组织形式,通常采用集体和个别教育的活动方式。这种活动方式在幼儿身体保健教育活动中显得尤为重要。一方面,日常生活中的健康教育活动不同于有目的、有计划进行的正规性教育活动,前者可以不失时机地对幼儿进行及时教育;另一方面,日常生活中的健康教育活动使正规性的健康教育活动得到进一步的延伸,有利于巩固幼儿的健康行为。总之,日常生活中的健康教育活动将集体健康行为的指导与个别健康行为的指导有机地结合起来,既面向全体,又能更好地因人施教。

(二)正规性健康教育活动

正规性健康教育活动是幼儿园有目的、有计划、有组织的教育活动,按照健康教育活动内容的差异,可分为正规性身体保健教育活动、正规性身体锻炼活动和正规性心理健康教育活动,它们是幼儿园健康教育活动的基本组织形式,通常采用集体或小组教学活动的方式。

(三)户外体育活动

户外体育活动是身体锻炼活动的重要组织形式,属于一种非正规性的教育活动。其活动形式多种多样,但通常采用自选活动的方式。因此,户外体育活动有利于发挥幼儿活动的积极性、主动性和创造性,是教师实施因材施教的重要手段。

(四)早操活动

早操活动通常采用集体和自选教育活动相结合的方式。这种活动方式不仅在锻炼身体、养成幼儿良好的身体姿态、培养幼儿自觉参与和积极参加身体锻炼的良好习惯等方面具有十分重要的作用,而且有利于培养幼儿不怕寒暑、持之以恒等良好意志品质,并能有效地提高幼儿对环境的适应力,增强机体对疾病的抵抗力。

除此之外,幼儿健康教育活动的组织形式还有“幼儿体育活动区活动”“幼儿室内体育活动”“幼儿运动会”“幼儿远足或短途游览”等。

四、幼儿园健康教育的实施方法

幼儿健康教育的方法一般有观摩法、讨论法、自我学习，练习法，感知体验等方法。在选择方法时要体现多样性、趣味性和针对性的特点。根据幼儿的身心发展的特点及健康教育活动的内容，本章主要列举以下在健康教育活动中常用的一些方法。

（一）讲授法

教师通过口头语言向学生描绘情境、叙述事实、解释概念、论证原理和阐明规律的教学方法。讲授法是教师使用最早、应用最广的教学方法，其他教学法的运用，几乎都需要同讲授法结合进行。讲授法有多种具体方式：讲述、讲解、讲演等。在健康教育活动中我们常用的方法是讲解示范和讲解演示法。

1. 讲解示范法

讲解是指教师用语言组织幼儿的活动，指导他们理解和掌握活动的名称及练习内容，领会动作的要领和做法的一种方法；示范是指教师以个体（教师或幼儿）的动作为范例，使幼儿看到所要练习和掌握的动作或技能的具体形象、结构和完成的先后顺序等。在具体的活动中，讲解和示范合理结合，并根据幼儿的年龄特点和幼儿对身体练习内容熟悉的程度确定讲解和示范的多寡。示范能弥补讲解的不足，而讲解又能补充示范不易表达的内容。因此，边示范、边讲解、边组织幼儿进行练习，是适合幼儿特点的有效方法之一。

2. 讲解演示法

讲解演示法指教师边讲解边结合动作演示，或以实物、模型演示，具体而形象地向幼儿传授有关健康的知识和技能，提高幼儿对健康的认识水平。需要说明的是，演示的手段应多样化，直观而动态的演示更能激发幼儿的兴趣，增强幼儿对健康知识的理解。

（二）练习法

指通过讲解示范后，在幼儿初步建立与活动有关的表象或概念的基础上，让幼儿在教师的指导下进行各种身体练习，以实现身体锻炼活动目标的一种方法。它是体育活动中最基本也是最重要的方法。幼儿园常用的练习法有以下几种。

1. 重复练习法

指在固定的、同样不变的条件下反复练习的方法，让幼儿对已学过的生活技能、健康行为等进行反复练习，加深理解，形成稳定的技能和良好行为习惯的方法。如重复做某节体操或练习某个游戏等。

2. 条件练习法

指设置一定的具体条件或在改变先前练习条件的情况下，让幼儿进行练习的方法。如在规定高度的条件下让幼儿练习纵跳触物，或在改变平衡木的练习高度、练习动作或难度后，让幼儿按改变要求练习等，都采用了这种方法。

3. 完整练习法和分解练习法

前者是指把整个动作或活动过程完整地进行练习的方法；后者是指将动作或活动过程分成几个部分，按部分逐次进行练习，最后再组合成完整动作或活动全过程进行练习的方法。如练习跑的动作，可让幼儿先原地练习摆臂动作，然后再结合下肢动作，完整练习整个动作。

4. 循环练习法

是指依次做几个不同类型和性质的动作，或依次进行几项活动内容的锻炼方法。多用于早操和户外体育活动。

(三)情景表演法

是在教学过程中，教师有目的地引入或创设具有一定情绪色彩的、以形象为主体的生动具体的场景，以引起幼儿的态度体验，激发幼儿的情感。教师可通过榜样作用、游戏、角色扮演、朗诵、绘画、旅游等多种方式将教学内容寓于具体形象的情境之中，让幼儿观察、体验和分析情景中所涉及的健康问题。情景表演的主题要源于幼儿的现实生活，才能激发幼儿的兴趣，较好地帮助幼儿认识生活中可能遇到的同类问题和冲突，树立正确的健康态度和行为。

(四)游戏法

游戏法是指以游戏的形式组织幼儿进行锻炼的方法。美国心理学家布鲁纳说"最好的学习动力莫过于学生对所学知识有内在兴趣，而最能激发学生有这种内在兴趣的莫过于游戏。"游戏教学法将"游戏"与"教学"相结合，从而引起幼儿学习的兴趣。这种方法能将幼儿难以理解的、枯燥的动作变成有趣的模仿活动或具体的游戏情节，提高他们练习的兴趣。

(五)讨论法

讨论法是幼儿在教师的指导下为解决某个问题而进行探讨、辨明是非真伪以获取知识的方法。讨论法能更好地发挥幼儿的主动性、积极性，有利于培养幼儿独立思维能力、口头表达能力，促进幼儿灵活地运用知识。教师在教学过程中运用讨论法时要注意：提供给幼儿讨论的问题要有吸引力，要善于启发引导幼儿，讨论结束时要进行小结，形成共识。

(六)感知体验法

感知与体验是教师引导幼儿欣赏和感受自然、社会、生活中美好的事物或亲自参与活动中、获得内在经验，吸收和拓展知识经验的过程。在这种感知体验过程中幼儿通过各种感官认识和判别事物的特性，能有效地激发幼儿参与活动和在活动中探究的兴趣，加深他们对事物认识的印象。例如，在让幼儿认识各种水果时，向幼儿介绍简单的营养知识时，可让幼儿亲眼看一看，亲手摸一摸，亲自闻一闻、尝一尝，他们往往会更乐意参与，并对这些各种各样的水果留下深刻印象。

(七)语言提示和具体帮助法

语言提示法是指在幼儿进行身体基本动作练习时，教师用简短明确的语言，提示和指导幼儿正确完成动作的方法；具体帮助法是指教师直接而具体地帮助幼儿纠正错误的动作，掌握正确的练习要求和方法。这些方法往往结合讲授、演示等其他方法使用，多用于重复练习时。教师帮助幼儿防止和纠正错误，也是实施个别指导的有效方法。

开展幼儿园身体健康活动的方法还有比赛法、角色扮演法、信号法等。总之，幼儿园健康教育活动的方法是多种多样的，在开展具体活动时，应注意综合运用多种方法，并根据幼儿的身心发展情况、活动的不同内容和组织形式、幼儿不同的活动方式，以及环境、器材等具体情况灵活运用。

【幼儿健康教育活动案例及评析】

小班健康活动:有趣的鞋子

1.设计意图

在小班日常生活中每天都会接触到鞋,尤其午睡后幼儿自己穿鞋时,大家都会纷纷讨论鞋子的图案,颜色等,孩子们对鞋很感兴趣,但穿鞋对他们来说却是个难题:如认识鞋的正反。例如,设计健康教育活动“有趣的鞋子”,激发幼儿自己的事情自己做,培养幼儿的自理、自立能力。

2.活动目标

(1)通过引导使幼儿学会自己穿鞋,认识鞋的反正。

(2)在游戏过程中,培养幼儿的观察力和动手能力。

(3)培养幼儿的自理、自立能力。

3.活动准备

(1)半圆形的座位安排,中间留有空地,便于活动。

(2)设计一个鞋子超市的区角,在白板或墙面上粘贴与幼儿人数相近的大小、颜色、款式各异的鞋子卡片;高兴和不高兴的粘贴纸鞋样各一双。

(3)欢快的一段音乐《自己的鞋子,自己穿》。

4.活动重点、难点

(1)重点:通过观察鞋子的形状(两头大中间向里凹)学会区分鞋子的正反。

(2)难点:掌握正确的穿鞋方法。

5.活动过程

(1)导入部分

①创设情境,激发兴趣

教师:小朋友们,今天老师要带你们去鞋子超市逛一逛,我们在鞋子超市选一双自己最喜欢的鞋子好不好?

(鞋架上挂着不同颜色、不同种类的童鞋和成人鞋子的纸卡片)

(2)基本部分

②观察图片,认识鞋子

教师:小朋友们,我们超市里的鞋子可真多啊! 颜色也非常漂亮! 现在,请小朋友们观察自己选择的鞋子卡片,说一说你选择的鞋子是什么形状、什么颜色的。

如,我选择的鞋子是红色的,它的形状像小船。

小结:观察鞋子的形状(鞋头、鞋跟和鞋的中部)为辨别鞋子反正提供经验积累。

③认识鞋子的正反(重点)

a.小朋友们,你们选择的鞋子真漂亮! 老师在鞋架上发现了两双奇怪的鞋子。(教师在黑板上粘贴一双不高兴的鞋子和一双高兴的鞋子做对比,引出正反鞋的概念)

你们知道为什么这双鞋子是高兴的,而那双鞋子却不高兴了呢? 谁能帮帮它们?

教师和幼儿一起讨论:

教师:“你能帮助这双鞋子吗?”“为什么它们不高兴了呢?”

(通过实物展示和讨论让幼儿知道鞋子怎样摆是正的,怎样摆是反的,只有摆正的鞋子才会高兴)

b. 儿歌:

小小鞋子,摆放整齐。

鞋跟碰碰,鞋头亲亲。

摆正的鞋子笑眯眯。

(结合儿歌内容使幼儿认识鞋的反正)

c. 游戏:找朋友请幼儿给盒子里打乱秩序的鞋子配对。(幼儿活动时,教师注意观察,幼儿是否能将鞋子一一对应,并摆正)

④学习正确的穿鞋方法(难点)

a. 幼儿自己穿鞋子,教师观察,适时指导。

b. 对于个别穿得不对的幼儿,教师和其他的幼儿一起帮助其寻找原因。

小结:用儿歌的形式总结示范穿鞋的正确方法。

儿歌:

拿起鞋子瞧一瞧,
两只是不是一样,
找到左右别弄错,
小脚用力往里钻,
左脚钻进左山洞,
右脚钻进右山洞,
再用小手提一下,
我的鞋子穿好了。

⑤播放欢快的歌曲《大鞋和小鞋》,让小朋友们和老师一起表演脱鞋穿鞋的快乐样子。

(3)结束部分

我们学会了穿鞋子,我们的小手真能干！可是,刚刚我们的小手和小鞋子玩了那么久,小手都弄脏了,现在我们应该去洗洗手啦！

(4)延伸部分

①编制一张周竞赛计划表,记录幼儿每次穿鞋的情况,对于正确穿鞋的幼儿给予自制的奖牌一块。

②在区角设置一个小熊穿鞋的活动,反复练习。

6. 活动评析

小班幼儿常出现分不清鞋子反正的现象,教师从幼儿的日常生活中观察到了这个现象,并设计了"有趣的鞋子"这一主题活动,贴近幼儿的生活,让幼儿学会正确穿鞋子,养成基本的生活自理能力。活动过程中教师运用多种教学方法和手段,丰富了活动的内容,提高了活动效果。

【思考与练习题】

1. 名词解释

(1)幼儿园健康教育。

(2)健康教育。

(3)幼儿园健康教育活动。

2. 简答题

(1)幼儿园健康教育活动目标表述的要求。

(2)幼儿体育教学活动设计应注意的问题。

(3)幼儿心理健康教育的内容。

(4)幼儿园健康教育活动的特点。

(5)幼儿园健康教育活动方法设计要注意的问题。

3. 论述题

(1)幼儿日常生活习惯教育常用的方法。

(2)选择幼儿园健康教育内容应注意的问题。

(3)结合实例论述幼儿体育教学活动的指导。

4. 设计题

请以“我长大了”为主题,为小、中、大班各设计一个健康领域的教育活动方案。内容完整,包括活动名称、活动目标、活动准备、活动过程、活动延伸等部分。

第四章　幼儿园语言教育活动的设计与指导

【学习目标】

1. 了解幼儿语言教育活动的特点；
2. 掌握幼儿园语言教育活动的目标、内容及作用；
3. 掌握幼儿园语言教育活动设计的方法，能设计活动方案；
4. 运用所学的幼儿园语言教育活动设计理论指导实践活动。

第一节　幼儿语言教育活动概述

幼儿期是语言发展的重要时期，幼儿园语言教育活动为幼儿在这一阶段提供了良好的语言教育条件，促进了幼儿的语言发展，是实现语言教育目标的有效途径。幼儿语言教育活动是在幼儿园以及幼儿成长生活的环境中，针对3—6周岁幼儿进行的有时间安排、有明确的目标、有纪律性的语言教育的过程。简言之，幼儿语言教育活动是有目的、有计划、有组织地对幼儿进行语言教育的过程。

一、幼儿园语言教育的作用

幼儿期是语言发展的关键期，在这一时期进行语言教育，能够更好地适应幼儿语言发展规律，对促进幼儿的全面发展具有重要的作用。

（一）促进幼儿语言的发展

幼儿园语言教育活动的主要目的在于促进幼儿语言能力的发展。教师以幼儿语言关键期为契机，明确教育目的，有序的教学计划，有组织地开展语言教育活动，多方式多渠道为幼儿提供语言锻炼、语言交际的机会，让幼儿有语言表达的热情，能够不断提高其熟练和运用语言的能力。

（二）促进幼儿认知的发展

在语言教育过程中，幼儿接触到大量的有声语言信息，通过不断的习得、巩固、强化，也间接的帮助幼儿更好地认识周围事物，在很大程度上促进了幼儿认知能力的提高。幼儿学习语言的过程也是他们接触和理解这些知识的过程。教师通过开展各种语言教育活动，使幼儿能将身边接触的事物用不同名称表达出来，用语言描述事物的特征，辨别事物的差异，让幼儿逐渐对事物具有整体的认识。

(三)促进幼儿思维的发展

语言与思维有着密切的关系,语言在思维活动中的主要职能是参与形成思维,而思维活动的成果,必须用语言表达出来,语言是幼儿思维的一种重要表现形式,我们看到幼儿熟练的表达,也同时表明其内化了一种思维。幼儿思维能力的发展和语言能力的发展是同步进行的,幼儿掌握语言的过程也是思维发展的重要过程;而思维的发展,又促进语言的构思能力、逻辑能力和语言表达能力的发展。

(四)促进幼儿社会性的发展

幼儿语言的发展有助于幼儿社会适应性的发展。语言是人们交流交往的重要媒介,通过开展幼儿语言教育活动使幼儿学会运用语言进行交际。在孩子们心中,一句简单的介绍、问好,就会形成孩子们之间的一种认同感,拉近幼儿间的距离。同时,幼儿在与周围人的交往中掌握了交往规则、社会行为规范,形成了调节自我以适应社会的基本能力。

二、幼儿语言学习的特点

幼儿语言学习的关键是要把握规律性,了解幼儿语言学习的特点是有效开展幼儿语言教育活动的前提。幼儿语言学习受其心理年龄特征制约,主要有以下特点:

(一)幼儿语言学习的主动模仿性

幼儿对环境中的语言刺激十分敏感,他们有强烈的学习说话的积极性,常常会以模仿的形式出现。模仿的对象可以是生活中的成人语言,也可以是同伴的语言,还可以是电影、电视、广播中人物的语言,甚至是街头嘈杂的广告语。模仿最多的语言还是身边接触时间偏长的成人语言,如父母和老师的语言。但是幼儿只根据自己的能力,按照自己的兴趣去选择对象进行模仿,据专家研究,幼儿的语言模仿有四种不同的方式。

1. 即时的、完全的模仿

如在幼儿交谈中,常听到某一幼儿说了“鸡肉是肉”,另一幼儿马上说“牛肉也是肉”,这种情况常发生在幼儿初期。

2. 即时的、不完全的模仿

如老师说:“这个玩具小兔子是软软的。”幼儿模仿说:“小兔子是软软的。”这种情况也常发生在幼儿初期。

3. 延迟模仿

幼儿从各种途径自然而然地接受语言,不立即模仿说出,只是隔一段时间后,或在类似情境出现时,才模仿说出相类似的语言。如,幼儿在家模仿老师上课说话就是一典型例子。当然,这种模仿经常不是原汁原味,常常被幼儿无意识地增加或遗漏了一些内容。

4. 创造性模仿

幼儿模仿他人句子的句型或词语,根据需要更换谈话内容,这既有模仿因素,又有创造的因素。创造性模仿是整个幼儿期模仿说话的主要形式。

（二）幼儿语言学习的需求性

在幼儿的成长实践中，我们会发现，幼儿在教育教学活动中，在与周围人们的交往中，随时随地学习语言，积累丰富的词汇和听说经验，使其语言得以较快地发展。

1. 在主动求知中学习语言

心理知识表明幼儿期有着强烈的求知欲，他们总是不断地在向成人提问，这是什么、那是为什么，有时甚至从头至尾一直问“为什么啊？”成人或者直接用语言予以回答，或者引导幼儿积极地观察，组织幼儿开展讨论、交流，寻求结论。这样，使幼儿不但获得了知识，同时也掌握了相应的词语、句子，学习了语言。

2. 在主动交往中完善语言的表达

幼儿和成人及同伴在一起，说话的内容除请求外，多是为告知，而告知的内容又常常是其自身感知过或思考过、有直接经验的事物或现象。在这类交往中，幼儿的语言会得到成人或同伴及时、不断地补充和修正，从而使自己的语言更趋完善。

三、幼儿语言教育的目标

幼儿园语言教育目标与幼儿园教育总目标之间存在密切的关系，幼儿园语言教育目标是幼儿园教育总目标的一部分，它与总目标是一致的、相辅相成的。幼儿园语言教育目标具有较强的特殊性和相对独立性，正如幼儿语言在全面发展中有着不可替代的作用，幼儿园语言教育目标在幼儿园教育总目标中也具有其独特而重要的地位。幼儿园语言教育目标一般可分为总目标、年龄阶段目标、具体活动目标三个层次。

（一）总目标

幼儿园语言教育的总目标是幼儿语言教育的总的任务要求，是对幼儿在这一阶段语言教育所期盼达到的最终结果，是制定年龄阶段目标和具体活动目标的出发点和依据。在《纲要》中，明确提出了幼儿园语言教育总目标的要求：

（1）乐意与人交谈，讲话礼貌；

（2）注意倾听对方讲话，能理解日常用语；

（3）能清楚地说出自己想说的事；

（4）喜欢听故事、看图书；

（5）能听懂和会说普通话。

这五点要求又可以概括为倾听、表述、欣赏文学作品和早期阅读四个方面。在实际的教学活动中，教师要全面理解《纲要》中提出的语言教育活动的要求，做到真正为幼儿创造一个自由、宽松的语言交往环境，支持、鼓励、吸引幼儿与教师、同伴或其他人交谈，体验语言交流的乐趣；养成幼儿注意倾听的习惯，发展他们的语言理解能力；鼓励幼儿大胆、清楚地表达自己的想法和感受，尝试说明、描述简单的事物或过程，发展思维能力和语言表达能力；引导幼儿接触优秀的儿童文学作品，使之感受语言的丰富和优美，并通过各种活动帮助幼儿加深对作品的体验和理解；培养幼儿对生活中常见的简单标记和文字符号感兴趣；提供普通话的语言环境，帮助幼儿熟悉、听懂并学说普通话。

(二)年龄阶段目标

语言教育的年龄阶段目标是幼儿某一年龄(班)的教育目标,幼儿教育总目标中的内容在不同年龄的幼儿身上应当有不同的体现,这样才能在教育实践中循序渐进地促进幼儿的语言发展。在教育过程中,我们常常将幼儿园语言教育的阶段目标用活动类型的方式进行分类表述,以便教育工作者在计划某一学期的教育工作时有参照指标。下述的阶段目标是从不同类型语言教育内容的角度,将幼儿园语言教育目标分解到每一个年龄阶段。

1. 倾听与表达

倾听与表达的教育目标如表4-1~表4-3所示。

表4-1 目标1——认真听并能听懂常用语言

3—4周岁	4—5周岁	5—6周岁
1. 别人对自己说话时能注意听并做出回应。 2. 能听懂日常会话	1. 在群体中能有意识地听与自己有关的信息。 2. 能结合情境感受到不同语气、语调所表达的不同意思。 3. 方言地区和少数民族幼儿能基本听懂普通话	1. 在集体中能注意听老师或其他人讲话。 2. 听不懂或有疑问时能主动提问。 3. 能结合情境理解一些表示因果、假设等相对复杂的句子

表4-2 目标2——愿意讲话并能清楚地表达

3—4周岁	4—5周岁	5—6周岁
1. 愿意在熟悉的人面前说话,能大方地与人打招呼。 2. 基本会说本民族或本地区的语言。 3. 愿意表达自己的需要和想法,必要时能配以手势动作。 4. 能口齿清楚地说儿歌、童谣或复述简短的故事	1. 愿意与他人交谈,喜欢谈论自己感兴趣的话题。 2. 会说本民族或本地区的语言,基本会说普通话。少数民族聚居地区幼儿会用普通话进行日常会话。 3. 能基本完整地讲述自己的所见所闻和经历的事情。 4. 讲述比较连贯	1. 愿意与他人讨论问题,敢在众人面前说话。 2. 会说本民族或本地区的语言和普通话,发音正确清晰。少数民族聚居地区幼儿基本会说普通话。 3. 能有序、连贯、清楚地讲述一件事情。 4. 讲述时能使用常见的形容词、同义词等,语言比较生动

表4-3 目标3——具有文明的语言习惯

3—4周岁	4—5周岁	5—6周岁
1. 与别人讲话时知道眼睛要看着对方。 2. 说话自然,声音大小适中。 3. 能在成人的提醒下使用恰当的礼貌用语	1. 别人对自己讲话时能回应。 2. 能根据场合调节自己说话声音的大小。 3. 能主动使用礼貌用语,不说脏话、粗话	1. 别人讲话时能积极主动地回应。 2. 能根据谈话对象和需要,调整说话的语气。 3. 懂得按次序轮流讲话,不随意打断别人。 4. 能依据所处情境使用恰当的语言。如,在别人难过时会用恰当的语言表示安慰

2. 阅读与书写准备

阅读与书写准备教育目标如表4－4～表4－6所示。

表4－4　目标1——喜欢听故事，看图书

3—4周岁	4—5周岁	5—6周岁
1. 主动要求成人讲故事、读图书。 2. 喜欢跟读韵律感强的儿歌、童谣。 3. 爱护图书，不乱撕、乱扔	1. 反复看自己喜欢的图书。 2. 喜欢把听过的故事或看过的图书讲给别人听。 3. 对生活中常见的标识、符号感兴趣，知道它们表示一定的意义	1. 专注地阅读图书。 2. 喜欢与他人一起谈论图书和故事的有关内容。 3. 对图书和生活情境中的文字符号感兴趣，知道文字表示一定的意义

表4－5　目标2——具有初步的阅读理解能力

3—4周岁	4—5周岁	5—6周岁
1. 能听懂短小的儿歌或故事。 2. 会看画面，能根据画面说出图中有什么，发生了什么事等。 3. 能理解图书上的文字是和画面对应的，是用来表达画面意义的	1. 能大体讲出所听故事的主要内容。 2. 能根据连续画面提供的信息，大致说出故事的情节。 3. 能随着作品的展开产生喜悦、担忧等相应的情绪反应，体会作品所表达的情绪情感	1. 能说出所阅读的幼儿文学作品的主要内容。 2. 能根据故事的部分情节或图书画面的线索猜想故事情节的发展，或续编、创编故事。 3. 对看过的图书、听过的故事能说出自己的看法。 4. 能初步感受文学语言的美

表4－6　目标3——具有书面表达的愿望和初步技能

3—4周岁	4—5周岁	5—6周岁
喜欢用涂涂画画表达一定的意思	1. 愿意用图画和符号表达自己的愿望和想法。 2. 在成人提醒下，写写画画时姿势正确	1. 愿意用图画和符号表现事物或故事。 2. 会正确书写自己的名字。 3. 写画时姿势正确

（三）活动目标

幼儿园教育的总目标和年龄阶段目标一般由专门的机构制定，而幼儿园语言教育的具体活动目标一般由教师自己制定。具体活动目标是在某一具体的语言教育活动中要达到的目的，需要通过教师的活动计划和教育实践得以体现。具体活动目标与语言教育的总目标、年龄阶段目标应是一致的，它是为年龄阶段目标、语言教育目标服务的，是总目标和年龄阶段目标的分解和具体化。语言教育正是通过每一个具体活动落实到幼儿身上，可以说具体活动目标的积累构成了年龄阶段目标及语言教育目标。每一次具体活动目标的实现，都是向实现年龄阶段目标和语言教育目标迈进了一步。

在幼儿语言教育目标落实到每个幼儿的过程中，必须注意几个关键的问题：首先，教师应考虑如何将一个高层次目标准确地转化为多个低层次目标；其次，教育实践过程中，教师如何把握各个层次教育目标的内涵以及相互之间的关系；最后，教师如何根据目标合理选择适合的教育内容，确定恰当的教育方法，确保目标的实现。为此，教育者有必要加深对教育目标的理解，避免在幼儿语言教育工作中发生不同层次教育目标相互脱节，或忽略教育目标而随意选择教育内容、方法的弊端。

具体活动目标是教师开展教育活动的第一步，是整个教育活动的关键。教师要明确自己的工作任务，切实保障幼儿的全面发展。在撰写语言教育活动目标时要注意：

(1)教育活动的目标应包括认知、动作技能和情感态度三个方面。

(2)语言表述要明确、重点突出、具有可操作性。

(3)在表述时，行为主体要一致，统一使用幼儿或者教师作为行为发出的主体。

此外，难易程度、数量要适中，顺序要清晰，语句要通畅。从儿童主体出发表述活动目标常用的词语：喜欢、乐意、愿意；了解、知道、懂得；学会、能够等。从教师主体出发表述活动目标常用的词语：培养、引导、启发、帮助等。

四、幼儿园语言教育活动的内容

幼儿园语言教育的内容是幼儿学习语言、运用语言、获得语言经验的载体，既包括专门的语言活动，也包括渗透在幼儿的一日生活之中语言教育内容。

1. 专门的语言教育内容

专门的语言教育是教师根据一定的教育目标，有目的、有计划、有组织的安排幼儿学习语言的专门语言教育活动。核心是使幼儿在教师直接指导下进行的比较系统的语言学习，以获得满足其全面发展的最基本的语言知识、能力和情感态度。包括文学活动、谈话活动、讲述活动、语言游戏(听说游戏)和早期阅读。

2. 渗透性的语言教育内容

渗透性的语言教育内容是在日常生活情景或其他领域的活动中，为幼儿提供多种形式的语言学习机会，使幼儿更好地运用语言获得新的生活和学习经验。其核心是促进幼儿与教师、同伴之间更有效地运用语言进行交流和交往。包括日常生活中的语言学习、自由游戏中的语言交往(活动区、户外活动)、其他领域的语言渗透(如科学领域、美术活动、社会活动等的渗透)。

第二节　幼儿园典型语言教育活动

一、谈话活动

幼儿园谈话活动是通过创造良好的语言环境，引导幼儿学会倾听，乐于表达的习惯，从而培养幼儿的交往能力的活动。谈话活动与讲述活动主要的区别在于，谈话活动是多方参与的言语交往活动，谈话活动更侧重于幼儿的言语交往，由此构成了教师与幼儿、幼儿与教师、幼儿与幼儿交谈的三种不同的模式。

(一)谈话活动作用

幼儿必将走向生活和社会,而谈话是人类生存发展、相互交流的重要媒介,谈话活动的作用主要直观体现在两个方面。

1. 有利于幼儿语言发展

谈话活动内容选择应考量幼儿的兴趣,谈话活动的安排有明显的引导性,在谈话过程中,帮助幼儿提高语言技巧,解决语言交际难题,遵循和渗透着教育性原则。这是系列教育或者主题教育的一部分,因此能够有目的的促进幼儿语言的发展。

2. 有利于提高交际能力

谈话在培养幼儿语言交际意识和语言能力方面有重要的意义。谈话要经过倾听,理解、应答的过程。成功的谈话要求双方认真倾听,相互理解及时反馈。这一过程为幼儿语言交际能力的发展打下了重要的基础,培养了幼儿与人交往的兴趣,逐渐熟悉了谈话的基本规则,促进幼儿与同伴建立良好的关系。

(二)谈话活动的类型

从严格意义上来说,谈话活动的类型并没有严格的界限,实践中甚至交织在一起,进行分类只是便于我们掌握教学方法和技巧。

1. 日常性谈话

日常谈话具有随机性特征,不受时间、地点的限制,适合所有年龄班的幼儿。针对部分自信心不足的幼儿,可以进行日常个别谈话,帮助其增强自信心;还可以进行集体式谈话,不拘泥于形式、话题,引导幼儿和幼儿、教师和幼儿展开形象化的谈话讨论。这种谈话活动易于开展,但目标性偏弱。

2. 计划性谈话

计划性,顾名思义,就是依据制订的谈话计划组织开展的谈话活动,是一个结构性完整,目标明确、主题突出、时间地点相对固定的谈话活动。由于有一定的约束性和封闭性,对幼儿的注意力、记忆力、言语能力都有一定的要求,所以不适于刚刚进入幼儿园的幼儿,一般在幼儿进入幼儿园的下半学期开展较好。其优势是计划明确、目标突出,但因其不够灵活,需要教师发挥主导作用,形成灵活的谈话氛围。有计划的谈话活动事先需要做好精心的准备工作。

3. 讨论性谈话

讨论性谈话活动与日常集体谈话的区别在于主体突出、开放,话题固定,幼儿可以结合自己掌握的知识、经验发表自己的看法,没有固定的答案。讨论中会形成多种相同的或不相容的观点,幼儿通过准确表达自己观点,倾听并进行分析,形成接受或反馈的意见,使讨论活动正常进行。因为讨论活动要求幼儿具备一定的言语能力、思维能力,一般不适用于小班。教师在讨论活动中要鼓励个别不愿意谈话的幼儿,保证每一个幼儿都能发表自己的看法,观点不是目的,主要是通过活动锻炼幼儿的能力。教师的态度要开放,对谈话的内容观点,不应有明确的倾向性,重点转向幼儿的言语交往能力,而对幼儿的某些富有想象力和创造力的看法采取包容和接纳的态度。

（三）谈话活动的设计与组织

1. 基本情况分析

掌握基本情况是我们设计活动的重要前提。如果不了解孩子们的谈话能力、思维能力、年龄班次特点，是无法有针对性的组织开展谈话活动的。同时要把握教学目标，离开教学目标的谈话活动，其作用会明显减弱。对基本情况进行分析后，有利于我们更加科学的确定活动的目标、内容和组织形式。

2. 确立活动目标

确立活动目标要结合年龄班次的阶段目标和教学年度总目标，使其成为教学任务的重要组成部分，要准确、具体，具有可行性。制定具体的谈话活动目标时，要明确哪些目标是直接目标，哪些目标是间接目标，应尽量将谈话活动的教育功能充分地发挥出来，从而使目标的确立体现全面性、科学性的原则。

3. 选择和安排活动内容

由于谈话活动的话题种类繁多，谈话的语境、方式也相对比较自由，活动内容的安排一般没有固定的模式和套路，但总体上应把握以下要求：谈话的内容要健康，适合幼儿；谈话的主题应广泛，具有科学教育意义，对幼儿的生活、学习有启发、有帮助；谈话的范围，适应幼儿的语言经验和思维能力，与幼儿的言语和知识经验相符合。如，选择“我爱妈妈”“我长大想干什么”“我喜欢的动画片”等这些幼儿平时所见所闻的话题，与其生活密切相关，便于他们积极思考，从而丰富谈话的内容，活跃谈话的氛围。同时，教师要充分准备，避免出现无话可说的局面，影响谈话效果，并且会损伤幼儿参与活动的积极性、主动性。

4. 谈话活动的步骤

主要步骤有三个，简言之就是做好情境引导、组织交谈和主题延展。

（1）围绕目标创设情境

创设情境是进行谈话活动的引子，时间不宜过长。一般来说，可以通过实物或直观教具、语言引导、游戏形式创设谈话情境。创设生动、有趣的谈话情境，营造宽松、自由的谈话氛围，能够更好地吸引幼儿参与谈话活动。

（2）围绕话题组织交谈

一般应先进行轮流发言，待幼儿适应后，应鼓励幼儿自由大胆地交谈。教师不需要设定幼儿的交谈伙伴，为便于组织引导，教师应以参与者的身份加入谈话，同时注意把握自由交谈中的个体差异。组织交谈要主要控制好主题，努力实现谈话目标，修正谈话中的存在的问题，引导幼儿充分、自由地讲述内心的真实感受。组织交谈应该做到“四让”，即让谈话充满趣味性、让谈话不枯燥单一、让谈话富有启发性、让谈话顾及全体幼儿。

（3）围绕主题进行延展

幼儿围绕主题自由交谈后，教师要进行总结和延伸，帮助幼儿梳理谈话方法，引导幼儿独立思考，自然的逐步拓展谈话的思路。教师还应从谈话活动组织方面，进行总结反思，不断提高谈话活动的组织能力和水平。

二、讲述活动

幼儿园的讲述活动，是一种有目的、有计划地培养幼儿语言表述能力的语言教育活动，也是幼儿园教育中极具特色的活动形式之一。

（一）幼儿园讲述活动对幼儿的教育作用

1. 培养幼儿讲解叙事能力

在进行幼儿讲述活动时，需要对讲述事物、内容进行简单排序，通过讲述呈现原有事物或内容的原型。要让其他人能够听明白讲述的内容，需要幼儿独立思考，按照一定顺序安排讲话内容，突出讲述的重点和中心等。因此，通过鼓励幼儿参加讲述活动，能够培养幼儿的叙事能力，使幼儿可以完整、清楚地讲述某一事物或内容。

2. 提高幼儿沟通表达能力

幼儿讲述活动其实质是一次分享和交流，幼儿将自己所了解的事物或内容，有重点地告诉他人，使其逐渐养成沟通表达的习惯，在这个过程中语言表述能力得到逐步发展，沟通表达的方式与最初的生理性需求沟通有着巨大的差异，由最初的“要什么、为什么”转变为“说什么、怎么说”，其独白语言能力得到提升，与人沟通独立表达的方式有了较好的发展。

3. 培养幼儿认识事物的能力

对事物的认识和了解，是幼儿讲述活动的依据，幼儿在讲述之前，要对所讲的事物进行观察，了解事物的特点、作用等，能够学习认识事物的方法。以讲述活动“水杯”为例，幼儿自己先要了解一个“杯子”的特征，包括杯子的形状、大小、质地等，逐渐扩展到杯子的作用、杯子的分类，进行系统的讲述，对物由表及里的认识，使自己的讲述能够更加丰富、完整。

4. 培养幼儿思维和想象能力

在幼儿讲述活动中，先讲什么、后讲什么，实际是一种逻辑顺序能力，有利于培养幼儿清晰的思维。有时讲述活动是脱离物质媒介的转述，在其头脑中需要一定的记忆、想象、领会不同故事人物的喜怒状态等。比如，在看图讲述时，图片中的人、事、物都有一定的因果关系或者时间顺序存在，需要幼儿经过一定的判断、分析，才能有序的组织语言讲述出来。

（二）幼儿园讲述活动的类型

幼儿园讲述活动种类在实践中有很多，这里仅介绍几种适于幼儿特点，便于幼儿理解和掌握的讲述活动。

1. 续编故事讲述

续编故事讲述活动是教师在讲述故事的过程中，故意创造浅显的“断片”情节，引导幼儿发挥想象力，并创造性地运用语言去表达自己的认识和想象，续编出故事的后续情节的一种讲述活动。比如，教师可以在故事情节推向顶峰时突然停下来，让幼儿充分发挥想象力，踊跃的编出多种可能出现的发展进程或结果，在幼儿无法续编的情况下，教师要积极提示和引导，帮助幼儿顺利地编出故事的相应情节。

2. 实物展示讲述

以具体的实物或动作行为为依据进行讲述，这样可以使幼儿产生真实、直观的现场感受。以拼图讲述为例，通过幼儿摆摆、贴贴，理解物体与地点、动作与情节之间的关系，引导幼儿将自己拼贴出的图画用完整，连贯的语言介绍给同伴。再如玩具、玩偶、水果等实物，可以帮助幼儿感知理解。

3. 观看图片讲述

观图讲述关键要选好图片素材，图片选择要灵活，可以是经典的故事图片，也可以是小朋友们自己画出来的图片，还可以是教师创作的图片。在图片讲述时，依据幼儿对图片的观察和掌握程度，决定在讲述活动中采用什么方式、讲述多长时间，但需要及时帮助幼儿联想静止之外活动的形象和连接的情节。

4. 巩固迁移性讲述

主要把握两方面：一是内容不同，但讲述类型相同的迁移。当幼儿学习了一种新的讲述经验后，教师立即提供或创造同类不同内容的讲述机会，让幼儿用原有讲述类型或思路，去讲述新的内容。二是内容相同，但讲述类型不同的迁移。教师示范新的讲述经验并帮助幼儿理清思路后，让幼儿尝试用新的讲述方式来讲同一件事或同一情景。

（三）讲述活动的设计与组织

1. 做好前期活动的准备

在总体教学目标框架内，制订讲述活动安排方案，明确讲述的目标、讲述活动安排的频率、次数、掌握讲述幼儿的讲述水平和能力，同时做好相关教具、讲述知识的搜集和准备工作。

2. 创造情境组织讲述

好的开始是成功的一半。创造一个引起幼儿兴趣的讲述情景，是讲述活动顺利进行的关键环节。通常可采取以教具引入情境、以表演描述情境、以设问引出情境等方式。例如，创造性讲述《龟兔赛跑之后》，教师可以直接要求：今天老师要和小朋友一起编故事，老师编开头，幼儿编结尾，引起幼儿续编故事的兴趣。

3. 讲述活动提高与指导

讲述活动要围绕活动的目标进行指导和提高，在语言方面，幼儿要逐渐使用较为完整的连贯句，有中心、有顺序、有重点地讲述；在交流方面，能够善于讲、善于倾听、及时反馈，能够做到讲述与相应情景情绪匹配；在表现方面，落落大方，敢于在公共场合或人多时自然讲话；在技能提高方面，需要增强幼儿汲取信息的能力。幼儿的讲述活动不能一劳永逸，不是进行一次就完成了任务，需要持续锻炼、引导和提高。

三、早期阅读

幼儿阅读行为的形成，起点是对语言符号（文字）的识记和积累，而阅读能力的提高，则要靠丰富的阅读实践和掌握一定的阅读技巧。因此，要发展幼儿的阅读水平，提高早期阅读教育活动设计组织与指导质量是关键。

（一）幼儿早期阅读的作用

1. 早期阅读是儿童开始接触书面语言的有效途径

近年来，国内国外教育界重视和加强了对幼儿早期阅读的探讨，认为幼儿的早期阅读行为，能使幼儿通过听和说获得口头语言能力，发展起早期接触书面语言的阅读能力。因此，根据幼儿的年龄特点，在幼儿园大、中班语言教育中，适当安排早期阅读教育内容，具体形象地通过游戏活动来培养幼儿对阅读的兴趣，以提高幼儿早期的阅读能力。

2. 早期阅读可以夯实幼儿后期正规学习书面语言的基础

幼儿园增加幼儿的早期阅读活动，主要是帮助幼儿获得有关书面语言知识，而不是要求他们获得书面语言的本身，也就是掌握文字。因此我们不必急着让幼儿大量地识字，而是让他们知道一些有关文字的知识，知道如何学习阅读图书，为今后进入正规系统的学习书面语言打好基础。

3. 早期阅读可以帮助幼儿养成良好的阅读习惯

实践表明,早年阅读对人们未来的成功有很大的帮助。在幼儿时期,孩子们能随心所欲地看自己喜欢看的书,在用心汲取、思考的过程中,逐渐建立对读和写的兴趣和信心。乐意观察图书中的各种符号,对文字有好奇心和探索的欲望,有利于帮助幼儿获得热爱书籍,养成自觉阅读的良好习惯。

(二)早期阅读活动的类型

在实践中,阅读的类型有很多。如,有人根据阅读训练的目的不同分为认知性阅读、理解性阅读、鉴赏性阅读、批判性阅读、浏览性阅读、查阅性阅读、参考性阅读;还有人根据阅读在幼儿园一日活动中的不同渗透,将其划分为生活活动中的阅读、语言活动中的阅读、艺术活动中的阅读、社会活动中的阅读、亲子活动中的阅读、数学活动中的阅读、科学活动中的阅读、游戏活动中的阅读、体育活动中的阅读等。事实上,幼儿对社会和知识尚不了解,并没有形成自己完全的知识体系,很难做到对一些作品正确的批判、鉴赏等,而根据幼儿园日常活动渗透分类,又出现"随处皆阅读"的泛化,这对我们有针对性的指导幼儿进行早期阅读而言,仅仅是一些借鉴性的思考。

为便于指导幼儿早期教育活动,我们根据幼儿园内组织幼儿进行早期阅读的方式,将其分为两类:一是集中式的阅读。就是在教室内组织的对一个班次统一进行的、集体的阅读活动方式,可以更好地分解教学目标,整齐划一的组织幼儿进行。二是分散式的阅读。可以是根据幼儿的自由组合进行分组阅读,也可以是每个幼儿依据自己的方式选择自己喜欢的内容,进行自由的阅读。

(三)早期阅读活动的设计与组织

早期阅读关键是做好引导,让幼儿养成阅读的乐趣和习惯,激发阅读兴趣,将"要我读"变成"我要读"。就幼儿的早期阅读而言,可按如下方面进行设计和组织。

1. 在总教学目标下制订早期阅读教学计划

制订教学计划应该有一个由粗到细的过程,先制定纲目,经过教学实践后再逐渐完善。虽然教学计划模式相同,但是所面对的幼儿个体千差万别,因此要根据教学实践不断完善。早期阅读的目标设定要紧扣总体教学目标,是支撑总体目标的分解动作,不能割裂开来。教学计划中,对选择的阅读内容要进分析,列明选择内容的依据,在具体方法上,要科学确定,例如选择由图入手、以听辅读、结合生活需要等进行选择,包括阅读顺序,活动指导要点,延伸方向,要全面系统,以保证早期阅读活动的顺利进行。

2. 创造早期阅读的良好环境

包括为不同年龄班次幼儿准备阅读读物,开设读书角、读书榜、选摘读书感言、卡片、拼图、光盘等,为幼儿按照自己的意愿和方法去阅读、去探索创造便利环境。

3. 组织实施早期阅读活动

在阅读内容上,建议要先选择"绘本"等有图片的形象类读物,根据情况再选择图多字少的内容进行,由浅入深。在阅读步骤上,可以先让孩子们自己看、自己说,自己提问,教师适当辅助,然后再由教师进行统一组织辅导。在阅读形式上,要确定阅读重点,在教师和幼儿共同阅读后,教师可以采取多种形式组织幼儿围绕阅读重点开展活动,如讨论、表演、游戏，还可采用竞赛法、演示法、抢答等提高幼儿兴趣，让幼儿从阅读活动中对人、物、事获得感性认识，提高幼儿参与活动的积极性。

4. 指导阅读活动

在早期阅读教育的指导实践中，要采取开明的态度，要合乎幼儿学习的规律，对不同的幼儿、不同的活动不拘泥于同一个模式、同一种方法。应该在注重活动中的师生互动、幼儿与幼儿的互动的阅读教育活动前提下，尊重差异性，努力创造适合每个孩子的阅读环境；善于激发兴趣，让幼儿对阅读产生浓厚的兴趣；传授正确的阅读方法，发现幼儿存在不良的阅读习惯要抓住机会个别指导及时纠正，耐心仔细地帮助幼儿建立良好的阅读习惯。发挥幼儿的主体作用，让幼儿在活动中自己选择阅读内容、阅读方式，鼓励幼儿主动思考和运用。

5. 归纳和延伸阅读活动

通过归纳阅读内容帮助幼儿巩固消化所学的内容，是整个活动中不可缺少的组成部分。归纳阅读内容方式有多种，如游戏式、对话式、竞赛式、展示欣赏等。教师在归纳总结时，还要注意激发幼儿主动参与的积极性，对幼儿未能掌握的问题，以巧妙地方式引导幼儿去发现、去思考。延伸活动是在其他教育活动中延伸阅读得来的知识、技巧、经验和习惯，目的是保持幼儿的学习兴趣，帮助幼儿在生活中应用。

总之，幼儿期是语言思维发展最关键、最活跃的时期，我们要从幼儿的身心特点、个性特点出发，在幼儿早期阅读的指导上更深入地进行研究，从而为幼儿今后的可持续发展打下扎实的基础。

四、文学欣赏活动

文学作品可以对幼儿产生潜移默化的影响。幼儿园文学教育活动是通过欣赏文学作品来学习语言的一种活动类型。这类活动是从一个具体的文学作品教学入手，围绕这个作品展开一系列相关的活动，帮助幼儿理解文学作品所展开的丰富而有趣的生活，体会语言艺术的美，为幼儿提供全面的语言学习机会。其目的在于向学前幼儿展示成熟的语言学习与积累文学语言扩展幼儿的词汇量，培养幼儿倾听的有关技能，鼓励幼儿创造性地运用语言并培养幼儿的艺术想象力。有的已远远超过我们已有的认识。

（一）文学活动的语言教育作用

1. 向幼儿展示成熟的语言

文学作品是对社会生活的高度凝练和概括，其内涵丰富，语言艺术成熟，是一个时期或一个地方的缩影和片段，通过欣赏文学作品，让幼儿倾听了解各种语言句式和形象化的语言，赏析不同风格特色的语言，有利于了解成型的语句语段，丰富幼儿的语言知识。

2. 扩展幼儿的词汇量，培养他们自觉获取语言材料的能力

文学作品选材内容丰富、范围广泛，能够帮助幼儿在学习基础语言词汇的基础上，进一步拓展词汇数量，在欣赏文学作品的同时，渐渐的学习、接触相应的语言词汇。

3. 提高幼儿灵活而富有创造性地运用语言的能力

文学作品是语言运用的典范，其谋篇布局、应用句式的风格值得学习和思考，通过长期的欣赏文学作品，幼儿可以感受到语言变化的风格魅力，从而提升他们创造性的语言应用能力。

（二）幼儿文学作品内容的选择

幼儿园文学作品是幼儿文学欣赏活动的主要载体，内容选择符合幼儿口味，幼儿就会主动的学习欣赏，选择的内容不符合，则会打击幼儿欣赏文学作品的积极性。通常生活故事、童话、寓言、民间传说、儿歌、儿童诗、抒情散文，以及童话剧等是幼儿园文学教育的作品首选。选择作品内容既要考虑到作品的教育功能，又要考虑到幼儿园的欣赏趣味和欣赏能力。应依据以下特点选则内容：

1. 适应幼儿年龄阶段心理特点

幼儿的每个年龄阶段都有着其生理和心理成长的任务目标，这一阶段其形象性思维发展较好，可以选择带图片的文学作品。作品中人物形象最好也与年龄阶段匹配，更容易激发幼儿欣赏文学作品的兴趣。

2. 作品形象要鲜明生动

幼儿园文学作品所塑造的形象要灵活、生动、可爱、形象，不论是人物还是小动物，都要有其鲜明的特征，如描写老虎的，会展现其威猛的一面；描写兔子的，会体现出其可爱的一面；描写狐狸的，多会表现出狡猾等要抓住其主要特征，能够展现出关键的神态和动作，这些生动形象的描写增加了作品的艺术感染力和表现力，可以提高幼儿学习的兴趣。

3. 能够展现多元的视角

在儿童文学作品教育活动中，如果内容过于封闭，不利于幼儿发散性思维，进行充分思考和讨论。儿童在教师的引导下，要能够自由地进行讨论、模拟等，更容易获得对文学作品和文学语言准确、深刻的理解和感知。

4. 避免出现幼儿模仿的不良习惯

文学作品多会表现出善良与丑恶等对立面的形象特点，需要教师及时引导，避免幼儿对不良行为的模仿和学习，积极引导幼儿向上、向善，树立正确的人生观和成长观。

（三）文学欣赏活动组织与实施

1. 科学传递文学欣赏作品的内容

（1）教师口述作品内容

有些文学作品内容浅显易懂或是儿童有一定的相关生活经验，教师则可以直接口述，无须过多的运用教具等辅助教学材料。

（2）利用图书或图片

有些文学作品的内容知识性强、儿童在某一经验上比较欠缺，对作品内容在理解上具有一定的障碍，教师必须为孩子提供一些直观材料，增强孩子的感性认识，以帮助儿童更好地把握和理解内容。

（3）录音、录像和情景表演

可以通过视、听文学作品在儿童的头脑中形成知觉表象，由文学作品的具体形象唤起儿童的情感体验和情感反应。

教师直接口述的需要做到抑扬顿挫、栩栩如生、活灵活现的传递，以便更好地引导和吸引幼儿参与。

2. 灵活的选用学习交流方式

教师要根据作品的难易程度、本班儿童的实际水平以及活动环境与材料情况，采取相应的形式来组织教学。有的可采用直观形象的图片、幻灯、录像、多媒体等视觉教育手段；有的可采用录音、教师讲述和教具、玩具等辅助教育手段呈现作品内容；有的可以通过观看情景表演或模拟话剧来学习。如果作品浅显易懂，儿童有直接生活经验，则可以直接呈现，但应注意，要在适当环节进行恰当的提问和讨论。为了实现更好的学习效果，还要大胆尝试将文学作品欣赏与活动教具、音乐活动、角色表演或歌舞等相结合进行，丰富幼儿文学欣赏活动的形式。

3. 理解和迁移作品经验

在学习作品内容的基础上，教师还要通过形象性地解释帮助儿童理解作品内容，让幼儿通过亲身感受去体验作品的人物的情感历程和心理世界，进一步引导儿童去理解作品、体验作品、感受作品。教师可以围绕作品内容设计和组织几个相关的活动，如观察走访、观看动画片，组织认识自然和社会的活动，采用绘画、纸工等艺术创作手法，引导儿童讨论、表达和表现文学作品内容。但不管采取何种方式，都必须紧紧围绕着作品内容引导儿童理解与思考。同时，还需要进一步组织与作品重点内容有关的操作、游戏、角色扮演等活动，为儿童提供一个将文学作品讲演迁移到生活中与儿童生活经验和体验有机结合的机会。

4. 进行创造性想象和语言表述

教师可以进一步创设条件，让儿童在立足于已学的文学作品内容的基础上，扩展自己的想象，并创造性地运用语言去表达自己的认识与想象。在这一层次活动中，教师可以让儿童学习续编故事，也可以让儿童仿编诗歌，还可以让儿童围绕文学作品内容进行想象讲述。如，可以通过复述、朗诵、表演、用音乐或美术手段再现文学作品的思想内涵和情感氛围。在指导儿童学习仿编或创编文学作品中，练习用词造句、练句成段等组织语言，创造性地进行词语的搭配组合，表达丰富多彩的思想内容，让儿童从自己仿编或创编的作品里体验到成功所带来的快乐，帮助幼儿提高欣赏文学活动的乐趣和信心。

第三节 幼儿园语言教育活动的设计与实施

一、幼儿园语言教育活动的设计原则

要组织好语言教育活动，重要的是要设计语言教育活动方案。在设计方案时，教师要制定语言教育活动的目标，要选择能实现目标的具体内容，以及与内容相适应的活动方式等。因此，可以说，教师设计语言教育活动，就是将一定的目标、内容和活动方式转化成一个个具体方案的过程，也是对幼儿有计划、有组织、有目的地施加教育影响的具体体现。

（一）注重幼儿获得经验的原则

设计任何一组或一个语言教育活动，教师都必须注重帮助幼儿丰富语言经验。只有以儿童语言经验为基本设计的出发点，才能保证设计出来的活动符合幼儿语言发展的需要，才能使设计的活动对儿童语言发展真正起到促进作用。

注重幼儿获得经验的原则包含以下两层意思。

1. 设计活动时,教师必须考虑幼儿现有的发展水平,即他们已经获得的经验情况和现状。如果不详细掌握幼儿已有的语言发展水平,设计的活动就可能成为无的放矢的活动,一般而言超过幼儿承受水平,使幼儿不感兴趣。如组织小班幼儿进行情境谈话“做客”,教师就需要观察了解这个班幼儿已有的经验,是否已掌握了一般做客时所用的礼貌语言等,如没有,在之前还应帮助幼儿掌握相关经验。

2. 在设计活动时,教师需要考虑根据幼儿原有的经验再为幼儿提供一些新的经验内容,这些新的语言学习经验内容应当建立在幼儿已经获得经验的基础上。如,当幼儿参与情境谈话“做客”这个活动时,教师可引导他们进一步理解和掌握“做客”的交往方式和语言运用方式,原有经验和新的内容会引发幼儿较强烈的学习兴趣。因此,新的语言学习经验内容对参与活动的幼儿来说,是“跳一跳,够得着”的果实,有一定的挑战意味。当幼儿积极参与活动时,他们可以通过学习,将这部分的经验内容再次吸收转化为已经获得的经验。

(二)教师与幼儿互相作用的原则

幼儿因身心发展和生活经验单一,作为活动的主体,还需要教师的参与、帮助和指导。在幼儿教育活动中,教师和幼儿相互作用构成了一对关系。

教师与幼儿在活动中的相互作用,主要是辅助幼儿完成学习活动,促进幼儿实现学习活动的目标。在幼儿语言教育活动中,需要明确这样一个观点:教师参与活动必须以帮助幼儿更积极主动地学习为目的,在此基础上,发挥教育的主导作用。

在设计语言教育活动时,教师要考虑幼儿主动活动与教师参与活动的比例关系。实际上,这也是幼儿在活动中的主体地位和教师在活动中主导作用的具体化问题。当然,幼儿和教师在活动中的主体和主导关系是相互作用的,会根据具体活动内容、活动要求而发生变化。当需要的时候,教师在活动中参与主导作用发挥得多一些;不需要时,教师参与主导作用就发挥得少一些。如何才能做到教师与幼儿相互作用发生适度的影响呢?主要应注意以下几点:

1. 了解每一个幼儿(包括个别幼儿的特点在内)的发展水平。由此,教师决定自己在活动中参与组织成分的多少。

2. 找出语言教育活动中出现的新的技能、新的语言要求。由此,教师策划自己参与指导的重点和难点。

3. 了解每一个幼儿在语言教育活动中操作工具的熟练状况。由此,教师决定自己参与指导的时间分配。

(三)活动内容与方式相适应的原则

在语言教育活动中,各种活动内容和方式之间存在一定的联系。不同的活动内容可以选择相同的活动方式;同一个活动内容也可以选择不同的活动方式。因此,教师在设计语言教育活动时,应注意活动内容和方式相适应的问题。

1. 教师要根据具体的内容选择适当的活动方式。如,学习童话《金色的房子》,教师可以考虑采用表演游戏的方式来帮助4—5周岁的幼儿理解童话内容,体会作品角色的情感心理。若是一首短小的儿歌或学习某个讲述内容,就不能用表演方式进行了,可以进行逐一示范诵读练习。

2. 教师要根据教育对象适应性选择活动方式。按活动内容选择一定活动方式时,教师要注意这一方式对教育对象是否适用,如有的故事内容很适宜进行表演,但表演对参加活动的某个年龄班幼儿有较大难度,这时教师应考虑根据实际情况改用其他活动方式来进行。

设计语言教育活动时,教师应充分发挥自己的创造性,抓住活动内容和活动方式两个关键点,为幼儿组织适合他们特点的、适合教育要求的、能实现教育目标的活动。

(四)不同发展领域活动因素相互渗透的原则

在语言教育活动中,幼儿学习吸收的主要是语言信息材料,但也包括那些与语言有关的其他信息材料。如活动中除了有语言,还可能有音乐、图片、动作等不同发展领域活动因素并存。作为语言活动的设计,应坚持从语言角度来设计活动。在设计活动时,应注意以下几点:

1. 教育活动的要求、内容和形式应从语言角度适当吸纳其他因素进行思考,为幼儿提供适宜其语言发展需要的学习机会。

2. 在语言教育活动中,其他领域活动因素的参与具有辅助意义,什么时候要辅之以音乐或美术的活动手段,要根据活动内容的要求而定,取决于要从如何帮助幼儿更好地理解学习内容、主动积极地学习、完成学习任务而定。

3. 教师在设计活动时,从语言角度出发,经过其他方式、符号的共同参与,最后仍应回到语言上。既不要简单盲目地把活动搞成语言、音乐、美术等的大拼盘,也不要忘记落实到语言教育的根本点上,不能喧宾夺主,也不能唱独角戏。

(五)重视个别差异的原则

在设计语言活动时,教师应具有正确的儿童观和教育观,要使设计的活动既面向全体儿童,又重视个别差异。面向全体幼儿,是指教师要了解全体参加活动儿童的需求,教师要站在教育对象的角度去思考这个问题,把握活动设计的尺度,使活动设计能照顾到每一个参与幼儿。如组织谈话活动,教师应注意本班幼儿已有的谈话经验和他们可能共同感兴趣的话题,以及他们的语音、语义、语法和语用水平。如让本班幼儿谈论去商店买东西,将主题定在“买玩具”“买果冻”上,就比较适合孩子的普遍需要,也能较好地引发儿童的兴趣和运用他们自身的经验。

在面向全体的同时,教师要注意个别幼儿的差异。在语言教育活动设计时,教师对那些有可能超越一般活动要求,或有可能在活动中出现困难的幼儿都要予以帮助,既要为能力强的幼儿准备发挥他的能力的机会,又要为能力较弱的幼儿或不具备这方面经验的幼儿提供补偿和提高的机会。

二、幼儿园语言教育的实施方法

幼儿园语言教育的方法,是指教师为发展幼儿语言创设条件和提供机会,让幼儿参与各种丰富多彩的活动,使幼儿在对人、物、环境的相互作用中学习语言,发展语言,提高语言能力。幼儿园语言教育的一般方法有以下几种。

(一)示范模仿法

示范模仿法是指教师通过自身的规范化语言为幼儿提供语言学习的样板,让幼儿在良好的语言环境中自然地模仿学习。有时，也可由语言发展较好的幼儿来示范。示范模仿法的具体运用如下：

1. 教师的规范语言应包括语言形式、语言内容、语言运用三个方面，并且要求在任何时间、任何地点、任何场合都能运用规范语言，主动创设良好的语言环境，成为幼儿模仿学习的典范。

2. 语言教育中幼儿不易掌握的新的学习内容，教师重点示范。如难发的音、新词句的朗诵、要求幼儿学会的故事对话、连贯的讲述等，要多示范，使幼儿有意识地进行模仿学习，提高语言能力。

3. 教师要关注幼儿在各种活动中的语言表现，要善于发现语言发展好或语言能力提高快的幼儿，让他们做示范者，为同伴提供模仿学习的样板。

4. 要妥善运用强化原则，随时鼓励幼儿正确的语言行为和习惯，并给予强化；要及时指正其错误。严格避免误用不正确的语言或一味挑剔错误的两种极端做法。

（二）视听讲结合法

这是以观察法结合幼儿语言学习的特殊性而提出的方法。“视”是指教师提供具体形象的讲述对象，如实物、录像、图片、图书、情景表演等，让幼儿充分地观察；“听”是指教师用语言启发、引导、暗示、示范等，让幼儿充分地领会；“讲”是指幼儿自己讲述。这三方面要有机结合，缺一不可。“视、听”是为“讲”服务的，在“讲”的过程中，促进幼儿语言能力的发展。这是幼儿学习讲述、发展幼儿连贯性语言的有效方法。视、听、讲结合法的具体运用如下。

1. 教师提供的讲述对象，应该是幼儿经历的、熟悉的、符合幼儿认识特点的。

2. 教会幼儿观察讲述对象的方法，给幼儿留存一定的观察时间。

3. 教师的提问要有顺序性、启发性，能启发幼儿思考，帮助幼儿构思，有利于幼儿组织语言，进行连贯讲述。

4. 根据不同年龄幼儿的水平，提出独立讲述或创造性讲述的要求，但讲述内容要紧扣主题，想象要合乎情理。

（三）游戏法

游戏法是指教师运用有规则的游戏，训练幼儿的正确发音和丰富幼儿词汇、学习句式的方法。众多的幼儿语言游戏，正是运用游戏法的具体体现。游戏互动法的具体运用如下。

1. 根据幼儿语言教育的目标和内容，选择和编制游戏。目标要明确，规划要具体，便于幼儿理解，达到训练语言能力的目的。

2. 在运用游戏法的同时，可配合使用教具或学具。随着幼儿年龄的增长，应逐渐减少直观材料。

3. 对于个别发音不清的幼儿，可运用游戏进行重点帮助，使他们在有兴趣的活动中，轻松地进行强化训练。

（四）表演法

表演法是指在教师的指导下，选取适合儿童模拟表演的作品，让幼儿参与表演，以提高口头语言表现力的一种方法。表演法的具体运用如下。

1. 教师必须在幼儿理解诗歌内容,并能熟练朗读的基础上,指导幼儿正确地运用声调、韵律、节奏、速度等进行诗歌朗诵表演。

2. 教师必须在幼儿理解故事内容、熟悉人物对话及体会角色心理的基础上,指导幼儿正确地运用语言、表情、动作等扮演角色,进行故事表演(有的故事的叙述部分也可由教师讲述)。

3. 鼓励幼儿在故事表演中创新内容和增加对话。

4. 要为全体幼儿提供参与表演的机会。

此外,还有提问法、练习法、评价法等。各种方法都需要在一定的条件下互相补充,综合运用,才能共同促进幼儿语言的发展,以达到最佳教育效果。

三、幼儿园语言教育活动方案的设计

(一)制定活动目标

幼儿语言教育活动目标制定,是语言教育活动设计中最重要的一环。目标定的恰当与否,将对整个活动设计产生决定性的影响,包括影响活动设计的方向、范围和程度。如前所述,教育活动目标可分为终期目标、阶段目标和活动目标三个层次。其中,活动目标处于最具体的层次,也是最贴近教育实践活动的目标。因此,教师要重视活动目标的制定,具体设计时应注意以下几个方面。

1. 活动目标要着眼于幼儿的发展,包含两层意思。其一是目标的制定要适应幼儿已有的发展水平,符合幼儿语言发展的规律。其二是目标的制定应将促进幼儿的语言发展作为落脚点,也就是要落实到幼儿对语言内容、语言形式和语言技能的掌握上。

2. 活动目标的内容和要求,在方向上要与终期目标、阶段目标相一致。活动目标要为阶段目标和终期目标服务,而终期目标和阶段目标正是通过一个个具体的活动目标落实在每个幼儿身上。因此,在制定具体目标时,要根据幼儿的年龄特征和发展水平,注意由浅到深、循序渐进地提出目标,使幼儿能从具体到抽象、从直接到间接地获得语言经验。

3. 目标的内容应包括认知、情感态度和能力三个方面。

(1)知识概念的学习,包括所获知识的数量和种类,以及操作这些知识的技能和能力。如要幼儿掌握多少词汇、句式,以及懂得在什么样的语言情境上运用这些词汇和句式。

(2)情感态度的学习,包括兴趣、态度和价值观等方面的变化。如形成幼儿耐心而有礼貌地倾听别人说话的态度,产生乐意在集体面前讲述自己经历的事和图片内容的兴趣,懂得并遵守语言交往中的一般规则。

(3)能力的学习,包括组词成句的能力和在具体语言情境中运用语言的能力。如能根据不同的听者和不同的情境,恰当地运用有关的词汇、语法和语调;能用连贯的语句说清楚自己所要表达的意思,也能听懂别人所表达的意思。

幼儿语言教育活动的表述要把握两个方面:一是明确而详细地:说明目标内容,是谈话目标还是讲述目标或是阅读目标;二是要用特;定的行为目标的表述方法来表述。如能理解和运用表示物体相对位;置的词语:“在什么上”“在什么下”“在什么里”等;能用完整的句子回答“什么在哪儿”;能在老师给出的5个句子中找出2个错句;能用形容词正确描述物体的形态,等等。

(二)选择活动内容

活动内容是实现目标的手段,是将目标转化为幼儿发展的中间环节,也是活动设计和组织开展的主要依据。因而活动内容的选择是一个完美的语言教育活动设计的核心。教师要根据目标、幼儿心理发展的特点和幼儿已有语言经验,选择合适的活动内容。此外,在具体选择时还要注意以下几点。

(1)确定幼儿教育活动内容中的语言点,避免语言教育活动成为社会或其他领域的活动。

(2)根据语言教育活动的类型、特点选择活动内容。如谈话活动的特点是围绕一个话题来学习和练习说话,教师在选择这一类活动的内容时,就要寻找有利于幼儿自由交谈的话题,诸如手工制作、风筝、玩具等幼儿感兴趣的话题。

(3)了解幼儿的已有经验。包括幼儿已有的生活经验和语言经验。只有掌握了幼儿的已有经验,才能选择到有针对性的,并能产生新经验的活动内容。

(三)策划活动过程

整个活动过程的策划,应思考两个方面的问题:活动步骤和各个步骤的活动方式。

1. 活动步骤的安排

由于语言教育内容种类的不同,所以其组织步骤也存在特殊性。例如,看图讲述的第一步是出示图片,第二步是组织观察,第三步是启发提问,然后是讲述图片,最后是为图片命名(中、大班);而欣赏故事类的讲述的第一步是出现故事名字,第二步是教师讲故事,幼儿听故事,第三步是通过提问帮助幼儿掌握故事内容和学习新词、句式,第四步是明确故事主题。就其一般性而言,语言教育的活动步骤为

(1)活动开始

这是引导幼儿准备参与活动的第一个步骤,要让幼儿明确本次活动的目标要求,初步调动幼儿学习的主动性。

(2)基本活动

是完成活动目标的主要部分。除用少量时间展示学习内容外,主要是教育引导幼儿参与活动,进行学习和练习。

(3)活动结束

让幼儿在轻松愉快的情绪中自然地结束活动。

(4)活动延伸

是指在日常活动中,对学习内容的继续练习、巩固和运用。

在步骤之间的环节过渡上,教师的安排要自然,促进幼儿从低一层次向高一层次发展,保证活动目标的有效实现。

2. 各步骤中活动方式的运用

活动方式是指活动环境和条件、活动方法、活动形式三者的有机结合和综合体现。在运用的活动方式时,既要适应教育内容类型的特点,又要引起幼儿对学习内容发生浓厚的兴趣,从而激起幼儿参加语言教育活动的主动性和积极性。具体应注意以下几个方面。

(1)活动环境和条件

一般指幼儿活动的空间和教具、学具、教学设备等形成的一种活动环境,要考虑提供的

内容、形式、数量、出示时间和出示方法等。其中，运用教学具等，要考虑提供的数量、时间、展示方法，一般应保证每个幼儿都能充分共享。

(2)活动方式

如前所述的示范法、游戏法、表演法、提问法等，都可根据各个活动步骤内容的需要，恰当地选择，灵活地运用。通常是几种方法交替使用，以发挥其综合作用。

(3)活动组织形式

语言教育活动组织形式，可以是全班或大组的集体活动（这是最常见的一种组织形式）；也可以是在教师指导下的比较松散的小组活动和个别活动，如集体活动中分组进行故事表演和个别的自由练习等。应根据各活动步骤、教育内容和要求，考虑比较合适的组织形式。

因此，以上两种活动形式往往可以交替或混合进行。另外，要注意日常生活中的随机教育。日常活动中的语言教育既可作为有组织语言教育活动的延伸，辅助和巩固规范性的语言教育，又可作为积累幼儿语言的经验，让幼儿自主探索，发展幼儿语言能力的重要途径。

（四）语言教育活动的指导

一份完整的活动设计方案，如果不能实施，则仅是一个静态计划，只有教师适当指导，幼儿的广泛参与，才会形成一系列动态发展的进程。整个活动过程中，需要教育活动指导来解决问题，如教师如何全面实施计划，如何最大限度地调动幼儿学习和发展的主动性和积极性，如何使每一个幼儿有更多的机会参与活动，如何促进全体幼儿在各自的基础上获得语言的发展和提高等，对待和处理好这一系列问题，是一种高水平教育艺术的体现。因此，每一位教师必须认真对待，灵活掌握，及时调整自己的语言、态度和情感，以发挥最大的组织指导作用。在语言教育活动的实施中，教师可通过以下方面发挥良好的中介作用。

1. 直接指导

直接指导是指教师通过启发提问、语言示范、评价、讲解等手段，直接指导幼儿的活动。根据幼儿语言经验及语言水平的实际状况，一般对小班幼儿或语言发展较差的幼儿，或教育内容难度较大的语言教育活动，教师较多地运用直接指导方式。

2. 间接引导

教师不直接参与，而是以第三者或旁观者的身份，在幼儿需要的时候，通过自身语言潜移默化的影响、语言的提示、眼神或手势的暗示等手段，引导幼儿主动、积极地参与语言活动。这种间接引导方式，对年龄稍大的幼儿和语言发展较好的幼儿宜于多用。

3. 利用环境条件引导

环境条件也是间接引导的有效工具和方法之一。教师利用语言活动设备、教具和学具，如玩偶、图片、木棉等的教具，电脑、电视、录像、VCD、幻灯片等，引起幼儿学习的兴趣，调动幼儿主动、积极参与活动的愿望，帮助幼儿在活动中提高语言能力。

根据幼儿的表现和活动过程的实际情况，教师要灵活运用以上各种指导手段，使幼儿始终处于活动的最佳状态，达到目标，圆满结束活动。同时，身教与言传都是语言教育的重要途径，教师要注意提升自身的语言修养，通过生动的语调、充沛的感染力等，努力做到语音准确，吐词清晰，用词得当，内容简洁有条理，教育指导幼儿提高语言发展水平。

【幼儿园谈话活动设计范例】

一、幼儿园大班语言活动:春雨

1. 活动目标

(1)认知目标

通过观看PPT课件,欣赏诗歌《春雨》,了解春雨和小花、小动物、小朋友的关系。

(2)能力目标

能有表情的朗诵诗歌,并能用画笔表达自己对诗歌的理解和感受。

(3)情感态度目标

发挥想象的翅膀,运用已积累的词汇和经验仿编诗歌内容,体验创造的快乐。

2. 活动准备

(1)春雨PPT课件,优美的春雨画面、雨声配乐。

(2)幼儿需要准备绘画本、水彩笔等。

3. 活动过程

(1)引出话题

①教师播放春雨配乐,引出问题:你们听到了春雨的声音吗?

②认真倾听幼儿自由表述,教师随机对幼儿表述进行指导。

③过渡:播放春雨PPT——幼儿欣赏散文。

(2)欣赏散文

①倾听散文,感受散文优美的语句。

②教师提出问题:春雨是怎样来到大地上的?为什么说春雨是蹦蹦跳跳的?春雨蹦蹦跳跳地来到了哪些地方?春雨找树枝、大山、花园做朋友,它是怎么和它们打招呼的——“敲敲”(引导幼儿运用不同的动作来表现“敲”的含义)。

③观看PPT,理解春雨的神奇作用。春雨敲敲树枝,树枝有什么变化?嫩叶像什么?还会像什么?春雨又敲敲大山,长出了什么?小草睁着亮眼睛在看谁呀?

(3)拓展练习

①春雨还会去哪里?

②春雨除了会用敲敲的动作,还会怎样去找朋友?朋友们又会有什么变化?

③幼儿互相讨论,自由讲述,教师随机帮助幼儿整理语句,并把幼儿讲述内容用绘画的方式表现出来。例如,春雨敲敲小花,小花张开了花瓣,引来美丽的蝴蝶;春雨敲敲小动物,小动物苏醒了,快乐地在森林里玩耍。

(4)尝试仿编

鼓励幼儿尝试模仿创作,引导幼儿将自己仿编的内容加入原来的散文,一起参与讲述和表演。

4. 活动延伸

用幼儿绘画的春雨图装饰主题墙。

5. 活动评析

这篇散文语言简洁优美,运用拟人手法为我们展现了大自然生机勃勃的活力,培养幼儿热爱大自然、热爱生活的情感;篇幅短小,益于幼儿朗诵、仿编。活动设计层次清晰,教师通过有序的组织，使幼儿在欣赏诗歌，讨论、分析、理解诗歌的同时，感受到春雨的美，组织幼儿创编诗歌，层层递进、环节紧密。

附：

诗歌《春雨》

小雨滴是蹦蹦跳跳地来到大地上的。

它敲敲树枝，树枝就冒出了绿苞；绿苞变成了绿叶像小巴掌，在为小鸟唱歌鼓掌。

它敲敲大山，山上钻出了小草，草上挂满了雨珠儿，好像睁着亮眼睛。

它敲敲我家花园里的迎春花，迎春花就开了；它吹起了金色的小喇叭，欢迎春天来到了我家。

二、幼儿中班谈话活动：我最喜欢吃的水果

1. 活动目标

(1)引导幼儿围绕水果这一话题交谈，能用简短的句子谈论自己最喜欢吃的水果，包括名称、形状及味道等。让幼儿懂得吃水果对身体健康的益处。

(2)在谈话过程中引导幼儿说普通话，发音准确，声音响亮。

(3)培养幼儿谈话时的礼仪、礼貌习惯，懂得安静地倾听别人谈话，不随便插话。

2. 活动准备

(1)教师准备一些水果的图片，几盘切好的苹果

(2)幼儿带着自己最喜欢的水果。

3. 活动过程

(1)创设谈话情境，引出谈话话题

教师将切好的苹果分给幼儿品尝，每人一小块，引起幼儿的兴趣。老师问幼儿：苹果好不好吃啊？你们喜欢吃苹果吗？幼儿回答后，教师请幼儿把自己带来的水果放到桌子上。

(2)围绕水果话题，引导自由交谈

教师用提问的方式引出话题：今天，你们带来了自己最喜欢吃的水果，谁来说说，你带来的水果叫什么名字？它是什么颜色的？什么形状的？有什么味道？

鼓励幼儿与周围小朋友自由交谈。教师巡回参与谈话，提醒幼儿安静地听对方谈话，等别人讲完了自己再讲。对跑题的幼儿，教师给予引导，将内容集中在谈自己带来的水果上，教师注意倾听。

(3)引导幼儿拓展谈话范围

①围绕水果进行集体谈论

鼓励幼儿站在大家面前介绍自己带来的水果，要求讲话声音洪亮，让大家都能听见。教师还要注意个别教育，鼓励不愿表达的幼儿积极发言，为他们提供在集体面前讲话的机会。

②展示水果图片进行拓展

教师拿出水果图片，用提问方式提出新的话题，看看老师还给大家带来了什么水果？出示图片，你们吃过这些水果吗？吃水果有什么好处呢？让幼儿围绕新话题思考自己的谈话内容。此时，教师用平行谈话的方式参与谈话，给幼儿提供一定的谈话经验。注意提醒幼儿用普通话谈论。

(4)教师进行小结

使幼儿懂得吃水果知识,了解各种水果对幼儿身体成长的益处。

最后唱歌曲《小苹果》结束。

【思考与练习题】

1. 名词解释

(1)幼儿语言教育活动。

(2)谈话。

(3)早期阅读。

(4)示范模仿。

2. 简答

(1)语言教育活动在幼儿阶段发挥怎样的作用?

(2)语言教育活动目标的层次包括哪些?

(3)幼儿语言学习具有哪些特点?

(4)幼儿园语言教育活动包括哪些内容?

(5)幼儿园语言活动的设计原则是什么?

3. 论述

(1)幼儿语言教育活动设计过程包括哪几部分,详细论述。

(2)幼儿语言教育活动的类型有哪些?

4. 设计题

自选文学作品,设计一个大班早起阅读活动。

第五章　幼儿园社会领域教育活动的设计与实施

【学习目标】

一、知识目标

1. 明确幼儿园社会教育的含义、目标和内容；
2. 掌握幼儿园社会教育的途径与方法。

二、能力目标

1. 能根据教育目标设计幼儿园社会教育活动方案；
2. 能组织指导幼儿园社会教育活动。

三、情感目标

明确幼儿园社会教育对幼儿发展的意义，积极思考和探索幼儿社会教育活动的设计与实施。

【知识重点、难点】

一、知识重点

1. 幼儿园社会教育的目标与内容；
2. 幼儿园社会教育实施的途径与方法。

二、知识难点

学会分解幼儿园社会教育的各项目标，结合教学实际设计与组织幼儿园社会教育活动。

第一节　幼儿社会教育的概述

一、幼儿社会教育的含义

幼儿社会教育是指以发展幼儿的情感社会性为目标，以增进幼儿的社会认知，激发幼儿的社会情感,培养幼儿的社会行为为主要内容的教育。

幼儿社会教育是幼儿园全面发展教育的组成部分,主要包括社会认知、社会情感、同伴关系、社会适应和道德品质等几个方面。

社会认知是指幼儿对自我与社会中的人、社会环境、社会规范等方面的认知。包括对他人的认识(对同伴意见和对成人要求的理解和采纳),对社会环境和现象的认知(家庭、幼儿园、社会机构、国家及民族等),对性别角色、行为方式的认知和对社会规范的认知(文明礼貌、生活卫生习惯、公共规则、集体规则、交往规则等)。社会认知是社会情感形成与发展的基础,培养幼儿正确的社会认知能促进幼儿良好社会情感的产生和发展。

社会情感是指幼儿在社会生活、交往中的情感体验。包括积极情绪、责任感、同情心等。良好的社会情感是社会行为养成的重要前提和基础,对培养幼儿良好的道德品质有至关重要的作用。

同伴关系是指年龄相同或相近的幼儿之间的一种共同活动并相互协作的关系,同伴关系是幼儿重要的人际关系。同伴关系的好坏直接影响着幼儿的发展,良好的同伴关系使幼儿具有安全感和归属感,有利于幼儿的社会化;可以促进幼儿的智力发展,形成积极的情绪、情感体验,发展良好的社会行为及社会交往能力等。因此,形成幼儿良好的同伴关系是幼儿社会教育的重要目标。

社会适应能力是指幼儿能够逐渐学会接受新环境,适应各种矛盾冲突情境的能力。包括初步形成对新环境的适应能力,对陌生人的适应能力,对同伴交往的适应能力,独立克服困难、解决问题的能力,学会与人相处等。社会适应能力的高低直接影响着幼儿社会行为的获得与发展。

道德品质是指社会道德现象在幼儿身上的反映。包括关心他人、乐群、合作、分享、诚实、助人、勇敢、讲礼貌、守纪律、爱护环境、爱祖国、爱家乡、爱集体等良好品质、行为习惯和道德情感等。道德品质的形成是幼儿社会化程度的最高表现,是幼儿社会教育的重要目标与内容。

二、幼儿社会教育的目的及意义

幼儿园社会领域教育是以发展幼儿的情感和社会性为目标,以增进幼儿的社会认知,激发幼儿的社会情感,培养幼儿的社会行为为主要内容的教育,幼儿社会教育的实质是通过教育活动促进幼儿社会化的过程。对幼儿实施社会教育,从幼儿发展与社会需要两个方面来看,有重要的作用。

对幼儿而言,实质是促进幼儿社会化的过程。通过社会教育可以使幼儿具备一定的自我意识和社会认知,形成积极健康的社会情感,学会与人沟通、交往,具备克服困难、解决问题、适应社会环境的能力,同时养成守纪律、懂礼貌等良好的思想品质,成为社会发展所需要的人。给予幼儿适时的、必要的、科学的社会教育,这对幼儿的道德素质发展和个性发展与社会性行为与能力的提高,是非常重要的。

对社会而言,实质是提高整个人类社会国民素质的过程。幼儿是人类的未来,也是未来社会的主体,未来社会人际关系丰富、复杂,这就更加需要培养幼儿自我意识和社会适应能力,以及健全的社会品格与社会性素养。实施社会教育,传授给幼儿社会文化和一定社会的行为规范,学习社会经验,促进幼儿的社会化,将有利于社会个体在具体的社会实践中,实现国民素质的系统的、综合的、整体养成与提高。因此,对幼儿实施的社会教育,可以理解为对人类社会整个国民素质，以及未来发展需要的、具有可持续发展能力的教育。

第二节　幼儿社会教育的目标与内容

一、幼儿社会教育的目标

（一）幼儿社会教育的总目标

幼儿社会教育的总目标是对幼儿社会教育目标的概括，是幼儿社会教育的最终目的，是制定其他社会教育活动目标的重要依据。依据国家的教育方针与政策，未来社会对人才的需求以及幼儿身心发展的规律，《纲要》明确提出了幼儿社会教育的总目标。具体内容有以下几个方面：

1. 能主动地参与各项活动，有自信心。
2. 乐意与人交往，学习互助、合作和分享，有同情心。
3. 理解并遵守日常生活中基本的社会行为规则。
4. 能努力做好力所能及的事，不怕困难，有初步的责任感。
5. 爱父母长辈、老师和同伴，爱集体，爱家乡，爱祖国。

（二）幼儿社会教育的年龄阶段目标

年龄阶段目标就是将幼儿社会教育总目标落实到幼儿具体的年龄阶段，是各个年龄阶段幼儿社会教育应达到的具体目标。

《指南》根据3—4周岁、4—5周岁、5—6周岁幼儿的年龄特点，由易到难、由具体到抽象，从人际交往和社会适应两个方面提出了具体的目标，其目标表述如下：

1. 人际交往

人际交往目标如表5-1～表5-4所示。

表5-1　目标1——愿意与人交往

3—4周岁	4—5周岁	5—6周岁
1. 愿意和小朋友一起游戏。 2. 愿意与熟悉的长辈一起活动	1. 喜欢和小朋友一起游戏，有经常一起玩的小伙伴。 2. 喜欢和长辈交谈，有事愿意告诉长辈	1. 有自己的好朋友，也喜欢结交新朋友。 2. 有问题愿意向别人请教。 3. 有高兴的或有趣的事愿意与大家分享

表 5-2 目标 2——能与同伴友好相处

3—4 周岁	4—5 周岁	5—6 周岁
1. 想加入同伴的游戏时，能友好地提出请求。 2. 在成人指导下，不争抢，不独霸玩具。 3. 与同伴发生冲突时，能听从成人的劝解	1. 会运用介绍自己、交换玩具等简单技巧加入同伴游戏。 2. 对大家都喜欢的东西能轮流、分享。 3. 与同伴发生冲突时，能在他人帮助下和平解决。 4. 活动时愿意接受同伴的意见或建议。 5. 不欺负弱小	1. 能想办法吸引同伴和自己一起游戏。 2. 活动时能与同伴分工合作，遇到困难能一起克服。 3. 与同伴发生冲突时能自己协商解决。 4. 知道别人的想法有时和自己不一样，能倾听和接受别人的意见，不能接受时会说明理由。 5. 不欺负别人，也不允许别人欺负自己

表 5-3 目标 3——具有自尊、自信、自主的表现

3—4 周岁	4—5 周岁	5—6 周岁
1. 能根据自己的兴趣选择游戏或其他活动。 2. 为自己的好行为或活动成果感到高兴。 3. 自己能做的事情愿意自己做。 4. 喜欢承担一些小任务	1. 能按自己的想法进行游戏或其他活动。 2. 知道自己的一些优点和长处，并对此感到满意。 3. 自己的事情尽量自己做，不愿意依赖别人。 4. 敢于尝试有一定难度的活动和任务	1. 能主动发起活动或在活动中出主意、想办法。 2. 做了好事或取得了成功后还想做得更好。 3. 自己的事情自己做，不会的愿意学。 4. 主动承担任务，遇到困难能够坚持，不轻易求助。 5. 与别人的看法不同时，敢于坚持自己的意见并说出理由

表 5-4 目标 4——关心尊重他人

3—4 周岁	4—5 周岁	5—6 周岁
1. 长辈讲话时能认真听，并能听从长辈的要求。 2. 身边的人生病或不开心时，表示同情。 3. 在提醒下能做到不打扰别人	1. 会用礼貌的方式向长辈表达自己的要求和想法。 2. 能注意到别人的情绪，并有关心、体贴的表现。 3. 知道父母的职业，能体会到父母为养育自己所付出的辛劳	1. 能有礼貌的与人交往。 2. 能关注别人的需要和情绪，并能给予力所能及的帮助。 3. 尊重为大家提供服务的人，珍惜他们的劳动成果。 4. 接纳、尊重与自己生活方式或习惯不同的人

2. 社会适应

社会适应目标如表 5－5～表 5－7 所示。

表 5－5　目标 1——喜欢并适应群体生活

3—4 周岁	4—5 周岁	5—6 周岁
1. 对群体活动有兴趣。 2. 对幼儿园的生活好奇，喜欢上幼儿园	1. 愿意并主动参加群体生活。 2. 愿意与家长一起参加社区的一些群体活动	1. 在群体活动中积极、快乐。 2. 对小学生活好奇和向往

表 5－6　目标 2——遵守基本的行为规范

3—4 周岁	4—5 周岁	5—6 周岁
1. 在提醒下，能遵守游戏和公共场所的规则。 2. 知道不经允许不能拿别人的东西，借别人的东西要归还。 3. 在成人提醒下，爱护玩具和其他物品	1. 感受规则的意义，并能基本遵守规则。 2. 不私自拿不属于自己的东西。 3. 知道说谎是不对的。 4. 知道接受了地任务要努力完成。 5. 在提醒下，能节约粮食、水电等	1. 理解规则的意义，能与同伴协商制定游戏和活动规则。 2. 爱惜物品，用别人的东西时也知道爱护。 3. 做了错事敢于承认，不说谎。 4. 能认真负责的完成自己所接受的任务。 5. 爱护身边的环境，注意节约资源

表 5－7　目标 3——具有初步的归属感

3—4 周岁	4—5 周岁	5—6 周岁
1. 知道和自己一起生活的家庭成员及与自己的关系，体会到自己是家庭的一员。 2. 能感受到家庭生活的温暖，爱父母，亲近与信赖长辈。 3. 能说出自己家所在街道、小区（乡镇、村）的名称。 4. 认识国旗，知道国歌	1. 喜欢自己所在的幼儿园和班级，积极参加集体活动。 2. 能说出自己家所在地的省、市、县（区）名称，知道当地有代表性的物产或景观。 3. 知道自己是中国人。 4. 奏国歌、升国旗时能自动站好	1. 愿意为集体做事，为集体的成绩感到高兴。 2. 能感受到家乡的发展变化并为此感到高兴。 3. 知道自己的民族，知道中国是一个多民族的大家庭，各民族之间要相互尊重，团结友爱。 4. 知道国家一些重大成就，爱祖国，为自己是中国人感到自豪

（三）幼儿社会教育活动目标

幼儿社会教育活动目标是指某一次或某一主题系列活动教育具体活动要达到的目的。它们与具体的教育内容紧密相连，是具体的社会教育活动设计与组织的出发点和归宿。为确保实现幼儿社会教育的总目标，教师要结合本班幼儿的实际发展水平和特点，幼儿的兴趣需要及个性特点，将总目标逐层分解，最终落实到每个幼儿在不同阶段的发展水平上，落实到一个个具体的社会教育活动中，这样才能真正实现社会教育目标。

二、幼儿社会教育的内容

根据幼儿社会教育的目标，将幼儿社会教育的内容具体分成幼儿社会认知的教育、幼儿社会性情感的发展与教育、幼儿同伴关系的研究、幼儿社会适应能力的培养、幼儿道德品质的发展五个方面。

(一)幼儿社会认知的教育

1. 对自己的认知

即自我意识。主要包括对自己表面特征的认识、对自己优缺点的认识，对自己情绪反应的认识，以及逐步学会比较客观地自我评价和形成对自己负责的意识。具体包括：

(1)能主动参与各项活动，有自信心，能体验到与同伴交往的快乐

①会用一定的方式表达自己的需求、爱好、情绪、情感；

②学习正确地评价自己与他人，能正确地对待他人的评价；

③主动积极地参加各种活动，有好奇心和探索问题的能力，能积极发表自己的见解；

④爱动脑，愿意按自己的意愿选择活动、完成活动；

⑤能较快地适应常规和活动的变化，乐于尝试自己没有经历过的事情。

(2)能努力做好力所能及的事，不怕困难，有初步的责任感

①认真倾听并理解任务性的语言，掌握记忆任务的方法，能牢记委托，并力争完成；

②有困难或需要帮助时，会用适当的方式向成人表达自己的需要、想法；

③遇到困难和挫折时，尽可能自己解决；

④做事有信心，能有始有终地做完一件事；

⑤了解自己与周围环境的关系，能较快地适应变化的环境，学会自己照顾自己。

2. 对周围人的认知

(1)了解父母和亲人的职业和工作场所，感受生活中父母和亲人对自己的爱；懂得爱父母和亲人，并懂得用一般地表达方法表达对亲人的感谢和爱；知道不打扰他们的工作或休息。

(2)关心、理解幼儿园的同伴和老师，愿意和他们共同友好地进行各种活动；了解幼儿园其他工作人员的工作，知道他们的工作是为幼儿服务，懂得感谢和尊重他们的服务。

(3)了解其他公共服务场所人们的劳动，如社区、街道、公园里的清洁工人，知道他们的劳动给大家带来的方便和愉悦，懂得尊重这些劳动者和他们的劳动成果。

3. 对周围环境的认知

(1)了解并能说出自己家所居住的社区；认识社区附近的公共设施和服务机构；认识公共场所和公共服务常见的标志，如交通标志、安全标志、设施标志、消防器具标志等；知道通用的紧急呼救电话。

(2)初步了解自己的家乡，产生爱家乡的情感。

(3)引导幼儿认识祖国的标志，了解祖国的行政区别，知道祖国有辽阔的疆土，尊重祖国的文化传统和风俗习惯。

4. 对社会规则的认知

社会规则是社会秩序得以维持的必要条件，规则的遵守主要依靠社会成员内心对规则的尊重。在对幼儿实施社会规则教育时，教师应注意以下三个方面的问题：

(1)教师应有意识地培养幼儿的规则意识，不仅通过正确的言语引导，还要身体力行，使幼儿在潜移默化中学到遵守社会规则的行为。

(2)教育幼儿遵守社会规则，应讲清楚规则是什么，为什么要有这样的规定，让幼儿充分认识到规则的意义和作用。

(3)教师可以通过游戏中应遵守的规则来对幼儿进行社会规则的教育，既要切合幼儿的生活实际，又要利于幼儿对规则的学习和掌握。

(二)幼儿社会性情感的发展与教育

情感发展对幼儿今后个性的发展有着重要的影响，从小培养幼儿良好的、健康的情感及正确的社会行为，对于提高幼儿社会化水平有着极其深远的意义。教师可以从以下四个方面培养幼儿的社会情感：

1. 教师的挚爱和真诚是对幼儿进行情感教育的基础。

2. 培养幼儿的是非观念是进行情感教育的前提。

3. 幼儿情感教育应密切结合幼儿生活，渗透在各种活动和一日生活的各个环节中。

4. 教师应充分利用多种趣味形式的活动，生动、形象地对幼儿进行情感教育。

(三)幼儿同伴关系的研究

同伴关系是幼儿园中非常重要的人际关系，教师可以从以下三个方面培养幼儿形成良好的同伴关系：

1. 应意识到幼儿同伴交往的重要性，创设良好的交往氛围，鼓励幼儿间的同伴交往。

2. 幼儿交往的主要形式是游戏，教师要充分了解本班幼儿的同伴关系状况，有针对性地开展利于幼儿同伴关系发展的活动。

3. 帮助幼儿掌握一些基本的同伴交往技能，鼓励幼儿独立解决同伴间的矛盾冲突，同时教师要适时介入，防止幼儿间矛盾的激化。

(四)幼儿社会适应能力的培养

1. 能主动发起探究性行为，在接到任务后，能马上调整状态作出反应，处于一种积极的状态。

2. 注意力集中，注意力能够保持一段时间专注于一件事情，不易分散。

3. 在集体中能够处于积极主动的地位，较有主见，遇事不急躁，与同伴保持良好的交往关系。

4. 在新的环境中，能较快自主调适，适应新环境。

5. 面对失败与挫折，不灰心、不气馁，有较强的自我调节能力。

6. 做事认真，有责任心。

(五)幼儿道德品质的发展

幼儿教育是基础教育的重要组成部分，是为幼儿一生的学习和发展打基础的阶段，教育的重点应放在培养幼儿良好的道德品质方面，这样才能促使他们体、智、德、美全面发展。在幼儿一日活动的各个环节中，教师应善于抓住每一个契机，及时对幼儿实施道德品质教育，发挥各种教育手段的交互作用，把德育的单渠道变为多渠道。

1. 坚持正面教育，积极诱导

以适合幼儿特点的具体、生动、形象的教育形式，教给幼儿做什么，不做什么；为什么要这样做，为什么不能那样做的道理。当幼儿犯错不能一味指责，更不要体罚，要尊重幼儿的自尊心、自信心，教师最好以温和的方式教育幼儿。

2. 在日常活动中渗透道德教育

对幼儿进行道德教育应从幼儿一日生活活动出发，在生活活动中渗透德育有利于培养幼儿自信心、独立自主性、劳动观点、态度、勤俭节约、合作谦让与轮流分享等品质。

3. 榜样示范和集体影响

榜样示范与同伴间的相互帮助、相互影响是幼儿形成良好道德品质的重要因素。榜样示范符合幼儿的年龄特点，而且是道德品质教育的一种直观的教育形式。在幼儿心目中最有威望、最受信任的是老师，老师的言谈举止，将给幼儿深刻的影响；在幼儿园里，同伴间相互帮助，友好相处，集体中的好人好事，也将促进幼儿形成良好的道德品质。

4. 通过各科教学活动和游戏活动，对幼儿进行道德教育

教师在设计教育活动时，深挖教材中德育因素，进行有机渗透。同时注意在教学中落实德育重点内容。同时结合幼儿的年龄特点及身心发展的规律，开展丰富多彩的游戏，激发幼儿的兴趣，使幼儿在游戏中体验他人情感，培养良好的行为习惯，增强社会交往能力等。

5. 通过阅读图书、听故事、看动画片等辅助手段及时对幼儿进行道德渗透教育

教师应提供丰富的资料，激发幼儿的兴趣，让幼儿在听、看、读故事、儿歌、动画片等内容时，建立正确的道德标准，养成良好的道德习惯，形成正确的道德行为。

第三节　幼儿社会教育的途径与方法

一、幼儿社会教育的途径

选择适当的途径促进幼儿社会教育目标的达成、教育内容的实施，这是实施幼儿园社会教育的重要前提。幼儿社会教育的途径是多方面的，可以归纳为以下三个方面：

（一）各科教学活动

幼儿社会教育应渗透在幼儿园各领域各学科的教学活动中，使各学科之间发挥相互补充、相互促进的作用，各科教学是对幼儿进行社会教育最直接、最有针对性的方式，教师对幼儿的组织和指导作用更直接、更明显。幼儿园教育是基础教育的奠基阶段，是人一生教育的基础，培养幼儿与人沟通、同伴合作，形成良好的自信心等情感，在学习的过程中培养幼儿努力克服困难的意志力等，都是各学科教学的基本任务，是幼儿园教育的基本目标。

(二)劳动等日常生活活动

劳动等日常生活活动是幼儿园进行社会教育的重要途径,通过洗手、如厕,睡眠等日常生活活动及种植、灌溉等劳动活动对幼儿进行社会教育,有利于幼儿产生对劳动等日常生活活动的兴趣、爱好;懂得遵守排队洗手、如厕、不影响别人睡眠等社会规则,激发幼儿巨大的热情与力量,看到自己的或与人合作所取得的劳动成果,利于培养幼儿勤俭、朴实、艰苦、顽强等好品德。因此生活活动是幼儿社会教育的重要途径之一。

(三)游戏活动

游戏是幼儿一日活动中最主要的活动,符合幼儿的年龄特点及身心发展的需要。游戏是幼儿认识社会并参与社会生活的一种特殊方式,通过游戏幼儿可以了解成人生活的特点,掌握正确的社会认知,形成良好的社会情感,习得一定的社会行为,这是对幼儿社会教育的一种有效的方式。在游戏中幼儿懂得遵守规则的意义,明确尊重别人的必要,接受规则的约束,理解规则的公平公正,学会运用规则协调同伴关系等,促进其社会性的发展。

二、幼儿社会教育的方法

教育方法是为完成教育任务而对幼儿施加教育影响所采取的措施和手段。由于幼儿社会教育内容的广泛性与多样性,教育过程又是一个多种因素影响的复杂的发展过程,幼儿园社会教育的方法主要有说服、角色扮演、陶冶和榜样。

(一)说服

说服是通过摆事实、讲道理,使幼儿形成正确认识的一种方法。要求幼儿遵守社会规则、养成良好的社会行为,首先要提高幼儿的认识、调动幼儿的积极性,使幼儿形成正确的情感。这就要求教师要讲清楚道理,使幼儿明白哪些事情可以做,哪些事情不可以做,并弄清楚其中的原因。只有使幼儿明白道理,才能提高认识,自觉去履行。说服运用的范围很广,对幼儿进行社会教育无论用哪一种方法,都离不开提高幼儿的认识,都需要运用说服的方法。说服包括讲解、谈话、讨论、参观等。

1. 讲解

讲解是幼儿园常用的教学方法,通过详细介绍社会的行为规范,解释遵守行为规范的意义,初步使幼儿掌握正确的社会认知,形成良好的社会行为。讲解可以是口头上的介绍,也可以通过听广播、读报纸,画板报等方式。

2. 谈话

教师通过与幼儿的对话,了解幼儿的思想与情感,掌握幼儿的认识水平,明确幼儿社会性发展的现有程度,能够卓有成效地采取必要的措施对幼儿进行社会教育,这是幼儿社会教育的重要而有效的方法。

3. 讨论

对幼儿进行社会教育,教师还应注意运用幼儿同伴间的相互影响、相互作用。幼儿与同伴间就社会某一热点问题进行讨论,在谈论中交换看法,形成一定社会认知,同时学会与人沟通、交流,又有利于形成良好的同伴关系,这是促进幼儿社会性发展的有效方法。

4. 参观

幼儿园有目的、有计划组织的参观、访问活动，拉近了幼儿与社会的距离。幼儿通过接触社会，了解成人的生活方式，形成一定的人生观与信念，这是促进幼儿社会性发展最直接、最有效的方法。如组织幼儿参观历史博物馆、现代化工厂、农场，有利于树立幼儿的理想、信念等。

运用说服法需要注意的问题有：

1. 明确目的性

说服要从幼儿的实际出发，针对要解决的问题，教师根据幼儿身心发展的特点及规律，有的放矢的采取有针对性的教育。说服切忌空洞、冗长、唠叨，使幼儿感觉厌烦、枯燥。

2. 富有启发性与趣味性

幼儿的兴趣广泛而丰富，又对成人的生活充满好奇心，教师在采用说服法时，要注意选择的内容应有一定的启发性，采用的方式、方法要有一定的趣味性，这样才能使幼儿产生兴趣，留下深刻的印象。

3. 注意方式、方法

运用说服法时，教师要平易近人、和蔼友善，态度要诚恳、深情，语重心长触动幼儿的心灵，这样幼儿才愿意向教师敞开心扉，接受教师所讲授的道理。

4. 抓住时机

无论在生活中、教学中、游戏中，教师都要善于抓住时机，及时对幼儿进行教育，这样才会起到事半功倍的效果，完成教育的任务。

（二）角色扮演

角色扮演是通过创设社会生活中的某些情境，让幼儿通过扮演一定的社会角色，了解成人所应遵守的社会行为规范及道德要求的方法。角色扮演使幼儿从所扮演的角色的角度去接触社会、了解社会生活，幼儿通过想象、创造性的模仿现实生活，再现社会中的人际交往，在“换位思考”中逐渐认识自我，不知不觉中提升了人际交往的技能。同时，在游戏中幼儿还可以学习如何坚持自己正当的权利、要求，怎样控制自己的言行，以符合游戏的规则。因此，角色扮演是幼儿认识成人世界的一面镜子，是幼儿社会性发展的重要方法。

运用角色扮演时需要注意的问题有：

1. 创设的活动情景，应该是幼儿熟悉、理解且感兴趣的

根据教育目标及幼儿身心发展的特点，巧妙设置生动的活动情景，从而激发幼儿思维的活跃性，通过教师的讲解及活动情景的气氛渲染，将幼儿带入一种富有想象力的意境，可以使幼儿感受到游戏的真实。

2. 应根据教育目标和幼儿的特点，选择与分配角色

根据特定的教育目标和幼儿的特点，选择适合每个幼儿的社会角色，充分发挥幼儿的个性特长，提高幼儿角色扮演的兴趣与热情；同时教师可以让幼儿轮换扮演角色，分别体会不同角色的性格特点，有效解决幼儿角色分配时产生的矛盾。

3. 注意角色对话和行为的学习与训练，保证角色表演的社会教育效果

教师在教育活动中所创设的教育情境、所选择的社会角色，要尽量贴近生活且富有教育性，通过积极引导、正确规范幼儿扮演角色之间的对话内容，使每个幼儿都能够充分理解与掌握游戏的教育意义。

4. 发挥幼儿的想象力与创造力，调动幼儿表演的积极性与主动性

通过设置多种多样的活动情景，满足不同幼儿发展的需要，激发幼儿去想象，去构思、培养幼儿主动参与的意识；同时，教师适当的激励幼儿，刺激幼儿创造性思维的进步，让幼儿通过扮演不同的角色，体会不同角色的特点与人物形象，得到肯定与成就感上的满足，进一步调动了幼儿表演的积极性与主动性。

（三）陶冶

陶冶是利用环境条件、生活气氛及教师本身的言行举止潜移默化的地幼儿进行积极感化、熏陶的教育方法。陶冶法是一种对幼儿进行潜移默化的熏陶和感染，使幼儿在耳濡目染中心灵受到感化，情感上产生共鸣，进而使幼儿产生高尚的道德情感，促进其身心发展。

1. 分类

陶冶包括环境陶冶和艺术陶冶。

（1）环境陶冶

环境陶冶是利用美的自然环境和良好的社会环境，以及教育者有目的、有意识创设的教育情境，对幼儿进行社会化教育的一种方法。

（2）艺术陶冶

艺术陶冶是利用音乐、图画、文学等各种艺术形式的感染力，渗透幼儿的心灵，激发幼儿的情感，促进幼儿发展的一种方法。

2. 需要注意的问题

（1）创造良好环境

教师利用环境陶冶幼儿的心灵，激发幼儿的情感，发挥环境潜移默化的功能，注意选择与创造的环境应是对幼儿认知、情感、意志力等社会性发展能起到良好影响的环境。

（2）应具有启发性与说服性

为了更有效地发挥环境的陶冶作用，不能只让环境自发的影响幼儿的发展，还需要教师以启发性的教育，引导幼儿自己主动的感受、学习，从而达到促进幼儿发展的目的。

（3）要持之以恒

陶冶教育法不是立竿见影的，是循序渐进的，但是它一经对幼儿产生影响，将作为幼儿稳定的心理定式，不易发生改变，从而成为幼儿深刻而持久的人格特征，所以教师应把幼儿置于教师经过精心设置的具体、生动、形象的活动情境中，使幼儿在不知不觉中受到环境的熏陶，逐渐达到预期的教育目标。

（四）榜样

榜样是以他人高尚的思想、模范的行为影响幼儿，形成良好的思想品德的一种方法。榜样把道德观点和社会行为规范具体化、人格化了，形象而生动，具有极大的感染力、吸引力和鼓动力。幼儿易模仿的特点，容易受身边人（包括教师、父母、长辈等）或事的影响，所以榜样能给幼儿正确的方向和巨大的力量，引导他们积极向上。榜样包括伟人的典范、教师的示范、同伴群体。

1. 伟人的典范

历史伟人、民族英雄、科学家、教育家、思想家以及各行各业的优秀人物等，他们在思想、道德、行为等方面都可以作为幼儿学习的典范。用伟人的典范影响幼儿，易于激起幼儿

对他们的敬仰思念之情，从而促进其自身的发展。

2. 家长、教师等的示范作用

由于幼儿年龄较小，每天接触最多的是家长及幼儿园的教师，所以家长与教师的言行举止、仪态、作风、为人处世等各方面的表现都会对幼儿起着示范的作用，潜移默化的影响幼儿的发展。

3. 同伴群体

在《幼儿园教育指导纲要》实施细则中明确指出："幼儿同伴群体是珍贵的教育资源，是幼儿成长环境的重要组成部分。"由此可见，同伴群体发挥着重要的作用。

运用榜样示范时需要注意的问题有：

1. 选好示范榜样

选择伟人典范时，应选择具有先进性、时代性、典型性的英雄、模范人物，同时引导幼儿了解英雄、模范人物的身世、艰苦奋斗的经历、伟大卓越的成就、崇高光辉的品德，特别要强调那些感人至深、令人起敬的先进事迹，使幼儿在心灵深处对所学的榜样产生惊叹、爱慕、敬佩之情。

2. 教师做到为人师表

教师自身的素质、修养、知识、为人处世等方面都会对幼儿产生重要影响，首先教师要努力提高思想道德素质修养，教师要在思想上、道德上、修养上、行为上，全面以身作则，自觉率先垂范，要求幼儿不能做的，自己坚决不能做，要求幼儿做到的，自己首先要做好。

3. 在交往中促进幼儿发展

同伴交往是无可替代的，在群体中幼儿彼此学习优点、克服缺点，所以教师应充分发挥同伴群体的榜样示范作用，在交往过程中，通过同伴交往让幼儿亲身体验，使幼儿在同伴交往中得到良好的发展。同时善于在班级中树立典型，选择行为表现好、听话乖巧的幼儿作为班级中学习的榜样，生活中、同伴中的榜样，更能直接影响着幼儿的发展，是幼儿发展的重要途径。

第四节　幼儿园社会教育活动的设计与实施

一、幼儿园社会教育活动的设计

幼儿园教育活动目标与内容是通过具体的社会教育活动来实现的。组织好每一个社会教育活动，关键在于设计好幼儿园社会教育活动方案。要设计好幼儿园教育活动方案，首先要根据各年龄班幼儿的特点及具体情况，选择适合幼儿发展的教育活动内容，确定活动名称；其次，对活动内容进行深入分析，拟定活动目标，并围绕目标展开设计活动过程。通过对幼儿园社会教育活动的目标、内容、过程精心准备与设计，保证教育活动的顺利进行，以达到教育活动的效果。

一个完整的幼儿园社会教育活动方案，一般包括活动名称的设计、活动目标的设计、活动准备的设计、活动过程的设计、活动延伸的设计、活动评价的设计六个方面。

(一)幼儿情况分析与设计意图

设计幼儿园教育活动方案,首先教师要对班级中的全体幼儿进行分析、研究,才能确定活动的目标、内容、组织形式、活动中使用的方法等,这是教育活动设计的第一步。幼儿情况分析其中包括分析幼儿的现有知识水平、经验,能力、兴趣、个性特点,幼儿的个别差异性等。

设计意图是阐述选择设计该主题的原因以及与幼儿之间的关系,包括幼儿的现有经验与发展,幼儿将获得的新经验,教师通过该项活动培养幼儿哪些方面的能力,等等。

(二)活动名称的设计

活动名称即一次具体的幼儿园社会教育活动的题目。

活动名称的设计要求有:

1. 活动名称应该简单明了的表明本次活动的主题、班级、年龄班、活动领域、活动内容。如,小班社会教育活动“做个诚实的孩子”。

2. 活动名称的设计应主题明确,从活动名称可以直接得出大概的活动目标与内容,体现一个具体的教育活动。如,中班社会教育活动“热闹的马路”。

3. 名称应该符合幼儿的年龄特点,富有趣味性、直观而具体的表明活动的内容,切忌抽象化、概括化的题目。如,“这就是我”“我和朋友分享快乐”等。

(三)活动目标的设计

幼儿园教育活动目标是指通过一次或几次教育活动将达到的预期效果,活动目标的设计是活动方案制定的出发点和归宿,既指导教育活动的开展,也是检验教育活动效果的标准,活动目标的设计是整个教育活动设计的依据。

设计幼儿社会教育活动目标的具体要求:

1. 活动目标的制定维度

(1)知识目标(即认知目标)

通过教育活动使幼儿掌握事物的名称、特点、概念、性质等知识。常用引导词:理解、掌握、了解、记忆、明确等。如,大班社会教育活动“我是爸妈小帮手”,知识目标是使幼儿知道自己的事情应该自己做,而且要帮助爸爸妈妈做力所能及的事情。

(2)情感目标

通过本次活动对幼儿的兴趣、爱好、情感、态度、意志力、品质等方面的锻炼与培养。常用引导词:感受、喜爱、乐于、喜欢、感悟等。如,大班社会教育活动“我会交新朋友”,情感目标是让幼儿体验朋友多的乐趣,培养幼儿喜欢与人沟通、与人交往,同时乐于助人的情感态度。

(3)能力目标

通过本次活动幼儿哪些方面的能力得到巩固,哪些方面的能力得到提升,哪些方面的能力得到掌握。常用引导词:学会、掌握、提高等。如,大班社会教育活动“保护环境从我做起”,能力目标是通过活动的开展,让幼儿懂得保护动物、植物的重要性,从小树立保护动、植物的意识,同时使幼儿掌握如何保护动、植物。

2. 目标具有针对性与可操作性

为了便于检查活动的效果，活动目标的设计切忌目标太大过于笼统、空洞、概况、抽象，应具体可操作。而且应在目标内容中具体体现活动的主要任务，目标可以针对幼儿某一方面、某一角度或就幼儿常见的问题设计。

3. 活动目标的设计要尽可能全面

每一个教育活动的目标应尽可能包括知识、能力与情感目标，这三个目标对幼儿的发展来说各有作用，不可混淆，也不可替代，在活动目标的设计中，应各有体现，重点突出本次活动的目标，还要兼顾其他活动的目标。力争从这三个角度设计，从而促进幼儿的全面发展。

4. 要坚持难易度适中的原则

每个阶段的目标是不同的，目标是幼儿活动的目的，难易度适中是指活动目标不能太简单也不能太难。活动目标设计太简单，目标本身失去了意义，同时难以调动幼儿学习的兴趣，很难激起幼儿学习的主动性；如果目标设计太难，超出了幼儿的能力范围，不仅没有尊重幼儿，同时幼儿也无法体会到活动中的快乐，这是不符合幼儿教育活动宗旨的。

5. 目标内容不重复

一方面，目标的制定可以从知识、能力、情感目标三个维度制定目标，每个方面都有各自的作用，彼此不要重复，尽量从不同的角度促进幼儿的发展；另一方面，目标的制定根据小班、中班、大班三个年龄班的幼儿发展的顺序与阶段，既不能重复，也不能混淆，应按照循序渐进的原则，逐一实现幼儿每个阶段的发展。

6. 目标制定应与其他各领域活动有联系

幼儿教育的宗旨是促进幼儿全面发展，因此幼儿社会教育活动目标的制定，应从幼儿的实际情况出发，紧密结合幼儿园其他各领域教育活动目标与任务，从而促进幼儿的全面发展。如，小班社会教育活动“熊猫的客人”，目标表述是让幼儿懂得在别人家做客时要有礼貌，同时观察画面，让幼儿说说小白兔和小黑熊哪一个没有礼貌，为什么？这个目标既从社会领域说明幼儿应该懂礼貌、守规矩，而且也从语言领域培养了幼儿口语表达能力。

（四）活动准备的设计

幼儿园社会教育活动准备可以从知识、情感、活动所需材料、空间环境创设四个方面准备，具体要求是：

1. 知识准备

知识准备包括两个方面：

一方面教师开展教育活动应具备的相关知识，包括扎实的专业知识、相关领域的基础知识、教育理论知识，以及教师开展本次活动所涉及的知识。这是教育活动顺利开展的前提。同时要求教师在设计活动前应掌握或者完全了解活动内容，明确设计活动的目标与要求，并且在设计活动时具备一定的技能与方法；在开展活动过程中能够结合自己的专业知识灵活调整本次活动的内容与进度，更好地完成本次活动。

另一方面在开展活动前，教师了解幼儿具备哪些与该活动有关的知识，便于有针对性地开展教育活动。教师可根据活动内容让幼儿通过图片、动画、音乐、故事等了解本次活动的内容，使幼儿在感性经验或知识方面有一定的准备，这是有效开展活动的前提。

2. 情感准备

幼儿的态度、情感、兴趣、爱好等因素将影响参与活动的积极性，而幼儿的情感直接受到教师本身情感因素的影响，因此教师应以积极的情感态度投入到活动的指导中去。

3. 材料准备

事先准备好活动所需材料，例如 PPT 课件、背景音乐、头饰、卡片等；可由教师自己独立完成，也可由教师与幼儿之间配合完成，或者可要求幼儿从家里带来等。准备材料是一项重要而艰巨的任务，直接影响着活动的质量与效果。

4. 空间环境准备

幼儿园环境主要包括自然环境和社会环境。设计什么样的环境直接影响着幼儿参与活动时的兴趣与情感。教师设计的活动，是在室外还是在室内进行：在室外，是在活动区还是在某个社会组织机构等；在室内，是在活动室还是在教室。为了保证活动的顺利进行，就连室内桌椅的摆放情况都需要考虑。有时为了达到更好的效果，教师还要创设一定的社会情境。教师在设计环境时应尽量选择空间宽敞、明亮，相对安全的活动室，按照教育活动目标的要求，做好物质环境方面的准备。

（五）活动过程的设计

为了实现预期的活动目标，最关键的就是选择活动内容和活动形式，设计活动过程便是将活动目标、内容、形式具体化的过程。教师只有全面分析了解教育活动的内容后才能有目的、有针对性的设计教育活动过程。

1. 分析教育内容

为了促进幼儿的全面发展，教师设计活动时应紧紧围绕教育目标，把握教育内容的重点、难点，选择适当的教育方法、手段，做好教育材料的准备工作，保证教育活动顺利进行。

2. 设计活动过程

活动过程包括开始部分、基本部分和结束部分。

(1)开始部分

开始部分即导入部分。导入部分是教师开展教学活动的第一步，导入的好坏直接影响活动开展的效果。如果导入的效果好，便能够吸引幼儿的注意力，调动幼儿学习的积极性与主动性。教师可以根据教育活动的需要，选择各种方式将幼儿导入到活动中，如，直接导入、演示导入、作品导入、游戏导入、音乐导入等，一般时间不长，3 ~5 分钟。

例如，中班社会教育活动“乘坐公共汽车”的导入方式是播放动画，让幼儿通过看视频了解生活中的交通工具——公共汽车；了解公共汽车的类型、颜色、形状、用途、声音等常识，掌握乘坐公共汽车时应注意事项等。

(2)基础部分

基本部分是教师完成教育活动目标的重要部分，是活动重点与难点所在，教学活动大部分时间应是此环节。教师要考虑的内容主要包括教育活动分成几个步骤；每个步骤要完成什么样的任务，采用什么方式方法；每个步骤的时间分配；哪一个步骤是重点；怎么突出重点，突破难点等。此环节教师应该注意的问题有：

①灵活选择各种教学方法以及教学手段

幼儿园常用的教学方法有两类：一般方法有讲授法，谈话法，观察演示法，操作练习法，游戏法，发现法；特殊方法有说服、角色扮演、陶冶、榜样。常见的教学手段有实物、教具、图书、挂图、卡片、录像、电视、多媒体课件。以上教学方法及手段,在教学活动过程中教师要根据教学目标与内容灵活选择与运用,方法、手段不宜过多,发挥每种方法或教学手段的优点,将教学活动达到最优化即可。

②恰当运用教学原则,突出重点、突破难点

幼儿园教育活动中运用的教学原则有保育与教育结合的原则、科学性与思想性统一原则、循序渐进原则、直观性原则、发展性原则、启发性原则、因材施教原则。教学过程中教师选择恰当的教学原则,按照幼儿身心发展的特点,将活动重点内容循序渐进展示给幼儿,经幼儿消化、吸收,形成一定的知识结构,最终突破难点。在活动过程中教师可以作为活动的参与者,与幼儿共同完成;也可以让幼儿自己设计游戏规则,在教师的引导下独立完成。

③灵活调整活动内容,调动幼儿的主动性与积极性

教师作为游戏参与者或引导者,都应该注意幼儿在活动过程中的表现,如果幼儿在活动中注意力分散或自主性、积极性降低,教师可随时灵活调整活动的内容,使游戏正常进行,保证幼儿对游戏活动的积极性与主动性。因此,本环节中考验教师的教育机制,要求教师尤其是新教师应不断学习,加强自身修养,提高个人素质,促进自身专业成长,基础知识要丰富、专业知识要扎实、教育理论知识要灵活。这是时代对教师提出的要求,也是社会对人才需要的体现。

④过渡活动要恰到好处

过渡活动的使用应该符合幼儿认知发展的特点,循序渐进、逐渐深入。具体要求是活动过渡一要自然合理,这就要求教师在把握前后活动的性质与关系的基础上,从前一个活动自然过渡到后一个活动,使前后活动之间保持一定的联系,满足幼儿思维的连续性,符合幼儿身心发展的特点;二要衔接紧凑,利用新旧知识之间的联系,在了解旧知识的基础上,使新知识纳入幼儿的认知结构中,促进幼儿的思维发展。

⑤注意个别幼儿的差异性,做到因材施教

在游戏活动中,教师尽量满足不同幼儿的需要,根据每个幼儿发展的特点及水平,发挥每个幼儿的长处,弥补其不足之处,真正做到通过游戏活动促进每个幼儿的发展。

(3)结束部分

包括教师将用什么方式结束活动,结束活动时如何总结活动开展的情况等。具体要求是教师应做到首尾呼应、结构完整,在活动结束部分不忘记简单重复活动目标与任务,在活动中做到环环相扣,达到预期目的;尽量用活动延伸引发幼儿进一步思考,培养幼儿的想象力与创造力;同时注意对活动的评价与总结,评价幼儿在活动中的表现时教师应积极宽容,激发幼儿的参与性,保证幼儿在操作练习中获得知识、巩固知识。

(六)活动延伸的设计

为了促进幼儿全面发展,教师要考虑在活动结束后,开展哪些与此相关的辅助活动,以调动幼儿的兴趣,激发幼儿的求知欲望,将幼儿已掌握的教育内容渗透到幼儿生活中的各个方面。通过幼儿园社会教育活动促进幼儿社会化,但幼儿的发展并不能通过一个活动就能完成,对幼儿能力的培养也是一个长期的过程,一个教育活动虽然结束,但是这方面的教育影响还应该继续,所以教育活动延伸是必不可少的。幼儿社会教育活动延伸的方式有多种,如游戏、表演、家园共育、区角活动、成果展示等方式。

（七）活动评价的设计

教师根据一定的标准对本次活动的目标、内容、过程及教师、幼儿等进行分析与评定，最终得出结论的过程。评价包括对活动本身的评价与对幼儿的评价。前者包括活动目标、活动内容、活动过程、活动准备、活动结果等方面；后者包括幼儿的经验水平、幼儿的情感态度、能力水平等方面。活动评价是教育活动的最后一个环节，同时也是重要的环节，是教师有效完成教学任务，提高教学质量的前提。

二、幼儿园社会教育活动的评价

幼儿园社会教育活动的评价是幼儿园教育活动的最后环节，主要有导向功能、甄别功能和教育功能。评价幼儿园社会教育活动可以从活动目标、活动内容、活动准备、活动过程、活动延伸、活动效果六个方面进行。

（一）对活动目标的评价

活动目标是开展活动的出发点，活动目标设置是否科学合理至关重要，直接影响着活动的效果及幼儿的发展状况。对活动目标可以从以下几个方面进行评价：

1. 目标明确

目标从知识、能力、情感三个维度制定，且简单明确，应明显体现出通过活动使幼儿掌握哪些知识、形成哪些方面的能力，解决什么样的问题，获得什么样的启发；在教学活动中教师要怎样协助幼儿达成目标都是一目了然；这样有了明确的活动目标后，才能制定出相应的教学活动和评价设计。

2. 难度适中

教学目标表述清晰、准确，符合幼儿发展的实际情况，内容应难度适中。杜绝在制定教学目标过程中只注重传授知识，忽略对幼儿能力的培养，应既教书又育人，既传授了知识，又发展了幼儿的注意力、思维力、想象力，培养了幼儿良好的学习习惯；防止单一传授知识，避免要求过高或过低的现象。

3. 表达清晰

教学活动目标表达越清晰，在教学活动中越容易把握，用词切莫过于概况、抽象。

4. 具有可操作性

教学目标设计的操作性越强，在教学活动中越容易实施，活动结束后越容易检测。

（二）对活动内容的评价

可以从以下几方面对教学活动内容进行评价：

1. 内容的年龄适宜性

活动内容的选择是否符合幼儿的年龄特点，因为不同年龄的幼儿有不同的发展特点与规律，同一年龄段的幼儿兴趣、爱好也不同，并且不同年龄段的幼儿获取知识的方式、方法也不同。

2. 是否最有利于幼儿的接受和发展

教师对活动内容的设计与选择是否做到尊重幼儿身心发展的特点与规律，关注个别差异；过易或过难的目标都是不适宜的目标；在幼儿现有发展情况的基础上，发掘幼儿潜力，开发幼儿智力,发展幼儿的各方面能力,促进幼儿的全面发展。

3. 内容与目标的一致性

内容与目标的一致性包含两个方面:一是所选的内容是否最大限度地包括了活动的目标,内容与目标之间是否一致将直接影响目标的实现;二是内容容量的适宜性,即活动的内容多少是否最有利于目标的实现,内容过多或过少都是不适宜的。

4. 内容的科学性

教师在活动中讲授或解释的内容是否科学、准确,传授给幼儿的知识、概念和事实是否会影响幼儿进一步的学习。

5. 内容的生活性

教师在活动中选择的内容是否适合特定的地域和文化,即活动的内容是否能反映幼儿的现实生活,是否能引发幼儿有效的学习。

6. 环境和材料的适宜性

与特定活动相对应的环境、材料是否能在质和量两个方面最大限度地支持幼儿的学习;能否满足幼儿探索、操作、交往等活动的需要。

(三)对活动准备的评价

可以从幼儿和教师两个方面进行评价:

1. 从幼儿的角度

从幼儿的角度有知识的准备,主要观察幼儿有关本次活动的经验丰富程度,是否引导幼儿提前了解有关的知识(如事先参观)、物质材料准备等。

2. 从教师的角度

从教师的角度有物质的准备(各种教具、玩具等)、环境创设的准备(座位的摆放、环境布置、情景表演、角色扮演等)、知识的准备(具有丰富的相关知识,以便随时拓展活动的主题和内容),及情绪的准备(根据活动的需要和领域的特性调整自己的情绪状态,营造积极的心态)。

(四)对活动开展过程的评价

1. 导入的合理性

导入环节是教学活动的起始环节,虽然只占用短短的几分钟,但是导入是否合理直接影响着教学效果;导入要有针对性、启迪性、形象性;是否紧密结合教学目标与内容,选择适当的导入方法;教师在导入课堂教学内容或活动内容时,是否做到灵活、正确,导入的内容是否连贯以及导入的时间是否合理,这样才能有效提高教学的实效性,改善教学效果。

2. 教师讲解的适宜性

在活动中教师讲解应符合课堂教学活动的要求,用普通话教学,语言应准确、清晰、生动、快慢适度,语气、语调高低适当,同时恰当运用肢体语言;教师的讲解要及时,且有针对性,同时还应注意讲解是否有利于促进幼儿进一步的学习与思考。

3. 教师对幼儿的关注性

在活动中教师应随时关注幼儿在活动中的表现,可以从兴趣、爱好、需要、活动的投入程度等方面观察,具体包括思维是否活跃,发言是否积极,学习是否主动,同伴之间如何配合等,有针对性地采取有效措施改善教学方法,提高教学活动的质量。

4. 活动环节设计与开展的合理性、新颖性

活动中方法运用恰当、灵活，活动组织严密、结构安排紧凑，是否有针对幼儿能力的差异分类、分层；难度递进，善于启发幼儿积极思考，使幼儿在教师引导下独立地获取知识；充分发挥每一分钟的作用，提高活动效率。

5. 活动中是否以幼儿为主体，体现幼儿的主动性

幼儿是活动的主体，在教师的主导下，激发起幼儿的兴趣，调动幼儿的积极主动性，启发幼儿动手、动脑、动口，多种感官共同参与活动；教师要面向全体幼儿，注意对不同幼儿要不同对待，使不同水平的幼儿都有自己能做的事和能思考的问题。

6. 教师总结和评价的适宜性

教师总结和评价时应紧紧围绕教学目标或活动进行，不能偏离；评价的目的在于激励幼儿学习，帮助幼儿纠正错误、树立信心，教师能否做到激励、赏识幼儿是评价的关键；教师在总结和评价时，是否具体且有针对性，同时注意艺术性、策略性；既要客观、实事求是，又要注意不能打击幼儿、挫伤幼儿的自尊心、自信心，保护幼儿学习的积极主动性。

7. 重点突出、攻克难点

教师讲解重点突出、难点分散；内容准确无误，逻辑性较强；是否做到讲有重点、练有目的；面向全体幼儿，防止面面俱到，主次不分。

（五）对活动延伸环节的评价

活动延伸的形式可以是家园共育、领域渗透、环节创设、区角活动、游戏等。活动延伸无论用哪种形式，教师注意运用时紧密结合教学活动目标、内容，力争提高幼儿的探究能力、合作能力、交往能力，培养幼儿的兴趣、求知欲望等，不要以掌握知识情况如何作为评价的唯一标准。

【幼儿园社会教育活动案例及评析】

一、小班社会教育活动：心情播报

1. 活动目标

(1)认知目标

使幼儿初步理解不同的表情代表不同的心情。

(2)能力目标

①理解他人情绪。

②发展幼儿的想象力、表达能力和认知能力。

(3)情感目标

培养幼儿健康的生活态度，互助互爱。

2. 活动准备

(1)认知经验准备

在活动开展前，将画有不同表情的卡片给幼儿欣赏，并讲解每种表情代表什么样的心情，丰富幼儿的感性经验。

(2)活动材料准备

多媒体课件、纸制电视机一台、话筒一个、头饰和动物脸谱若干。

(3)空间环境准备

活动前,桌椅摆放在活动室中间,将幼儿按照一定数量分成几个小组。

3. 活动过程

根据活动内容以及幼儿的认知水平,围绕活动目标、重点和难点,把活动过程设计为以下几个环节:观看天气预报引出心情播报、讲述画面内容、分析推理故事,表演心情播报、表现心情,做到突出重点,突破难点。

(1)观看天气预报引出心情播报(导入新课)

教师利用提问及表演方式导入活动的展开。

教师:小朋友们,看过天气预报吗?

那你们知道这些图片都代表什么样的天气吗?

大大的太阳——晴天:我们可以和小朋友们一起玩耍,我们的心情是高兴的。

厚厚的云层——阴天:我们不能出去玩也不能看电视只能在家中做作业,我们的心情是无奈。

呼啸的大风——刮风:把我们新换的发型都吹乱了,我们的心情是愤怒。

噼啪的雨水——大雨:我们会在泥泞的路上摔倒,我们的心情是悲伤。

在森林里,动物们不仅有天气预报,还有心情播报,让我们一起观看吧!

各位观众大家好!我是森林电视台的主持人太阳,欢迎收看心情播报,今天森林中大部分小动物心情晴天,只有狮子心情雨天,并伴有八级脾气,心情播报完毕,谢谢大家收看,再见!

通过吸引幼儿的注意力,激发幼儿的好奇心和学习兴趣,进而顺利地进入下一个活动环节。

(2)讲述画面内容,分析推理故事(大胆猜测、想象和表述)

这一环节是本次活动的主体,结合图片,我预设了以下几个问题:

①心情播报说狮子今天的心情怎么样呢?"雨天"是什么样的心情?

②小朋友们来猜一猜,狮子因为什么事不高兴?

③大家想了这么多原因,让我们看看,有猜对的吗?(出示狮子生病躺在床上的场景)

④原来是生病了呀,那森林里的小动物听到这一预报后会怎么做呢?

⑤我们看一看小动物是怎么样做的?(出示小动物的图片)狮子的心情会不会发生变化,为什么?

通过环环相扣,层层深入的问题,幼儿在相互讨论的过程中,不但给予幼儿高度的想象空间和发言自主权,而且克服了以往故事活动中,只求听不求解的习惯。

(3)表演心情播报(活动的巩固阶段)

心情播报节目太好了,这儿还有几位小动物的心情图,请你们来当主持人。

出示以下三幅图片和头饰(小猫高兴;小牛愤怒;小青蛙悲伤)让幼儿进行播报表演。

这是本次活动的巩固阶段,让幼儿成为活动的主体,锻炼幼儿的自我展现能力。

4. 活动延伸画心情

在幼儿已经了解各种心情及表现方式后,教师在黑板上制作一个心情栏,让幼儿画出自己的心情,既锻炼了自己的动手能力,也让小伙伴们知道哪些心情不好的小朋友需要帮助,大家互相关爱。

5. 活动评价

本活动主题密切联系幼儿发展需要,依据幼儿的学习特点进行合理设计,使幼儿在活泼、主动学习中获得完整的经验,促进身心和谐全面发展,做到了知识、能力和思想性的高度融合;活动准备充分,活动过程结构紧凑,层层递进,最后在画心情的环节中,幼儿通过画出自己的心情,锻炼幼儿的动手能力,丰富幼儿的情感经验,懂得了同伴之间应该相互关心、相互帮助;丰富的卡片教学,极大满足了幼儿的兴趣,能够调动幼儿参与活动的积极性。

二、中班社会教育活动:学会分享快乐多

1. 活动目标

(1)知识目标

让幼儿懂得什么是分享,为什么要分享,怎样与同伴分享。

(2)能力目标

注意培养幼儿与人分享的能力,知道分享能结识更多的朋友。

(3)情感目标

培养幼儿懂得分享使人快乐,并愿意将自己的玩具和零食与同伴一起分享。

2. 活动准备

(1)认知经验准备

在活动开展前,让幼儿阅读《小猴子的生日晚会》故事,并了解分享使人快乐,可以结识很多小朋友。

(2)活动材料准备

PPT课件、背景音乐、头饰、糖果、动物卡片、图书、玩具若干等。

(3)空间环境准备

活动前,桌椅摆放在活动室中间,将幼儿按照一定数量分成几个小组。

3. 活动过程

(1)导入部分

听故事提问导入:小猴子过生日发生了什么事情?请听故事《小猴子的生日晚会》。

(2)基本部分

①情境导入——听故事

教师提问:小动物们为什么都走了?

教师总结:小猴子生日,小动物都来为小猴子庆祝生日,可是小猴却说生日蛋糕是妈妈买给他的,他才不愿意和大家一起来吃,大家都失望的回家了。

②提问导入——看动画

教师:“小朋友,你们愿意把自己的东西分给别人吃吗?”

③启发思考

认真看动画,教师启发思考幼儿,提出以下问题:

故事告诉我们什么是分享?你学会分享了吗?小朋友,我们以后应该怎样与好朋友一起分享?

④幼儿带着疑问,再次观看动画

老师根据班级幼儿共性特征及个体差异,对动画进行暂停或播放,结合剧情,在幼儿已有经验上进行选择性互动提问教学。

教师总结:故事看完了,小朋友们看懂了吗?故事告诉我们什么?分享就是将好吃的跟大家一起吃,好玩的玩具跟大家一起玩,同样别人也会将好吃的和好玩的跟你一起分享,这样你会得到更多的玩具,也会有更多的小朋友和你做好朋友的。

⑤图谱演示

教师出示两张图片并讲述图片上的故事,让幼儿判断对错并说明原因。

教师看图总结,小朋友分享使件快乐的事,我们除了要跟好朋友之间分享玩具外,还要跟爸爸妈妈分享幼儿园快乐!

(3)结束部分——游戏互动

游戏名称:《我会分享》。

游戏准备:图书、零食、玩具若干等。

游戏玩法:将幼儿平均分成几组,进行分组游戏,教师给每一组分发一件物品,并鼓励幼儿学会分享。

4. 活动延伸

(1)带领幼儿唱读《弟子规》经典名句:"己有能,勿自私。人所能,勿轻訾。"

(2)日常生活中鼓励幼儿多与同伴分享自己的东西。

(3)和家长联系,习惯养成后延续至家庭中落实。

5. 活动评价

整个活动设计,形式多样,生动有趣,教师通过讲故事、听故事、看图片,组织幼儿回答问题、做游戏,这样动静交替,层层递进;从整个活动的设计来看结构紧凑,科学合理,符合幼儿身心发展的特点与规律;让幼儿在学中玩,玩中学,在活动中幼儿的兴趣浓、参与的积极性较高;听故事导入活动,能够激发幼儿的兴趣与好奇心;让幼儿通过做游戏,亲身感受并理解分享使人快乐,既获得了一定的社会经验,又领悟了分享的意义,能够轻松掌握与人分享使人快乐,会结识更多朋友的道理。

三、大班社会教育活动:守护天使,守护明天

1. 活动目标

(1)知识目标

通过表演绘本故事中四个典型的诱拐情景,使幼儿熟知常见拐骗现象与伎俩,学习防拐骗的一般方法。

(2)能力目标

让幼儿根据所学知识,通过表演、竞赛小游戏等形式,提高辨别拐骗行为的能力和自我保护能力。

(3)情感目标

在轻松愉快的活动组织中,倡导幼儿勤于思考,积极学习本领,快乐成长。

2. 活动准备

(1)认知经验准备

在本次活动开展之前,使幼儿熟悉绘本《怪叔叔》的内容,充分了解故事中四个拐骗情节。

(2)活动材料准备

PPT课件、背景音乐、头饰、糖果、动物卡片、魔法袋、自制奖牌、《星际小蚂蚁》防拐骗动

画视频等。

(3)空间环境准备

场地为半圆形座位安排,既有利于体现了幼儿主体性,又兼顾到活动本身的特点和需求。

3. 活动过程

(1)导入部分——声音导入,设疑提趣

以轻快音乐热身操开始。用提问的方法引起幼儿思考和好奇心。

“听!是谁来了?原来是一位‘怪叔叔’!为什么叫他‘怪叔叔’?他来干什么?”

(2)基本部分——角色表演,竞赛巩固

①用启发式提问法使幼儿回忆起已读绘本内容中四个具体的怪叔叔实施拐骗的情景。在PPT上展出四个情景图片,作为幼儿角色扮演的依据,通过击鼓传花选取四组小朋友,请他们带上老师准备的头饰、糖果等道具,先后为大家表演绘本《怪叔叔》四个情景内容,老师和小朋友们一起评出“最佳明星小组”,使参加表演的儿童和观看表演的儿童加深对生活中常见拐骗现象、一般应对方法的认知与体验。

②角色扮演后,通过PPT课件进一步展示生活中不同人物在不同环境中发生的拐骗行为,帮助幼儿总结出常见的诱拐手段,和幼儿一起讨论应对方法。同时使幼儿了解到,绘本中“坏叔叔”这个固定的人物形象,在生活中可能是“怪阿姨”“怪婆婆”等,以点带面了解形色各异的拐骗人。通过角色扮演和PPT课件总结,使幼儿进一步掌握常见拐骗现象与伎俩,学习防拐骗的一般方法。

③借魔法袋为道具,调动孩子的好奇心,抽取小选手参加自我防拐骗小竞赛活动。教师准备同等数量和形状的动物卡片两份,一份装入“魔法袋”中,一份分发给幼儿。老师从魔法袋中的抽出卡片,有相同动物卡片的幼儿将有机会参加防拐骗自我保护知识小竞赛。教师通过PPT展示拐骗的情境,询问被抽中的小选手该如何应对,回答正确的小朋友将获得自我防护小卫士奖章一枚!本游戏活动借魔法袋抽选手紧紧吸引幼儿注意力,趣味小竞赛符合大班幼儿喜欢挑战性活动的特点,在积极踊跃的课堂氛围中加强幼儿自我防拐骗能力。

(3)结束部分——防拐儿歌,安全牢记

在经过紧张的小竞赛后,教师引领幼儿吟唱防拐骗儿歌。

“陌生人,我不理,陌生地,我不去。

人给食,要婉拒,安全歌,请牢记。”

在轻松简单的律动中使幼儿的心情也慢慢舒缓,愉快的、平和的接近本次活动的尾声。

4. 活动延伸——观看动画,家园共育

建议幼儿回家后和爸爸妈妈一起观看《星际小蚂蚁》防拐骗动画视频。以这种方式使课堂安全教育走入家庭,形成教育合力,更好的守护我们的天使,我们的明天!

5. 活动评价

在活动中以《纲要》内容“一切以幼儿为本,发挥幼儿的主体地位”为指导。整个活动设计,形式多样,生动有趣,张弛有度,不仅使幼儿社会领域教育内容与儿童健康、语言、艺术内容合理融合,同时注重课堂教育向家庭教育的延伸,对促进幼儿形成强烈的防拐骗自我保护意识和增强防拐骗能力具有重要意义。本活动的设计不仅有利于幼儿的身心发展,也具有重要的社会意义,守护我们的天使,迎接美好的明天。

【思考与练习题】

1. 名词解释
(1)榜样。
(2)陶冶。
(3)说服。
2. 简答题
(1)幼儿社会教育的内容有哪些?
(2)幼儿社会教育的途径与方法有哪些?
(3)设计幼儿社会教育活动应该注意什么?
(4)角色扮演法的要求是什么?
3. 设计题
(1)以“要遵守规则”为主题,设计一个幼儿社会教育的活动方案。
(2)以“城市里的标志”为主题,设计一个幼儿社会教育的活动过程的方案。

第六章　幼儿园科学领域教育活动的设计与实施

【学习目标】

一、知识目标

1. 掌握幼儿科学教育的含义、价值以及幼儿学习科学的特点；
2. 知道幼儿科学教育的目标、内容及设计原则；
3. 了解各幼儿科学教育活动的设计思路及指导要点。

二、能力目标

1. 学习设计幼儿各科学教育活动；
2. 学习幼儿各科学教育活动的组织与指导策略。

三、情感目标

积极思考和探索幼儿科学教育的设计与实施。

【知识重点、难点】

一、知识重点

结合实践掌握常见的科学活动的设计和指导方法。

二、知识难点

学习根据幼儿年龄特征设计科学活动适合的目标、内容和方法。

幼儿科学教育是幼儿学习与发展领域之一，在 2001 年由教育部颁布的《幼儿园教育指导纲要（试行）》中将科学领域分为“科学”“数学”两个子领域，本章主要介绍科学领域教育活动的设计与实施，分别进行了幼儿科学教育的概述，幼儿园科学教育活动的目标、内容、途径，以及各科学教育活动（观察类活动、实验类活动、技术操作类活动、交流讨论类活动）的设计与实施。本章力争理论与实践相结合，通过列举一些案例对各活动的设计与实施进行补充说明，以便于理解和借鉴。

第一节 幼儿科学教育的概述

一、幼儿科学教育的含义

幼儿科学教育从狭义来说，是指在教师的指导下，幼儿通过主动的感知、观察、操作、去发现问题并寻找答案等一系列的探索教育活动。从广义来说，泛指使幼儿获得一切与其周围客观世界有关的感性认识的过程

幼儿科学教育属于科学启蒙教育，它位于整个科学教育体系的起始阶段，与自然科学和学校的自然学科的学习有着一定的联系。同时，幼儿科学教育与幼儿园其他活动也有着密切的联系，为幼儿整体的协调发展奠定良好的基础。

二、幼儿科学教育的价值

（一）社会发展的价值

从社会角度来讲，幼儿科学教育是当前社会发展的需要。随着科学技术迅猛的发展，科学技术已经成为各国综合实力的衡量标准，随着人类文明发展的需要，科学技术也逐渐渗透到各行各业和人们的日常生活当中，并影响社会文明的进步。幼儿科学教育是人科学素养的启蒙教育，儿童天生对世界充满探索的欲望，而幼儿科学教育为儿童打开一扇科学的大门，对于幼儿认识世界、探索世界有重要作用，而人是推动社会文明进步的核心力量，为此，幼儿时期的启蒙科学教育对于社会发展具有重要价值。

（二）个体发展的价值

从个体发展教育来讲，幼儿科学教育有助于人身心和谐、完整的建构。幼儿科学教育的核心价值就是促进人的发展，旨在让幼儿探索周围的世界，从而认识自然、改造自然，在自身与客观世界的互动中逐渐构建和谐、完整的自我。幼儿处于性格发展的关键期，科学教育有助于其个性发展，幼儿在科学探索中发现问题、思考问题同时需要一定的意志努力解决问题，促进了幼儿意志品质的良好发展，与此同时幼儿对环境的认识和情感体验是形成道德观念的情感基础，科学教育能够让幼儿切身体会到与周围客观世界的情感互动，助于其情感道德观念的形成。

（三）幼儿园活动的价值

从幼儿园活动的展开来讲，幼儿科学教育有助于幼儿园各项活动协调幼儿的整个发展。《纲要》强调构建人的完整发展，科学活动作为幼儿园课程中的重要组成部分，以“探索和解决问题”为核心，幼儿通过自己的操作和经验认识世界。科学技术与逻辑思维是其他活动的基础，良好的情感态度与道德品质是生活活动的支撑，这与幼儿园中其他领域活动和生活活动共同构建了幼儿身心的完整发展，有利于幼儿的后继学习和终身发展。

三、幼儿学习科学的特点

（一）小班幼儿学习科学的特点

小班幼儿一般是指3—4周岁的学龄前儿童。他们在心理发展上正处于直觉行动思维向形象思维过渡阶段，在进行科学学习中一般呈现以下特点：

1. 对客观事物的认识混沌、不分化

3—4周岁的幼儿刚进入幼儿园，对周围环境的认识还不够丰富，常出现"指鹿为马"的现象，例如，刚知道松树，将所有的树都叫作松树，把所有条状物体都称为木棍等，因此小班幼儿学习科学的过程中，常问"是什么""为什么"。

2. 简单的模仿多于有意的行动表现

3—4周岁的幼儿并不善于结合自己的认识经验进行表达，他们的外在的表达方式多是对他人的模仿，比如有人用手拍水，他也去拍水，有人说什么他也说什么，可以看出此年龄阶段的幼儿在科学操作技能方面主要依靠模仿。

3. 认识以自我为中心，具有万灵化

3—4周岁的幼儿心理发展的特点是以自我为中心，同时觉得世界万物都具有灵性，即有生命力，比如他们会给自己的小汽车起名字，常将动物的四肢称为手脚，因此根据这一特点教师应该允许注意使用儿童用语，适应幼儿需要。

（二）中班幼儿学习科学的特点

中班一般是指4—5周岁的学龄前儿童，他们以具体形象思维为主，由于已经具有一定的认知基础和生活经验，因此在进行科学学习中主要呈现以下特点：

1. 好奇心强，好问、好学

中班幼儿最大的特点就是具有强烈的好奇心、好学好问，常会问"为什么"，比如"小狗为什么有四条腿，人只有两条腿？"，常对新出现的事物保有强烈的探索欲望，比如教室里新安装空调，幼儿常会去看，会问"为什么它喘的气是凉的"，等等。

2. 初步理解科学现象依靠事物表面的因果关系

4—5周岁的幼儿常受到事物外在特征的影响，而忽略事物本质特征的影响，比如"冰融化了，是因为风刮的""钟表会叫，它是活的。"同时他们主要依靠事物的表面特征去判断简单的因果关系，比如"鸭子有翅膀，所以能飞""天气变冷了，所以冬天到了"，等等。

（三）大班幼儿学习科学的特点

大班一般是指5—6周岁的学龄前儿童，他们抽象逻辑思维开始萌芽，与中班幼儿相比，他们对世界的探索欲望更加强烈，因此，对于科学的学习具有以下特点：

1. 求知欲强

5—6周岁幼儿已经具有丰富的生活经验，他们对周围世界抱有强烈的求知欲望，他们对事物的探索不仅局限于"是什么""为什么"，还对事物是怎么来的，现象发生的原理充满兴趣。

2. 初步理解事物的内在因果关系

到了大班，幼儿已经能够初步理解事物隐含的、内在的因果关系，比如解释太阳出来冰雪融化时会说"太阳出来天气变热了,雪就化了。"能逐渐意识到"融化"是由于太阳散发出来的"热"的逻辑关系,这种内在因果关系建立在幼儿一定的认知经验基础之上。

第二节 幼儿园科学教育活动的目标

一、幼儿园科学教育活动的总体目标

2001年由教育部颁布的《幼儿园教育指导纲要(试行)》中将幼儿园课程分为五大领域,即"健康""语言""社会""科学""艺术",其中科学领域的总体目标为:

(1)对周围的事物、现象感兴趣,有好奇心和求知欲;

(2)能运用各种感官,动手动脑,探索问题;

(3)能用适当的方式表达、交流探索的过程和结果;

(4)爱护动植物,关心周围环境,亲近大自然,珍惜自然资源,有初步的环保意识。

在《指南》中将幼儿科学探索的目标概括为三个维度,即情感态度、方法能力和知识经验。三个目标相辅相成,共同指向着幼儿园科学教育以"探索过程"为主的教育任务,充分发挥幼儿的自主性去感知、探索和学习客观世界的人、事、物。

二、幼儿园科学教育活动各年龄目标

2012年10月由国家教育部颁布的《3—6周岁儿童学习与发展指南》,将科学分为"科学探究""数学认知"两个子领域,并且对幼儿园科学领域课程提出了具体的教育目标,使我们能更准确地把握各年龄班进行科学教育活动的要点,主要包括以下三个方面的目标:

(1)目标一:亲近自然,喜欢探究;

(2)目标二:具有初步的探究能力;

(3)目标三:在探究中认识周围事物和现象。

由于幼儿在科学教育中表现出明显的年龄特征,因此在幼儿园小、中、大各年龄班中的以上三个目标中又有不同的表现,表6-1为《指南》中所阐释的具体目标。

表6-1 3—6周岁儿童学习与发展指南中科学领域各年龄教育目标

各年龄班目标	目标1: 亲近自然,喜欢探究	目标2: 具有初步探究能力	目标3: 在探究中认识周围事物和现象
小班	1.喜欢接触大自然,并对周围的事物和现象感兴趣。 2.经常提问或好奇地摆弄物品	1.喜欢接触新事物,经常问一些与新事物有关的问题。 2.常常动手、动脑探索物体和材料,并乐在其中	1.对感兴趣的问题总是刨根问底。 2.能经常动手、动脑寻找问题答案。 3.探索有所发现时感到兴奋、满足

表 6-1(续)

各年龄班目标	目标 1： 亲近自然，喜欢探究	目标 2： 具有初步探究能力	目标 3： 在探究中认识周围事物和现象
中班	1. 对感兴趣的事物能仔细观察，发现其明显特征。 2. 能用多种感官或动作去探索物体，关注动作所产生的结果	1. 能对事物或现象进行观察比较，发现其相同与不同。 2. 能根据观察结果提出问题，并大胆猜测答案。 3. 能通过简单的调查收集信息。 4. 能用图画或其他符号进行记录	1. 能通过观察、比较，发现并描述不同种类物体的特征或某个事物前后的变化。 2. 能用一定方法验证自己的猜测。在成人的帮助下能制订简单的调查计划并执行。 3. 能用数字、图画、图标或其他符号记录。 4. 探索中能与他人合作与交流
大班	1. 认识常见的动植物，能注意并发现周围的动植物是多种多样的。 2. 能感知和发现物体和材料的软硬、光滑和粗糙等特性。 3. 能感知和体验天气对自己生活和活动的影响。 4. 初步了解和体会动植物和人们生活的关系	1. 能感知和发现动植物的生长变化及其基本条件。 2. 能感知和发现常见材料的溶解、传热等性质或用途。 3. 能感知和发现简单物理现象，如物体形态或位置变化等。 4. 能感知和发现不同季节的特点，体验季节对动植物和人的影响。 5. 初步感知常用科技产品与自己生活的关系，知道科技产品利弊	1. 能察觉到动植物的外形特征、习性与生存环境的适应关系。 2. 能发现常见物体的结构与功能之间的关系。 3. 能探索并发现常见的物理现象产生的条件或影响因素。 4. 感知并了解季节变化的周期性，知道变化的顺序。 5. 初步了解人们的生活与自然环境的密切关系，知道尊重和珍惜生命，保护环境

幼儿科学领域的教育旨去让幼儿学习如何通过探索的方式解决实际问题，并逐渐发现和理解事物间的内在联系，为此，我们需要做的就是保护幼儿的好奇心，并且充分利用周围环境为幼儿创设充足的探索时空条件，轻结果、重过程，力争通过动手操作、亲身体验、互动讨论初步形成科学意识。

三、幼儿园数学教育活动目标的制定

（一）科学情感、态度目标的制定

科学教育的目的不仅是让幼儿学会科学知识，更重要的是让幼儿在探索科学的过程中构建其整个身心和谐发展。可以说，科学情感、态度的培养是幼儿科学教育的核心内容，从心理发展角度来讲，情感、态度更加强调内在体验，在科学教育方面主要体现在好奇、好问、合作探索、耐心、细心、信心、意志力等方面。为此，在进行幼儿科学教育时，我们首先要关注幼儿内在情感态度，真正落实“以幼儿为中心”的教育宗旨。

(二)科学方法目标的制定

所谓科学方法在幼儿园科学教育中一般指幼儿和教师在科学探索活动中为了解决问题、探寻答案而进行的一系列实证方法。科学活动作为以幼儿自主探索为核心的活动,强调了幼儿在这个过程中如何去解决问题获取答案,一般方法主要有观察、讨论、记录、操作等,同时强调幼儿能力的发展,比如观察力、思维力、创造力、实操能力以及逻辑推理能力等。在关于方法或技能目标设计方面,教师应该准确把握某一科学教育内容中幼儿获得的核心经验,以此为出发点,提出相应的方法或技能目标。

(三)科学知识目标的制定

科学知识是幼儿在科学活动中所获得的有关事实信息或理论信息等。科学知识的获得能够帮助幼儿完善知识结构,为进一步的探索活动打下基础,因此在幼儿科学活动中相应的知识目标是必需的,教师在制定知识目标时应该结合具体的教学内容、幼儿年龄特征、时空条件等,最终使幼儿获得初步的科学知识,去帮助他们认识世界、了解世界,这里我们可以结合《指南》中阐述的各年龄段目标内容。

以上我们以三维目标为例,分别阐述了在知识、方法或技能、情感这三方面如何去把握幼儿科学活动目标的设计。目标的设计能够使我们更清楚"我这次活动的任务是什么?""为了实现这样的目标我需要准备哪些内容?通过什么途径去实现?""这次活动对于幼儿的发展有哪些意义?"等等,而幼儿科学活动目标的设计能够使整个活动具有一定的方向性,使教师能够细化科学教学内容,为进一步的准备和实施提供依据。

第三节 幼儿园科学教育活动的内容

一、幼儿园科学教育活动的主要内容

在幼儿园科学教育活动的设计中我们需要了解哪些具体内容属于科学活动,根据《纲要》中"从身边取材"的宗旨和《指南》的具体指导要求,将幼儿园科学教育活动内容范围规定为以下几个方面。

(一)植物

1. 认识植物的结构及其特点

认识植物的根、茎、叶、花、果实、种子;初步了解各部分的功能和植物的繁衍方式;

认识并能说出常见的花卉、蔬菜及树木名称;知道植物使多种多样的;

初步了解植物的生长条件和环境,如,阳光、土壤、水分、温度等。

2. 学习如何观察和种植植物

观察植物的生长过程;了解植物的生长规律和季节性变化;

初步学习如何种植植物,为植物除草、浇水等。

3. 了解植物与人和自然环境的关系

了解植物与人的关系,为人类和自然带来的贡献;

知道保护植物的方法和途径。

(二)动物

1. 认识动物的种类和特性

知道动物有家禽、野兽、昆虫、鸟、鱼等许多种类,知道他们区别于其他动物的主要特点,以及各自的生活习性、繁衍方式、食性和外部特征;

了解动物适应环境的特性,如,身体结构与所处环境的关系、行为方式与所处环境的关系,以及为适应环境发生的身体结构上的演进。

2. 初步学会饲养小动物

初步了解如何饲养小动物,如喂食、喂水等;

关爱小动物。

3. 了解动物与人、自然的关系

了解动物和人类、动物和动物的密切关系;

懂得动物与人类是共同组建自然的生命体,知道与动物做朋友、保护动物。

(三)物质材料

1. 认识各种材料的特征

知道自然界存在许多无生命的物质,如金属物体、沙石、泥土、空气、水、木、纸等,并知道这些物质的基本属性,比如固态物质的颜色、硬度、质地、光滑度、溶解性等;

知道水是无色、无味的,透明的、流动的,具有浮力和溶解性,了解气态、液态、固态的变化条件和关系等;

知道空气是看不见的、摸不着的、流动的,是人类和动植物赖以生存的物质。

2. 了解材料与人类、动植物的关系

知道周围的环境是由这些材料共同建成的,发现身边的物质世界;

知道许多材料如水和空气是人与动植物生存的必要条件,学习珍惜和爱护这些材料。

(四)自然现象和变化

1. 气候现象和变化

了解各气候现象,比如风、雪、雨、雷、冰、霜、雾、闪电、冰雹、彩虹等;

观察和记录不同天气,如晴天、多云、阴雨等,能感受各气候的变化,如微风、飓风、大雨、小雨等;

了解气候对人类、动植物的生活和生长的重要作用。

2. 季节现象和变化

知道四季的名称、顺序,能够通过外在变化,如环境、温度、人和动植物判断季节的改变;

能够适应季节的变化,知道保护身体。

3. 物理现象和变化

知道自然界中常见的物理现象,如光、声、热、电、力、磁等。

(1)光

认识各种发光物体,如太阳、闪电、电灯、特殊物体等;理解光与影、光与颜色的关系;学会玩光学仪器（三棱镜、凹凸镜、平镜等）、光学玩具（万花筒、望远镜）；探索光的反射、折射等现象。

（2）声

感受生活中不同的声音，辨别声音的来源和特点；探寻声音的产生；区分噪音和乐音并知道其对人的影响。

（3）热

感受物体的温度（冷、热），了解温度的传递现象；学会使用温度计；知道天气的冷热变化，如夏天变热，冬季变冷，学习夏季如何散热，冬季如何保暖等。

（4）电

感知常见的电，包括静电、电线输的电、电池的电等；知道生活中电的来源（发电厂）；探寻摩擦静电现象；了解干电池的用途并知道废旧电池具有毒性不能随意丢弃；安全用电，保护自己。

（5）力

知道生活中存在着力，如吸引力、浮力、推力、重力、风力、电力等；感受力的大小、方向和力与运动的关系；探寻平衡力；知道节省力的方法，如机械、杠杆、滑轮等。

（6）磁

发现生活中常见的磁（如磁铁、指南针等），探索生活中磁的应用；知道磁铁之间的相互作用，如异性相吸、同性相斥；学会玩指南针。

5. 化学现象和变化

了解周围世界和日常生活中简单的化学现象，如小苏打发酵做馒头，醋使骨头变软，苹果、梨削完搁置一会儿会变黄，气球内放置醋和小苏打会膨胀等。

6. 天文现象和变化

知道宇宙的存在，了解我们生活的地球仅是其中一个天体，还有如太阳、星星、月亮等天体，而且它们距离地球很远。

知道太阳是一颗恒星，是一个燃烧的火球，它为地球的万物生存生长提供源源不断的光源和热源，是人类、动植物赖以生存的重要天体。

知道月亮是地球的卫星，自身不能发光、发热，借助太阳光的照射使我们能够看到；初步了解月相的变化规律和原因，学会观察和记录月相。

（五）常见的生活科技产品

1. 感知生活中常见的科技产品

知道生活中有常见的科技产品，包括家用电器（电视、微波炉、洗衣机等）、通信工具（电脑、手机等）、交通工具（汽车、飞机、轮船、自行车等）和一些科技玩具，如电动玩具、仿真模型、拆装工具等。

2. 初步学习使用简单的工具

学会使用生活一些简单的工具，如儿童专用的剪刀、锤子和小刀等。

3. 知道科技产品和工具为生活带来的影响

知道先进的科技产品和工具为我们使我们的生活更便捷，与此同时也会产生一些不良影响，比如汽车尾气造成空气污染等。

（六）生态环境和保护

知道人类、动植物是生态环境的一部分，并且彼此之间有相互依存相互影响。

懂得生态环境对生物的生长和发展的重要作用；知道通常的环境污染，如水污染、大气污染、噪声污染等，并且知道这些污染对生物的危害。

知道从身边做起，养成良好的行为习惯，保护环境。

在这个变化万端的大千世界里，儿童以他们自己的方式发现、探索并思考着这个世界，科学并不远，它就在孩子们身边，为幼儿提供丰富多彩的科学内容，有益于他们真正了解科学、热爱科学。

二、幼儿园科学教育活动的选择原则

由于受到幼儿自身特点和幼儿园自身条件的影响，幼儿园科学活动内容的选择需要把握一定的原则。

（一）科学性和启蒙性

幼儿科学教育活动的内容必须符合一定的科学原理或规律，能够反映真实的客观世界且不违背常理。同时要具有启蒙特点，即交给幼儿浅显的、常见的自然或生活内容，并将科学性和启蒙性相结合，保证使幼儿获得初步的科学认识。

（二）整体性和系统性

整体性和系统性的要求指科学内容不应使幼儿的整个教育内容割裂，而应该以浸润的方式渗透在幼儿的整个教育活动当中，同时把握内容的阶段性和广泛性，先易后难、由简入繁，内容均衡、丰富，促进幼儿获得完善的科学体验。

（三）生成性和预成性

生成性和预成性指科学教育的内容应该是发展的、延续的，并且为幼儿的进一步探索或发展提供一定的帮助，幼儿能够在这一科学内容中不断地发现问题，始终保有探索的欲望，这一内容选择的原则要求教师要更加全面地了解幼儿的生活以及他们的学习特点。

（四）本土性和生活性

本土性和生活性的教育指导要求强调能够充分利用周围的环境，从身边取材，以本土特色和幼儿熟悉的生活环境为内容，选取幼儿感兴趣的且耳熟能详的科学内容，把握可利用的时空条件，选取具有本地、本园或者一定的特色内容，从而实现科学活动来源于生活、发展于生活、结束于生活的指导原则。

第四节 幼儿园科学教育活动的途径

一、专门的科学活动

专门的科学活动是指由教师有计划、有目的的根据幼儿自身的特点，为完成一定的教学目标，选择适合的内容而进行的一系列教学活动。在这种专门的科学教学活动中，教师一般都为幼儿准备丰富的素材，供幼儿进行观察、操作、实验、探索，这些材料可以是专门的实验材料（由工厂生产的专门为幼儿进行科学实验的素材），比如试管、滑轮、模型板等，幼儿可以直接通过拼装进行操作，也可以是生活物品，比如小苏打、废旧报纸、纸杯等。这种科学活动具有一定的目的性，是幼儿获得初步的科学认知、学习正确的科学知识的主要途径。

二、区角中的科学活动

生活中的科学活动科学区是幼儿感兴趣的区域活动之一，科学区的设置主要包括两部分内容，自然角和科学操作区，自然角是供幼儿饲养、养殖、收集、陈列等活动的区域，科学操作区是幼儿利用材料（纸杯、玻璃球、剪刀、毛线、磁铁、糖、盐、白醋等）进行操作的区域。教师可以用阶梯式的架子放置活动材料，方便幼儿观察、比较、操作、摆放，同时应将种植区和饲养区单独划分开来，教师可以充分利用本地资源，进行科学的划分。在科学区里幼儿能够自由地发现、摆弄、实验，真正实现科学活动“自主探索”的教育宗旨。

三、生活活动中的科学活动

幼儿园一日活动的各环节（比如，如厕、盥洗、进餐、饮水、午睡等）都蕴含着丰富的科学活动方式，这是发现科学现象和变化的重要契机。比如，洗手时感受水的流动，进餐时品尝各种蔬菜、水果的味道，睡前故事中的趣味科学或者科学小常识，等等，这都需要教师具备敏锐的眼睛和智慧去发掘和利用。同时教师还应引导幼儿结合日常生活经验发现一些有趣的科学现象，比如银首饰放置时间长了会变黑，鸡蛋壳放在醋里会变软，从冰箱里拿出的可乐外壁有小水珠，雨后或喷水时会出现彩虹，车子停下身体会向前倾，等等。科学来源于生活，因此生活是幼儿科学探索的重要途径。

四、其他活动中的科学活动

除了专门的、区角中的、生活中的科学活动以外，科学的学习还蕴含在其他活动当中，比如户外活动、美术活动、游戏活动等，幼儿在进行户外活动时常能接触到一些器械、小动植物，感受天气的变化，在与大自然的亲近中探索科学的奥秘；同时在美术活动中幼儿观察物体的主要特征、颜色的变化以及创造性的表现他们对周围事物的理解，这其中都不可避免的应用到科学知识；游戏能够灵活地让幼儿体察科学的趣味性，让幼儿通过切身体验理解科学的内在含义和乐趣。

第五节　幼儿园各科学教育活动的设计与实施

一、观察类活动

(一)观察类活动的含义

观察在幼儿园科学教育活动中主要是指教师有目的、有计划的,根据幼儿的身心发展特点,通过多种感官的参与,认识客观事物、客观现象,以及发现事物间联系的一种方法。它是幼儿发现世界、认识世界的主要方式。

(二)观察类活动的分类

幼儿进行观察类活动的类型主要有以下几种:

1. 对个别物体的观察

对个别物体的观察是指对某一单个事物(一类事物)或现象进行观察。幼儿通过观察了解某一事物或现象的具体特征或变化规律,如物体的生长、颜色、形态、质地等,某一现象的发生机制、过程、声音等,个别物体观察是观察的基础,在各年龄班均适用。

2. 长期性观察

长期性观察是指对某一事物或现象进行的时间较长的、系统的观察。幼儿在这个过程中能够获得一个较为系统的事物变化和发展体系,比如观察种子的生长过程,观察从发芽→生长→开花→结果的整个生长过程。这是一个时间跨度较大、需要考虑到许多外部因素的影响,因此需要幼儿具有一定的意志力和生活经验,从中班开始训练最佳。

3. 比较性观察

比较性观察是指通过两种或两种以上事物的对比,寻找各事物的异同点,经过分析、判断和思考而获得对事物的认识。此方法能够帮助幼儿迅速把握事物的特点,比如苹果和梨、象棋和围棋、吉他和小提琴等。比较性观察需要较为复杂的认知活动,因此考虑到幼儿的年龄特点,在小班后期或中班、大班更为适合,教师在开展时必须结合幼儿的认识经验和能力,逐渐增加比较难度。

4. 间接性观察

间接性观察是指间隔一段时间对某一事物或现象进行的观察。这种观察强调认知图示的逐渐建构,即每次观察建立在上一次观察的基础之上进行,比如观察西瓜,第一次先认识西瓜外部的、明显的特征(形状、颜色等),第二次在此认知经验基础上,再品尝西瓜的味道,第三次认识西瓜的生长方式和习性。间接性观察在小、中、大班均适用,但在大班应用最多。

(三)观察类活动的设计

1. 观察类活动目标的设计

观察类活动旨在让幼儿通过感官来认识事物,依据上述《纲要》中对科学领域总体目标的建议,观察类活动目标应该以“幼儿主动参与”为核心,根据幼儿的年龄特点列举此类活动的参考目标如表 6－2～表 6－4 所示。

表 6－2　3—4 周岁年龄班观察类活动目标

3—4 周岁	观察类活动目标
	能运用视、听、嗅、味、触等多种感官感知事物的显著特征
	尝试通过语言表述自己在观察中遇到的问题和变化
	感受观察的乐趣，能积极参与到讨论和观察活动

(1)目标案例 1：有趣的水

①能够用看、摸、尝等方式感知水的特点；

②能说一说自己发现的水有哪些特质；

③喜欢玩水，始终保有愉快的心情参与到活动中。

表 6－3　4－5 周岁年龄班观察类活动目标

4—5 周岁	观察类活动目标
	能够运用比较的方式的观察事物的特征
	能够运用完整的语言与同伴交流观察中的发现
	能够利用数字、图画、文字等多种方式记录观察的结果

(2)目标案例 2：比较自行车和汽车

①能比较自行车和汽车的相同和不同；

②能运用完整的语言与同伴进行讲述、讨论在观察中的发现；

③能够画一画你喜欢的自行车和小汽车。

表 6－4　5－6 周岁年龄班观察类活动目标

5—6 周岁	观察类活动目标
	能够对事物进行长期系统的观察；
	能够有顺序地进行观察事物的基本特征；
	能够探寻观察对象的变化规律。

(3)目标案例 3：观察蝌蚪

①能够坚持对蝌蚪的变化进行观察；

②能够说出并记录蝌蚪的各个时期的特征；

③能够初步探索从蝌蚪到青蛙的变化规律。

2. 观察类活动内容的选择

有效的观察内容能够激发幼儿活动的兴趣，以幼儿为中心，教师在选择观察内容时必须考虑到的因素包括年龄特征、生活经验、活动趣味性以及对幼儿发展的意义等方面。

根据《纲要》的指导要求,内容应该贴近幼儿生活,如小班“有趣的水”、中班“彩虹真漂亮”、大班“鱼”,等等。

3. 观察类活动过程的设计

一般来说,教学过程主要分为导入、主体、结束、延伸这四个部分。下面根据这四个部分阐明观察类活动的要点和设计思路。

(1)导入部分

导入部分首先通过各种方式激发幼儿观察的兴趣,可以进行与观察内容有关的猜谜、童谣、视频或歌唱活动等,然后交代清楚我们在这一活动中要完成的任务,比如观察西瓜和南瓜的相同和不同等。

(2)主体部分

主体部分的设计因观察类型而异。设计思路参考如下:

①个别事物观察活动的设计思路:教师展示事物(观察对象)——幼儿进行观察——师幼互动、交流讨论——进一步观察——幼儿表达、展示、记录。

②长期性观察活动的设计思路:教师设计观察时间和方式——引入对象或问题——师幼共同参与观察与讨论——引导幼儿进行记录——按一定时间进行观察并记录——讨论结果。

③比较性观察活动的设计思路:教师分别展示要比较的事物(观察对象)——提出问题——幼儿进行自由观察——师幼互动、交流讨论——得出结论——幼儿表达、巩固结果。

④间接性观察活动的设计思路:间接性观察是对个别事物观察活动重复性观察,力求通过间隔性的多次观察逐渐加强幼儿对这一事物的认识,其中每次观察都为下一次观察做准备。

(3)结束部分

结束部分一般情况是教师对本次观察活动总结,可以是对幼儿观察中发现的总结,也可以是对观察探寻结果的总结,总结方式可是教师的自白式总结,也可以由幼儿进行的创造性总结。

(4)延伸部分

活动的延伸部分是对本次活动的可能性进一步扩展,或者是升华本次观察活动的主题,比如升华到培养幼儿克服困难、坚持到底的意志力,热爱环境、热爱大自然的情绪情感等。

(四)观察类活动的实施要点

1. 激发幼儿对周围事物进行观察的兴趣。客观世界为幼儿提供了丰富的观察对象,而学会观察的第一步就是要能够对身边的事物感兴趣,教学中教师可以通过猜谜、游戏、故事等形式结合观察活动实施教学。

2. 提供丰富的物质资源和实景环境让幼儿进行真实观察。教师可以通过布置环境、提供物质材料等方式为幼儿营造一个情境,让幼儿置身于其中进行观察。

3. 充分调动幼儿的多种感觉器官参与观察。如视觉、听觉、嗅觉、味觉、触觉等。

4. 让幼儿对观察中的发现进行交流和讨论。教师应设置启发性问题,在幼儿观察中和观察后根据问题进行交流和讨论,进行师幼互动,分享信息。

5. 鼓励幼儿通过多种方式进行观察记录。如照片、图画、录像、文字、剪纸等方式。

【观察类活动案例及评析】

观察类活动:有趣的两面镜(大班)

1. 活动目标

(1)观察两面镜夹角的变化所带来的物体成像数量的变化。

(2)尝试记录两面镜成像的现象。

(3)乐意表述自己的探索过程和实验结果。

2. 活动准备

(1)一面大的两面镜,每人一面单面镜、两面镜、各种立体小玩具。

(2)记录纸、笔若干。

3. 活动过程

(1)了解单面镜的成像现象

教师:“老师今天为每一位小朋友准备了一面小镜子,让朋友照一照自己可爱的样子(教师把小镜子分发给每个幼儿)。让我们一起来照一照自己,你都看到了什么?”

(教师组织幼儿自由地照小镜子)

教师:“这时,你从镜子里看到有几个自己?”

(教师引导幼儿同伴间互动,看一看,说一说,摸一摸)

(2)认识两面镜

教师:今天老师除了给小朋友们准备了一面小镜子外,还给小朋友们带来了另一种镜子,你们看,它像什么?它是怎样做成的?

(出示两面镜)

教师:这种镜子就叫两面镜。这种两面镜非常有趣!可以慢慢地打开,还可以慢慢地合起来。(老师边讲边演示)接着老师边看边作惊讶状说:“咦!有一个有趣的现象,小朋友们,你们猜一猜我在两面镜里看到了什么有趣的现象呢?”

(让幼儿自己发言)

教师:那我到底看到了什么现象?你们想知道吗?好吧,现在就请你们也玩一玩,看看你能有什么发现。(给每个幼儿分发两面镜)

(3)初步探索,两面镜有趣的成像现象

教师:“小朋友,你们刚才在两面镜里发现了什么有趣的现象?和一面镜子里照出来有什么不一样?为什么会这样呢?”

(教师引导幼儿照两面镜,组织幼儿进行交流讨论)

(4)在此探索,进一步感知两面镜的成像现象

①幼儿用各种立方体小玩具和两面镜玩一玩,进行探索,教师注意观察和指导,并鼓励幼儿相互交流。

教师:“刚才,小朋友发现了这么多有趣在现象。其实,两面镜还会变更多的戏法呢!看,老师还给小朋友准备了许多小玩具,请小朋友用这些小玩具和你的两面镜一起玩一玩,看看你们还能发现什么更有趣的现象?”

②组织幼儿交流探索的结果。

教师:“刚才,小朋友用小玩具和两面镜一起玩了玩,又发现了什么更有趣的现象呢?”

(5)第三次探索

感知两面镜夹角的变化所带来的物体成像数量的变化并记录结果。

①教师鼓励幼儿继续探索并记录,教师注意观察和指导。

教师:"我们的小朋友可真能干,又发现了这么多有趣的现象。现在,老师想请小朋友把这些有趣的发现给记录下来。那么,该怎么记,记在哪呢?请小朋友看黑板上的这张记录表。"

②教师介绍记录表格。

"第一行是两面镜的标记。第一个图是两面镜完全打开时的标记(边讲边演示);第二个图是两面镜合拢时,张口大一点儿的标记;第三个图是两面镜再慢慢合拢,张口小一点儿的标记。这第二行、第三行是空格,是给小朋友记录用的。如果,你是用小鱼跟两面镜玩的,你就在第二行的第一个空格里面画上小鱼的标记,然后根据上面的标记,看看小鱼在这种情况下(指第一标记)小鱼像的数量是多少,在这种情况下(分别指第二、第三标记)小鱼像的数量又是多少?然后,把你的发现记录下来,可以用数字表示,也可以用画图来表示。下面,请小朋友去试一试,边玩边记录吧。"

③展示个别幼儿的记录单,组织幼儿讲述记录结果。

教师:"你是用什么跟两面镜玩的?发现了什么规律?"

(6)将幼儿作业记录装订成册,结束活动

教师:"今天,小朋友玩两面镜发现了很多有趣的现象,探索出当两面镜完全打开的时候,物体像的数量最少,只有一个,当两面镜慢慢合拢的时候,物体像的数量就越来越多,并把它记录下来。现在,老师把小朋友的记录装订成一本书,取名叫'我们的发现',在教室挂起来,好吗?"

4.活动评价

幼儿对日常生活中的科学现象和科学问题有着天生的好奇和探究欲望,"有趣的两面镜"就是因幼儿的兴趣生发出来的。在教学活动中,教师先诱发幼儿的认知冲突,鼓励他们大胆提问和猜想。幼儿有了猜想和问题,并产生想寻求答案的愿望,主动探究才会进入真正的准备状态。接着在幼儿探究的过程中,教师指导他们通过自身的探索,对两面镜进行感知、操作、发现问题、寻求答案。其间,教师应尊重接纳每个幼儿的观点,积极正确评价每一个幼儿的探究行为,对认真探索、积极动脑的幼儿加以肯定和表扬;对能力差的、依赖性较强的幼儿总是给予鼓励的支持,帮助孩子树立自信心,从而进一步调动幼儿主动学习的积极性,使他们的探究活动真正做到自主,学习的内驱力在探索中得以充分发挥。

二、实验类活动

(一)实验类活动的含义

幼儿科学教育的实验是指教师或幼儿借助一些素材、媒介(如一些材料、设备、仪器),通过简单的操作或摆动探究事物客观规律和变化过程的一种方法。

(二)实验类活动的分类

在幼儿科学教育中,幼儿进行的实验活动一般都是验证型实验,即指已经对事物具有一定的认识经验,在此基础上提出假设,为验证假设而进行的一系列实验活动。这种实验符合学龄前儿童的认识特点,仅有一少部分幼儿能够进行探索性实验。

以实验操作者为着眼点,实验还可以分为以下两类:

1. 教师主体的示范型实验

示范型实验是指由教师进行实验示范,幼儿观察其现象、变化、结果,最终形成对事物的一般认识的方式。这种方式适合难度较大的实验,比如验证小苏打与醋融合是否产生气体的实验。在实验前教师需要做充足的准备,使幼儿明确假设问题,提醒幼儿认知观察实验的变化,在幼儿能够掌握基本过程以后可以让幼儿自主操作。

2. 幼儿主体的操作型实验

操作型实验是指由幼儿亲自摆动、动手操作进行实验,体验参与到实验的整个过程。这种实验便于操作、过程简单,易于儿童进行操作,比如磁铁实验、浮力实验等。幼儿主体的操作实验能够最大限度地调动幼儿参与的积极性,幼儿通过亲自摆弄充分满足了其好奇心,同时近距离观察和亲身体到实验的过程。

(三)实验类活动的设计

1. 实验类活动目标的设计

实验类活动目标的设计首先必须遵循《纲要》中科学领域目标中的总体要求,设计的核心目标为“科学探索能力”“科学好奇心”。由于受到各年龄儿童身心发展水平的影响,实验类活动目标具有一定的年龄划分,各年龄阶段设计的参考目标如表6-5~表6-7所示。

表6-5 3—4周岁年龄班实验类活动目标

	实验类活动目标
3—4周岁	能关注到事物或现象的新异变化
	能在自己的观察、操作实验中有所发现
	体会到实验的乐趣,对实验类活动感兴趣

(1)目标案例1:水的溶解

①能注意到物体在水里溶解的现象;

②能够发现不同物体在水里溶解的不同变化;

③尝试将更多物体放入水中进行实验。

表6-6 4—5周岁年龄班实验类活动目标

	实验类活动目标
4—5周岁	积极参与到对事物或现象新异变化的讨论和实验中
	能结合现有经验对问题进行假设
	能够初步凭借根据实验进行合理推理和判断,得出结论

（2）目标案例 2：摩擦静电实验

①能够发现和讨论生活中有许多静电现象；

②尝试各事物间摩擦能否产生静电并得出结论；

③能够初步理解静电现象发生原理。

表 6－7　5—6 周岁年龄班实验类活动目标

	实验类活动目标
5—6 周岁	对新异的事物或现象表现出强烈的探索欲望
	能够根据已有经验对新异的变化进行解释和预测
	能够结合知识和经验，运用多种方式进行实验，验证结论

（3）目标案例 3：水的守恒

①能够发现相同体积的水在不同容器中高度的变化；

②能够初步假设水在不同容器中的多少；

③通过实验得出水的多少不受容器形状的影响。

2. 实验类活动内容的选择

设计实验类活动，必须选择适合的内容，首先必须能够引发幼儿进行实验的兴趣，其次实验的内容和过程易于幼儿进行操作，然后实验的内容要符合幼儿身心发展规律，能够为幼儿所理解的。幼儿园实验类活动的内容通常有如下内容：

（1）化学类实验

如“小苏打与醋反应”“银勺变黑实验”等。

（2）物理类实验

如“光与影”“杠杆原理”“摩擦静电”等。

（3）动物类实验

如“不同动物的食性”“不同动物的叫声”等。

（4）植物类实验

如“种子发芽过程”“植物的生长条件”等。

3. 实验类活动过程的设计

实验类活动是一个相对开放、自由的活动，需要教师有计划、有步骤地进行开展。实验类活动的一般设计思路如下：

（1）准备实验的预备性工作

充分准备工作是实验活动的良好开端。这里的准备主要是教师进行的一些预备性工作，比如准备实验的材料，教师需要预设在实验中可能用到的材料，材料的数量以及这些材料是否具有安全性等，同时还有实验方面的准备，比如考虑到幼儿在操作中可能遇到的问题，需要幼儿注意的实验关键点有哪些，各个环节需要提出哪些问题以及怎样能够充分调动幼儿实验的积极性等。

（2）向幼儿进行实验的说明和演示

一般情况下，教师首先要向幼儿呈现整个实验的过程，通过教师的操作，让幼儿观察整个实验的具体操作步骤和明显变化，教师需要注意：第一，操作步骤清晰明确；第二，操作与说明同时进行;第三,让幼儿对实验结果有所预设;第四,给幼儿充分的思考时间,等等。

(3)师幼互动式操作和指导

教师在向幼儿呈现基本的操作流程之后,让幼儿进行自主探索,这个过程,幼儿可以以个人或小组的形式进行自由操作,也可以以教师为主让幼儿协助教师进行实验,这种方式比较适合较为复杂的实验。在此过程中,教师需要注意仔细观察幼儿进行适时、适当的指导,尽量使用启发性问题,让幼儿通过自己的努力完成实验,得出结论。

(4)得出结论

得出结论是我们进行一系列实验的最终目的,幼儿在教师的演示和帮助下,逐渐体验到事物或现象的变化,探究其原因或原理,最终得出一个符合科学常理的结论。

(5)活动延伸

一般的教学设计中,活动延伸会作为教学的最后一个环节,在实验类活动中,延伸活动可以是进一步实验的预设,比如在“水的溶解”中,教师可以提出“水除了具有溶解的作用,在不同的温度下还具有不同的形态,那么我们下一节课来继续探索水的奥秘”,还可以是某个主题的升华,比如在“小兔子吃什么?”中,可以升华到热爱小动物、热爱大自然的主题当中。

(四)实验类活动的实施要点

1. 为幼儿营造一个轻松、自由、愉快的活动氛围。宽松愉悦的氛围有利幼儿开拓脑筋,积极参与到活动中来。

2. 为幼儿准备充足的实验材料,让每个幼儿都有亲自动手操作的条件和机会。

3. 积极鼓励幼儿进行实验操作,考虑到个体差异因材施教。教师应考虑到每个幼儿的经验和接受程度,在自由操作环节中实施差别性教育。

4. 引导幼儿在实验过程中发现问题,允许幼儿犯错。

5. 活动过程善于设置悬念,提出具有启发性问题。比如“为什么会出现这种现象?”“这样做可能出现哪些反应?”“用自己的话解释一下这种变化的原因”,等等。

【实验类活动案例及评析】

实验类活动名称:糖和盐(小班)

1. 活动目标

通过观察和实验,知道糖和盐的名称、特点及用途。能比较出糖和盐的简单相同点和不同点。

2. 活动准备

糖、盐、杯子。

3. 活动过程

(1)导入活动,引起幼儿兴趣

(通过尝的方法让幼儿了解里面装的是什么水)

①出示两杯水问:你们知道这两个杯子里放的是什么?

②请幼儿来尝一尝,并说一说杯子里的是什么水?

(2)引导幼儿观察糖和盐

(通过操作培养幼儿善于动手动脑解决问题的能力)

①请幼儿根据生活经验,说说糖和盐是什么样子的。

②请幼儿打开纸包,看看纸包里是什么?想想用什么办法知道?那一包是糖,那一包是盐,糖是什么样子的,盐是什么样子的?你们想方法自己去试一试用自己的方法来知道。

请幼儿将糖和盐倒在水里,用筷子轻轻搅拌,待糖和盐溶化后。问:糖和盐到哪里去了?

(3)了解糖和盐的用途(培养幼儿的表达能力)

你们知道糖和盐有什么用吗?(家家户户烧菜离不开它们。工厂很多地方也要用到盐)

(4)比较糖和盐(培养幼儿对事物的观察能力)

糖和盐什么地方是一样的?什么地方是不一样的?

小结:糖和盐都是白颜色的,一颗一颗亮晶晶的它们都能溶化到水里,它们都是人们生活中不可缺少的东西。糖和盐的味道是不同的,因此它们的用途也是不一样的。

4. 活动延伸

请幼儿回到家里,通过尝一尝、闻一闻、摸一摸等方式寻找到哪些是糖,哪些是盐。

5. 活动评价

在糖和盐是生活中最为常见的物品,也是幼儿需要知道和辨别的重要事物,本活动符合《纲要》中"贴近幼儿的生活"的教育宗旨。另在整个活动过程中,教师充分调动幼儿的各种感官,通过尝一尝、说一说、试一试的方式让幼儿切身体会糖和盐的相同和不同,对于小班的幼儿来说,实验的方式更为直观和生动,因此本活动的开展也符合幼儿的年龄特征和生活的需要。

三、技术操作类活动

(一)技术操作类活动的含义

技术操作类活动在幼儿园科学领域活动中主要是指教师借助一些材料或设备有计划、有目的的让幼儿通过学习操作方法和技能的一类活动。

(二)技术操作类活动的分类

《指南》在科学探索的目标中提出要"动手动脑探索物体和材料"根据物体和材料的功能,可以将技术操作类活动可以分为以下两类:

1. 学会使用一般工具

幼儿生活中常见的一般工具包括:剪子、小刀、各种尺子、订书机、电筒等,还有一些对幼儿来说较为复杂的工具,如儿童自行车、电话、遥控器等,学会这些工具是技术操作类活动中一重要内容,在科学教育过程当中,可以根据各年龄儿童的经验、兴趣和需要实施。

2. 拆装或制作科学性玩具

玩具是幼儿生活活动的重要组成部分,拆装和制作玩具是大部分幼儿所喜欢的活动之一。教会幼儿如何玩玩具是幼儿探索活动的启蒙,在小班时就应该是涉猎,而对于具有一定生活经验的幼儿来说,他们已经不满足会玩这个阶段,从中班开始逐渐探索玩具的多样化,玩具的制作可以包括制作“不倒翁”、制作“降落伞”等。

(三)技术操作类活动的设计

1. 技术操作类活动目标的设计

技术操作类活动目标以“技能操作能力”为核心,在不同的年龄阶段有不同的要求,如表6-8所示。

表6-8 各年龄班技术操作类活动目标

幼儿年龄阶段	技术操作类活动目标
3—4周岁	能够正确使用科技产品和工具
4—5周岁	1. 能够掌握一般的科学产品和工具的使用方法; 2. 能够根据指导制作简单的玩具和工具
5—6周岁	1. 能够经指导或自己设计并制作一些玩具和工具; 2. 能够熟练运用常见科技产品和生活小工具

【目标案例】

(1)小班“勺子和叉子”

知道勺子、叉子的名称和用法并学习使用他们。

(2)中班“学会用小剪刀”

知道剪刀的结构和功能,学会使用剪刀。

(3)大班“制作不倒翁”

知道不倒翁的原理,学习制作不倒翁。

2. 技术操作类活动过程的设计

技术操作类活动按照活动类型的不同可以有不同的设计思路。

(1)“学会使用一般工具”的教学模式

展示工具——引导观察——交流讨论——操作摆弄——正确使用

在这类活动的教学过程中,教师需要根据幼儿的年龄特点,选择安全的、简单的、常用的工具,尽可能多的让幼儿探索工具的正确使用方法,教师的指导要适时和适度,为幼儿创造交流和讨论的情境,使之能够结合自身的经验,进一步学会工具的正确使用方式。

(2)“拆装或制作科学性玩具”的教学模式

展示模型——讲解演示——操作摆弄——交流讨论——展示分享

在这类活动的教学过程中,教师首先要激发幼儿对玩具的兴趣,拆装或制作的玩具尽可能来源于日常生活,让幼儿看得见、摸得着,教学与讲解相结合,注重幼儿的自主性和创造性,最后为幼儿展示自己作品创造机会和条件。

(四)技术操作类活动的实施要点

1. 时刻注意幼儿的安全和工作台的整洁。如使用剪刀时保护双手、在制作玩具后提醒幼儿整理废旧材料。

2. 尽可能为幼儿提供半成品、低结构化的材料。为幼儿提供的材料能够激发幼儿的想象,避免使用工厂生产的高结构化材料,如厨具模型、拼图模型等。

3. 让幼儿通过自己的操作探索工具的技巧和原理。在活动中以幼儿自主探索为主,教师指导为辅助。

4. 鼓励幼儿运用多种方法使用工具。不限定工具的功能,如筷子的作用是吃饭,还可以当作鼓棒,尽可能让幼儿创造性的探索各个工具的独特功能。

5. 引导幼儿结合身边的材料去制作玩具。如碎布条、皮筋、饮料瓶、弹珠等材料。

【技术操作类活动案例及评析】

技术操作类活动:制作不倒翁(大班)

1. 活动目标

(1)观察发现不倒翁玩具具备底部是半球体,里面装有物品的特点。

(2)通过动手操作,探索适合制作不倒翁的材料。

(3)培养幼儿观察比较,动手操作及发现问题独立解决问题的能力。

2. 活动准备

不倒翁玩具3个,不倒翁操作玩具15个,黄豆、弹珠、太空泥、棉花、沙子若干,记录纸,《不倒翁》音乐。

3. 活动过程

(1)谜语导入

谜语:

说你呆,你不呆,胡子一把,样子像小孩。

说你呆,你不呆,推你倒下,你又站起来。

猜一猜说的是什么?(一种玩具)

(2)玩一玩中观察发现不倒翁特点

老师带来了三种不同造型的不倒翁,你们可以过来看一看、摸一摸、玩一玩。

请回到小板凳。谁来说一说你是怎么玩不倒翁的?(没动它时它是直直的,推它时它怎么也倒不下)。

这三种不倒翁有什么相同的地方?(底部是半球体。还有呢?肚子里是空空的吗?)

出示记录表并小结:你们观察到不倒翁底部是个半球体,身体里面装有物品。

(3)探索适合制作不倒翁的材料

教师:今天,我们也来做一个不倒翁好吗?

老师已经给小朋友们准备好了这种底部是半球体的不倒翁,你们想做一个吗?老师为你们准备了黄豆、弹珠、太空泥、棉花、沙子,你们分别放进去试试,帮老师选一选哪种材料适合做不倒翁,好吗?

(4)幼儿尝试制作

(让幼儿不倒翁留在桌子上,一起来观察)

教师:你们刚才试了棉花和太空泥了吗?放进去怎么样?为什么放进棉花和太空泥的倒了而放进沙子、豆子的能站住?(沙子、豆子等比棉花、太空泥重)

小结:原来,放棉花和太空泥的不倒翁像没吃饱一样,肚子里轻飘飘的站不稳。而底部放了沙子、黄豆的不倒翁重量都集中到了脚上,下重上轻,就能站住。

教师:你觉得弹珠够重吗?为什么放进去还是倒了?

小结:由于弹珠是圆形的,放进不倒翁里滚来滚去,滚到哪边就哪边重,不倒翁总是倒向重的一边。

教师:什么东西能让不倒翁立住?我来让不倒翁摇晃起来,你发现了什么?(站住的玩具又倒了)装进什么不倒?我们来请成功的小朋友来讲一讲你的不倒翁。我们打开看一看。发现了什么?为什么?

小结:沙子、黄豆放进不倒翁里虽然能立住,但是一摇晃,里面重的东西也随着滚到旁边,倒下了。而有太空泥帮忙的不倒翁,不会滚来滚去,摇晃起来,重量还是在脚上,所以始终不会倒下。

(5)做不倒翁游戏,体验快乐

教师:孩子们,你们变成不倒翁,跟着音乐一起摇摆起来吧!让我来推一推,看看那只不倒翁做得好。

指导幼儿如果重量集中到一只脚上会怎么样,重量集中到另一只脚上呢?要集中在哪里?(中间)

(6)引导幼儿根据作品进行总结

教师:根据我们刚才的操作,发现不倒翁里面要放重的东西,而且需要将重的物体固定在半球体的底部中央才能做成不倒玩具。

4. 活动延伸

这是小朋友在幼儿园做的不倒翁,在家里可以做不倒翁么?用什么做?一起来看看,它是用什么做的?再来看看,它是用什么做成的?原来,我们生活中底部是圆圆的东西都可以来做不倒翁,想不想试试?下节课,你们把家里制作的不倒翁带来一起来玩,好吗?

5. 活动评价

“不倒翁”是孩子们非常喜欢的一种玩具,但它里面蕴含着力的平衡方面的科学道理。本活动充分结合了大班幼儿爱玩好动的特点,利用材料让孩子们通过自己动手操作、体验、发现、探索其中的秘密,并制作各种各样的不倒玩具。在本次活动中,幼儿有着强烈的探索兴趣,在实践活动中幼儿始终在动手操作、思考、比较、交流自己的制作经验,并从实验中发现了不倒翁的秘密及制作不倒翁的方法,通过自己的制作体验到成功的喜悦。

四、交流讨论类活动

(一)交流讨论类活动的含义

在科学活动中的交流讨论是指由教师带领幼儿针对某一科学话题收集、整理资料,围着这些资料进行讨论从而获得信息、学习知识的活动方式。在科学教育活动中这类活动的开展相对容易,也是幼儿园科学领域活动中最为常见的活动。

(二)交流讨论类活动的分类

交流讨论类活动的模式以“收集资料——交流讨论”为主要脉络,以幼儿获得经验方式为着眼点，交流讨论类活动可以分为两类：

1. 直接经验型交流讨论活动

直接经验型的交流讨论活动是以幼儿的真实经验为主，是根据幼儿已经了解的、知道的事情出发，选取他们已经熟悉的内容进行交流讨论，这类活动以交流讨论为主。

2. 间接经验型交流讨论活动

间接经验型相对于间接经验型来说，是幼儿尚未获得对某事物的了解，而通过收集资料、交流讨论等方式逐渐加强对事物的学习。这类活动则更强调资料收集。

（三）交流讨论类活动的设计

1. 交流讨论类活动目标的设计

交流讨论类活动以幼儿经验为中心，因此目标的设计需要考虑到幼儿的年龄特征。具体目标如表 6 – 9 所示。

表 6 – 9　各年龄班交流讨论类活动目标

幼儿年龄阶段	交流讨论类活动目标
3—4 周岁	1. 了解收集资料的途径和方法； 2. 能够运用语言讲述自己的看法
4—5 周岁	1. 能够认真倾听、理解并评价他人的观点； 2. 能够用多种方式表达自己的观点
5—6 周岁	1. 能够围绕主题进行交流和讨论； 2. 能够初步的运用科学知识解释事物或现象

【目标案例】

（1）小班：青青的小草

①能够说出都在那里见过小草；

②能够用自己的语言描述小草的特征；

③愿意参与讨论并积极表达自己。

（2）中班：雾霾

①能够认真听老师和他人说话，从中获得关于雾霾的信息；

②能够根据自己的理解对获得的关于雾霾的知识进行评价；

③知道多种自身防护的方式方法。

（3）大班：电闪雷鸣

①表现出对打雷和闪电现象的求知欲望；

②能够通过交流和讨论理解打雷和闪电的基本原理。

2. 交流讨论类活动内容的选择

根据《纲要》中“贴近生活”的教育宗旨，交流讨论围绕的主题应该是幼儿所熟悉的，或者近期幼儿所感兴趣的话题，比如“雾霾”“打雷的原理”“为什么下雨后会出现彩虹”，等等。

3. 交流讨论类活动过程的设计

科学交流讨论类活动应该将幼儿已有经验、能力与他们的兴趣点有机结合起来，教师在组织与设计这类活动的过程中可以依据一定的操作步骤，设计思路大致分可以分为以下步骤：

(1)确立讨论主题

科学交流讨论类活动的首要事项就是先确定一个话题，然后教师引导幼儿围绕这个话题进行一系列的教育活动，主题的确立可以教师根据幼儿发展的需要确立的主题，也可以是幼儿在生活和学习过程中遇到的问题，还可以是幼儿园课程体系中规定的科学性话题，等等。

(2)预设讨论问题

在确立了某一个讨论主题之后，教师需要对这一主题可能会出现的讨论方向进行预设，以"雾霾"为例，可能出现的讨论问题有"你在雾霾中有什么感受?""雾霾来了是什么样的?""雾霾有哪些危害?""你和家人都是怎样进行防护的?"等等。这些问题可以让整个活动更丰富，同时也影响了幼儿交流讨论的内容和方向。

(3)收集主题资料

为了丰富幼儿的科学主题的认识，资料的收集可以是教师在教学活动中为幼儿展示的，也可以是由幼儿自己收集到的，收集主题资料与预设讨论问题是相辅相成的，教师和幼儿在收集资料的过程中，生成问题，补充问题，从而获得对该主题的进一步认识。

(4)交流和分享

这一环节中幼儿可以根据原有经验和教师提供的资料进行交流和分享。教师可以结合预设问题引导幼儿进行讨论，这里的交流分享不应局限于语言交流，还可以结合绘画、歌唱、图片和视频等多种方式，使整个活动更为生动活泼。

(5)活动延伸

在幼儿已经充分讨论了科学话题之后，教师应该适时结束话题并引出具有发展性的延伸活动，以"雾霾"为例，教师可以提出"制作防雾霾工具"的延伸活动，最终实现幼儿园活动的连续性。

(四)交流讨论类活动的实施要点

1. 交流讨论要建立在幼儿丰富的感性经验基础之上

科学交流讨论是幼儿建构知识结构的有效方式，幼儿在彼此的交流中进行学习和分享，而这一切都建立在其已有的感性经验基础之上。

2. 教师的语言指导要具有一定的目的性

教师的言语指导能够有效地纠正幼儿的错误理解和信息，同时能够影响幼儿的讨论方向，比如教师在"谁知道地震的有关信息?"之后继续提问"地震有哪些影响?""我们应该怎样在地震中保护自己?"等等。

3. 使用多种方式进行交流和讨论

除了语言的交流，还有多种交流方式可以开发，比如手势、动作、表情、绘画、歌唱等，在幼儿的自由表达中教师可以有效运用这些方式方法。

4. 教师需要注意倾听幼儿的讨论，抓住关键词实施进一步引导

教师需要具有敏锐的观察力和智慧去抓住教育瞬间，比如有幼儿在"水污染"的讨论中

说出“喝污染的水有许多小鱼都死了”之后，教师提出“请大家说一说水污染给我们带来的危害”，这样使整个教学能抓住幼儿的兴趣点。

5. 师幼共同进行总结，帮助幼儿明确概念

科学讨论交流活动始终围绕一个主题，而每一个主题都应该反映一个主题问题，比如“雾霾”“水污染”的主题问题是保护环境，“地震”的主题问题是安全保护等，由教师和幼儿一同进行总结归纳，明确讨论主题问题，使活动中心升华。

【交流讨论类活动案例及评析】

交流讨论类活动：动物怎样睡觉（小班）

1. 活动目标

(1) 通过找找、看看、说说，启发幼儿探索动物睡觉的秘密，感知表征动物的不同睡眠姿势。

(2) 引导幼儿模仿体验，掌握正确睡姿和午睡规则，体验与同伴游戏的快乐。

2. 活动准备

《动物怎样睡觉》的课件、音乐磁带《动物狂欢曲》《摇篮曲》和各种动物头饰。

3. 活动过程

(1) 活动导入

播放音乐，让幼儿听呼噜声，猜一猜，“这是什么声音？”“什么时候才打呼噜？”

（通过层层递进提问，引发幼儿对已有生活经验进行联想。）

(2) 交流讨论

播放多媒体课件，让幼儿观察。

在播放过程中，教师有意识的引导幼儿重点观察小动物是怎么睡觉的？

“这是谁，它是怎么睡觉的？”

“这又是谁，它怎么站着睡的？”引导幼儿说出什么动物站着睡、什么动物趴着睡、什么动物睁着眼睛睡……

（运用渐进式提问激发幼儿大胆的探索）

(3) 角色扮演游戏

播放音乐让幼儿模仿小动物的睡姿。

听见欢快的音乐，小朋友就模仿动物出来游戏；听到轻柔的摇篮曲，就模仿动物睡觉，睡觉时须安静，不要大声喧哗。

让幼儿选择自己喜欢的小动物头饰，模仿它睡觉的样子。

根据小班幼儿的模仿性，通过角色体验，让幼儿感受摇篮曲的舒缓意境并迅速融入其中。

(4) 交流讨论

通过提问拓展孩子经验，呈现幼儿睡眠图片，引发幼儿探索讨论正确的睡姿和午睡的规则。

“你们还知道其他小动物的睡觉姿势吗？”

“小动物有很多种睡觉的姿势，那你看到图片上的小朋友们是怎么睡觉的呢？你们觉得怎样睡觉又安全又舒服？”

(5)让幼儿总结睡觉的规则

学唱儿歌:

睡午觉

脱下鞋子静悄悄,盖好被子朝右躺。

闭上眼睛手放好,不吵不闹睡午觉。

(在儿歌指导下更易于让孩子掌握和巩固午睡的要领)

4. 活动延伸

引导幼儿在说一说自己在午睡时是如何做的,并把儿歌唱给爸爸妈妈听。

5. 活动评价

本次活动将科学活动有机的艺术领域相结合,在音乐的活跃氛围下,幼儿的积极性能够被充分调动,同时艺术与交流讨论相结合使整个活动更为丰富多彩。整个活动步骤层层推进,通过图片、鼓励幼儿大胆尝试用各种动作表现小动物们的睡姿,激发幼儿积极探索的欲望,并引导幼儿感受摇篮曲的柔和,让幼儿喜欢午睡的氛围。本节活动让幼儿在科学和艺术的氛围里感受生活,这是本节活动的闪光之处。

第六节　幼儿园科学教育活动的评价

幼儿园科学教育活动的评价包括两个方面:对科学教育活动的评价和对儿童发展的评价。

一、对科学教育活动的评价

对科学教育活动的评价包括对活动目标、内容、方法、组织以及资料的选择和师幼关系等方面的综合评价。

展开来说,关于活动目标的评价包括目标与内容、幼儿、资源条件的匹配程度以及最终实现程度;活动内容的评价包括内容是否与目标保持一致,内容是否具有科学性和时代性,内容是否来源与幼儿生活等;活动方法的评价包括方法是否符合目标、内容和幼儿的需要,方法是否满足多元化、多样化,方法是否适当等;活动的组织包括是否考虑到幼儿的个体差异性,是否符合幼儿学习的心理规律,是否集体与个别活动相结合等;资源的选择包括所选资源是否有助于达成目标,选择的资源是否便于幼儿观察和操作,所选资源是否有利于教师进行活动展开等;师幼关系的评价包括活动中教师是否尊重幼儿主体,是否充分发挥教师的主导作用,活动的整体氛围和谐、活跃等。

二、对儿童发展的评价

对儿童发展的评价主要包括对儿童科学探索能力的评价、对儿童科学知识经验的评价、对儿童科学情感态度的评价等方面内容。

1. 对儿童科学探索能力的评价

主要包括幼儿是否能够通过自身感官认识事物;是否能够通过比较的方式认识不同事物的相互关系;是否通过观察、操作、思考等方式进一步探索事物间的内在联系;是否能够克服困难、始终保持一定的探索热情;是否能通过语言、绘画、体态、塑造等方式表达对科学的认识和理解等。

2. 对儿童科学知识经验的评价

包括是否具有对一般的科学尝试、自然现象、人类、动植物等事物的科学概念；是否具有对生态环境中各事物间的相互关系的科学认识；是否具有对常见科技产品的基本知识。

3. 对儿童情感态度的评价

包括对周围客观世界是否具有好奇心和探索的欲望；是否热爱大自然，具有爱心、耐心、细心；是否具有环保意识、关爱生命等。

【思考与练习题】

1. 你理解的幼儿园科学教育环境创设应该包括哪些方面内容？
2. 思考幼儿园科学教育如何做到家园合作？
3. 尝试某一年龄班的科学教育活动。

第七章　幼儿园数学领域教育活动的设计与实施

【学习目标】

一、知识目标

1. 知道幼儿数学教育的概念、意义和幼儿学习科学教育的特点；
2. 明确幼儿数学领域教育活动的内容、目标和途径和方法；
3. 了解幼儿数学领域各活动的设计思路和指导。

二、能力目标

1. 学习设计各种幼儿数学活动；
2. 学习幼儿各数学领域活动的组织与指导策略。

三、情感目标

学会运用合作交流的方式，发现问题、分析问题、解决问题，共同探讨，拓展思维空间。

【知识重点、难点】

一、知识重点

结合实践掌握常见的数学活动的设计和指导方法。

二、知识难点

学习根据幼儿年龄特征设计数学活动适合的目标、内容和方法。

本章主要介绍了幼儿数学领域的基本内容，包括幼儿数学教育的概述，幼儿数学教育活动的目标和内容、途径和方法、组织和实施，以及幼儿园数学教育的指导误区和建议，分别阐明了幼儿数学教育的概念、特点、意义；幼儿数学教育活动的总体目标、各年龄段目标、制定目标的原则；幼儿数学教育活动的主要内容以及选择内容的原则；幼儿数学教育活动实施的主要途径和方法，以及详细论述了各种幼儿数学活动的组织和实施，通过列举案例明示具体实施过程并对其进行评析；最后，针对当前幼儿数学教育中出现的问题，提出指导建议。本章紧紧围绕国家教育部颁布的《幼儿园教育指导纲要（试行）》（以下简称《纲要》）和《3—6周岁儿童学习与发展指南》（以下简称《指南》）中的科学领域教育活动的要求和建议，理论和实践紧密结合，力争使学生在理解幼儿数学教育一般理论的基础之上，明确具体的设计与实施过程,从而能够有效地开展幼儿数学教育活动。

第一节　幼儿数学教育的概述

一、幼儿数学教育的概念

所谓幼儿数学教育就是依据幼儿对数概念发生发展的身心发展规律,科学地引导幼儿形成初步的数学认知能力,同时激发幼儿对周围生活中数学问题的探索欲望。

人们对数的认知能力始于儿童早期,曾经数学常被作为一种计算过程或者一套技能,而现在幼儿对数学的学习常被看成是儿童对数量、关系、样式的初步推理、判断和分析的过程。《纲要》指出:“引导幼儿对周围环境中的数、量、形、时间和空间等现象产生兴趣,建构初步的数概念,并学习用简单的数学方法解决生活和游戏中某些简单的问题。”根据《纲要》的指导要求,现在幼儿园的数学教育更强调要紧密结合幼儿直接生活的数学经验,将数学作为表示有意义的、现实的概念关系,让幼儿通过观察、操作等形式去形成初步的数量关系的逻辑概念。

二、幼儿数学教育的意义

幼儿数学教育作为五大领域科学领域中的子领域,是幼儿全面发展教育不可或缺的部分,可以有效地促进幼儿体、智、德、美等方面的和谐发展。

(一)幼儿数学教育有助于幼儿适应数字信息化的革新

在数字信息化迅猛发展的今天,科学技术的不断更新使得时代对新一代的数学认知能力也提出了更高的要求。数字化电子媒介在我们的日常生活中的重要性逐渐加大,与此同时对个人的数学认知程度、数学运算技能、数学思维能力等方面的需要也逐渐加强。为此,这使得数学教育的最终目的并不是培养科学家、数学家、工程师等专业性人才,数学教育的意义更多的在于能够培养人对数学的应用能力和对事物进行逻辑判断的思维能力。在新课程改革的背景下,幼儿数学教育作为个人数学启蒙教育越来越受到重视,越来越多的家长和幼儿园将孩子的数学能力作为智力开发的一项重要培养方向,虽然光凭单一的数学能力不能去衡量个人的综合素质,但在数字科学发展的现代日常生活中,数字信息化的衍生生活功能比如支付方式、投资理财、资源采集,甚至储蓄、贷款、保险等都脱离不了数学知识和技能。为此拥有更丰富和强大的数学知识和数学能力的人无疑能更好地抓住机遇,更大地发挥个人潜能,从而在时代的浪潮中立于不败之地。

(二)幼儿数学教育能够有效促进幼儿思维能力的发展

数学自身具有独特的表达方式,其抽象性、准确性、严谨性,以及逻辑性的特点使数学的学习必须具有一定的思维能力。人们常形象的比喻“数学是思维的体操”,正是由于数学的学习有助于思维的发展,人们通过观察和比较事物的主要特征,经过综合分析、推理判断和概括完成思维训练过程,在这一过程中,数学语言能够很好地帮助人们去认识周围世界并且解决问题。对于3—6周岁的幼儿来说,他们的思维具有具体形象性,特别对于5—6周岁的幼儿来说,这是具体思维向抽象思维过渡的一个重要时期,为此,幼儿数学教育对于幼儿思维的灵活性、逻辑性以及独创性有着重要的作用,与此同时幼儿阶段的数学教育也能最大程度的满足幼儿智力的开发以及思维能力的训练,从而使幼儿在空间、形状的感知力,数量关系的判断力,数集增减的运算力等数学问题方面得到进一步发展。

(三)幼儿数学教育有助于幼儿正确感知生活中的数学

幼儿对数学的最初认识来源于生活。幼儿生活在客观世界当中,而客观世界的建构依赖于物质材料,这些物质材料的特征属性比如长短、大小、形状、位置,都是幼儿数学知识的重要内容。生活为幼儿提供了丰富的物质资源和经验基础,物质生活的多样性为幼儿提供了最为直观、有效的数学材料,虽然幼儿的生活充满数学,但如果没有良好的指导幼儿很难通过自身的努力去发现数学的规律,所以,幼儿数学教育对幼儿能够感知生活中的数学知识尤为重要。根据《纲要》提出的教育目标,即“能从生活和游戏中感受事物的数量关系并体验到数学的重要和有趣”,幼儿的数学教育首先植根于生活,然后发展于生活,最后升华于生活,幼儿通过运用数学技能解决问题,体验幼儿数学的乐趣,激发探索数学的热情。

(四)幼儿数学教育为幼儿入小学的学习打下良好的基础

数学是基础教育中较为重要的一门学科,小学阶段的数学具有较强的系统性和逻辑性,这就对幼儿解决数学问题的能力有所要求。而学龄前期的数学启蒙教育使幼儿具有一定的数学经验,但是要将这些感性经验转化为抽象的数学逻辑思维必定需要成人有意识的指导,幼儿园的数学教育目的旨在激发幼儿对数学的兴趣和探索的欲望,能够理解数概念在日常生活中的应用,以及掌握一些基本的数学运算能力,这都将为幼儿升入小学学习打下良好的基础。

三、幼儿数学教育的特点

数学因其自身具有抽象性、逻辑性的特殊性质,使得教师在进行数学教学时必须运用一定的方式方法帮助学生理解,尤其对于3—6周岁的儿童来说,此年龄阶段儿童对数学认知能力水平不高、经验不足,因此幼儿教师在实践教学时必须考虑到这一问题,明确幼儿数学教育的特性。

(一)借助外部动作帮助幼儿进行数学概念的内化

皮亚杰指出:“抽象的思维起源于动作。”可以看出,幼儿对数概念的理解最开始是始于外部动作的,比如幼儿想表示一物体的大小时常做双手伸展的动作,通过双手伸展距离的长短去形容这一事物的大小。实际上,幼儿表现出的一些外部动作是他们以自己为中心去协调事物之间关系的过程,在这一过程中,他们借助于外部动作描绘出的表象,将抽象的数概念内化,从而在头脑中构建事物之间的逻辑关系,然而过于夸大的动作容易误导幼儿对数的认识,是不可取的。

(二)依靠多样化的体验促进幼儿对数学知识的理解

幼儿认知结构的建立主要依靠幼儿对生活、学习环境多样化、多元化的体验,而幼儿对数学知识这一抽象知识的理解,必然脱离不了幼儿对数学的切身体验。每个幼儿的原有生活经验、学习方式和兴趣爱好的差异性,导致幼儿可能对同一数概念会有不同的理解,同时考虑到幼儿理解力的强弱,丰富的数学体验可以有效地帮助幼儿更好的理解数学知识的抽象含义。

(三)利用符号和语言加强幼儿对数量关系的建构

符号和语言在幼儿理解数量关系中有重要的作用。幼儿对数学的学习,最终是要脱离具体的事物,形成抽象的数的概念。其中符号和语言的有效应用可以有效地帮助幼儿加深和明确数学概念。比如在排序问题上可以用符号“||||”表示逐渐减小,用符号“||||”表示逐渐变大;在集合的比较当中可以用符号“ < ”表示左小又大,用符号“ > ”表示左大右小等。语言具有一定的指示性,为此语言的精练性和准确性可以有效帮助幼儿理解数学过程,比如“请点数 5 个小球”“请将木条从小到大排序”,等等。

第二节　幼儿园数学教育活动的目标和内容

一、幼儿园数学教育活动的目标

(一)幼儿园数学教育活动的总体目标

幼儿数学教育的主要目标和价值取向是:

(1)使儿童体会数学与大自然及人类社会的密切联系;

(2)体会数学的价值,增进对数学的理解和应用数学的信心;

(3)学会运用数学的思维方式观察、分析现实社会,去解决日常生活中的问题,进而形成用于探索、勇于创新的科学精神;

(4)获得适应未来社会生活和进一步发展所必需的重要数学活动经验、数学事实和必要的应用技能。

这是对《纲要》中关于幼儿园数学领域活动目标的具体解读。幼儿数学领域活动作为科学领域的子领域,强调“能从生活和游戏中感受事物的数量关系并体验到数学的重要和有趣。”可以看出,幼儿园的数学教育“轻结果、重过程”的,旨在让幼儿能够以他们自身的生活经验和客观世界为处发现,以解决问题为核心,发现数学与客观世界的联系,并主动的探索世界,发现问题、分析问题并解决问题。

(二)幼儿园数学教育活动各年龄目标

除了幼儿园数学教育的总目标,《指南》还指出了各年龄班幼儿(小班:3—4 周岁;中班:4—5 周岁;大班:5—6 周岁)在数学方面应该达到的具体目标。

按照幼儿数学教育的内容将幼儿数学认知目标分为:

(1)初步感知生活中数学的有用和有趣和有趣。

(2)感知和理解数、量及数量关系。

(3)感知形状和空间关系。

表 7 - 1 是大、中、小班幼儿在这三方面应该达成的具体目标。

表 7－1 幼儿数学认知目标

年龄班目标	目标 1:感知生活中的数学的有用和有趣	目标 2:感知和理解数、量及数量关系	目标 3:感知形状和空间关系
小班（3—4 周岁）	1. 能感知和发现周围物体的形状是多种多样的，对不同的形状感兴趣。 2. 体验和发现生活中很多地方都用到数	1. 能感知和区分物体的大小、多少、高矮长短等量方面的特点，并能用相应的词表示。 2. 能通过一一对应的方法比较两组物体的多少。 3. 能手口一致地点数 5 个以内的物体，并能说出总数。能按数取物。 4. 能用数词描述事物或动作	1. 能注意物体较明显的形状特征，并能用自己的语言描述。 2. 能感知物体基本的空间位置与方位，理解上下、前后、里外等方位词
中班（4—5 周岁）	1. 在指导下，感知和体会有些事物可以用形状来描述。 2. 在指导下，感知和体验有些事物可以用数来描述，对环境中各种数字的含义有进一步探索的兴趣	1. 能感知和区分物体的粗细、厚薄、轻重等量方面的特点，并能用相应的词语描述。 2. 能通过数数比较两组物体的多少。 3. 能通过实际操作理解数与树之间的关系。 4. 会用数词描述事物的排列顺序和位置	1. 能感知物体的形体结构特征，画出或拼搭出该物体的造型。 2. 能感知和发展常见几何图形的基本特征，并能进行分类。 3. 能使用上下、前后、里外、中间、旁边等方位词描述物体的位置和运动方向
大班（5—6 周岁）	1. 能发现事物简单的排列规律、并尝试创造新的排列规律。 2. 能发现生活中许多问题都可以用数学的方法来解决，体验解决问题的乐趣	1. 初步理解量的相对性。 2. 借助世纪情境和操作理解加减的实际意义。 3. 能通过事物操作或其他方法进行 10 以内加减计算。 4. 能用简单的几率表、统计图等表示简单的数量关系	1. 能用常见的几何形体有创意地拼搭和画出物体的造型。 2. 能按语言指出或根据简单意图正确取放物品。 3. 能辨别自己的左右

通过上表的呈现和对比可以看出，数学教育在不同年龄阶段有不同的教育要求，对数学能力的要求会随着年龄的增长而逐渐加深，针对 3—4 周岁的小班儿童来说，更关注幼儿情感方面，比如在目标的描述中常出现“感到有趣”“尝试”“体验和发现”等词汇，而对于中班儿童的要求要更加详细和具体，到了大班则强调不仅能够理解还应该“会用”，同时希望幼儿能够有创造性的表现。

（三）幼儿园数学教育活动目标制定的原则

以上我们基本了解了幼儿数学教育的总体目标和各年龄阶段各内容下的具体目标，但是根据不同的活动主题和组织方式，我们在制定活动目标时需要考虑到一些具体情况，为此我们必须把握一定的制定目标的原则，根据幼儿的特点和学科特点，幼儿园数学教育目标的制定需要遵循以下几点原则：

1. 年龄性

从以上对各年龄目标的说明可以看出，在进行数学教育时小、中、大班幼儿是具有明显的程度区分的，而且就幼儿自身的认知发展的水平和趋势来看，小班幼儿的数学能力要求要明显低于中、大班幼儿，小班幼儿对数学的认知一般强调情感、对事物的感知力和简单的数学认知等方面，比如对生活中许多形状感兴趣、感知物体的不同和特点、能够点数5个以内的物体。而对中、大班幼儿的要求则更为强调操作性、数学的逻辑关系，比如会用通过实际操作理解数与数之间的关系，能借助实际情境和操作理解加减的实际意义，能发现事物简单的排列规律，并尝试创造新的排列规律。在制定活动目标时，我们首先就要考虑到幼儿的年龄特征，根据不同的教学内容，然后制定符合儿童身心发展规律的教育目标，才有助于有效教学，使幼儿数学能力的培养有的放矢。

2. 生成性

生成性就是教师需要考虑幼儿在学习过程中内部认知结构主动建构的过程，这个过程是能动的，因为幼儿的学习过程并非被动地接受信息，而是依据原有的认知结构，将头脑中的信息进行有机的结合，并且主动选择并建构信息，这个建构过程就是学习生成的过程。而幼儿对于数概念、数量关系、时间和空间的学习方式具有一定的生成性，为此我们在开展数学活动，设计教学目标时必须考虑到幼儿这样的学习特点，以此将幼儿学习的生成性作为设计教学目标的着眼点，“轻结果、重过程”，侧重幼儿在教学过程中的思考过程、操作能力以及在探索过程中对自我的建构，而非在追求幼儿在活动过程中对数学能力的精准把握，比如能不能算对加减法，算对就算达成了目标？算不对就是教学失败？答案当然是否定的，我们更应该关注的是幼儿在学习的思维过程，而非只专注于结果。

3. 发展性

苏联教育家维果茨基认为，教育对儿童的发展能够起到主导、促进的作用，但需要确定儿童发展的两种水平，即已经达到的发展水平和儿童可能达到的发展水平，这两种水平之间就是“最近发展区”。教师应该根据儿童的最近发展区，提供一定的指导从而使其原有水平得到提高，而这种发展是循序渐进的，为此任何活动目标的实现是不可一蹴而就的，特别是对于幼儿数学逻辑思维的形成，这是一个缓慢而反复的过程，幼儿对于发现某一事物的规律或者掌握一个解决问题的方法需要不断的尝试和探索，是在不断失误的过程中逐渐形成的数学概念和数学能力。因此，我们设计数学活动目标是应该考虑幼儿发展性的特点，既要了解幼儿的原有水平，又要提供足够的发展空间。

4. 具体性

所谓具体性，是指设定的目标定位要准确、具体，不要过于宽泛、笼统，根据活动的主题而制定相应的目标，以中班认识“上下、前后、里外”为例，如果目标阐述为“让幼儿能够感知空间”就显得宽泛不够具体，更为具体的表述可以是“让幼儿找出上下”“以自己为中心说出哪些物品在前、哪些在后”“分清里面和外面”等，总之目标要有一定的指向性，目标的设定是一切教学工作最重要的，因此目标的明确指向能够引导并让我们清楚应该如何开展教学活动，为教学的准备、内容的选择、教学活动的组织与实施奠定了一个很好的基础，促使教学工作能够顺利开展。

二、幼儿园数学教育活动的内容

(一)幼儿园数学教育活动的主要内容

《纲要》中关于数学认知领域的内容强调儿童早期数学学习的核心内容是数和形。对数和数量关系的初步理解是儿童早期学习数学的首要任务,在幼儿的逻辑思维能力、判断推理能力等方面的培养具有重要作用。同时,在日常生活中,幼儿对数的理解和运用,包括几何、测量,对形状和空间知识等技能的学习都为幼儿认识世界及进一步的学习打下良好的基础。

根据《指南》的指导要求,儿童早期数学认知能力的发展应包括对数、计算、空间、几何、测量和模式的认知能力。数主要包括对基数概念、序数、集合比较及初步的数符号系统的理解和运用;计算主要是对10以内的加减法运算的理解;空间、几何主要是指对一些基本图形的特征、图形组合知识的了解,以及对基本空间概念、方位、和空间关系的认识;测量是把待测定的量与一个作为标准的量进行比较;模式认识是指个体对物体间内在的规则关系的认识。

以下为幼儿园进行数学教育的具体内容:

1. 认识数概念:认识基数,认识序数,数的比较,数的组成。

2. 10以内加减的运算。

3. 认识集合:学习分类,认识1和许多,学习比较相等和不等。

4. 认识量:量的正、逆排序,量的比较(大小、长短、薄厚、轻重、远近、高矮、粗细),量的守恒。

5. 认识形状:平面图形(三角形、圆形、正方形、长方形、半圆形、椭圆形、梯形),立体图形(球体、圆柱体、正方体、长方体)。

6. 识空间:空间方位(上下、前后、左右、里外、远近),空间运动方位(向上、向下、向前、向后、向左、向右)。

7. 识时间的活动:认识时钟(时钟长针、短针的功用、认识整点和斑点),认识时间(区分早晚、昼夜,昨天、今天、明天,周一到周日的名称即顺序)。

(二)幼儿园数学教育活动内容选择的原则

同目标的制定一样,幼儿数学教育内容的选择也具有一定的原则,尽管前文已经阐明了幼儿园数学教育规定的具体内容,然而在整个活动的设计过程中,我们可以根据儿童的需要、课程的需要选取内容,或者在选取内容时我们需要考虑的问题,那么我们在选择幼儿数学教育活动内容应该遵循哪些原则呢?

1. 经验性

从幼儿的角度来说,教学内容的选择一定是要适合幼儿的,因此内容的选择上我们首先要考虑的是儿童的经验,这里我们区别幼儿的年龄特征,是因为我们不能绝对的就一个幼儿的年龄而进行层次化。幼儿自身的发展是具有一定的差异性,因此每个幼儿所具有的经验决定了他们能否更好地掌握知识内容,而不是仅从年龄上来说。因此,我们在选择幼儿数学教学内容时,要考虑幼儿是否具有相关的经验,并且在这个经验的基础上他们是否能够接受这些知识并进行创造。比如,如果幼儿还没具有一定的数的概念,还不能够认识数和数之间的关系（区别大小、顺序等），就不能够很好地进行加减法运算，幼儿的学习尤其是数学的学习是具有一定的顺序的，而这种顺序性导致我们在选择教学内容时就必须考虑到幼儿之前的数学经验，以及数学能力，只有这样才能保障幼儿能够充分并且深入的理解教学内容，达成教学目标。

2. 综合性

从课程的角度来说，幼儿园课程讲究各内容间的融合，也就是为幼儿营造一个丰富的教学情境，在这个情境中将教学内容自然地融合到各种教学形式、途径和方法上，而数学作为幼儿智力开发的重要一环，在幼儿园的课程建设当中一直是教师们努力的方向，为此幼儿园关于数学活动的开展也是多种多样的。例如，在内容上数学常常与其他领域内容相融合，比如将数字关系编成小故事，通过小故事把复杂的数学知识转化成形象生动的图像内容；将加减法编排成朗朗上口的儿歌，让幼儿在说说、唱唱中学习枯燥的运算法则等。因此，我们在选择幼儿数学教育内容时必须要考虑到这些综合性因素，哪些内容能够引起幼儿的兴趣、哪些内容是适合幼儿的、哪些内容之间是相关联的等，总之一个优秀的教学活动一定是丰富并且能够让幼儿受益良多的。

3. 趣味性

幼儿数学教学应该通过游戏的形式进行，数学本身的概念性和逻辑性使得幼儿很难去理解，从而不感兴趣，而为了避免这种情况，内容上的趣味性可以很好地进行调节。比如，在认识空间方位里外时，教师可以让幼儿分别扮演不同的小动物，准备一个大箱子当作“家”，然后做串门的游戏，问“谁在里面，谁在外面”，或者进行数概念的学习时，先让幼儿按数取物，这个物可以是教室里的任何东西，再按物取数，让幼儿参与到活动中去，而不仅仅通过观看、模仿的形式进行学习。趣味数学同时也符合幼儿学习的方式，幼儿在“玩”的过程当中逐渐的理解关于数、空间、时间等方面的知识，并且能够积极地参与其中，从而真正地实现幼儿为主体教师为主导的教学宗旨，使数学的学习充满色彩。

4. 生活性

幼儿的数学教育应该来源于生活，发展于生活。《纲要》强调“能从生活和游戏中感受事物的数量关系并体验到数学的重要和有趣”，从中可以看出我们实施的数学教育应该着眼于幼儿的生活，因此教学内容应该来源幼儿身边发生的事，比如，“请拿 3 个勺子”“请把玩具分类摆放好”；来源于幼儿对生活的探索，比如，“为什么有些东西大小一样，重量不一样？”等等，因此我们在选择要把什么样的数学知识教给儿童的时候，应该选取他们生活遇到的事或者他们在活动中感兴趣的事。

第三节 幼儿园数学教育活动的途径和方法

一、幼儿园数学教育活动的途径

（一）集体活动

集体教学是幼儿园课程实施的主要形式，是教师为实现一定的教学目标，有计划、有组织地展开的一种幼儿课程形式，一般情况下其具有一定的主题内容并且结构完整的教学过程,而幼儿数学活动开展的主要途径就是集体活动,在集体活动中,教师需要提前根据幼儿和教学的需要提前有所准备,设计和组织整个教学活动,使幼儿对数学的认知跟具逻辑性,同时教师通过数学的阶段性学习,更能够了解幼儿对数学知识的掌握程度,能够快速、准备地把握教学的方向。

(二)区域活动

除了正规的教学活动以外,幼儿园的一大特色教育活动就是区域活动,在区域活动中幼儿可以借助数学材料自主地进行数学的学习,这也是幼儿学习数学的一个重要途径,一定程度上弥补了集体教学活动中幼儿差异性体现的不足。在数学区域活动中,幼儿可以根据自己的兴趣和能力去"玩",他们在摆一摆、比一比、算一算的过程中主动的建构自我认识结构,我们在幼儿园常见的数学区域活动材料包括一些专门的蒙台梭利数学教具,或者教师自制的数学手工材料,等等。

(三)生活活动

幼儿园的教育始终围绕幼儿的生活而展开,数学领域的教学目标一直强调生活导向的认识活动,为此生活活动也是我们进行数学教育的重要途径,幼儿生活中蕴含着丰富的数学知识,比如老师会经常让儿童数一数"今天来了多少个小朋友?""请取你们小组的盘子""比一比谁最高?""把玩具按类型收放好",等等。可见数学在孩子们的生活中无处不在,儿童也是运用着数学知识认真的生活的,可见数学知识在无形中影响着儿童的成长,所以我们说,数学生活教育的价值是无法估量的。

(四)其他领域活动

五大领域活动虽有区别但又相互关联,这使得整个幼儿园活动呈现一个综合的、多元的、多样的体系,而数学作为重要的智力内容往往也融合在其他的领域当中,比如美术活动中教师常让幼儿通过一些图形的组合构造图画,科学活动中教师会让幼儿去观察两个事物的属性,包括颜色、形状、多少、重量等,语言活动中会让儿童数一数一共出现了几个人物…… 总之,幼儿数学活动开展的途径不仅局限于本领域当中,在其他活动中还有很大的拓展空间。

二、幼儿园数学教育活动的方法

(一)比较法

所谓比较法是通过观察、分析找出比较对象的异同点从而认识事物的一种研究自然学科的基本方法,在幼儿园数学教学中,即让幼儿通过这种方法寻找事物在数、量、形等方面的异同的一种方法。

(二)游戏法

游戏法是通过游戏的形式在自由愉快的氛围下感受抽象、复杂的数学知识的一种方法。它是幼儿数学教学的重要方法,能够充分调动幼儿学习的积极性。

(三)发现法

发现发是教师不直接呈现数学知识和数学的内在逻辑,而是通过一定的方式逐步引导幼儿去主动探索发现,继而在这个过程获得初步的数学知识和经验的一种教学方法。这种方法能够发挥幼儿的主动性,提高幼儿解决问题的能力,让幼儿在逐步探索的过程中完善知识结构。

(四)操作法

操作法就是为幼儿创造一个具有丰富的、适合的玩教具环境,然后引导幼儿通过亲自动手操作来获得数学的感性经验和逻辑知识的一种方法。

(五)分类法

分类法是让幼儿将一组或几组事物按照某一事物属性进行区分的一种方法。分类法可以有效地帮助幼儿认识事物的某一属性,比如形状、颜色、大小等,在幼儿数学教学过程中分类法常与操作法相结合,让幼儿通过亲自操作逐步学习事物的数学关系。

(六)讨论法

讨论法就是教师为幼儿提供一个适宜的数学问题或数学情境,然后让幼儿围绕这个主题问题或情境进行交流、探讨的一种方法。这种方法有利于幼儿主动的发现问题,帮助幼儿整合数学的逻辑框架,同时在与同伴交流和探索的过程,互相学习,彼此分享自己的经验,从中获得快乐。

(七)讲解法

讲解法是以教师为教的主体,将复杂的数学概念以及数学逻辑问题通过说的方式呈现给幼儿。这种方法适合与其他教学方法相结合,在幼儿操作、讨论、思考的过程中,教师的讲解可以有效地帮助幼儿理解复杂的数学内容,使幼儿对数学的把握更为快速、准确。

(八)练习法

练习法是指教师为了让幼儿进一步理解和巩固数学知识,在基本教学之后进行的让幼儿自己实践练习的一种方法。练习法一般作为知识的巩固能够帮助幼儿去熟悉并内化有关的数学知识。

第四节　幼儿园各数学教育活动的设计与实施

一、认识集合活动的设计与实施

(一)认识分类

分类的学习是幼儿认识集合的一重要内容,所谓分类就是指把具有相同属性的事物归在一起。分类可以增强幼儿对集合中各个元素的认识,幼儿进行分类的方式一般着眼于事物的某一属性,比如按名称、外部特征(如形状、颜色、大小等)、用途、材质、数量以及物体归属(如蔬菜、水果、动物等)。

《纲要》中虽然没有明确规定分类的具体目标,但在科学领域中提出了关于幼儿分类学习的主要内容,如"能对事物或现象进行观察比较,发现其相同与不同""能发现和体会到按一定规律排序的物体比较整齐、美观等",这从总体上提出了幼儿分类学习的基本目标。

教师在设计分类教学时应该遵循的原则如下:

1. 引导幼儿发现生活中的类属关系

幼儿生活在形形色色的世界中,而这个客观世界为幼儿提供了丰富的物质资料,生活是幼儿学习分类的重要途径。为此,教师应该尽量地去让幼儿去发现生活中的类属关系,比如蔬菜都包括什么、哪些东西属于家具、常见的交通工具有哪些,等等,选择生活中的素材,而不仅仅是通过图片、多媒体等方式向幼儿展现教师已经归类的东西。根据《纲要》对幼儿园教育的总体要求,"贴近生活"是教育目标的核心,因此,我们应该积极引导幼儿对他们了解的生活内容进行归类和总结。

2. 指导幼儿思考和探索如何分类

幼儿对事物分类的学习需要教师的指导,因为幼儿最初无法准确地掌握事物的类型或者该事物的分类,即不能准确地说出"这个东西属于什么",因此教师需要去引导幼儿去发现和探索事物间的类属关系,并且寻找"看上去像"的不同类事物的特点,比如玩具汽车,不属于交通工具,西红柿不属于水果等。

3. 通过操作类游戏帮助幼儿强化分类学习

游戏是幼儿学习的最好方式,在分类的教学中,操作类游戏可以更好地调动幼儿感官,幼儿通过看、听、说以及手的摆弄操作等动作探索事物间的联系,从而逐渐学习分类,比如"卡片宝宝要回家"游戏,教师准备各种画着各种物品的卡片,然后把在手工"房子"门上贴上事物属类名称,分别放在教师的各个地方,把幼儿分成几组,每个小组分发相同数量的卡片,以小组比赛的形式,看那个小组能最快"帮助卡片宝宝送回家"。在这个游戏中,幼儿要看清卡片的事物,思考事物类型,找到所属房子,同时在小组活动中,同伴交流和互动让幼儿更正错误、积极探索,最终在玩一玩中自然的认识分类。

4. 利用讨论、绘画、律动的方式进行分类活动拓展

在幼儿对分类有了一定经验之后,教师可以进行适时的拓展活动,比如"说一说你喜欢的小动物(食物、颜色)""画一画你见过的交通工具",或者根据一个事物分类做律动活动,让所有幼儿以拍手的方式打拍,然后教师先说出一种类型,比如蔬菜,然后让每个幼儿按照节拍依次说出他们想到的蔬菜。这种拓展活动既可以巩固对分类的掌握,还可以丰富幼儿对事物属性的认识。

(二)认识"1"和许多

"1"是幼儿最先认识的数,也是自然数的基本单位,而在集合的认识中,"1"可以是集合元素的最小单位。认识"1"和许多的关系是小班幼儿学习的重要内容之一,这可以帮助幼儿去感知集合和集合的关系,为进一步认识10以内的数和学习数间的运算打基础。教学目标是能够区分"1"个物体和"许多"物体并且理解其关系;学习运用"1"和"许多"描绘生活中的物品。

在教学中的主要方法是实物操作。年龄较小的幼儿只有通过实物才能跟数建立直接的联系，不然有很难在教师说"1""许多"时，理解这里"1"和"许多"表示的具体含义，一般情况下，他们头脑会呈现之前教师在摆出一个玩具和许多玩具时的情境，然后在随着听到"1"和"许多"的次数增加，这种头脑的再现会逐渐递减，进而建立对"1"和"许多"的直接经验。

（三）认识"相等"和"不等"

"相等"和"不等"是一对相对概念，小班在认识"1"和"许多"之后，对于集合进一步学习应涉及两组事物的对比关系，也就是让幼儿明白事物的对应关系，即两个集合的对应关系。教学目标即能够用一一对应的方式比较两组事物的多、少或相等的关系；学习运用"多""少""相等""不相等"比较性词汇描述生活中的物品。

认识"相等"和"不等"的主要方法是比较法。在教学中比较的方式可以根据儿童和教学的需要进行适当调整，我们常用的比较方式有：

1. 连线比较

就是将两组物体用连线的方式进行比较。这种方法在书面中运用的比较多，此外还可以用实物，比如将两组物品分排摆放，让幼儿手持线绳进行连线。

2. 重叠比较

就是将一组物体与另一组物体进行重叠摆放进行比较。比如，杯子和勺子的比较，教师给幼儿分发4个杯子，3个勺子，然后让幼儿把勺子依次放到杯子里，最后让幼儿说出，哪个多哪个少。

3. 并齐比较

就是将两个物体分别排成两行，上下对应进行比较。在教学过程中，这种方法可以和重叠比较结合，让幼儿体会不同的比较方法，发现事物数量的相同和不同。

【认识集合活动的案例及评析】

数学活动：认识1和许多（小班）

1. 活动目标

（1）在游戏中认识"1"和"许多"个物体。

（2）能够通过亲身操作过体会"1"和"许多"的关系。

2. 活动准备

用积木围成一个池塘；一条大鱼、许多小鱼、一只青蛙、一些小蝌蚪的模型；大树模型一个、一只大鸟、许多小鸟、多个苹果模型；各种小动物模型。

3. 活动过程

（1）导入

教师："孩子们，看今天天气真好哇，让我们一起去野外郊游好不好？"

（2）初识"1"和"许多"

知道哪些是1个，哪些是许多。

（教师带领幼儿来到池塘模型边）

教师："我们一起来看一看，池塘里都有什么？"

(引导幼儿说出有大鱼、小鱼、青蛙、蝌蚪)

教师:"有多少条大鱼?有多少只条小鱼?"

(引导幼儿说出1条大鱼和许多条小鱼)

教师:"有几只青蛙?(1只)有多少个小蝌蚪?"

(引导幼儿说出有1只青蛙和许多个蝌蚪)

然后继续发问,逐渐启发幼儿发现池塘里还有什么东西是1个的,什么东西有许多个的。

(3)通过操作体验"1"和"许多"

感知许多可以分成1个1个。

通过几番询问,幼儿已经对1和许多有了一定的了解,教师进而引导幼儿通过操作进一步体验"1"和"许多"。

教师:"孩子们,我们游玩了这么久都累了吧。你们看,那有1棵大树,让我们过去休息一下吧。"

(把幼儿领到树模型下)

教师:"咿,你们看,树上都是什么?"

(引导幼儿说出树上有许多苹果)

教师:"大家都口渴了,让我们每人摘1个苹果解解渴。"

(教师一边摘苹果,一边说"我摘了1个苹果",然后请每个小朋友效仿自己说出"我摘了1个苹果")

教师:"我们每个人手里都有1个苹果,那这1个1个的苹果合在一起就是……?"

(教师一边说,一边让每个幼儿举起自己手里的苹果,然后引导幼儿说出许多个苹果)

(4)通过组合的练习感知"1"和"许多"的关系

教师:"小朋友们,我们都玩够了、吃饱了,爸爸妈妈们都想我们了,那我们带一些礼物回家好不好。"

教师:"那我们能带些什么回家呢?"

(引导幼儿想到说出苹果、大小鱼、青蛙、蝌蚪)

教师:"那你们是想带1个还是许多个礼物回家呢?"

(幼儿畅所欲言)

教师:"现在请你们把想带回家的礼物都装进篮子里。"

(法给每个幼儿1个篮子,然后让幼儿一边装东西一边数礼物的个数)

4. 活动延伸

幼儿在老师的引导下已经能够理解"1"和"许多"的关系,教师在离场口等候幼儿,然后让幼儿在离场口集合,每个人说出自己篮子里都装了哪些礼物,都有几个,是1个还是许多个。

5. 活动评价

"认识1和许多"是小班幼儿认识集合的重要内容,根据小班幼儿的年龄特点,整个活动以若干个小游戏贯穿始终,而且每个游戏中都具有针对性较强的独立知识点,同时各游戏之间强调循序渐进,力争使幼儿在愉悦的氛围中,逐步渗透有关"1和许多"的知识。

二、认识数概念活动的设计和实施

（一）幼儿数概念形成的特点

1. 幼儿天生具备一定的小数目测能力

虽然我们知道2周岁的幼儿还不会数数，但相关研究显示，2周岁的儿童就已经具备一定的数的目测能力，他们能够准确目测1～3个物体，而3周岁增加到4个，4—5周岁儿童最大的目测范围增加到5个，可以说，儿童与生俱来的这种小数目测能力应该是他们最早对数的感知，而这种能力也为今后他们数概念的形成奠定了一定的基础。

2. 幼儿数概念的形成是从无意识到有意识的

幼儿最初对数的认识是无意识的，他们大多是从成人那模仿"说"或者"数"，但是他们并不能真正理解数的含义，所以我们经常看到幼儿错数或者漏数。幼儿数概念的建构大部分需要依靠后天的学习，而这种建构需要建立在大量的感性经验和操作经验的基础之上，最后经过专门的有关数的学习逐渐能够将数与物依依对应，能够理解数与数，数与物之间的关系，从而构建有意识的数概念。

3. 幼儿数概念的形成必须借助一定的实物或操作

我们常认为幼儿能够数数就是真的理解了数的含义，其实不然，这也是知识机械的记忆或单纯的模仿。在日常生活中，我们对幼儿进行的数学教育往往就是从让他们"掰着手指头"数数开始的，而恰是这个动作构建了儿童由具体事物到抽象逻辑的桥梁，使之能够逐渐理解"1根手指代表1"的概念，因此幼儿数概念的教学中，依赖一些实物或动作能够帮助幼儿顺利的理解数的具体含义。

（二）幼儿10以内数概念活动目标的设计

1. 小班

（1）能够点数5个以内物体的数量，理解5以内数的含义。

（2）能够初步理解5以内数的含义，并能点数5以内的物体。

（3）能够按数取物或按物取数。

2. 中班

（1）能够点数10个以内物体的数量，理解10以内数的含义。

（2）能够知道10以内数相邻两个数的关系。

（3）能够在不受物体形状、大小、排序的影响下正确说出10以内物体的数量。

3. 大班

（1）能够熟练掌握10以内数的含义，会倒数、顺数和倒接数出10以内数。

（2）能正确区分单双数，按群计算。

（3）能够知道10以内三个相邻数的关系，并且按等差顺序排列1～10之间的数。

（三）认识10以内数概念活动的实施

数学是抽象的符号系统，而这个系统具有高度结构化、蕴含较高的逻辑关系，对于幼儿来说，数学的学习是具有一定难度的，有意义的数学学习必须是幼儿在原有认知水平和经验的基础上，对这些关系的主动建构。为此，在实施数学活动时教师必须掌握一定的方法，能够符合幼儿身心发展的规律，帮助幼儿进行有意义的对数的建构。以下是幼儿认识10以内数概念主要学习的内容。

1. 认识10以内的基数

基数在数学上指的是集合内所含元素数量多少的一个概念。儿童对基数的认识是幼儿数学教育的基础内容，对于幼儿形成数概念、数的运算都有重要的影响，从小班开始，基数的学习贯穿于整个年龄班，那么在教学中我们可以运用哪些方法呢？以下列举出几点建议。

(1)通过点数，帮助幼儿初步建立数的概念

小班开始幼儿开始学习点数，主要方式是按物点数，为了帮助小班幼儿能够手口一致，教师需要进行示范，教幼儿用食指按照一个方向分别点数摆在儿童面前物的个数，并说出一共有几个。教师也可以让幼儿一边数，一边把幼儿数过的物品摆在幼儿面前，最后问幼儿"你数了几个?"

中班幼儿已经具备一定的点数经验，教师可以让幼儿用自己喜欢的方式点数，比如点头、拍手、眼睛点数等，或者变化声音、速度，最后让幼儿大声说出一共有几个。

大班幼儿不仅可以很快地点数，还能够默数，教师应该不断变化幼儿点数的方式，增减基数，或者按群数，比如三个三个地数。

(2)利用顺数、倒数、接数，丰富幼儿数概念的认识

顺数是按照自然数排列的方向数数，倒数是按照自然数排列的反方向数数，接数是在自然数内任选一个数，然后按正或逆的方向数数。

这样具有方向性的数数方式可以帮助幼儿进一步了解自然数的排列顺序，进而去探究其间的关系。在数数时需要注意的是物品要与数字相对应，比如让幼儿进行1～5或者1～10的顺数、逆数时，教师按照逐渐递增一个或逐渐递减一个的顺序摆放物品，然后在摆放的物品下方要摆放相应的数字，这样才能够帮助儿童建立数字与物品数之间的联系，比如幼儿看到"3"就知道上面的物品有3个。

(3)利用视、听、嗅、触等多种感官，加深幼儿对数的理解

多元化的感官体验可以增加幼儿学习基数的趣味性，也能够加深幼儿对数的理解。因此在教学中教师可以充分利用幼儿身体的多种感官，这里应用单一感官或者多种感官并用。比如，让幼儿看到几(或者数到几)就跳几下，让幼儿通过跳一跳、听一听、闻一闻、摸一摸等方式进一步感知数的存在。

(4)通过游戏，巩固幼儿的学习成果

游戏是幼儿数学教育中常用的一种方法，在基数的认识中，可以通过"按数取物、按物取数"的游戏来巩固幼儿的学习成果，这里可以和一些感官游戏结合，比如把不同数量的物品放到箱子里，然后让幼儿闭起眼睛摸，摸到几个物品就把相应的数字放到箱子前。还有一些卡片游戏就是把相应的数字或者物品做成卡片，比如"摘苹果游戏"，教师做一些苹果形卡片和一棵大树，然后分发给幼儿每人5个或10个，然后教师可以设计各种方法让幼儿进行数的练习，比如请幼儿按照其他幼儿或者老师说的数字，把苹果挨个粘到苹果树上，其中教师可以编排一些小故事，使整个游戏更生动。

2. 认识10以内的序数

序数是用自然数来表示集合中元素次序的数，在日常生活中，是第一、第二等表示次序的数的推广。序数的认识必须建立在一定的基数经验之上，一般在学龄前中期开始学习，

而对于序数的学习，幼儿首先要理解序数的含义，并能够正确的运用10以内的序数词会表达物体的次序，其次能从不同的方向确定物的排列顺序。为了帮助幼儿更好的理解序数的含义，幼儿教师需要掌握一定的方法：

(1)教学过程中讲解和演示相结合

序数的学习不仅是让幼儿理解数的含义，最重要的是理解“第几”所表示的次序，为此在教学过程中教师必须将讲解与演示结合起来，比如在“口令游戏”中，教师发号指令：“我请排在第五的小朋友来表演，让我们来一起数一数谁是第五个。”然后，老师从第一个幼儿开始，一边指一边数，“第一、第二、第三、第四、第五”，然后轻拍一下排在第五的幼儿，再说一边“请第五个小朋友来打点儿”……经过几次之后，幼儿自然而然地就明白了自己分别是第几个，与此同时，为了让幼儿更好的区分基数和序数的区分，教师还可以变化口令，比如“我请五个小朋友来表演”，让幼儿注意听清自己的指令然后做相应的动作。

需要注意的是，幼儿在区分基数和序数的区别是需要经理一个试误的过程的，这样的集体活动，可以让幼儿很好的学习并纠正自己的错误理解，教师的示范作用，可以让幼儿更加明确数的次序。

(2)利用游戏或操作活动增强幼儿切身体验

身体的操作活动可以有效地帮助幼儿理解序数的基本含义，所以在教学设计中，教师应该以游戏或者操作活动的方式让幼儿能够亲身体验序数。比如“动物王国的大超市”游戏，让5个幼儿分别扮演不同的小动物，由教师扮演售货员，然后把不同的食物放到不同的架子上，每个幼儿必须买自己扮演的动物喜欢吃的食物，并且说对食物所在的层数，用“第几层，第几个”来表达，只有说对了才能买到，玩过几次之后，让幼儿变换角色，或者让幼儿扮演售货员。在游戏活动中，幼儿必须用自己所掌握的知识去进行游戏，这不仅让幼儿必须通过主动学习去掌握知识，同时在这个过程中，他们能调动各种感官真正体会到序数词的真正含义，使幼儿在玩中逐渐掌握了复杂的知识。

(3)将序数词汇渗透在生活及其他活动中

序数的教学不仅仅在教学活动中，还应渗透在生活或者其他活动中，因此教师应该注意使用序数词汇，在日常生活的序数词表达，如“今天谁第一个来的呀？”“我们班是第一名”“铅笔放在第二层书架上”等，在其他活动中的应用就更为广泛，如科学活动“第二个瓶子有什么变化”、体育活动“跟着第一个小朋友走”、音乐活动“拿第二个乐器”，等等。幼儿园教育强调一起生活皆课程，幼儿活动生活化，所以，幼儿的学习活动不应只在教学活动当中，更应浸润在幼儿的一日生活当中，以润物细无声的方式让幼儿学会知识。

3. 10以内数的组成

10以内数的组成适合在大班开展。这类关于数的认识可以很好地帮助幼儿理解数的整体和部分的关系，这要求幼儿首先能够理解数组成的含义，知道2以上的自然数可以分成两个数；其次知道这个自然数和这两个组成数的关系，即两个数的总和正是那个自然数，其两个组成数都分别小于该自然数；然后还能够清楚两个组成数之间的互换、互补关系。对于大班的幼儿，应该能够掌握10以内基数的全部组合形式。

在教学过程中，教师应尽力引导幼儿发现数的不同的组合方式，为幼儿预设一些他们在进行拆分或组合中可能遇到的问题，比如：

问题一：哪些数可以进行拆分？哪些数不可以拆分？

问题二：每个数有几种拆分的组合形式？

问题三:两个组合数与被拆分数有什么关系?

学习数的组合最好的方法就是操作探索法。所谓操作探索法就是给幼儿提供具有一定数量的小物品,让幼儿通过摆弄、操作等动作去逐渐探索,从而发现并感受其规律的一种方法。具体的实施步骤可以分为:指导探索——自由操作——归纳记录,这里以5的组合为例,简要说明各步骤实施的要点。

(1)指导探索

准备相同的小木条(豆子、扣子),然后每个幼儿分发10个;准备一张纸,对折分成两份,这里以A组、B组区分。(由于年龄小的幼儿对颜色的感知更为直观,可以用区别明显的颜色表示,比如红、绿)

教师指导幼儿先数出5个,其余5个依次摆放在纸上方作为对比,拿出1个放到A组,数一数问还剩几个然后把剩下的放到B组,依次让幼儿拿出2个、3个、4个,这其中让幼儿分别数出A,B组小木条的个数,然后与上方的5个木条对比。

(2)自由操作

在幼儿基本掌握的分组方法后,让其自由操作,其中教师需要让幼儿自己探索一共有多少中组合。

(3)归纳记录

最后让幼儿一边操作一边在纸上记录下刚才分解的组合,如图7-1所示。

5

/　\

1　　4

2　　3

3　　2

4　　1

图7-1　5的组合方式

在这个过程中,提醒幼儿通过操作的办法去总结组合的种类,同时,可以继续拓展,让幼儿发现组合的规律,比如组合数之和等于该自然数、每个组合数永远小于该自然数、组合数之间的正序、倒序、互换、互补关系等。

【认识10以内数概念活动的案例及评析】

数学活动:有趣的数字6(中班)

1. 活动目标

(1)认识数字“6”,知道用“6”来表示相应数量的物体。

(2)能够通过操作、目测等方法感知“6”以内的数量。

(3)对学习数学感兴趣,能够积极参与到活动当中。

2. 活动准备

(1)物质准备

①“动物园”幻灯片若干张,数字(1~6)卡片若干张,油画棒若干盒,实物印章每人1

个,实物图片人手1份;

②信箱3个,贴有不同数字的信封人手1个,1～6小数卡人手1份,小玩具若干;

(2)空间准备

幼儿在场地中间围坐成半圆形,每人面前放1个小盘(盘内1～6个小数卡若干,玩具若干),幼儿后面用大型积木搭建成“数的王国”,分别有3个门洞,分别在门上标明数字“1,2,3”。

3. 活动过程

(1)创设情境,激发兴趣

教师:“今天,老师收到了一封来自数字王国的国王写给我们班小朋友的信,让我们来一起读一读。”(出示一封信,朗读邀请信)

邀　请　函

亲爱的小朋友们:

我是数字王国的国王,我们正在打开欢乐谷的大门,而欢乐谷的大门只有更多的快乐才能打开,所以,为了收集大家的快乐,我作为数字王国的国王,诚挚邀请你们来到我的国家,希望能将你们的快乐分享给我们。

——数字王国国王

教师:“小朋友们,你们说我们是不是应该帮助国王啊?(是)那就跟着老师一起看看数字王国在哪里?”

(教师出示一张地图)

教师:“根据地图所示,我们需要经过一个动物园,小朋友们,我们先一起开车去动物园吧。”

(老师和幼儿一起做开汽车的动作)

出示动物园幻灯片,到达“动物园”。

(2)播放幻灯片,巩固数字“4,5”。

教师:“看我们到动物园了,看看动物园都有哪些小动物,它们分别有几只?可以用数字几来表示?”

(分别出示“4”和“5”个数量的动物图片幻灯片,让幼儿通过目测和点数的方式说出动物的数量)

教师:“下面请小朋友们从座位底下的小盘子里取出相应的数字。”(分别变换动物的个数,使幼儿通过重复操作巩固5之前的数字认知)

(3)初步认识数字“6”

出示有6个数量动物的幻灯片,请幼儿目测动物数量,认识数字“6”。

教师:“一共有几只小动物?我们可以用数字几来表示?”(出示数字6)“6像什么呢?请小朋友从盘中找出数字6。”

(集体认读数字“6”)

(4)“看数取物”,强化数字“6”的认识

教师:“这是数字几?”“请小朋友们从盘子中拿出相同数量的玩具,一边拿一边从1开始数。”

(教师出示卡,引导幼儿反复练习)

教师:穿过动物园我们就到了数字王国,让我们一起走吧。

(教师带领幼儿来到3个大型模具门前)

(5)进入“数字王国”,巩固数的认识

教师:“我们看,数字王国原来有3个进口,分别为1号门、2号门、3号门。而每个门内都有一组游戏,要想进入数字王国就必须学会玩这个游戏,下面老师为大家讲一讲游戏规则。”

(老师讲解游戏规则)

1号门:看数做点卡

请小朋友先看清数字是几,再画圆点,边画边说:“1,2,3,数字几和几个圆点做朋友。”

2号门:看数印图

请小朋友先看上面的数字是几,就在旁边的格子里印几个实物图形,边印边说:“1,2,3,几个图形和数字几做朋友。”

3号门:看物贴数

先看卡片有几个什么,再把能表示它的数字贴在上面的格子里,边贴边说几个什么数字和数字几做朋友。

(教师让幼儿自由选择数字门,然后指导幼儿根据不同门的规则进行相应的操作)

教师:“现在小朋友们已经通过自己的努力获得了进入数字王国的签证卡,下面小朋友们就进入到数字王国,把你们的快乐分享给他们吧。”

4.活动延伸

教师:“小朋友们,老师这里有漂亮的信封,让我们把大家制作的签证卡邮给其他小朋友们,召集到更多的快乐能量。”

教师和幼儿的信投到“信箱”中,或者粘贴到作品墙上,让幼儿说一说大家都选择了几号门。

5.活动评价

基数的认识是幼儿认识数概念的基础,而游戏是幼儿最为喜爱以及最能激发幼儿积极性的活动形式之一,整个活动以“数字王国”为情境,幼儿在教师逐步指引下巩固数字“4,5”、认识新数字“6”,并且以集体和小组的游戏环节中,通过操作强化幼儿对数字“6”的理解,整个活动充满趣味性,并且极大程度地调动了幼儿活动的积极性。

三、10以内加减运算活动的设计和实施

(一)幼儿学习10以内加减法的特点

1.幼儿加减运算概念的发展由具体到抽象

幼儿对加减运算概念的认识是一个循序渐进、逐渐发展的过程,一般须经历三个水平,即动作水平、表象水平和概念水平。动作水平的加减主要指幼儿必须借助实物的帮助,利用“拿取”“并除”等动作进行加减计算;表象水平的加减是指幼儿能够依靠头脑中的再现的表象进行减价计算,而不需要外在动作的支持;概念水平的加减是指幼儿能够直接运用抽象的数概念进行加减计算,而不需要借助一定的表象。

2. 幼儿学习加减的运算具有一定的顺序性

幼儿并不是直接就会10以内任意数的加减运算，而是"先逐一加减"再"按数群加减"，比如我们常见幼儿在计算"4+3=?"时，幼儿先数4个手指，再继续数3手指，然后说"5,6,7,等于7"；按数群加减是幼儿已经不需要借助"数"的方式，而能够直接进行整体的计算，对于幼儿来说这种计算水平更具抽象性，而且建立在他们丰富的运算经验和技能的基础之上。除此之外，幼儿对数的运算具有一定的顺序性，对他们来说加法简单、减法难，小数加减容易、大数加减难。

（二）10以内加减运算活动目标的设计

10以内加减法一般在大班进行，大班幼儿首先已经具有一定的数概念认知基础，其次他们思维比较活跃，对数的探索表现更强的欲望，从心理发展来说，10以内加减运算的学习有助幼儿逻辑性思维以及数理运算能力的培养。对于大班幼儿应该实现的教学目标：

（1）能够理解"加""减""等号"符号的含义并且能写、会用。

（2）初步知道加、减的运算公式并进行计算。

（3）能够将加减法运算应用到生活之中。

（三）10以内加减运算活动的实施

10以内的加减运算是幼儿启蒙数学教育一个重要的内容，幼儿并不能自己去获得加减运算的知识和技能，为此为了帮助幼儿学习加减运算，教师需要采取一定的方法：

1. 利用实物操作增强幼儿对加减的体验

实物操作的加减计算能够为幼儿提供最直观的体验，在速答游戏里，教师可以准备两个小框，里面分别装5个小球，然后通过不断操作小球和提问，逐步引导幼儿进行加减运算，比如"请数一数我右手边的小框里有几个球？（教师举起右手）""现在我拿走2个，还剩几个？（教师拿走2个球）""现在我把这2个球放到左手边的框里，请问这个框里有多少个球？（教师把球放入框里，指着左框问）""我分别总框里拿1个，问我现在手里一共有几个？（左右手各拿1个球）"等，在这样的速答游戏中，教师的操作可以让幼儿直观地看到"框里球的数量"，进而通过数或者算的办法，答对问题。在这个过程中，幼儿的注意力和探索欲被充分的调动，从而主动的参与到学习中来。

2. 通过分析数的组成帮助幼儿理解运算原理

对数的分解和组合可以有效地帮助幼儿理解数之间转化的原理，比如幼儿在得出答案以后，教师向幼儿提问"5只小鸟是怎么来的呢？"让幼儿数"从这棵树上飞来2只、从那棵树上飞来3只"，幼儿一边数，教师一边写下"2+3=5"，减法运算也是如此，注意对于中班以下的幼儿教师应该辅以相应的操作演示，对于大班的幼儿，教师可以不借助一定的演示，应该锻炼幼儿的表象运算，或者让幼儿一边说一边写。这种方法可以利用已经掌握的数学知识去解决新的数学问题。

3. 引导幼儿进行运算创编巩固学习结果

根据《纲要》数学教育回归与生活的教学宗旨，教师更多的引导幼儿将数学知识应用于生活中，比如利用幼儿对生活的再现和想象进行加减计算创编活动，让幼儿灵活运用已经学会的加减计算知识，运算创编可以充分调动幼儿的生活经验和对数学知识的掌握，教师在引导幼儿进行创编的过程中，可以为幼儿提供一些素材，比如苹果、鞋子、玩具等，让幼儿根据一种素材进行创编，尽量让幼儿用自己的语言叙述清楚加减过程，比如“2 个苹果加上 5 个苹果等于 7 个苹果”“妈妈包里有 1 个玩具，我手里有 3 个玩具，加起来是 4 个玩具”“盘子里 6 个包子，我拿走 3 个，还剩 3 个苹果”。

4. 将加减运算应用在其他活动中拓宽学习范围

一些简单的加减运算可以渗透在其他的活动当中，比如在体育活动中，让幼儿加一加每个小队幼儿几个人，然后通过自己主动的调节让两个小队平均，音乐活动中，让幼儿学唱一些数学运算的儿歌，比如“一只小鸭 2 条腿，两只小鸭 4 条腿，三只小鸭 6 条腿，四只小鸭 8 条腿”，让幼儿在边唱边算。此外，除了教学活动，数学加减运算应用最多的事日常生活活动，比如怎么把 6 支铅笔分给 3 个小朋友，每个小组 4 个人，每人需要拿 2 个碗，一共要拿几个碗等，尽量让幼儿能够用数学能力去解决生活问题，使幼儿体会数学知识无处不在。

【10 以内加减运算活动的案例及评析】

数学活动：有趣的扑克游戏（大班）

1. 活动目标

（1）练习 10 以内的加法，逐渐掌握一定的运算能力。

（2）能够在活动中感受学习数学的乐趣，喜欢算术。

2. 活动准备

（1）自制扑克牌 9 张，每一张上面依次写上数字 1 ~9。

（2）水果牌 36 张，分别写上数字 1 ~9，大王 1 张。

3. 活动过程

（1）引入活动

教师：“今天老师给小朋友们带来一副特别有趣的扑克牌，我们来看看他们有什么特点？”

（教师出示水果牌，引发幼儿讨论，激发他们活动的兴趣）

2. 游戏“凑 10”

教师：“那今天我们就来一起玩一玩这幅有趣的扑克牌。”

（教师讲解玩法）

教师：首先，请小朋友们将自己的 36 张水果牌打乱顺序洗好扣放成一摞。（教师出示一张扑克牌）请一个小朋友翻开水果牌最上面的一张，看是否和教师的这张扑克牌数相加后得 10（一边说一边做示范）。如能凑成 10 就把这张牌放在一边作为赢卡，如不能凑成 10 则不动。等待老师下一次出扑克牌，继续游戏。

游戏结束时，比一比谁的赢卡多。

（3）“凑 10，捉王”游戏

（教师讲解玩法）

将 36 张水果牌打乱顺序洗好后捉着分发成四摞，每摞 8 张，将大王随意放在其中一摞牌的最下面，剩余 4 张水果牌留在手中作为机动牌。

然后分别翻开每摞最上面的牌，用 4 张牌中的任意几张相加或相减凑“10”，如果能凑成“10”就可以拿走这几张牌放在一边，再继续翻开拿走的那几张牌下面的牌，继续“凑 10”，直到露出大王为止。

如果翻开的4张牌不能凑成“10”,可翻开机动牌帮助凑数,如果还不能凑成“10”,则表示游戏无法进行下去,捉王失败。

(4)幼儿自由进行游戏,教师巡回指导

教师引导幼儿掌握游戏的技巧,如果用两张或三张扑克牌都能凑成“10”时,应选用三张扑克牌,这样才能争取有机会翻开更多的牌。

4. 活动延伸

在整个游戏结束后,教师可以组织幼儿一起讨论他们在游戏中的心得体会,说一说他们发现了哪些规律或者游戏中自己体会到有趣的事情。

5. 活动评价

整个活动主要分两部分展开,第一,师生共同活动“凑10”;第二,在幼儿独自进行“凑10捉王”游戏。在幼儿掌握简单统计方法、建立初步等分概念的基础上,让幼儿进行数的分解和组成的练习,幼儿不仅在轻松的氛围中获得愉悦的体验,还提高幼儿的计算能力,同时教师在互动交流中启发引导幼儿掌握游戏的技巧,最终很好地实现了教学目标。

四、认识量活动的设计和实施

(一)幼儿量概念形成的特点

1. 幼儿对量的认识主要依靠直观的感知

由于学前儿童处于具体形象思维阶段,因此他们的学习方式主要依靠自身的直观感知,也就是说,他们只有亲自的看、听、摸才能够真正地理解并获得对事物的认识。而对于量的认识也是如此,发现事物的属性并且能够进行量的比较、排序,知道量的守恒等量概念的形成,主要建立在幼儿对这些量的切身体验上,为此这也提醒我们在教的过程中注意幼儿的参与度。

2. 幼儿量概念的形成是从笼统到精细、绝对到相对的过程

幼儿对量的最初认识是源于对周围生活中客观存在的量的感知,然而,由于幼儿生活经验的不足和语言表达相对匮乏,他们并不能准确地用语言去描述这些量的不同,最初的认识只局限在“不一样”的笼统认识,而随着有关量经验的丰富他们逐渐学会了更细化的区分“哪里不一样”,同时对于量的认识5周岁之前的儿童是处于绝对化阶段,而对于5—6周岁的儿童来说,他们能够说出“A比B大,但小于C”,可以看得出,5—6周岁的儿童已经具有量的相对性的概念。

3. 幼儿对量的认识随着年龄增长而逐渐提高

对于小班幼儿来说,他们能够区别在大小、多少、高矮等方面具有明显差异的事物,而到了中班他们已经基本具备区别事物的一般的量的变化,还能够进行区分和排序,并且用相应的量的术语进行描述。对于大班的幼儿来说,他们已经具备一定的量的认识,并且生活经验不断丰富、思维方式更为复杂,5—6周岁的儿童具有更复杂的量的认识——量的相对性,这时他们的对事物的衡量已经不仅仅局限于某个事物本身,而更能够关注到与其他事物的比较上。

(二)各年龄班认识量活动目标的设计

1. 小班

(1)能够比较事物的大小、多少和高矮。

(2)能够尝试在日常生活中使用关于大小、多少、高矮的专业名词。

2. 中班

(1)能够初步感知并区分事物的粗细、长短、厚薄、轻重。

(2)能理解粗细、长短、薄厚、轻重的概念,并会用这些术语描述事物的基本特征。

(3)能按照事物的某个量进行正、逆排序。

3. 大班

(1)能区分事物的宽窄、轻重、远近,并准确应用相应的术语描述事物。

(2)能够正确的把握事物间量的关系,按照一定的规则进行正、逆排序,同时初步感知物体间的可逆性、双重性及传递性关系。

(3)能够初步理解事物量的相对性。

(三)幼儿认识量活动的实施

量主要是指在客观事、物多具有的、表现出来的能够进行定性或测定的基本属性。在关于量的认识活动中,主要包括排序、量的比较和量的守恒概念的学习。对于幼儿来言,有关量的学习是较为抽象的并且具有一定的顺序性,因此,教师必须采用一定的方法。

1. 量的比较——多元化的体验学习

量的比较就是根据事物的具体特征,探索其相互之间的关系。在日常生活中,这些量的比较有包括大小、长短、粗细、轻重及容量等。而幼儿对量的认识最初是从比较开始的,他们只有知道了"谁比谁大""谁比谁多",才能进行排序和获得守恒概念。而对于"量的比较"教学中,教师应该充分调动幼儿的多种感官,使幼儿获得多元化的体验,可以借鉴以下方法:

(1)运用多种感官去发现量的不同

让幼儿进行两组或多组事物的比较,比如让幼儿看一看、说一说、摸一摸、比一比、找一找,然后发现各事物间量的不同。

(2)发现生活中不同的量的应用

引导幼儿去发现生活中还有哪些不同的量,比如"妈妈的鞋子大、宝宝的鞋子小""水壶里的水比水杯里的水多",等等。

(3)环境创设运用不同量

在环境中多用变量,比如用长短不一的铅笔、粗细不同的窗帘、大小不同的照片,等等。

2. 量的排序——探索式的发现学习

在儿童能够基本掌握了一定的量的认识,对于量的排序是对儿童能力的又一个要求。量的排序包括差异性排序、数量排序和规律性排序,幼儿到了学前中期开始能够进行简单的排序训练,这时教师应注意先小再大排序,坚持以幼儿的自主探索为主,可以借鉴以下方法:

(1)通过示范讲解学习事物的基本规律

教师的必要示范可以有效帮助幼儿寻找事物间的规律。讲解应该说明参照哪一个量排序,比如大小、长短;说明排列的顺序,如正序、逆序。对于大班的幼儿可以初步渗透,量的可逆性、双重性、传递性的概念。量的可逆性是指一物体按照一定规律排序,而反之亦呈现一定规律。如从多到少排序,也能从少到多排序。量的双重性是指在量中的某一元素具有双重属性,比如在数字1,2,3,4的序列中,3比2大,但比4小。量的传递性是指在某些量的序列中,各元素的关系呈现一定的推理特质,比如A>B,B>C,那么A>C。

(2)在自由操作中探寻事物有趣的规律

幼儿能够根据自己的生活经验和知识发现生活中事物间的规律,因此教师可以为幼儿提供丰富的材料,让幼儿通过自由的操作去发现他们的内在规律,这种规律可能是一般的或明显的,比如逐渐递增、逐渐递减,也可能是幼儿自己定义的,比如有幼儿在桌子上依次摆上碗、书、直尺,这三种事物不具备一般的规律,而幼儿却说"我是从矮到高排的"可以看出,幼儿对事物顺序的感知具有自身的特点,这里需要强调的事,我们教学不应该严格的规范"什么是对的""什么是错的",应该充分尊重幼儿的创造力和想象力。

3. 量的守恒——操作式的拓展学习

幼儿对量的守恒的学习,是指幼儿能够不受外在的形状、颜色、大小、位置等属性的影响,去判断事物的同一性。量的守恒可以包括长度、重量、体积、面积和容量的守恒。教师需要在幼儿已经具备了一定的量的认识的基础上进行拓展学习,可以借鉴以下方法:

(1)进行单一物体的变量守恒测试

改变单一物体的一个属性去进行不同的测试,比如将相同体积的水倒入高度相同,粗细不同的水杯里,让幼儿去比较哪个水多,再将两个容器内的水,分别倒入相同的水杯,从而验证容量的守恒。

(2)利用数来表示量的守恒

数是衡量事物变化的重要标准,因此在某些量的守恒判断中可以以数作为依据。比如在面积守恒中,用4个正方体,分别可以组成大正方体、长方体,让幼儿去判断体积的变化。

【认识量的活动的案例及评析】

数学活动:做饼干(中班)

1. 活动目标

(1)能够感知物体的大小与数量的关系。

(2)学习用数字和图形记录结果。

2. 活动准备

(1)用纸板剪成的大小不一的"饼干"块若干。

(2)人手一个圆形积木或瓶盖、橡皮泥、泥工板、记录纸。

3. 活动过程

(1)通过对话的形式导入活动

教师:小兔子有一盒特别好吃的饼干,它们是什么样的呢?

(出示兔子玩具及"饼干",饼干大小不一)

教师:因为太好吃了,小兔子都吃光了,想请我们小朋友帮忙再做一些饼干。

(2)利用模具制作"饼干"

(教师引导幼儿用矿泉水瓶盖或者积木等不同的模具,在泥工板上制作"饼干")

教师:让我们来看一看每块橡皮泥能做几块饼干?

(教师一边演示,一边数"饼干"的个数)

教师:下面让我们一起自作更多的"饼干",同时请用你喜欢的方式,比如数字、画图(圆点、短线等)的方法记录下来。

(指导幼儿进行记录)

(3)教师巡视指导

在操作中,教师注意观察幼儿做饼干时采用的方法,并引导幼儿探索怎样压印才能得到更多的饼干。

从幼儿所做的饼干数量的不同,引导幼儿发现在同样大小的"面皮"上压印的"饼干"大小与数量的关系。

如饼干大,数量少;饼干小,数量多。

(4)比一比,谁做得多

教师:我们来比一比谁做的饼干多。

(找出饼干做得最多的幼儿,请他说说自己是用什么模具,怎么做的,什么能做这么多)

教师:为什么有的小朋友做得多,有的小朋友做得少呢?

(让幼儿畅所欲言说说自己的想法)

然后让幼儿再次尝试做饼干,将前后两次的操作结果作一次比较,引导他们发现在同样大小的面积上压印的饼干大小与数量的关系,从而初步获得如何有效合理地在有限的"面皮"上印制饼干的经验和方法。

4.活动延伸

把幼儿做好的"饼干"放入区域活动中,组织幼儿进行"小兔子去串门"的角色游戏,让幼儿扮演小兔子,把自己做好的饼干分给其他小朋友。

5.活动评价

活动中融合了比较大小和量的知识,并让幼儿通过亲手操作的办法亲身感受大小与量的关系,以"小兔子的饼干"为故事背景,充分幼儿发挥想象力,同时在活动中,教师能够根据幼儿出现的不同情况进行指导,这在某种程度上弥补了集体教学中幼儿差异性教学的不足,教师在观察和交流中能充分把握幼儿对知识的认知情况,进而给予相应的指导。

五、认识形状活动的设计和实施

(一)幼儿形状概念发展的特点

1.幼儿对形状的认识是从笼统的感知再到形体精细的感知

很小的儿童并不能准确区别复杂的形体,他们仅能通过外部轮廓来判断物体,对于曲的、直的之间的细微差别还不能作出准确的判断。而随着认知的发展和经验的丰富,4周岁之后的幼儿开始能够区分曲线和直线,但还不能很好的把握曲线图形和直线图形。直到6周岁之后,幼儿才能够准确的区分一般图形,并且描绘这些图形的特点。

2.幼儿对形状的认识具有一定的顺序性

幼儿认识几何形状的顺序一般是先平面,后立体的,且常常混淆,以体代面,比如在寻找圆形时,说"篮球是圆形的",对平面形状认识的顺序是:圆形→三角形→正方形→长方形→椭圆形→梯形;对立体形状认识的顺序是:球体→正方体→圆柱体→长方体,且幼儿对形状的认识是受到生活经验影响的,他们对于生活中常出现的,且较为特殊的形状认识水平要高。

3. 各年龄段儿童对图形的认识是一个逐渐发展的过程

幼儿形状概念的形成一般是先由感知形状再到能够用相应的词汇去描述,这一过程可以分为三种水平,即“能把平面几何图形与名称匹配”“能根据所说图形的名称指认图形”“能对平面图形进行命名”,这种水平是随着儿童的年龄逐渐发展的,且各年龄段儿童有着明显的能力区别。

(1)3—4 周岁儿童,能够根据名称与平面图形相匹配。

(2)4—5 周岁儿童,不仅能够认识一般的几个图形,还能够理解平面图形之间的简单关系,进行初步的拆分、组合。同时,部分幼儿具备一定的图形守恒能力,能不受颜色、大小和位置的影响准确辨认形体。

(3)5 周岁之后的儿童能够辨认基本的平面、立体几个形体,其图形组合的能力明显提高。

(二)认识形状的教育目标的设计

1. 小班

能够认识圆形、正方形、三角形,并且能将这些形状与他们的名称相匹配。

2. 中班

(1)能够认识长方形、椭圆、半圆形、梯形,知道其名称和基本特征,并进行分类。

(2)能够通过画、拼搭等多种形式进行形体造型。

3. 大班

(1)能够认识并说出球体、正方体、圆柱体以及长方体的名称和基本特征。

(2)能立即区分平面图形和立体图形。

(3)能够对形状进行创意的组合。

(三)认识形状活动的实施

生活中充满了形形色色的形状物体,大部分都是以立体的形态粗壮,儿童对生活这些形体的认识起初是十分笼统的,他们很难分清具体的形状特征以及形体之间的关系,为此教师需要采用一定的方法,可以有效地帮助幼儿认识不同的形体。

1. 通过视、触觉等感知觉认识形体的基本特征

观察和触摸是儿童认识形体的最初方法。为了更为直观的体会形体的不同特征,教师可以选择生活中接近的形体让幼儿进行观察和触摸,首先,让幼儿观察两三个物体的特征,说一说他们在生活中还看到哪些类似的形状;其次,让幼儿摸一摸,感受形状的角、面或者曲面;然后,根据这些图形的特征,告诉幼儿每一种形体的名称;最后,理解图形的守恒。

2. 通过比较、分类等方法认识形体的基本特征

比较、分类的方法可以有效地帮助儿童区分形体的不同特征。

(1)平面形体的比较

教师可以用重叠的方法进行比较,找出图形的特征,然后根据它的特征学习名称。

(2)立体形体的分类

可以用分类的方式,教师可以为幼儿准备一些大小、形状、颜色不同的立体图形,然后让幼儿在这些立体图形中,找到与名称相符的图形,并分类摆好。

(3)立体图形与平面图形的比较

在学习平面图形的基础上,让幼儿找到能够构成几何体的面的平面图形,如区分正方体和正方形,教师引导幼儿一起发现,正方体中有几个面是由正方形组成。

3. 通过图形的分割和组成认识形体之间的关系

图形的分割和组成能够很好地帮助儿童进一步认识图形的关系,比如教师可以问"1 个正方形都可以分成哪些形状?""1 个圆形都可以剪成哪些图形?""用 2 个三角形、4 个正方形或者 3 个长方形都可以组成什么图形?"等等,同时注意教学内容由简到繁,先等分,再不等分,然后再分割,后组合。

4. 利用游戏或操作活动巩固对形体特征的掌握

在幼儿对平面、立体图形已经幼儿一定的认识之后,游戏或者其他操作类活动能够很好地帮助儿童巩固对这些形体的认知,比如按名称找形体、用形体卡片或者积木拼搭楼房、汽车、小人等形体、图形盖章游戏、图形连线、裁剪、粘贴、手撕,等等。

【认识形状活动的案例及评价】

数学活动:制作正方体(大班)

1. 活动目标

(1)在操作中感知正方体特征,能够理解三维形体、二维平面图形的关系。

(2)体验合作和探索的乐趣。

2. 活动准备

泡沫垫若干、骰子(正方体)、餐巾纸盒(长方体)、杯子(圆柱体)。

3. 活动过程

(1)实物演示,辨认正方体

(教师出示实物如骰子、餐巾纸盒、杯子等道具)

教师:"请小朋友们一起找一找这些物品里哪些是属于正方体?"

(教师向幼儿解释正方体的特征,正方体有 6 个相同的面)

(2)通过亲手制作正方体,感知其主要特征

教师:"我们已经对正方体有了一点了解,那么现在让我们来自己做一做正方体(教师给每个幼儿分发泡沫垫),我请小朋友们自己说一说你看到的正方体都有哪些特点,你将如何用这个泡沫垫制作正方体?"

(教师出示泡沫垫,让幼儿通过自己的尝试去制作正方体)

教师:"我们已经成功的制作出了正方体,除了正方体有 6 个面的特征,你还有哪些发现?"

(引导幼儿说出,正方体有 6 个面,无论从哪一个面看都是正方形)

(3)制作大正方体,深入了解正方体的属性特征

教师:下面请你们两个人合作,一起制作正方体。要求把正方体变得更大一点。

(教师出示完整的小正方体,边提问边演示:正方体有几个面? 6 个面大小怎样? 都是

什么形状?)

(4)观察讨论幼儿制作的正方体

让幼儿相互观察彼此制作的正方体,并提问:说说为什么不像?6个面的大小、形状一样吗?怎么办?

请幼儿继续将正方体完成。

教师出示完整的正方体,提问:"和原先的正方体比较,是否变大了?怎么把它变大的?用几块垫子拼成一个正方形?每一面都一样大吗?看不见的下面用了几块垫子?"

4. 活动延伸

教师继续抛出问题,让幼儿继续探索。如,"如果给你更多的垫子,能不能做一个更大的正方体?你会怎么做?""生活中还有哪些是正方体?""你还可以用什么材料制作正方体?"

让幼儿在疑问和发现中进一步增加对正方体的认识。

5. 活动评价

儿童对形体的认识不是仅仅依靠感知过程而实现的,而是通过视觉和触觉的联合活动,并借助语言表达来实现的。多种分析器的协同活动能促进儿童建构起关于形体更准确的认知。在本次活动中教师为幼儿提供了熟悉的材料,通过切身的操纵来感知和探索"正方体"的特征,活动内容紧凑,环环相扣,教师可以根据幼儿的实际情况做出相应的教学调整,使每个幼儿都能真正地参与到活动中来,感受数学的快乐和奥秘。

六、认识空间活动的设计和实施

(一)幼儿空间表征发展的特点

1. 仅能掌握基本的方位概念,对方位相对性理解较差

空间认知能力主要指对物体空间关系、主体对自己所在空间的认知。而幼儿阶段仅能掌握基本的方位概念,比如上下、前后、左右等,方位概念具有相对性,而方位关系会随着某一个参考点的改变而改变,这对于幼儿来说是十分难理解的。

2. 幼儿先认识上下,再认识前后,最后认识左右

幼儿对于方位前后顺序的认识是由于他们身体的垂直位置所决定的。初步的空间认识以其自身为中心,身体的移动不会改变上下关系,因而先认识上下,而前后的判断幼儿可以依照其脸的方向进行参考,但左右具有一定的可变性,会根据参考物的改编而改变,因而对幼儿来说是最难的。一般情况下,3周岁辨上下,4周岁辨前后,5周岁以后辨左右。

3. 空间认识的参照先以自我中心为主,逐渐到以客体为中心

在幼儿感知空间关系的过程中,首先是以自身为参照的,他们通过用身体与外物进行对比从而判断方位关系。而以客体为中心,是从某一客体出发来辨别其他客体的方位,然而幼儿以客体为中心辨别上下、前后是比较容易,5—6周岁的幼儿也只能以辨别自我中心的左右。

(二)认识空间的教育目标的设计

1. 小班

(1)能感知物体的基本空间位置,辨别上下方位。

(2)理解并尝试使用上下、前后、里外等词。

2. 中班

(1)能够以自身中心和客体中心辨别事物的上下、前后、里外、旁边等方位。

(2)学会使用上下、前后、里外、旁边等词去描述物体的空间位置和运动方向。

(3)试着理解物体前、后位置关系的相对性。

3. 大班

(1)能够准确以自身中心和客体中心辨别事物的上下、前后、里外、旁边等方位。

(2)能够辨别以自身为中心的左右方位。

(3)能正确使用上下、前后、里外等方位词汇。

(三)认识空间活动的实施

幼儿空间表征发展的过程中表现出三大循环发展体系,即自我中心参照体系、固定参照体系、协调性参照体系。我们通过上面的学习对幼儿的空间教育有了初步的了解,而在具体的组织与实施中,我们需要注意哪些问题,下面分别从这三个方面进行介绍:

1. 自我中心的空间教学

儿童的空间方位感基本是从自己的身体部分的方位认识开始的,比如对于小班幼儿来说,前面就是自己脸,后面就是背;对于大班幼儿来说左边就是左手,右边就是右手,因此教师在教学过程中要充分利用这一点,将幼儿对身体部位或者身体动作的感知与相关的方位词联系起来,比如你面前有什么? 你的左右在做什么? 等等,使幼儿逐渐理解方位词的具体含义。

在幼儿能够基本辨别身体部分的方位时,进一步引导幼儿感知身体整体在空间的方位关系,比如像幼儿演示,"我(教师)的前面是窗户,你的前面是什么?"一边说一边用手指前面的物体,让幼儿能够基本到在同一空间内,不同的方位概念(教师和幼儿"前面"的物体不同)。

2. 固定参照的空间教学

固定参照即指幼儿以客体为中心,幼儿能以客体为中心首先是在一定的主体中心的基础之上的,这里主要应用演示法,教师可以为幼儿设置一个方位场景,比如在空地按照前后、左右、里外的空间方位摆放一些玩具或物品,然后问幼儿"小熊的前面是什么?""书的上面是什么""盒子里装了什么? 外面幼儿哪些东西?"等等,此外在进行这种空间教学时可以融合一些故事情节、音乐或者借助游戏等多种形式,比如"贴五官",教师准备一张没有五官的脸的图画,然后选出一名幼儿蒙住眼睛,手拿五官,其他儿童在旁边用"向左、向右、向上、向下"等方位词指挥;"反正话",老师发布方位指令,如"摸一摸左手""向后走一步"等,然后幼儿做相反的动作。

游戏可以很好地调动幼儿学习的积极性,教师可以自创游戏,自然得将方位概念融入游戏活动中,这样幼儿在模仿、动作、参考的过程中逐渐理解方位概念。

3. 协调性参照的空间教学

幼儿主要是以自我为中心参照体系来进行空间的推理和判断的，但是，在他们比较熟悉的环境中，幼儿也有可能借助外部环境来判断空间关系。

【认识空间活动的案例及评价】

数学活动：我的左边和右边（大班）

1. 活动目标

(1) 能够以自身为中心，区分左右，发展幼儿的空间观念。

(2) 能比较准确地说出物体所在的“左”“右”方位。

(3) 能够在与同伴的交流中感受学习的乐趣。

2. 活动准备

(1) 脚上绑红、蓝颜色的彩带。

(2) 记号笔、铅笔、橡皮、红、蓝彩带、毛绒玩具 2 个。

3. 活动过程

(1) 谜语导入

教师：小朋友们好！今天老师给小朋友们带来了一个谜语。

一棵小树五个杈，不长叶子不开花，
从早到晚不讲话，写字画画不离它。

（谜底——手）

教师：我们每个人都有两只手，一只左手，一只右手，你能分清自己的左、右手吗？好，请举起你的右手。（小朋友们举起右手）

教师：“用你们的右手跟我打打招呼。”

(2) 认识左、右手

教师：这是我们的右手，那你知道右手能干什么吗？

（教师举起右手提问，并以同样的方式认识左手）

教师：让我们用自己的左、右手彼此问好吧。

（引导幼儿分别用左、右手打招呼，并说你好）

教师：左右手可以帮助我们做很多事情，所以都很重要，小朋友们一定要保护好自己的左、右手。

教师：现在大家都能很好地分清自己的左、右手了，我们来做一个游戏，游戏的名字叫作“你说我做”。

（教师一边念儿歌，一边引导幼儿跟着口令一起做动作）

举起右手摇一摇，举起左手握拳头，
右手变成小剪刀，左手放在头顶上。

(3) 区分左、右

教师：那你们还知道我们身体中除了手还有哪些部位可以区分左右呢？

（引导幼儿发现身体部分的左右特征，如“左眼、右眼，左耳、右耳，左腿、右腿”等）

请踢踢左腿，请摸摸右耳。
请抬起右脚，请遮住左眼。

……

(4)巩固游戏

教师:下面我们来做一个更好玩的游戏,好不好?

(教师把游戏道具绑到幼儿的手、腿上)

教师向幼儿讲解游戏规则:

小朋友分两次游戏,每次游戏,每名幼儿手拉手围成圆圈,边走边和其他小朋友一起说:"迷迷转,迷迷转,大风来了快快转。"然后听老师说"大风来了"。转圈的小朋友立刻站好,听老师口令做动作。

(玩游戏时,第一次老师说口令:请右脚绑蓝丝带的小朋友举起右手;请左手拿记号笔的小朋友抬起左腿;请左手绑红丝带的小朋友向前一步,等等。第二次游戏时,请个别小朋友说口令,其他小朋友一起做动作)

4. 活动延伸

左右经常用在我们的生活里,如我们经常说左、右边有什么东西,你看到左右边有什么,等等。左右跟我们的生活息息相关。今天我们已经能够分清左右了,回家去考考你的爸爸、妈妈,好吗?(活动结束)

5. 活动评价

认识"左""右"对幼儿来说,是比较难的一种空间知觉,因此在大班开展最为适宜,而根据幼儿空间知觉发展的特点,"左""右"的认识应该结合幼儿的身体动作,以他们自身为中心。在案例的整个活动中,始终以幼儿自身为中心,先通过手的动作认识左右,再通过身体的动作加深对左右的理解,最后通过"迷迷转"的游戏强化认识,增加了活动的趣味性,使幼儿在玩中逐渐纠错和改正,帮助幼儿正确认识左右方位。

七、认识时间活动的设计和实施

(一)幼儿时间知觉的特点

1. 幼儿的时间知觉发展水平较低

幼儿具体形象思维的特点导致他们很难理解这种没事直观物体参照的时间概念,他们对时间的知觉要依靠生活经验,直到幼儿中期才能初步辨别短期如"今天""昨天""明天"等词的时间概念。

2. 幼儿时间概念的形成依赖于生活活动

幼儿初期虽然已经形成初步的时间概念,但这种时间概念是建立在生活活动的基础之上的,比如说"早晨"是指起床的时候,"中午"是指睡午觉的时间。

3. 幼儿常出现错用时间词汇的现象

在幼儿的日常对话里,常会出现一些时间词汇,而这种错用往往不能准确的表达他们的实际含义,比如有儿童会说"今天我 4 周岁了",其实是想表达"今年我 4 周岁"的意思,或者"明天妈妈带我去的游乐园",其实是表达昨天他妈妈带他出去玩的意思。这种现象是比较常见的。

4. 幼儿的时间知觉表现出明显的个别差异

受到个体知识、经验以及能力的影响,每个幼儿对时间的知觉是有明显的差别的,但这种差别随着他们知识经验的不断积累,随着年龄的增长这种差异性逐渐减小。

(二)幼儿认识时间活动目标的设计

1. 小班

能够初步区分和理解早晨、中午、晚上、夜晚,并且尝试在生活中运用这些词汇表达自己。

2. 中班

能够区分和理解昨天、今天、明天,并且在日常的生活中积极应用这些词汇。

3. 大班

知道一个星期有七天和这七天的名称、顺序,并且能够尝试说出昨天、今天、明天分别是星期几;认识钟表及其用途,学会看整点和半点并且能够知道时针和分针的名称和旋转规律。

(三)幼儿时间教育的实施

通过以上介绍我们了解到幼儿时间知觉的发展特点和在幼儿各年龄阶段的教学目标,而幼儿园进行时间教育的方法和途径是多种多样的,下面我们进一步了解幼儿时间教育时如何组织与实施的。

1. 日常生活中的时间教育

(1)通过日常对话增强幼儿对时间的感知

日常生活是进行时间教育的重要途径,幼儿对于时间的感知往往需要借助生活情境,比如可以问"昨天谁没来?""星期日我们不用来幼儿园""中午我们要睡午觉",等等,教师可以在入园、离园或者活动过渡时间通过对话的方式增强幼儿对时间的感知。

(2)经常运用时间词汇强化幼儿对时间的认识

在日常的对话中,教师注意使用时间词汇,比如"能告诉我昨天上午你做了什么?""我们演出的具体时间是……"等等,让幼儿感受到教师让幼儿做某事或回忆某事的时间点,从而强化他们对时间的认识。

(3)丰富环境创设中有关时间的素材

环境创设的时间元素可以使幼儿感受到时间这一概念,比如在活动区明确标注进入时间和活动时间;在宣传海报上显著标出某一活动的具体时间,或者把时钟模型摆放到区域活动中供幼儿摆动等。

2. 教学活动中的时间教育

(1)认识时钟,学会看整点、半点

认识时钟是大班时间概念教学的一重要内容,在教学中我们可以让幼儿说一说时钟的功能、特点、种类;看一看钟面结构;有哪些数字;指针的区别;说一说整点和半点,最后通过亲自操作体会时间的变化。

(2)在游戏中增加有关的时间内容

游戏的方法可以充分调动幼儿的积极性,同时也是幼儿时间教育的重要途径,比如"猴子猴子几点了""开火车""娃娃家",幼儿在玩中自然地学会了各种时间概念。

【幼儿认识时间活动的案例及评价】

数学活动:认识时钟(大班)

1. 活动目标

(1)了解钟面的主要结构,知道时针、分针的运转规律;

(2)学会看整点和半点;

(3)增强时间观念,体验游戏的快乐。

2. 活动准备

(1)经验准备:对认识时钟已有一定的知识经验,并了解幼儿园一日活动的各个环节。

(2)物质准备:课件,大钟、幼儿每人一个小时钟,实物投影仪,幼儿分组操作材料,大灰狼头饰等。

3. 活动过程

(1)谜语引题,激发兴趣

教师:小朋友们,我们先来猜一个谜语,仔细听老师的谜面。

有方也有圆,指针告时间。

响声十二下,开始新一天。

(谜底——时钟)

教师:小朋友都好聪明。时钟是我们的好朋友,可以提醒我们,现在是什么时间,应该做什么事情了,我们的生活少不了它。

(2)事物操作,认识时钟

教师:钟面上都有哪些东西?有哪些数字?数字排列有规律吗?长针叫什么?短针叫什么?

(教师一边讲解,一边拿着钟表演示)

教师:钟面上有1~12的数字按一定的顺序排列,长针叫分针,短针叫时针;时针比较粗,分针比较细。分针走得快,时针走得慢,分针跑一圈,时针走一格或者一个数字,这就是一小时。

(3)学习整点和半点

教师:小朋友们,老师要问你们,你们听说过什么是整点?什么是半点?(教师调整闹钟)

教师:为什么闹铃会响呢?(引导幼儿说出整点报时)

小结:原来分针指在12,时针指向几,就是几点整。

教师:那什么是半点呢?(让幼儿自由讨论)

小结:当分针都指向6的时候,时针指向两个相邻的数字中间,时针刚走过几,就是几点半。

(4)观看课件“我的幼儿园半日生活”

小结:小朋友们每天都要做很多事情。而且你们马上就要上小学了,会有更多的学习任务。我们可以请时钟帮忙,提醒我们做好每天该做的事情,按时起床、准时睡觉。让我们一起做一个守时的好宝宝吧!

4. 活动延伸

(1)游戏体验:复习巩固。

(2)游戏名称:老狼老狼几点钟。

(3)教师讲解游戏规则:老师当老狼,小朋友们当小羊。老狼出示时钟时,请小羊说出时间。老狼说几点时,小羊就把手上的钟拨几点。小羊拨好了钟就停下来,请老狼看时间。如果拨错时间,可能会被老狼吃掉。

5. 活动评价

《纲要》中指出科学教育的目标是:“对周围的事物、现象感兴趣,有好奇心和求知欲。能用适当的方式表达、交流探索的过程和结果。”活动中教师采用幼儿在园的一日生活作为认识时钟的载体,使幼儿充分感受时钟对学习、生活的很大帮助,真实体会到时钟就在身边的生活中,从而激起学习情趣和学习动机,主动去探究新知。在活动中,教师为幼儿提供操作的机会,并让幼儿根据自己的兴趣分组共同合作完成,幼儿根据自己的认知经验和刚学到的知识进行操作,体验到成功的乐趣。

第五节　幼儿园数学教育活动的评价

一、对幼儿园数学活动的评价

(一)对幼儿数学教育活动环境的评价

针对幼儿园环境来说主要包括物质环境和心理环境两个方面,因此在对幼儿数学教育活动环境进行评价时也应该从这两个方面入手,首先对数学物质环境的评价,幼儿园数学教育中物质环境的创设是向幼儿进行数学熏陶的一个重要途径,在对物质环境创设进行评价中,主要是针对数学元素在环境中发挥的作用,主要包括一些数学材料、玩教具或者是幼儿的一些手工作品,而对这些元素的评价主要侧重于以下一些方面:

(1)环境中的数学元素是否来源于幼儿的实际生活。

(2)数学元素是否符合幼儿的年龄特征和思维结构发展。

(3)数学玩教具是否能够达到启迪和教育的作用。

(4)数学材料是否能够充分调动幼儿动手操作的欲望,等等。

同时,心理环境的创设是幼儿数学学习中不可忽略的关键点,在进行评价时主要关注的是教师是否为幼儿创建了一个宽松的、和谐的、自由以及安全的学习环境,在这个环境中,幼儿表现出轻松快乐、积极活泼的愉悦情绪,并且大胆探索、勇敢发问,这在幼儿数学教育活动评价中是相当重要的一个方面。总而言之,对幼儿数学环境的评价必须始终围绕幼儿的兴趣和能力发展、启迪和教育作用进行。

(二)对幼儿数学教育活动目标的评价

在整个数学教育活动中,对目标的评价是最为直接和首要的,而在对幼儿数学教育活动目标的评价中,主要关注的是教师目标设计的合理性,这个合理性主要包括:第一,活动目标是否具有一定的阶段性,如本次数学活动目标是否建立上一个目标之上,为了实现一个总目标,教师根据幼儿的接受程度制定相应的阶段性目标,最终成为一个螺旋上升式的目标体系;第二,活动目标是否符合本班幼儿数学能力发展水平和以后经验,同时是否兼顾到幼儿之间的个体差异性,满足个体需要;第三,目标的设定中不仅包含了知识内容,同时还包含情感态度、思维方式以及科学的方法、经验等。对幼儿数学教育活动目标的评价能够很好地评判教师对整个活动的掌握程度以及对幼儿数学能力的了解。

(三)对幼儿数学教育活动内容的评价

《纲要》中对于数学领域的一重要目标和价值取向就是“能从生活和游戏中感受事物的数量关系并体验到数学的重要和有趣”,可以看出,新的课程理念更关注教育与生活的联系,希望幼儿在活动中所面对和需要解决的是有关周围事物和生活中出现的问题,并且通过积极的参与、探索、思考,发现问题、解决问题。为此,对幼儿数学教育活动内容的评价应包括以下几个方面:

(1)活动内容与目标一致,是否能够让幼儿获得更多的参与和探索的机会。

(2)活动内容与幼儿生活环境、生活经验密切相连。

(3)活动内容是否适合并有利于幼儿数学能力的发展。

(4)活动内容能否充分激发并调动幼儿进行数学探索和思考的欲望,等等。

总之,数学不仅是一个概念、一个原理,在幼儿成长的道路上数学更是他们生活的一部分,一个解决问题的思考方式,因此在对数学教育活动内容的平时必须以幼儿自身的需要、能力和兴趣为基准点。

(四)对幼儿数学教育活动方法的评价

在幼儿数学教育活动中适当的教学方法可以事半功倍,对幼儿数学教育活动方法的评价可以从以下几个方面进行。

(1)数学教育活动方法应该适应幼儿的年龄特点,在实际教学实践中,教师首先要考虑到本班幼儿的年龄特征,因幼儿的身心发展在这三个年龄段有较大的变化,尤其是对于逻辑性较强、能力要求较高的数学学习活动来说,各年龄段在方法上应有明显的区别,在总体上数学教学方法应该更为形象、生动,尽可能借助直观具体的事物。

(2)活动方法应该因地制宜,同时必须与幼儿的生活紧密相连,对于方法的评价应该着眼于教师是否能够灵活运用周围生活的资源,巧妙地将逻辑性较强的数概念的认知教授给幼儿。

(3)活动的方法要充分体现幼儿的主体性,对幼儿主体性的评判主要依据教师方法的设计与运用过程当中是否增加幼儿的参与度,能否为幼儿自由尝试和探索提供机会。对教育方法的评价可以有效地评判教师方案设计的合理性以及与幼儿的适配性。

(五)对幼儿数学教育活动过程的评价

在教育活动实施的过程当中,教师和幼儿的表现是教育活动评价的一个重要方面,对幼儿数学教育活动过程的评价可以从以下几个方面进行:

(1)评判活动过程的结构是否符合逻辑性,连贯严紧。

(2)评判在整个活动的过程中教师是否很好的协调幼儿与周围环境和材料的关系,是否具有良好的师幼互动。

(3)评判在活动过程中,教师能否根据幼儿的反应适时的调整教学方案,使整个活动更为协调、自然。

(4)评判教师在活动的过程当中,是否尊重和接纳幼儿的个体差异,在教学过程中,尽可能的激发幼儿对生活的联想,充分调动幼儿的积极性。

总体来说,对教学过程的评价时一个动态的过程,评价者需要结合教师的语言、动作,幼儿的即时反应,活动的整个氛围进行客观且科学的评价。

二、对幼儿数学发展与能力的评价

(一)正确评判幼儿学习数学的机制

我们经常会认为儿童会数数,能数到100当作数学能力的评判标准,然而事实上幼儿口头上的模仿和记忆并不代表他们能够真正理解100的真正含义,即数概念的理解,而儿童对这些数及数量关系的真正理解和应用是要进入到小学阶段才能够逐渐掌握的。在教学中我们也常看见有老师让幼儿重复“1+1=2”或者“8比5大”等话语,企图让幼儿在不断的重复中记住这些数学含义,这种误解严重地违背了幼儿对数概念、数关系的学习机制,他们只有通过观察、操作、思考等多种方式真切感受到“手里1个苹果再拿1个苹果,手里就变成了2个苹果”或者“8个木棒是比5个木棒多的”直观的数学意义,这种对幼儿数学学习机制的误解,常常使幼儿处于被动学习的状态,不利于幼儿的数学启蒙教育。

(二)重视幼儿学习数学的情感、态度和意志

常有人认为幼儿数学的学习就是让幼儿“坐下来做加减法计算”,或者一些口算、心算等数学运算的训练,而我们不能否认幼儿园阶段的一些基础的数学运算能力的培养对升入小学后的数学学习有一定的帮助,但仅仅把加减法运算当作数学教育的全部内容显然是片面的,幼儿早期数学的学习和发展的内涵是相当丰富的,除了对数的理解和应用还包括空间、时间、形状以及集合概念的学习,让儿童在生活中发现数学知识的情趣,把数学知识积极地应用在生活中解决问题,教师在评价幼儿对数学的学习情况时,应该着眼于幼儿的情感、态度和意志方面,将幼儿对数学的探索欲望,应用能力以及在学习中能否克服困难等方面作为评判幼儿数学发展能力的重要因素。

【思考与练习题】

1. 如何在幼儿的一日生活中渗透数学教育?
2. 怎样解决幼儿数学教育小学化倾向的问题?
3. 思考幼儿学习数学的个体差异性和实施、指导策略。

第八章　幼儿园美术领域教育活动的设计与实施

【学习目标】

一、知识目标

1. 知道幼儿美术教育的含义；
2. 掌握幼儿园美术教育活动的目标和主要内容；
3. 了解各类美术教育活动的含义、幼儿发展特征。

二、能力目标

1. 能够设计幼儿园美术教育活动的方案；
2. 能够根据幼儿的年龄特点选择适合的美术内容；
3. 能够指导实施幼儿园美术教育活动。

三、情感目标

1. 能够体验美育活动的乐趣；
2. 具有创新意识，陶冶情操，完善人格。

【知识重点、难点】

一、知识重点

明确幼儿园美术教育的总体以及各年龄段目标和内容。

二、知识难点

能够结合实践理解幼儿园各美术教育活动的实施要点。

第一节　幼儿美术教育的概述

一、幼儿美术教育的概念

（一）美术

美术是艺术的一种重要表现形式，也可称之为造型艺术、视觉艺术或空间艺术，其存在的方式依赖于空间。美术的基本表现形式和手段包括线条、形体、结构和色彩，是创作者为表达客观世界所展现的一种情感的、审美的艺术形式。

（二）美术教育

现代社会教育内容的分化与发展促使美术逐渐成为独立的学科，狭义的美术教育指的是为培养体、智、德、美等方面全面发展的人才，进行的较为系统的美术基础理论和基本技能的指导教学工作，以适应和从事美术相关专业的工作。美术教育被视为一种文化哲学，旨在完善人格、表达个性、陶冶情操，提高大众的审美趣味。

（三）幼儿美术教育

幼儿美术教育是指教师根据幼儿的身心发展规律，按照幼儿教育的总体要求，进行的一种有目的、有计划地美术欣赏和创造活动，使幼儿获得审美能力和创作能力的发展，最终促进幼儿人格和谐统一。

幼儿美术教育是将幼儿教育与相关的美术内容有机的结合。学前儿童的美术是一个特殊的、纯粹的艺术领域，它着眼于美术本身，是幼儿理解世界、表达世界的重要方式。儿童的美术能力自然天成，他们以自身作为生命的发生体，通过与环境互动建构天性中的“自然结构”和图示，从而进行审美体验，从这个角度来看，幼儿美术教育是幼儿将周围客观世界与自己的经验和想象结合，进行创造性自我表达的一种方式。

二、幼儿美术教育的意义

（一）幼儿美术教育为人审美能力的发展奠定基础

幼儿生活在一个多彩的世界里，在孩子眼里万事万物的色彩和各异形态充满了无尽的乐趣，这让他们获得了人生最初的美的体验，与此同时幼儿园为幼儿提供了丰富的美术材料，幼儿在幼儿园里能够尽情地描绘、大胆的创作，在多彩的环境中获得愉悦的情绪体验，儿童在教师的指导下认识颜色、学习绘画、制作手工、欣赏图画，使幼儿获得所需的美术基础知识和基本技能，孩子在游戏、生活和其他活动中审美能力逐步提高。因此，可以说幼儿园的美术教育是人最初的美术感知活动，这为其后期审美能力的发展奠定了一定的基础。

（二）幼儿美术教育促进学前儿童想象力和创造力的发展

以幼儿为着眼点，幼儿教育的重要意义在于，能够极大地促进幼儿创造力和想象力的发展,《纲要》在艺术领域的指导要求中指出"尊重每个幼儿的想法和创造"。可以看出,新课程改革"以人为本"的教育理念驱使下,艺术教育更关注幼儿自身的表达,而美术是幼儿描绘世界、表现情绪、审美体验的重要方式。幼儿园的美术教育力求通过教师的有效指导,使幼儿的想象力和创造力得到极大的发挥。为此,儿童在美的体验中,能够尽情地展现对世界万物的遐想,保有热情地、大胆地进行创造。

(三)幼儿美术教育促进幼儿身心各方面发展的和谐统一

美术是实施美育的重要方式,与体、智、德共同构成了幼儿身心各方面全面发展的组成部分。与此同时,美术活动是幼儿人格发展中一个得天独厚的条件,他们通过描绘喜欢的事物,自作有趣的造型,欣赏美丽的图画等活动中获得生活经验,实现手眼协调,磨炼意志力,学会分享互助,为幼儿提供了一个综合的教育,同时在各种美的体验中感受世界万物的多彩,从而热爱生活,喜欢探索。美术教育浸染着幼儿丰富的生活,从某种角度而言,能够有限的实现幼儿身心各方面发展的协调和统一,顺应天性,完善人格。

(四)幼儿美术教育为幼儿提供自我表达和交流的途径

绘画是一种语言,儿童借助这种语言方式表达这对客观世界的情感和认识,这是他们对周围世界最本能的感知表现,也是幼儿最喜爱的表达方式之一。我们常能看见幼儿饶有兴趣地把他们想象的场景和看到的事物利用画笔画下来,或者借助不同造型材料进行塑造,然后和伙伴们交流他们画了什么、谁的更"好看",或者一起玩手工造型,在幼儿并不具有丰富的语言表达能力时,这种方式成为幼儿表达自我的一种重要途径,在教育研究中,幼儿的美术作品常会作为重要的研究媒介,去理解儿童的想法,了解儿童的世界。

三、幼儿美术教育的特点

(一)重视情感与色彩的自我表达

《纲要》在艺术领域的指导要求中提出"指导幼儿用自己喜欢的方式表达""大胆地表现自己的情感和体验""激发幼儿感受美、表现美的情趣",这无一不体现着"情感"在艺术教育的重要性,美术作为艺术领域的重要组成部分,需要同色彩相结合,这是由于幼儿最初的美术感知是从感知色彩开始的。因此,多彩的涂画更容易激发幼儿丰富的情感,而幼儿活动的原动力,正是从他们丰富的情感为出发点的。因此在进行幼儿美术教育时必须考虑到色彩和幼儿情感的联系,也就是幼儿对不同色彩产生的不同情感体验,这是他们进行自我表达的自然途径,美术教育审美能力培养的重要契机就在于是否能够把握幼儿在选择、观看、尝试和感受颜色的变化的过程中所产生的情感体验。

(二)强调创造力的审美核心价值

创造力是幼儿艺术教育中重要的核心经验,幼儿天生具有创造的潜力,美术能够极大地激发幼儿的这种能力,并且帮助他们认识客观世界,建构合理的认识结构。幼儿在美术活动中所表现的创造力一般是指对幼儿利用物质材料,凭借主观经验创造出的对其个人来说是全新的艺术的能力,可以看得出创造力的核心在于"个体"和"新颖",为此教师在实施美术教育活动关注点应是对幼儿本身而言,尊重并保护幼儿创造的作品。对于幼儿而言,美术是多彩的、自由的、快乐的,他们不受客观世界的束缚,善于发现生活的美好,具有丰富的想象力,周遭的一切事物都会成为他们美术作品的内容,对于成人而言,幼儿美术作品的那些与众不同正是他们艺术创作的可贵之处,因此,教师应以保有幼儿独有的创造力为前提,鼓励并支持幼儿进行大胆的创作。

(三)加强多感官参与的美术操作

操作是幼儿美术教育中不可或缺的方式,幼儿依靠"描绘""观看""摆弄"等多种方式进行美术创作,幼儿正是通过这些方式切身体验多彩的客观世界,从而创造出属于自己的美术作品。体验是幼儿感知世界、认识世界的主要方式,而这种体验包括内、外两个方面,外在体验主要指的是操作,内在体验则强调心理感知,而美术教育既包括动手能力的培养,也包括审美的情感体验。因此,为了使幼儿内、外体验进行有机的融合,多种感官的参与能够成为彼此的桥梁,幼儿通过语言交流表达情感、丰富认知、获得方法;通过手的操作自由的画画、探索不同的造型;通过视觉体验欣赏多彩的图画、观察颜色的变化,等等。因此,教师在进行美术教育时要充分调动幼儿的多种感官。需要强调的是,幼儿美术教育并不是具体美术技能的提高,教师的关注点应该落在他们在这些感官参与下的审美情感。

第二节　幼儿园美术教育活动的目标

一、幼儿园美术教育活动的总体目标

幼儿园美术教育活动的目标要求基于《纲要》中提出的关于艺术领域目标,强调"自主参与""创造表现""审美环境",结合《指南》中提出的具体要求,幼儿园美术教育活动的总体目标有以下几个方面:

1. 能感受和发现来自周围环境和艺术作品中的内容美,体会不同线条、形体以及颜色等元素的形式美。

2. 能够积极参与到不同的美术活动中,通过不同的美术形式进行个性化的审美感知、审美表达、审美创造。

3. 尝试操作不同的美术工具或材料,能够用自己喜爱的方式大胆的表现自己对美的感受。

这是美术教育目标在整个艺术教育中所规定的目标的具体体现,从教师的角度来说,美术教育的目的即是教师通过创造环境、提供材料、运用方法等一系列活动,帮助幼儿获得美的体验,进行自我表达,学习一定的美术技能等,最终发展幼儿的审美能力。

二、幼儿园美术教育活动的各年龄目标

《指南》对各年龄幼儿提出了不同的艺术方面的目标,其将艺术领域分为两个方面,即感受与欣赏、表现与创造,它们分别包括两个子目标。

1."感受与欣赏"

目标一:喜欢自然界与生活中美的事物;

目标二:喜欢欣赏多种多样的艺术形式和作品。

2.“表现与创造”

目标一:喜欢进行艺术活动并大胆表现;

目标二:具有初步的艺术表现与创造能力。

而为了使我们更明确《指南》中美术领域各年龄的目标,这里进行了归纳和提炼,如表8－1所示。

表8－1　各年龄段美术活动教育目标

小班(3—4周岁)	中班(4—5周岁)	大班(5—6周岁)
1.喜欢观看花草树木、日月星空等大自然中美的事物。 2.乐于观看绘画、泥塑或其他艺术形式的作品。 3.经常涂涂画画、粘粘贴贴并乐在其中。 4.能用简单的线条和色彩大体画出自己想画的人或事物	1.在欣赏自然界和生活环境中美的事物时,关注其色彩、形态等特征。 2.欣赏艺术作品时会产生相应的联想和情绪反应。 3.经常用绘画、捏泥、手工制作等多种方式表现自己的所见所想。 4.能运用绘画、手工制作等表现自己观察或想象的事物	1.乐于收集美的物品或向别人介绍所发现的美的事物。 2.艺术欣赏时常常用表情、动作、语言等方式表达自己的理解。 3.愿意和别人分享、交流自己喜爱的艺术作品和美感体验。 4.能用多种工具、材料或不同的表现手法表达自己的感受和想象。 5.能用自己制作的美术作品布置环境、美化生活

以上是《指南》中为我们提供的一般美术活动目标,供我们参考和实施,而不同的美术活动在不同年龄班有所区别,在本章第五节(幼儿园各美术教育活动的设计与实施)中进行具体阐述。

三、幼儿园美术教育活动目标制定的原则

(一)以促进幼儿发展为前提

在确定了一定的美术主题内容后,接下来要考虑的就是如何制定活动目标,首先应该以“发展”为着眼点,在美术领域中的发展即指审美能力和美术技能的发展,在制定目标时要关注幼儿发展的差异性,考虑到幼儿的最近发展区,目标应该具有一定难度却不能超过幼儿能力范围,目标应该具有一定弹性,可根据幼儿的需要进行适当的调整,同时明确幼儿发展的具体目标,如“能用实线画”“学会填涂”“能说出图画的内容”,等等。

(二)考虑到幼儿的年龄特征

幼儿对于不同的美术要素往往会表现出一定的年龄特征,即随着年龄的变化,幼儿会具有不同的美术操作和欣赏能力,以色彩的选择和描绘为例,3—4周岁的幼儿开始能够辨别这些基本颜色和相近色,如红、橙、绿、天蓝、紫色等;4周岁之后,才逐渐根据颜色的深浅和色调倾向辨别颜色的区别;直到幼儿末期,他们才能够准确说出颜色的名称和细微差别,同时,他们对色彩的描绘也经历了涂抹——装饰——再现三个阶段。以上幼儿在不同年龄

阶段所表现出来的美术能力,一方面是幼儿认知发展的结果,另一方也是幼儿生活经验的积累,在其中教师的指导必不可少。因此,教师在制定美术活动目标时必须结合幼儿的年龄特征,制定符合幼儿身心发展规律的目标要求。

(三)关注幼儿整体性发展

幼儿美术活动不仅是让幼儿学会绘画的一种技能活动,更是幼儿围绕关于美的主题进行感知、体验、创造的综合型活动。因此,教师在制定幼儿美术教育目标时首先应该拓宽对幼儿美术教育的理解,从多方面的角度出发,综合衡量幼儿美术活动对于儿童人格建构的价值。考虑到幼儿整体性的发展,我们可以从认知、能力、情感这三个方面入手,美术活动在认识方面中关注的是幼儿能否知道美术的一些元素,如线条、颜色、形体等;在能力方面上关注的是幼儿是否会画、捏、涂,能感知颜色以及通过艺术手段表达情绪情感等;在情感方面上关注的是对周围生活美的感知力,对美感的表现欲等。

第三节　幼儿园美术教育活动的内容

一、幼儿园美术教育活动的主要内容

(一)按角度分类

幼儿园美术教育活动按照不同的角度有不同的分类,如:

1. 按材料分类

蜡笔画、油画棒画、粉笔画、彩铅画、水墨画等。

手指画、棉签画、水粉画等。

2. 按性质分类

命题画、想象画、故事画、填色画、集体画等。

3 按种类分类

绘画活动、手工活动、美术欣赏活动。

(二)按种类分类

通常按照种类分类是我们常见的幼儿园美术课程中一般分类方式,下面我们就这三个方面进行详细的阐述:

1. 绘画活动

幼儿绘画活动主要包括以下内容:

(1)了解各绘画工具和材料的性质和使用方法,如不同的材质的笔在纸上的特点也不同,感受宣纸、面巾纸的渗透性,用棉签、筷子、手指画画等。

(2)能够使用线条、形状、色彩描绘图画。

①线条:直线、曲线;虚线、直线;线条的粗细。

②形状:三角形、正方形、圆形、正方形、梯形;组合图形;自然图形;特殊图形。

③颜色:色相(是什么颜色);明度的分辨(颜色的深浅)。

(3)了解并处理绘画的基本构图,分清主次关系,处理图形中各要素的分布,如在边框内涂颜色,图形分布均匀等。

(4)学习良好的绘画习惯,比如正确持笔姿势,保持桌面、衣服干净、整洁,注意力集中坚持画完作品等。

2. 手工活动

幼儿手工活动主要包括以下内容:

(1)手工工具和材料使用方法的学习

比如点、线、面状材料的裁剪、粘贴、组合;用线缠绕;会折、撕、切等。

(2)多样化造型的学习

包括生活物体的造型模仿,如电视、花、人等,想象物体的造型模仿,如外星人,宇宙飞船等。

(3)动作协调性的学习

在塑造活动中小肌肉动作的协调,主要指手眼协调以及手的灵活度。

(4)良好卫生习惯和规矩秩序的学习

如学习保护自己的身体,保持台面、衣服干净整洁,物品摆放、收取有序,轻拿轻放等。

3. 美术欣赏活动

幼儿美术欣赏活动主要包括以下内容:

(1)学习欣赏美术作品、自然景物和生活中让幼儿感到美的事物。欣赏内容主要包括作品的色彩、构图、形式等,事物(景物)的造型、颜色、结构、样式等。

(2)了解美术作品的属性。包括作品时代背景、作品作者及作者生平、风格、类型等。

(3)学习用自己喜爱的方式表现自己对美术作品的感受,比如动作、语言、表情等。

(4)培养良好的美术欣赏习惯,比如保持注意力集中,不多言多语,尊重他人,理解他人等。

二、幼儿园美术教育活动内容选择的原则

(一)生活性原则

《纲要》的总体要求规定了幼儿园课程的生活化,而幼儿最初对美的感受也来源于生活。因此,幼儿美术教育的主要内容应该从生活元素开始,比如让幼儿进入大自然当中,感受花、草、树木、鸟虫的美,鼓励幼儿发现生活中觉得美好的事物,收集一些漂亮的小石子、小卡片,等等。教师在选择美术活动内容的时候,首先要考虑的问题就是是否能够引起幼儿的共鸣,即美术材料是否符合幼儿的生活经验。因此,我们提倡采用低结构的美术材料,比如用棉签、木棍或手指代替各种画笔,用废旧纸杯、纸盘代替画纸,让幼儿在小石头、杯子上涂画。美术教育的生活化最重要的实施方式就是美术活动内容的生活化,让幼儿充分感受来源于生活的,大胆地创造美的生活。

(二)自主性原则

"以幼儿为主"是幼儿园教育的宗旨,为此我们一切活动的中心必须围绕幼儿进行,那么在美术内容的选择方面"幼儿中心"主要体现在幼儿的自主性原则上,这里的自主主要指的是教师应该以幼儿的经验、兴趣为前提,发现其在日常生活或者教育活动中表现出对美

探索的欲望,我们可以简单了理解为,好的美术内容应该是幼儿自己选择的,而非教师单纯凭借自己的经验为幼儿提供的,比如在探究秋天的活动中,很多幼儿拾了很多大小、颜色不一的落叶,有幼儿喜欢比较谁的更漂亮,哪里能找到更好看的叶子,以此为契机,教师可以组织“多彩的落叶”活动,让幼儿用染料在落叶上画画。需要强调的是,自主是以幼儿为着眼点,而非教师的自主,因此教师在选取美术教育内容时需要有一双善于观察的双眼,具备抓住美术教育契机的智慧。

(三)审美性原则

幼儿美术教育是围绕“美”而进行的一系列的教育教学活动,为此在内容的选择上审美性原则是我们不可忽视的重要一项,那么我们如何把握审美性原则呢,简而言之就是选择美的事物供幼儿欣赏、操作,让幼儿具有发现美的眼睛去寻找美,学会创造美的方法去点缀生活。那么何为美的事物呢? 在幼儿眼里,美就是“漂亮”“开心”“舒服”,比如他们常说“我觉得这个石头好漂亮”“我看到这幅画以后觉得很开心”“这种颜色让我觉舒服”,这里的美不仅指颜色带给幼儿的视觉感受,可能还包括对事物外形的独特感知以及图画的结构体验。为此,教师应该注意从不同角度去发掘事物的独特审美体验,努力与幼儿同情,站在他们的视角去发现这个世界的美妙。

(四)联系性原则

幼儿美术内容的选择应该考虑到一定的联系性,这里的联系主要包括横纵两个方向。横向的联系主要指各活动之间的联系,比如在语言活动“春天来了”之后,教师可以让幼儿画一画春天;幼儿在手工活动“脸谱”之后,把幼儿的手工作品当作音乐活动“画脸谱”的活动道具,让幼儿边唱边表演。这种横向的联系避免割裂了幼儿园的活动,使幼儿能够接收到的一个整个的、彼此相互联系的活动经验。另外纵向的联系主要指幼儿本身发展的阶段和顺序,比如幼儿在小班已经认识并区别基本颜色,如红色、蓝色、绿色、黄色等;到了中班,教师可以让幼儿尝试各种颜色的混合,探究颜色的变化,学习三原色能够创造其他颜色。这种纵向的联系是考虑到幼儿身心发展阶段性的需要,随着年龄和经验的增长和丰富,教师应该逐渐增加学习的难度或者提供更副丰富的教学内容。

第四节 幼儿园美术教育活动的途径

一、专门的美术教学活动

我们理解的幼儿园的美术活动,就是这种以“课”的方式,由教师、幼儿、教学媒介共同组成的专门的美术教学活动。这种专门的美术教学活动通常情况下具有一定的教学目标,教师选取适合的教学内容,有计划、有组织,常运用各种方式方法向幼儿实施某一个主题或一个具体内容的美术教育活动,可以是针对个人的个别美术教学,还可以是小组或集体的美术教学。在这其中教师是活动的组织者、引导者、支持者,幼儿是活动的主导,教师在与幼儿的互动中,逐渐引向活动的主题,让幼儿学会画、制作手工、学会欣赏。这种专门的美术教学活动是幼儿园实施美术教育的主要途径,具有系统性,能够帮助幼儿获得完整的、丰富的美术知识和技能,面向全体保证美术教育的普及,同时又考虑到个体差异,关注幼儿个性发展。

二、环境中的美术欣赏活动

幼儿生活的环境是幼儿园进行美术欣赏的一个重要途径,这里的环境主要指幼儿生活的美术环境,包括墙面环境、区角环境以及幼儿生活中随处可见的美术元素。教师会根据主题活动、节日需求、教育需要按时更换墙面作品,这些作品应该由幼儿的作品为主,还可以是幼儿协助教师制作的手工作品;区角环境的美术欣赏包括一些图画、手工作品、动植物标本等,幼儿进入到活动区游戏,这种欣赏活动自然而然的蕴含在幼儿的活动当中;还有一些幼儿生活中常见的美术元素,比如固定标识、大字报、照片等,幼儿日常生活中蕴含的美术元素常具有一定的含义,这是一种广义上的美术欣赏,但对幼儿自身的教育意义是不能忽视的。可以看出,这种环境中的美术教育以润物细无声的方式感染着幼儿,影响着幼儿的情绪体验。

三、节日中的美术手工活动

在幼儿教育中,各种节日都会成为幼儿园课程中的一个重要内容,同时也是实施各种教育的重要途径。在幼儿园中,为使各种节日活动更为丰富和多彩,教师常带领幼儿制作一些简单的美术手工,比如制作圣诞树彩球,剪小雪花,用纸制作爆竹,等等,这些属于装饰类手工,节日中的手工活动,还包括道具类手工,比如化装舞会的舞衣、帽子,圣诞老人的胡子、雪橇,等等。幼儿在美术手工制作中感受着节日的气氛,体会着节日的快乐,这是幼儿园实施美育的一特色。这里的美术活动已经脱离了“课”的束缚,完全是幼儿自由的操作,大胆的创造。可以看出,节日中的美术手工活动使幼儿的美术天性得到最大的解放,有效地实现了课程与生活相融合的教育宗旨。

四、其他领域教育中的美术活动

除了以上提及的各种美术活动,美术以艺术形式还可以很好地与其他领域的教育活动进行融合,比如绘本活动中的美术欣赏,科学活动的手工制作,音乐绘画活动,等等,越来越多的幼儿园课已经不仅局限于某一个领域,而将各种领域的融合作为幼儿园新课程模式的研究方向,特别是美术活动,由于其本身的特殊性,又是大部分幼儿较为感兴趣的活动,教师通常会采用绘画的方式作为幼儿对某一内容的表达,或者运用多彩的涂画激发幼儿活动的兴趣。另外为使幼儿能够获得最为切身的体验,手工操作也是教师们常采用的一种方式。可以看出,美术活动可以很好地融合在幼儿园的其他领域课程当中,作为幼儿感知、体验和表达的方式,支持并促进幼儿在各种活动中能够获得更加丰富、多彩的体验,而如何将美术活动更好的融合需要我们不断地学习和实践。

第五节　幼儿园各美术教育活动的设计与实施

幼儿园的美术教育一般按种类分类,以此为依据,下面分别阐释绘画活动、手工活动、美术欣赏活动的设计与实施,为更全面和深入了解幼儿美术教育设计与实施的要点,下面通过分析各美术活动的内涵及幼儿在各美术活动中所表现的发展阶段和特征，以此作为理论依据，使整个活动的设计与实施更为科学。

一、幼儿绘画活动的设计与实施

（一）幼儿绘画活动的内涵

所谓幼儿绘画活动是指教师为幼儿提供简单的绘画工具，如各种纸、笔等工具和材料，进行有目的、有计划、有组织的美术教育教学活动，使得幼儿能够通过线条、造型、色彩，以及构图等艺术视触体验，进行情绪、情感表达的一种审美活动。

（二）幼儿绘画能力发展的阶段和特征

中国著名的幼儿教育家陈鹤琴把儿童绘画的发展分为四个时期，即涂鸦期（1—2 周岁）、象征期（2—3 周岁）、图示期（3—4 周岁）、写实期（7 周岁以后）。以此为依据我们一般将幼儿美术能力的发展阶段大致分为涂鸦阶段、象征阶段和图示阶段这三个阶段。

那么这三个阶段幼儿会表现出哪些主要特点呢？

1. 涂鸦阶段

什么是涂鸦？在幼儿美术中涂鸦实质是没有表现意图的画线活动。幼儿的涂鸦分为三个阶段，即无控制的涂鸦——有控制的涂鸦——命名涂鸦。

（1）无控制的涂鸦阶段

儿童从一周岁半左右开始出现无意识的涂画，基本只是无意义的线，这种现象直到幼儿 3—4 周岁左右，这一阶段幼儿并不能完全理解笔是靠自己驱动的，满足动觉是最基本的动因。

（2）有控制的涂鸦阶段

随着幼儿小肌肉的发展，他们基本能够做到手眼协调，开始通过自己的意识控制线条的长短、方向，这一阶段幼儿能够有意识的控制自己去画什么。

（3）命名涂鸦阶段

这一阶段儿童开始能够初步按照自己想法画，能够解释“我画了些什么”“我为什么这么画”“我想表达什么”，等等，这一阶段，幼儿已经开始意识到线条与自身的关系。

2. 象征阶段

（1）早期象征阶段

随着幼儿知觉的不断分化，幼儿的绘画开始具有一定的象征性，他们基本已经能够将各种基本图像按照自己的想法进行有意义的组合，比如开始把圆当作整个人体，逐渐到用圆当作头，线条当作驱赶，并且能够手眼协调地用线条勾勒出图像的外部轮廓，在美术教育中进行模仿或想象画。

（2）中后期象征阶段

到了中后期，随着幼儿生活经验的丰富和小肌肉能力的增强，他们已经能够描绘更为广泛的事物，比如电视、汽车等，能够动笔构思、实现构思，画面具有一定的空间关系，选择自己喜欢的颜色来绘图，色彩性是这一阶段的典型特征。

3. 图示阶段

(1)早期图示阶段

图示早期阶段幼儿绘画的特点逐渐呈现各个独立图形的融合,讲求画面的美感,幼儿对颜色的明度、饱和度等方面的认识更为明细,能够按照实物固有的颜色和在相应的轮廓内进行填色。同时,从构图的角度而言,这一时期幼儿的构图更加具有层次感,但是在他们并不能很多进行颜色的协调,不能准确地把握事物的大小、远近。

(2)后期图示阶段

幼儿绘画的后期阶段,他们已经基本掌握的绘画的基本技能,能够用各种图形、线条,根据自己的观察和模仿想象的描绘事物,同时进行更细致的描绘,不如天线、按钮、扣子等。在色彩的协调上,能够形成某一主色调,并且将色彩同自身感受相联系,比如用蓝色表示冰是凉的,红色表示太阳是热的等。

(三)幼儿绘画活动的设计与指导

1. 幼儿绘画活动的目标及设计

从以上幼儿绘画所呈现的阶段性特点可以看出,幼儿随着年龄的增长,其绘画能力和认知结构都会随之改变,因此,下面以幼儿园各年龄班(小班、中班、大班)为着眼点,阐明各年龄班幼儿绘画活动在认识、技能、情感、创造方面应达到的具体目标。

(1)小班

①认知目标

初步认识绘画的工具和材料,学会辨别红、黄、蓝、绿、橙等基本颜色,并能说出名称,学会辨别和感受直线、曲线、折线及各种线条的变化。

②情感目标

培养儿童对绘画的兴趣,能愉快大胆地作画。

③技能目标

会使用蜡笔、水彩笔、棉签等工具进行涂染。能画出直线、曲线、折线,并能表现线条的方向、粗细、疏密。学会用圆形、方形、长方形、三角形等简单图形表现物体的轮廓特征。

④创造目标

初步学会用图形和线条组合创造各种图示。

(2)中班

①认知目标

能较准确地把握形状的基本结构,理解形状符号的象征意义。认识常见的固有色,说出它们的名称。

②情感目标

喜欢用自己独特的绘画语言表达自己的想法和感觉。

③技能目标

学会运用图形组合方法,表现物体的基本部分和主要特征。学会选择与物体相似的颜色,初步有目的的设色、配色。在教师的引导下能围绕主题安排画面,能表现出物体的上下、左右位置。

④创造目标

能大胆地按意愿作画。

(3)大班

①认知目标

认识物体的整体结构和各种空间关系。增强配色意识,提高对颜色变化的辨析能力。知道运用不同的绘画工具和材料表现不同效果的作品。

②情感目标

在安排画面的过程中逐步体会均衡、对称、变化等形式美。

③技能目标

能较灵活地表现各种人物、动物的动态。能运用对比色、类似色、同种色等多种配色方法,注意色彩的整体感和内容的联系。能有目的地安排画面,表现一定的情节,并变化多种安排画面的方法。

④创造目标

综合运用多种绘画工具和材料进行绘画创作。

2. 幼儿绘画活动的过程及指导

幼儿绘画活动过程主要可以分为活动导入、示范讲解、操作辅导、作品评析、活动延伸这五个主要步骤,教师根据这五个环节进行指导。

(1)活动导入

绘画活动导入部分的主要作用,是使幼儿能够从过去的经验和记忆中提取与绘画内容有关的信息,包括对物体和对情节的回忆,在此过程中,教师可以通过对话语言、小故事、游戏等形式,创造一个绘画情境或者呈现一个绘画主题,比如画一画春天,画一画不同的小汽车,等等。活动导入的主要目的首先是激发幼儿绘画的兴趣,其次是引导绘画主题,然后提出具体内容和任务。

(2)示范讲解

在这一环节教师首先向全体幼儿进行绘画的示范,然后引导幼儿掌握绘画的要领,比如如何画直线,如何画曲线等,讲解绘画需要注意的主要内容,比如物体的空间分布,色彩的搭配等,同时告知幼儿如何使用画笔、画纸等材料,爱惜绘画工具,爱惜作品等。这其中需要教师能够言简意赅、化繁为简,为幼儿预留出充分的作画时间进行想象和创作。

(3)操作辅导

在幼儿基本明确了绘画主题,学会使用绘画工具之后,幼儿自由的创作是整个绘画活动的中心,而在这一个环节中,教师必须发挥其主导的作用,即帮助幼儿开拓脑筋、发挥想象。同时需要注意的是,教师应该考虑到幼儿个体的差异性,允许幼儿对万事万物的不同色彩和结构进行表达,尊重幼儿的作品,教师在辅导过程中多使用鼓励性语言,比如“真漂亮”“很有特色”“你还能画得更好”,等等;设置启发性问题,比如“阴天和晴天,天空的颜色有变化吗?”“大树的叶子都一样的吗?”等等。

(4)作品评析

绘画作品是幼儿表达所思、所想的一个重要方式,因此在绘画活动中,为实现“让幼儿大胆的表达自我”这一目标,作品评析是活动的重要环节,在这一环节中,教师让幼儿展示绘画作品,让幼儿自己讲一讲画了什么和为什么这样画,还可以进行小组间互评,幼儿间彼此交换作品,进行小组评价,或者以集体的形式对单个幼儿进行评价,在这其中,教师应始终以激励性评语为主,以“主持人”的身份,组织幼儿自己进行互评,同时对这个评价环节进行衔接和总结。

(5)活动延伸

这一环节是一个幼儿绘画活动的最后部分,在幼儿进行完整个绘画之后,教师可以收集幼儿的美术作品进行活动延伸,将幼儿的绘画粘贴在作品墙上,或者让幼儿回家再画一幅同样主题的绘画等,总而言之,活动延伸并不代表活动的结束,它可以是一个活动的主题升华,也可以是另一个活动的开始。

(四)幼儿绘画活动的实施要点

1. 为幼儿提供样式新颖的绘画素材

多样丰富的绘画素材能够充分激发幼儿的想象,这种绘画素材不用局限于专门的绘画工具,还可以来自生活和自然,比如用筷子、杯子、棉签等工具作画,用蔬菜汁、树叶汁等做染料,或者用纸巾作画,在石头、树叶、衬衫、纸盘上作画,幼儿能够结合自身的生活经验,使用不同的素材勾勒出他们自己的世界。

2. 引导幼儿运用多种感官感知绘画对象的特征

调动幼儿多种感官参与到绘画对象的感知中,能够让幼儿充分地认识对象的主要特征,比如用手摸一摸,感受物体的软硬、光滑粗糙程度、冷热等,闻一闻味道,看一看是什么颜色、形状等,或者让幼儿们说一说各自感受到的特点,讨论我们应该怎么画,然后比一比谁画得最好。

3. 鼓励幼儿依据经验对内在表象进行加工

这种所谓的加工实质上是幼儿对事物的联想,而这种联想一定是建立在幼儿的经验基础之上的,教师应该了解儿童,熟悉幼儿对周围生活的认识程度,有效地进行激发和联系,这其中教师可以通过启发性问题使幼儿将经验和想象建立联系,比如“树叶一直都是绿色的吗?”“太空里有没有生物呢?”等。

4. 适当提供绘画示范和图画案例

适当的示范和案例可以为幼儿提供有效的借鉴,然而我们要避免这些示范和案例束缚、局限了他们对绘画的想象,为此,教师需要特别注意“适当”的原则,这时教师需要考虑幼儿的绘画能力以及性格差异,示范和案例应该是局部的、建议式的,而非“这个就是这样画”的完整图例。

5. 注重幼儿在绘画过程的创造性表现

教师对幼儿的指导应该尽量避免技术操作,不是教会幼儿“应该怎么画”而应关注幼儿“想画什么”,绘画作为美术的重要形式,最能够表现幼儿对周围世界的感知和想象,它反映了环境对幼儿带来的美好印象,所以教师应该保护幼儿的这种天性,极大地鼓励幼儿,表扬和肯定幼儿的作品。

【幼儿绘画活动的案例及评析】

绘画活动:鱼的世界(大班)

1. 教学目标

(1)能够初步地了解几种常见鱼的形态、大小、颜色。

(2)能用线条和色彩来表现出不同鱼的基本特征。

(3)喜欢绘画,并能积极地向他人讲述自己的作品。

2. 教学准备

海底世界鱼类视频；白纸、铅笔、记号笔、油画棒；教室布置成海底世界；教师示范画“海底世界里的鱼”；《水族馆》音乐。

3. 教学过程

(1)观看视频，激发幼儿认识海底世界的兴趣。

教师：今天，老师给你们带来了一段非常好看的动画片，你们想不想看呢？

教师：视频看完了，现在谁能来告诉我，你看到哪些鱼呢？

（幼儿自由交流回答，如热带鱼、鲨鱼、鲸鱼、金鱼、剑鱼、比目鱼、珍珠鱼、带鱼、五色鱼等）

(2)引导幼儿欣赏、讨论并认识几种常见的鱼。

（教师带领幼儿来到海底世界布置下）

教师：咦，我们来到了哪里？海底世界里有好多的鱼呀，让我们来看一看漂亮吗？你们看看海底世界里都有哪些鱼儿呢？

（幼儿自由讨论）

教师：谁能来说一说，你看到了哪些鱼儿？

（热带鱼、鲨鱼、鲸鱼、比目鱼等）

教师：鱼宝宝们的身体都是由哪几部分组成？

（引导幼儿讨论鱼的头部、身体的形状）

教师：哦，原来鱼宝宝是由头部、身体、尾、鳍组成的。

(3)引导幼儿发现各种鱼的不同的特征

教师：这些鱼长得一样吗？什么地方不一样？

（引导幼儿讨论鱼的形状，引导幼儿回答鱼身上的花纹有什么不同，如直线、弧线、三角形、圆形等；或者说出，如热带鱼的身体是三角形，而鲨鱼的身体是椭圆形，带鱼的身体是细长形的，而珍珠鱼的身体是胖胖的，热带鱼身上的花纹是由一条一条直线组成的，而比目鱼身上的花纹是一个一个圆形组成的，所以它们不一样）

(4)教师引导幼儿自由绘画

海底世界里的鱼真多呀！每一种鱼都有自己的特征，有的大有的小，有的扁圆有的细长，有的身上有刺，有的有美丽的花纹，还有的鱼会变色，下面我们就来自己画一画水族馆。

4. 活动延伸

教师播放《水族馆》音乐，教师和幼儿一起扮演各种鱼，做水族馆的游戏。

5. 活动评价

本次活动首先通过欣赏关于各种鱼的图画，调动幼儿对于海洋、鱼类的认识，再通过教师的逐步引导，由浅入深地帮助幼儿认识鱼的基本特征，如鱼儿的头、身体、尾和鳍。然后，学习用简单的线条、图形、色彩和各种图案来装饰鱼宝宝，其中鼓励幼儿大胆想象绘画出与众不同的鱼儿，用鲜艳的颜色进行涂色，从而培养幼儿丰富的想象力和创作的能力，最后在游戏中结束活动。整个活动丰富多彩，充分发挥了教师的主导作用，让幼儿参与到活动中来，并从中获得美的体验，感受绘画的快乐。

二、幼儿手工活动的设计与实施

（一）幼儿手工活动的内涵

所谓幼儿手工活动是指教师引导幼儿借助一些简单的工具或者徒手，采用折、叠、切、割、组合、分解等方法，进行加工、变形等操作，最终使材料形成某种具体形象的一种操作型活动。

（二）幼儿手工能力发展的阶段和特征

1. 游戏感知阶段（2—4 周岁）

这一阶段幼儿的手工活动主要表现在摆动、感受、尝试等感知力上，如摆弄积木、感受撕纸、尝试黏土造型等。在幼儿园小班阶段手工能力的培养目标主要体现在情感方面，主要通过游戏的形式，让幼儿感知手的能力。

2. 主动操作阶段（4—5 周岁）

这一阶段的幼儿基本已经具备一定的造型能力，他们会主动地借助各种工具进行操作，比如用剪刀剪纸，用沙子造房子，折纸，用黏土捏小人等。这一阶段的特征体现在中班幼儿中，因此在中班开展手工活动时应该尽量让幼儿充分发挥动手的能力，满足他们探索的欲望。

3. 有意表现阶段（5—7 周岁）

这一阶段的幼儿最大的特点就是表现欲望更强，表现力更为丰富。他们能够灵活运用各种工具和材料进行造型，这些造型可能是生活中常见的物体形象，也可能是他们想象出来的事物。这一阶段主要表现在大班中，教师应该根据大班幼儿年龄特征提供丰富的材料和动手机会，充分发挥幼儿的想象力和创造力。

（三）幼儿手工活动的设计及指导

1. 幼儿手工活动的目标及设计

（1）小班

①认知目标

初步熟悉泥工、纸工等材料、工具，了解泥的可塑性质，了解纸的性质。

②情感目标

通过玩泥、撕纸等活动，体验手工活动的快乐。

③技能目标

掌握泥工中团圆、搓长、压扁等基本技能。学习撕纸、粘贴，初步撕出简单形状并粘成画。初步学会用自然材料（石子、豆子、树叶等）拼贴造型。学会用印章、纸团、木块等材料蘸上颜色在纸上压印。

④创造目标

能大胆运用印章、纸团、木块等在纸上随愿压印。

（2）中班

①认知目标

进一步熟悉泥工、纸工及自制玩具的工具和材料。

②情感目标

通过泥工、纸工及自制工具的活动来积极投入手工作品的创作，培养儿童对手工活动的兴趣。

③技能目标

能正确使用剪刀剪出方形、圆形、三角形及组合形体，并拼贴成画。掌握折纸的基本技能，折出简单的玩具。学习用泥塑造出物体的基本部分和主要特征。掌握撕纸的基本技能，撕出简单的物体轮廓。

④创造目标

能大胆地运用泥按意愿塑造；能大胆地用纸按意愿撕、剪出各种物体轮廓。

(3)大班

①认知目标

了解各种纸张的不同性质，知道不同性质的纸张具有不同的表现效果。对自制玩具的材料加以分类，以获得选择、收集这些材料的经验。

②情感目标

体验综合运用不同手工材料制作作品的快乐。喜欢用手工表达自己的想法和情感。

③技能目标

用泥塑造人物、动物等较复杂结构的形体，能表现物体的主要特征和细节，能集体分工合作塑造群像，表现某一主题或场面。能用各种纸张制作立体玩具。能用无毒、安全的废旧材料制作玩具并加以装饰。

④创造目标

能综合运用剪、折、撕、粘、连接等技能，独立设计制作玩具。

2. 幼儿手工活动过程的设计及指导

幼儿的手工活动的过程主要包括以下 5 个步骤，下面针对这五个步骤教师应该的设计和指导要点进行阐述。

(1)激发幼儿兴趣

幼儿的兴趣是一切活动良好的开端，教师应该利用各种方式让幼儿对手工感性去，比如可以为幼儿提供精美的手工成品，告诉幼儿我们也能通过自己的小手制作这样的作品，或者让幼儿观察和摆动各种手工材料，尝试着制作出具有一定结构、象形的物品，等等，这里需要强调的是教师一定要根据幼儿喜好出发，真正让幼儿感兴趣并且具有强烈探索欲望。

(2)了解手工工具、材料

在这一环节，幼儿需要充分体验各种工具、材料的性能，比如了解剪刀的用法、体会纸巾的吸水性、知道纸、黏土的造型性，等等。对于这些工具、材料性能的了解能够帮助幼儿逐渐寻找操作的技巧，教师可以一边演示一边讲解。

(3)制作过程

在幼儿基本了解和掌握了手工工具和材料的性能和特点之后，教师需要和幼儿一同进行手工的制作，这个制作过程分为讲解和示范、辅助和支持两方面内容，而根据幼儿的学习特点，教师需要一边讲解和示范制作步骤，一边辅助和支持。

(4)对手工作品的处理

幼儿最终完成的手工作品能够激发他们的成就感，教师需要尊重并重视幼儿的作品，为此教师应该妥善处理幼儿的手工作品。比如教师可以设置作品区,将幼儿的手工作品放置区域内进行展览,或者根据手工作品的性质方式相应性质,作为区域材料,当作扮演装饰,也可以让幼儿带回家,当作礼物送给家人等。

(四)幼儿手工活动的实施要点

1. 为幼儿提供充足、半结构化的手工材料

首先手工的材料应该充分满足所有幼儿的操作,其次要提供半结构化的手工材料,所谓半结构化材料主要指的是不具有明显的使用和操作规则,能够进行多元多样的应用和创造的材料,比如纸盘、纸杯,教师可以教幼儿通过粘用纸盘和纸杯制作小人,或者通过剪用纸杯做小帽子等。

2. 明确和掌握必要的手工活动技法

根据手工的材料的性质,可以把手工活动分为泥工活动、纸工活动,以及废旧材料的制作。各类手工具有不同的操作技法,比如泥工包括团圆、搓长、压扁、捏、挖、分泥、镶嵌;纸工包括折、剪、撕、粘贴、染。

(1)折:对边折、对角折、双正方形折、双三角形折、集中一角折、集中一边折、四角向中心折、组合折。

(2)剪:目测剪、沿线剪、折叠剪。

(3)撕:目测撕、沿线撕、折叠撕。

(4)粘贴:目测粘、沿线粘、折叠粘。

(5)染:渍染、点染。

废旧材料的制作包括串连、弯曲、连接。

教师可以根据幼儿的兴趣和能力调节这些手工技法的难度,先进行动作模仿再进行自主操作,在这一过程中,教师需要告诉幼儿保护自己,并且懂得保持衣服、台面的干净整洁,认真制作,克服困难。

【幼儿手工活动的案例及评析】

幼儿手工活动:染窗花(中班)

1. 活动目标

(1)能够掌握染纸的基本方法。

(2)喜欢和同伴一起讨论、合作完成。

(3)能够在染纸活动中表现出审美能力。

2. 活动准备

各种调好的颜料和宣纸、两个展板、卫生纸、调色盘、渲染作品、渲染衣物、录音机、音乐带、丝巾等。

3. 活动过程

(1)活动导入

教师:小朋友今天老师给你们准备了一件非常漂亮的东西,你们看?

(向幼儿展示成品染纸画)

教师:小朋友们,这些画跟我们平常画的画一样吗?

(引导幼儿发现色彩的对称、线条的模糊、有折痕、纸不一样等)

教师:这样的纸叫宣纸(让幼儿说一边一边摸),宣纸很软,特别容易吸水。再看上面都有什么样的图案?

(引导幼儿发现染纸上有圆的、横条状的、方的等)

(2)活动主体

①提问引入

教师:小朋友你们谁知道这些作品是怎样制作出来的?它们不是画出来的,而是染出来的,怎么染呢?今天,我们就自己动作做一做。

②介绍材料

教师:渲染用的材料有宣纸和各种水粉颜料,选用宣纸是因为它吸水力特别强。

(教师一一讲解材料)

③讲折纸方法

教师:刚才我们发现宣纸上有许多的折痕,没错,在染纸之前,我们首先要将纸折叠起来(教师示范)。比如可将纸折成正方形、三角形、卷成卷等,这样可以染出各种不同的图案。

④讲解染色的方法

教师:渲染的方法有许多种,比如用染边法,就是只染图纸的边;或者染角法,就是只染图纸的角;还有边角都染法。

(教师一边操作一边讲解)

教师:刚才,老师已经向大家介绍了几中简单的染纸方法,现在我们一起来试一试。

(教师在指导幼儿先将纸折叠,然后把叠好的纸的一个边轻轻地占上水粉颜料,注意,让颜料自然晕开。然后在染下一个边或者角,每次染选择1~2种颜色。染好后将纸轻轻地打开、晾干)

⑤幼儿自由染纸

幼儿自由进行染纸,教师在旁边操作、指导。

(3)活动小结

教师:比一比看谁染的漂亮,让染的好的小朋友谈一谈是怎么染的,用的什么方法。

4. 活动延伸

举办“展示会”,让幼儿将染好窗花到前面向大家展示,教师播放音乐,让幼儿依次进行窗花展示。

5. 活动评价

染纸是幼儿最喜欢的手工活动之一,本次活动是较为完整,并且详细的呈现了染纸活动的一般过程,首先教师介绍各种材料的性能,然后通过问题引入主题,通过一边讲解一边操作的方式演示染纸的整个过程。其实,教师特别注意与幼儿的互动,操作过程讲究一定的顺序性,先折再染,同时鼓励幼儿运用不同的方式,为幼儿提供充足的自由操作的时间,让幼儿根据自己的喜好进行尝试,进而实现以幼儿为主体,以教师为主导的教育宗旨。

三、幼儿美术欣赏活动的设计与实施

（一）幼儿美术欣赏活动的内涵

幼儿美术欣赏活动是一种培养幼儿欣赏能力的教育活动，是指教师引导儿童欣赏和感受美术作品，了解对称、均衡等形式美的初步概念，感受其形式美和内容美，从而丰富他们的美感经验，培养其审美情感和审美评价能力的教育活动。

（二）幼儿美术欣赏能力发展的阶段和特征

幼儿对图画的欣赏一开始只是对颜色分化性的反应，这时处于直觉感知阶段，如婴儿对波长较长的暖色比波长较短的冷色更为感兴趣，红色比蓝色更讨他们喜爱，而后来逐渐发展成为主观的审美体验，如幼儿期儿童更喜欢美的、鲜艳的、漂亮的图画。

3—7 周岁儿童在欣赏能力主要处于主观的审美感知阶段，主要有以下三方面特点：

1. 更关注图画的色彩

这一特点主要体现在小班幼儿当中，小班幼儿生活经验并不丰富，他们对图画的理解建立在对色彩的感知上，颜色鲜艳的作品往往更容易引发他们的兴趣，因此色彩的美感要比构图的美感更具有吸引力，根据这一特点教师在选择欣赏作品时应该选择色彩感更强烈的作品。

2. 容易对美术作品产生自由联想

幼儿在进行美术欣赏时，主要依靠自我感知去理解美术作品表面所呈现的内容，然后会和自己的生活经验产生联系，引发联想，这一特点是中班幼儿的典型特点，比如在欣赏梵·高的《向日葵》时，有幼儿会说“我姥姥家种着一株向日葵”，因此教师在进行美术欣赏时可以充分利用幼儿的生活经验，让幼儿产生联想，引导幼儿进一步理解和创造。

3. 开始逐步关注美术作品的局部特征

随着幼儿审美能力的提高和认知经验的丰富，到了大班，幼儿已经能够从整体逐步关注到美术作品的局部特征，比如车灯的颜色是绿色的，树上有很多苹果，老爷爷拿着一根拐棍等，因此在欣赏一幅美术作品时，教师可以有意识的引导幼儿进行细节的观察，锻炼幼儿的审美能力。

（三）幼儿美术欣赏活动的设计

1. 幼儿美术欣赏活动目标的设计

根据幼儿的年龄特征，各年龄段幼儿在美术欣赏活动中应该达到不同的教育目标。下面对各年龄班幼儿在认知、情感、技能以及创造方面的教学目标进行阐述。

（1）小班

①认知目标

知道从自然景物、艺术作品中能享受到视觉艺术的美。

②情感目标

喜欢观看、欣赏艺术作品。对美术作品、图书中的各种形象艺术感兴趣。初步体验作品中具有不同“性格”的线条。通过欣赏老师及同伴的作品培养对欣赏的兴趣。

③技能目标

初步学会运用线条表现力度感、节奏感。

④创造目标

初步运用动作、表情等表达自己欣赏后的感受。

(2)中班

①认知目标

通过欣赏作品,了解作品的主题和基本内容。

②情感目标

能体验作品中线条、形状、色彩、质地等。通过欣赏产生与作品相一致的感受。

③技能目标

感受作品的色彩变化及相互关系。感受作品中形象的鲜明性和象征性,并体验其情感。感受作品的构成,体验作品的对称、均衡、节奏。

④创造目标

通过欣赏,说出自己喜爱或不喜爱作品的理由,并对作品简单评价。

(3)大班

①认知目标

通过欣赏,了解作品的形状、色彩、结构等美术要素,了解作品的表现手法、艺术风格和创作意图。

②情感目标

喜欢各种不同风格的美术作品。

③技能目标

能感受作品的色调、色彩之间的变化。能感受作品中形象的象征性、寓意性。能感受作品中的形式美。

④创造目标

在欣赏和评价他人的作品时,能讲述自己独特的观点。

2. 幼儿美术欣赏活动内容的选择

不同年龄段幼儿应该选择不同的内容。

(1)小班

要选择贴近幼儿生活的内容,比如家庭照、超市里的水果、漂亮的叶子,同时根据幼儿视觉色彩的特点,选择一些具有鲜明颜色区别、特征明显的图画内容进行教学,比如雨后的彩虹、秋天的落叶、可爱的大熊猫,等等。

(2)中班

与小班相比,中班幼儿已经一定的欣赏经验和丰富的生活认识,他们对图画的鉴赏能力已经不满足于有哪些东西,具有什么颜色,而是开始尝试探究图画结构、纹理的美感,教师可以选择一些简单的线条、图形以及简单的色彩画块作为美术欣赏内容,比如法国画家费尔南德·莱热的作品《啤酒杯》,梵·高的作品《向日葵》,等等。

(3)大班

大班幼儿美术欣赏的范围可以更广阔一点,可以让幼儿欣赏一些世界名家名花,如齐白石的《虾》、梵·高的《星空》,还可以欣赏一些国外古典建筑图画,如埃弗尔铁塔、悉尼歌剧院,或者中国特色建筑,如苏州园林、北京故宫、西藏的布达拉宫,等等。

3. 幼儿美术欣赏活动的过程和指导

幼儿美术欣赏活动的过程主要可以分为启发诱导、多元体验、讨论表达、升华主题这四个步骤，教师主要依据这个活动框架根据本班幼儿和欣赏内容的特点进行调整和实施。

(1)启发诱导

幼儿对美术作品的欣赏过程除了凭借自身对其最直接的感受，最主要依靠的就是教师的启发和诱导，因此为幼儿呈现一幅作品之后，教师如何进行启发诱导使幼儿能够展开联想，是美术欣赏活动的关键，首先，教师切莫过早讲解作品的主要内容，以避免教师的讲解对幼儿形成思维定式，而是应该先让幼儿观察，说一说看到的事物或情境，然后结合自身的经验进行回忆和联想，教师根据幼儿的表现进行必要的指导和说明。

(2)多元体验

幼儿对美术作品的欣赏不仅只有视觉上的感知，还可以通过其他方面的体验进行，比如听觉，触觉、嗅觉，播放一段与该作品有关的音乐，摸一摸实物，闻一闻味道，让幼儿在各种体验下增加感性经验。在这一环节中，教师需要拓宽思路，开动脑筋，根据欣赏的内容为幼儿尽可能多的创设丰富的体验。

(3)讨论表达

讨论分享旨在让幼儿根据自己对作品的理解进行表达。这里可以进行小组讨论、集体讨论等形式，教师先让幼儿已经对作品有了一定的了解之后，彼此交流看法，需要强调的是表达的方式不仅局限与语言方面，还可以有许多中，比如歌唱、绘画、舞蹈等方面，尽量让幼儿用自己最喜欢的方式，表达出真情实感。

(4)升华主题

这一部分属于活动的延伸，主要目的有总结活动主题，然后通过主题的生活让幼儿获得情感、道德等方面的发展，以欣赏作品《故宫》为例，活动最后教师可以以“保护珍惜文物”为升华方向，让幼儿意识到爱护环境、保护文物的重要性，这从一定程度上，帮助幼儿获得更丰富的情感认识。

(四)幼儿美术欣赏活动的实施要点

1. 创设良好的环境，做好物质准备

幼儿对美的感受来源于生活，从3周岁开始他们已经开始萌发对美的心理感知，因而美术欣赏活动首先应该为幼儿营造一个良好的欣赏环境，比如有明亮的光线、清晰的图片、丰富的欣赏材料，让美随处可见，然后教师需要注意做好必须物质的准备，便于幼儿动手操作和细致观察。

2. 选择适当的美术作品进行观察欣赏

这里所谓的适当主要包括两点，第一，贴近幼儿生活，能够有效引发幼儿联想的内容，第二，符合幼儿年龄特点，能被幼儿理解的内容。幼儿美术欣赏活动最大的意义就在于能否于幼儿建立身心共鸣，这个共鸣感就必须考虑到幼儿的年龄特征以及生活经验，对于年龄小的幼儿可以提供一些具有一定特色的生活图片，比如水果、汽车、房子等；而对于年龄大一点的幼儿可以适当选取一些色彩、主题鲜明的中国画或者名画，比如《年画》《八骏图》等。

3. 采用多样的教学方法引导幼儿进行美术欣赏

在幼儿美术欣赏教学中我们常用的方法是谈话欣赏法，就是让幼儿一边看一边交流想法，这种方法在小班最为常用，而随着幼儿年龄的增长，幼儿对美术作品的欣赏方式也逐渐增加，比如可以进行观察比较，就是针对不同的作品风格、形式、色彩布局等方面进行比较，教师有意识的引导幼儿发现作品的异同，从而发现美术作品的特点。

【幼儿美术欣赏活动的案例及评析】

美术欣赏活动《星空》（大班）

1. 活动目标

(1)初步欣赏、探讨美术大师米罗的作品《星空》，感受作品的意境美。

(2)尝试利用点、线进行创造性的表现星空，体验合作的乐趣。

2. 活动准备

大的画纸两条、油画棒；PPT 课件、轻音乐。

3. 活动过程

(1)播放轻音乐，让幼儿想象星空

教师：小朋友请闭上眼睛，伴随着美妙的音乐，想象夜晚你在天空中都看到了什么？

(2)引导幼儿以“点、颜色、线”的形式进行欣赏

教师：西班牙有一名著名的画家，他叫米罗，他也在美丽的夜晚仰望夜空，让我们来看一看他都看到了什么？（播放 PPT 课件）

教师：现在请小朋友按照你的喜好给这个作品起个名字，好吗？

教师：嗯，你们起的名字都非常好听，而且很独特。我们的大画家米罗给这幅画起了一个什么好听的名字呢？叫星空。

（教师播放轻音乐，一边表演一边说）

教师：在这个美丽的夜晚，可爱的、闪烁的小星星们都快乐的跳跃，月亮姐姐在一旁静静的看着，瞧，这些小星星，有的高高的举起他们的双手，有的安静的睡着了，还有的好像在说悄悄话……

(3)发挥想象，绘画星空

教师：刚才我们已经欣赏了画家米罗的《星空》，那我们再来看一看，米罗在绘画时，都用了哪些技巧了描绘星空的？在他的画里出现的最多的又是哪些颜色呢？

（引导幼儿分别从“点、颜色、线”出发，感受作品）

(4)作品展示、交流分享

（教师给幼儿发放绘画工具）

教师：现在让我们自己来画一画你想象的星空应该是什么样的？

4. 活动延伸

请幼儿扮演小星星，在音乐的伴奏下一边唱一边跳，体会愉悦的情绪。

5. 活动评价

整个活动含有丰富的内容，幼儿在音乐的氛围中从想象星空，欣赏名画，再到自由创作，教师以语言为引导，以“点、线、颜色”等多种角度观察作品的特点，通过与儿童直接对话的方式，充分调动他们艺术方面的潜力，整幅画自由和轻快的基调让幼儿获得愉悦的心理体验，加深孩子们的对审美的自信心，从而能够大胆的画面，体验到成功的喜悦。

第六节 幼儿园美术教育活动的评价

在幼儿园美术教育活动中，评价是整个课程的一个重要组成部分，同时也是较难组织和实施的一个重要环节。评价的目的从幼儿的角度来说是为了激励幼儿，从教师的角度来说是为了教师能够正确认识自己的优点与不足，从而处理好幼儿主体，教师主导的作用。因此对幼儿园美术教育活动的评价可以从两面来进行，即对教师设计和实施的评价、对幼儿表现和作品的评价。

一、对教师设计和实施的评价

在幼儿园美术教育活动的评价中，对教师的评价包括教师的自评、教师间的互评，以及专家评价等方式，而在幼儿园的教学活动中以教师自评和教师互评为主，其中教师自评主要教师自己对整个活动的分析和反思，教师互评主要是教师与教师之间进行的互动式评价，主要目的都是为了提高和加强教师的教学能力。

（一）围绕教学目标，让评价有的放矢

对教师的评价首先要评判教师是否围绕整个教学的目标进行活动的设计与实施，最终是否有效地实现了这一教学目标。因此在这一方面的评价中，教学目标成为我们评价教师的标准，在课程结束后，评价者对整个活动进行综合的思考和分析，最终对教师进行一个整体性评价，这种评价具有针对性，也是评价环节最重要的一个部分。

（二）根据幼儿表现，进行多元化评价

任何活动都离不开幼儿的参与，因此对教师的评价离不开幼儿在整个活动的表现，评价者在听评课的过程中主要是根据师幼互动情况来评判幼儿是否对教师的引导发生有意义反应的，同时在自评的过程中，教师也能够切身体会到自己是否能够与幼儿建立一个师幼对话关系，因此幼儿的表现是评价的另一主要依据，使整个评价更为多元并且准确。

（三）集思广益，进行交流式评价

评价不是对教师的素养和能力的单项评价，而应该是一个互利互助的过程，为了提供自身的教学能力，完善教育素养，教师需要集思广益，可以通过访问幼儿，了解幼儿对课程的掌握程度以及对活动是否感兴趣。作为新教师，及时与教学主任沟通、与同事交流是提升自己业务能力的一个有效途径。因此，在这个过程中，我们可以最直接、有效地了解自己的优势与不足，通过彼此交流相互学习提供教学能力。

苏联教育家马卡连柯说：“教师应当不是一个‘讲课者’，而是一个‘设计新人’的创造者。”幼儿美术教育是张扬个性的教育，因此，在幼儿美术教育中对教师的评价应该更注重教师对美术活动的组织，以及对工具和材料灵活运用的程度，而非只是单纯的知识和方法的传授者。

二、对幼儿表现和作品的评价

对幼儿的评价主要是教师对幼儿在整个美术活动过程中的表现以及对他们的作品进行的评价活动,其主要目的是为了鼓励幼儿大胆创作、激发幼儿的想象力,以及满足他们的心理需求。在对幼儿的表现和作品进行评价的过程中教师需要抓住几点。

(一)尊重幼儿个性化表现,实施差异评价

幼儿对美术具有不同的表现力,他们对自己生活的建构和想象是富有个性化的,因此教师对幼儿的表现和作品的评价应该以幼儿的自身特点出发。需要强调的是,不同幼儿在美术技能以及审美能力方面具有不同的特点,而对待发展水平不一致的幼儿,教师不应该统一评价标准,而应实施差异性评价,充分尊重幼儿自己对美的理解和表现。

(二)正确认识幼儿的作品,实施合理评价

有人认为"要评价幼儿的美术作品,首先就要认识幼儿的美术作品",对于幼儿来说,画画、手工都是一种游戏,他们单纯的用自己的方式来表达自己情绪情感、经验认识,而评价的前提就是需要弄清楚幼儿在"画什么""为什么画""做什么""想要怎么做",比如有幼儿将天空涂成黑色,当老师为他为什么天空是黑色时,幼儿回答"我画的是晚上的天空",可见,幼儿对事物的理解较成人来说是不容易受到定式的束缚,为此我们在进行评价时必须正确认识幼儿的作品,并作出合理的评价。

(三)丰富评价方式和形式,实施角色评价

在美术教学过程中,教师对幼儿的评价方式常常是"画的真好""真棒""有进步""你真厉害",等等,这种无区分的评价方式不能够让幼儿感受到自己的优势和特别,是一种无效的评价方式,从某程度而言是一种敷衍的表现,而且教师的评价多为口头上的表扬或批评,形式单一。因此建议教师可以巧妙地利用富有情趣的角色来进行评价,比如在《小花》绘画活动中,教师可以说"你画的花姑娘可真漂亮。"另外评价可以用奖励的形式进行,比如奖励幼儿将最好的作品放入展览区。这些丰富的评价方式和形式可以有效提高评价的效果,使评价能更直接为幼儿服务。

(四)重视幼儿彼此欣赏,实施互相评价

教师对幼儿表现和作品的评价能够有效地鼓励幼儿,而幼儿间的互评能够帮助他们正确认识自我,然而在教学的过程中,教师时常忽略幼儿彼此之间的互评,比如在"制作小汽车"的手工活动后,教师可以让幼儿比一比谁的小汽车跑得最远,在绘画活动后,让幼儿针对他人的作品进行评价,彼此欣赏他们的艺术作品。比起单一的教师评价,幼儿间的互动可以让整个美术活动更加丰富,同时增强幼儿的参与度,获得更多的审美感受。

《纲要》要求我们"要以发展的眼光看幼儿,既要了解幼儿的现有水平,也要关注其发展速度、特点以及倾向。"对幼儿的评价的首先前提是尊重幼儿,承认幼儿的世界以及他们所期望的世界,保护这份天真与单纯是我们幼教工作者神圣的使命。因此,教师应该让每个孩子都能够在评价中得到鼓励和启发,让他们的表现在以后的美术活动中更加丰富多彩。

【思考与练习题】

1. 思考幼儿美育对幼儿身心全面发展的重要意义。
2. 如何理解幼儿美术教育生活化?
3. 根据所学知识,谈一谈如何评价幼儿的美术作品。

第九章　幼儿园音乐领域教育活动的设计与实施

【学习目标】

了解幼儿园音乐教育,理解幼儿园音乐教育目标,掌握幼儿园音乐教育内容;能够设计和组织幼儿园音乐教育活动。

【知识重点、难点】

掌握幼儿园音乐教育的基本方法和内容,并能够灵活的运用。

第一节　幼儿园音乐教育的目标

在我国幼儿园教育体系中,音乐教育目标一般分为总目标、年龄阶段目标和活动目标三个不同的层次。

一、幼儿园音乐教育总目标

幼儿园音乐教育总目标即幼儿园在园三年发展的总体要求。

(1)能初步感受并喜爱环境、生活和艺术中的美。

(2)喜欢参加音乐活动,能够感受到活动带来的快乐,培养对艺术的敏感性。

(3)培养幼儿的音乐素养,发展艺术表现能力。

(4)能够通过多种感官感受不同风格的音乐作品,用不同的形式大胆的表现自己的情感和体验,并能够采用自己喜欢的方式进行艺术表现活动。

(5)在音乐活动中体验与他人合作的快乐,能够理解、接纳、欣赏、尊重他人的创作与表现,喜欢欣赏不同表现形式与风格的音乐作品,提高音乐审美能力。

二、幼儿园音乐教育年龄特点及发展目标

(一)幼儿园音乐教育各年龄阶段幼儿年龄特点

1.小班

小班幼儿容易被自然界中的鸟鸣、风声、雨声等好听的声音所吸引,喜欢听音乐或观看舞蹈表演,乐于观看绘画、泥塑等艺术作品,经常哼唱或模仿简单的动作、表情和声调,能初步理解他们所熟悉歌曲的歌词内容和思想,能理解性质比较鲜明的音乐情绪等。多数小班

年龄的孩子能够听到音乐就动起来,喜欢听节奏鲜明、欢快的音乐、随音乐特点做动作,能用声音、动作、姿态、模拟自然界的事物和生活情境。

2. 中班

中班幼儿对音乐的听辩、理解、分化的能力有所提高,并能够逐渐辨别声音的细微变化,喜欢倾听各种好听的声音,感知声音的高低、长短、强弱等变化。他们一般能够欣赏内容比较广泛、性质风格多样的音乐作品,如进行曲、摇篮曲等。对不同题材、性质、风格乐曲的分辨能力也有很大的提高。能够专心的观看自己喜欢的文艺演出或者艺术品,有模仿和参与的愿望,欣赏艺术作品是会产生相应的联想和情绪的反应,经常唱唱跳跳,愿意参与歌唱、律动、舞蹈等表演活动。在音乐的速度、力度、节奏、结构上的认识上,他们往往能够通过教师组织的音乐活动,初步感受到乐曲的结构,能够听出乐段、乐句之间的重复以及乐曲在情绪上的明显变化,能够理解音乐表达的情感情绪和主要内容。中班的孩子能用自然的声音基本准确地进行演唱,能够通过即兴的哼唱和表演给自己熟悉的歌曲填词从而表达自己的情绪,同时,也能够用拍手、踏脚、敲击物品等简单的身体动作进行打节拍节奏。因此,他们在欣赏和理解音乐过程中,孩子们创造性的表现能力也不断地增加。

3. 大班

大班幼儿具有一定水平的音乐欣赏能力,乐于模仿自然界和生活环境当中有特点的声音,并能够产生相应的联想。大班的幼儿可以把握音乐中蕴含的诸多元素,包括音乐的演奏乐器和演奏场景,音乐中的运动和张力,音乐中的情感以及音乐中的形象和具体情节等;艺术欣赏时常常用表情、动作、语言等方式表达自己对音乐的理解,同时,愿意同别人分享、交流自己喜爱的艺术作品和美感体验;能够积极地参加艺术活动,并且有自己比较喜欢的活动形式;能够运用多种工具、材料或者不用的表现手法表达自己的感受和想象,在艺术活动中;能够与他人配合,也能够进行独立的表现。大班的幼儿能够准确地表达自己对音乐作品的理解,并具有丰富的想象能力。

(二)幼儿园音乐教育各年龄段发展目标

1. 音乐欣赏目标

(1)小班

①对生活中的各种声音感兴趣,喜欢倾听优美的声音,尝试用自己喜欢的方式来表现自己熟悉、喜爱的歌曲和乐曲,初步学会使用表演道具。

②学习感受性质鲜明单纯、结构短小明晰的歌曲和有标题的器乐曲的形象、内容和情感,在感受的同时进行多种方式的创造性表达,体验比较典型的摇篮曲、舞曲、进行曲、儿童歌曲等不同情趣。

③能在短时间内集中注意地倾听或观看自己喜欢的音乐和舞蹈表演。

(2)中班

①能在一定时间内注意力比较集中地倾听、观赏音乐、舞蹈作品,积极地感受音乐、舞蹈所表现的不同情绪,养成安静倾听、欣赏的习惯。

②在有对比的情况下,学习分辨音乐中差别较明显的高低、快慢、强弱特征和音色的变化,体验这些变化所表达的情意。

③能正确区分二拍子和三拍子的音乐,感受二拍子和三拍子音乐的不同情趣。

④在掌握前奏、间奏、尾奏的基础上,进一步感受和表现乐句、乐段的开始和结束,初步

了解音乐结构中的重复与变化的规律，体验倾听和观赏活动的快乐。

(3)大班

①有欣赏音乐的良好习惯和情趣，能够欣赏更多不同性质、不同风格的乐曲、歌曲和舞蹈，更加细致地感知和体验这些音乐作品的内容和独特风格，感受不同形式的艺术美。

②进一步学习使用其他各种非音乐的艺术手段，提高体验和表达音乐情趣的能力，能用自己的喜欢的表现方式大胆表达较复杂的乐曲是如何推进情节、表达情感的。能在理解音乐作品的基础上，恰当的用服装、道具等多种形式表达内心的感受。

③就音乐形象与情节展开想象，为用音乐表演手段(如戏剧表演等)进行二度创作式的表现做准备，并在此过程中加深对音乐的感受和把握。

1. 歌唱目标

(1)小班

①喜欢参加歌唱活动，用自然的声音歌唱，保持正确的唱歌姿态。

②能听前奏整齐地开始，音域范围在 d′~a′。

③初步理解和表现歌曲的形象和情感，边唱歌边做合乎歌曲内容的表情及简单动作。

④在教师的帮助下，能为自己熟悉、多重复的简单歌曲仿编新的歌词。

(2)中班

①进一步感知不同性质的歌曲，能够理解歌曲的歌词和曲调所表现的内容和情感，体验在歌唱活动中进行交流、合作的快乐。

②基本准确地演唱范围在 c′~a′的歌曲，感受和表现不同节拍(如二拍子、三拍子)、不同内容的歌曲，初步尝试使用不同的速度、力度和音色变化来表现歌曲的不同形象、内容和情感，且姿势正确，吐字清楚。

③感受和表现歌曲的前奏、间奏和尾奏，学会独立接唱并初步尝试自然地与他人接唱和对唱，正确运用身体动作和表情与他人交往。

(3)大班

①积极参与歌唱活动，乐于个人独立歌唱和参与集体表演，享受唱歌的快乐，并能欣赏和评议同伴的表演。

②尝试学唱优美、舒缓、活泼等不同性质的歌曲，能用准确的节奏和音调表现不同歌曲的情绪、情感，能够唱八度范围内的五声音调和少量七声音调的歌曲。

③学习使用不同咬字、吐字及气息断连方法表现歌曲的不同意境。

2. 韵律目标

(1)小班

①在日常生活中，愿意随音乐做简单律动进行自我表现，并初步体验用目光、表情、动作、姿态与他人沟通、交往的快乐。

②乐于参与音乐游戏，在教师动作的提示下，能通过韵律和模仿动作表现简单的音乐节奏、跳简单的集体舞蹈，体验在音乐运动中表达、创造和交流的快乐。

③学习按照音乐的基本拍子自然、均匀地做上肢或下肢的简单动作和模仿动作。

(2)中班

①尝试运用有效的方法和他人进行交流与合作，体验韵律活动中合作的快乐。

②随音乐的节奏尝试按自己的想象自由地做模仿动作、律动和简单的舞蹈动作，动作协调，能表现出音乐的力度、速度和情感的变化。

③学习利用已经掌握的动作、知识和技能，进一步学习或创编新动作，初步了解一些创编韵律动作组合的规律

(3)大班

①喜欢参加韵律活动，能大胆地用各种艺术形式表现自己的情感和体验。

②能比较准确地按音乐节奏做各种稍微复杂的基本动作、模仿动作和舞蹈动作组合，进一步丰富舞蹈动作语汇，能用已经掌握的空间知识，进行创造性的表现。

③能为不同的舞蹈表演选择不同的道具和服装，乐于和同伴一起合作表演，体验交流的乐趣。

3. 打击乐目标

(1)小班

①乐于在集体中随熟悉的歌曲或乐曲有节奏地进行打击乐演奏，按要求取放、交换和收拾打击乐器，体验操作乐器、管理乐器的快乐。

②通过探索和尝试认识几种易于敲击的打击乐器，学习敲击方法，初步养成正确使用乐器的习惯。

③能独立的随熟悉的音乐有节奏地演奏，参加两至三种乐器的齐奏，学习看指挥开始和结束演奏。

(2)中班

①进一步养成集中注意看指挥，并对指挥的要求作出积极反应的习惯，体验创造性参与演奏活动的快乐。养成正确使用乐器、有序收放乐器的习惯。

②会按简单的固定节奏型为歌曲、乐曲、舞蹈等作即兴伴奏，在集体中学会保持与音乐、与他人配合，具有初步协调的能力。

③学习使用木鱼、铃鼓、沙球等更多种类打击乐器的基本演奏方法，为歌曲或乐曲选择合适的音色而探索乐器的不同演奏方法。

(3)大班

①按简单的节奏型进行打击乐合奏练习和表演，具有初步的协调配合能力，集中注意看指挥，反应敏捷。

②学习使用更多种类的打击乐器的基本演奏方法，为求得新颖的音色而探索熟悉乐器的不同演奏方法，演奏的方法正确，姿势放松端正，养成乐器拿、放、管理的好习惯。

③尝试自己制作打击乐器，喜欢用自制乐器参与音乐活动，养成正确使用乐器的良好习惯。

三、幼儿园音乐教育活动目标

幼儿园音乐教育活动目标，即指某一具体的音乐教育活动所要达到的目标。

(一)幼儿园音乐教育活动目标的表述

1. 音乐教育活动目标的表述必须遵循行为化原则

(1)强调目标包括音乐知识、技能的获得与音乐感的发展，学习技能、策略的获得与学习能力的发展，情感智能与积极的个体、社会性的发展等三方面的秩序和内容。要克服单一强调音乐知识、技能目标的旧观念，努力做到在考虑审美情趣目标的同时，将音乐知识、技能获得的目标摆在一个适当的能够起积极配合作用的位置上。对于新教师而言，不失为

是一种快速有效地掌握表述音乐教育活动目标的好办法。

(2)必须针对本班幼儿最近的发展状况和发展趋向,如最近本班幼儿在歌唱时喜欢用嗓音大声吼唱或喜欢抢节奏唱的情况,在紧接着组织的音乐教育活动中,根据这一问题有针对性地制定目标,纠正幼儿歌唱中的坏毛病和坏习惯,以向着音乐教育目标要求的方向发展。

(3)必须恰到好处地发掘和利用原有音乐教材的教育潜力。符合3—6周岁幼儿学习的音乐作品很多,由于各种原因,教师不可能作广泛的搜集和选择。因此,就要对现有手头的音乐教材进一步挖掘,选择出符合该年龄班幼儿现阶段音乐活动需要的教材内容,并制定出适宜的目标。

2. 音乐教育活动目标表述时的具体要求

(1)必须固定将幼儿或教师作为行为发出的主体。陈述时主语可以不出现。如歌唱《大鞋和小鞋》(金潮词,汪玲曲)的活动目标为:感受和表现音乐的强弱,感受和表现音乐的节奏,初步认识节拍;探索用不同的方法敲奏椅子,以表现音乐节拍的强弱;乐于参加探索和表演并能按要求合作。这三个目标均是以幼儿作为行为发出的主体,这样容易使教师在组织活动时清楚地把握目标,调整自己的教学节奏,有利于目标的实施。

(2)必须陈述可见的行为,必要时可补充说明该行为属于哪一类发展目标。如歌唱《大鞋和小鞋》活动中清楚地表明了要求幼儿感受和表现的是音乐的强弱和节奏;要求幼儿探索的是用不同的方法敲奏椅子,表现音乐中节拍的强弱等。

(3)必要时还可补充说明该行为发生的附加条件和行为反应水平的限定语。如"在老师的启发下""在教师的引导、帮助下""在自由空间表演时",等等,表明幼儿在活动中的表现可能是缺乏自信心、独立性和熟练性的,有的动作发生需要一定的空间或情景等。

(二)幼儿园音乐教育活动的内容分析

1. 歌唱活动

(1)歌曲是幼儿喜闻乐见的易于理解和接受的音乐内容。同时,唱歌活动方便易行,每个幼儿都随身带有自然的"嗓音乐器",不受任何客观条件的限制,随时随地都可以开展唱歌活动。

(2)唱歌在幼儿音乐教育中居重要地位,是幼儿音乐教育的主要内容。教师应选用优秀的幼儿歌曲,在设计活动时力求教学形式多样,练习方法灵活。注意引导幼儿把握歌曲的主要内容和情感,进入歌曲意境,真正掌握每一首歌。

2. 韵律活动

(1)韵律活动包括律动、舞蹈、音乐游戏和其他节奏动作。其共同处是在音乐伴随下做动作,要求动作符合音乐的情绪和节奏、力度、速度的变化,同时动作正确、协调,有表现力。

(2)韵律活动是音乐和动作相结合的活动,动作使音乐内容直观化、造型化,使音乐的速度、力度具体化,能够帮助幼儿准确把握音乐的内容,具体感觉到音乐的速度、力度、节奏、节拍等表现手段的表情作用。

(3)从另一角度思考,运动觉和听觉共同参加音乐活动,有助于巩固音乐记忆。

3. 打击乐器演奏

(1)靠打击和碰撞而发声的乐器称为打击乐器。幼儿园的打击乐是指在音乐声中有节奏地敲打某些打击乐器的一种活动。它包括练习演奏已经配置好的器乐曲和声乐曲,为其他的唱歌、舞蹈活动伴奏。

（2）幼儿往往把打击乐器当作声音悦耳的玩具，对演奏打击乐器表现出极大的兴趣。

（3）打击乐活动是培养幼儿节奏感的重要途径。因为节奏感的培养离不开动作。幼儿在演奏打击乐的活动中对音乐的节拍、强音、节奏和整个音乐的流动有更直接更深刻的感受。此外，由于各种乐器有各种不同的声音，在活动过程中还能提高幼儿对音色的辨别能力，以及对声音高低、强弱、长短的敏感性。

4. 音乐欣赏活动

幼儿能够感受、理解比他们学唱的教材的乐曲更为复杂的音乐作品，如少儿歌曲《嘀哩哩》。这首歌曲由于音域较宽、速度较快的旋律特点，不适合幼儿演唱。但是通过欣赏活动，幼儿能感受到春天般优美的旋律。清脆悦耳的歌声向幼儿展示了春天的勃勃生机——红花、绿草和唱歌的小黄鹂，还表现出山林、湖水和小朋友好奇探索的大眼睛，幼儿从中得到自然美的启示、旋律美的感染及心灵美的熏陶。在欣赏过程中，春天的美和歌曲的美使幼儿的心灵感受到美，这种审美教育也就生动形象了。

音乐欣赏的特点在于给幼儿提供更广泛、更深刻的音乐作品。内容、性质、风格多种多样。表现手段较为复杂，尤其是大量的器乐作品向幼儿揭示了崭新的音乐世界，从而大大扩大了他们的音乐视野，丰富了他们的音乐经验，提高了幼儿对音乐的感受力、理解力和审美能力。因此，音乐欣赏活动是音乐教育活动中重要的基础内容，它有利于形成幼儿良好的欣赏习惯和健康的审美态度。

幼儿欣赏音乐有两种类型：一是供感受、理解的音乐作品，这是较为复杂的歌曲和器乐曲，不要求幼儿表演；二是将要学习的音乐教材、歌曲、舞蹈和游戏的乐曲等，这种类型的音乐欣赏在小班所占比例较大。

倾听是幼儿学习音乐的重要前提条件。幼儿阶段是听觉能力发展的敏感期，在这一阶段进行听觉训练，多创造幼儿倾听的机会，比较易于取得效果。

（三）音乐教育活动的基本方法

1. 示范

教师演唱和演奏音乐作品应正确运用各种表现手段的表情作用。示范时感情要真挚、表情恰当，面对全体幼儿。

2. 运用语言

在音乐教育活动中，运用语言的方法包括讲解、说明、提问、提示、谈话等。适当地运用语言能帮助幼儿感受和理解音乐表演，但语言在音乐教育活动中只起到辅助作用，不可替代音乐。

教师在运用语言时，应力求精练、明确，将具体形象和幼儿的生活经验结合起来。

3. 练习

掌握音乐技能技巧离不开系统的练习。练习时，教师要注意要求明确，突出练习重点，积极提高幼儿练习的兴趣和主动性。同时，应把练习活动的过程组织得生动、丰富，不单调乏味，注意循序渐进。

综上所述，以上三种方法是音乐教育活动必不可少的基本方法，它们相互联系地作用于音乐教育之中。教师要根据音乐教育活动的目标、内容，认真、细致地选择方法。在组织活动的过程中，要善于观察幼儿情绪的变化，并采取相应的措施。总之，教师在运用方法时应灵活、机智和适度。

第二节　幼儿园音乐教育的内容

幼儿园的音乐教育大致分为四个方面歌唱活动、韵律活动、打击乐演奏活动和音乐欣赏活动。

一、歌唱活动

（一）幼儿园歌唱活动的内容

在幼儿园音乐教育当中，歌唱活动的主要内容包括国内外优秀的儿童歌曲，以及流传民间的童谣等。

（二）幼儿园歌唱活动的表演形式

1. 独唱

指幼儿独自唱歌，多运用在中班、大班的音乐活动中，教师应该有意的鼓励幼儿进行独唱，以达到锻炼幼儿的胆量，培养幼儿自信心的目的。

2. 齐唱

即两个或两个以上的幼儿在一起演唱相同的歌曲，这种形式多用于小班幼儿，也是最基本的一种演唱形式。

3. 歌表演

指边唱歌边做身体动作表演，这是幼儿最常用的一种歌唱形式，在初学歌曲的情况下，幼儿愿意边歌边舞来表达自己的内心感受。

（三）幼儿园歌唱活动的目标

1. 能记住歌曲名称，正确地感知、理解歌曲中歌词、曲调所表达的内容、情感，并能用自然、美好的声音进行歌唱表现。

2. 喜欢歌唱活动，能够积极地体验参与歌唱活动的快乐，以及追求用歌唱的方式与他人进行交往的快乐。

3. 掌握一些最基本、最初步的歌唱技能，能够正确地咬字、吐字和呼吸，能较自然地运用声音表情和身体动作表情。

4. 能够在集体歌唱活动中控制和调节自己的声音使之与集体相协调。

二、韵律活动

在幼儿园音乐教育当中，韵律活动是教师有计划、有组织的一种集体教学活动，是指随着音乐而进行的各种有节奏、有感情的身体动作，具体内容分为以下几个方面。

(一)幼儿园韵律活动的内容

1. 韵律动作

①基本动作

也称生活动作,如跑、跳、点头、摇头、招手、屈膝等,一般使用在小班幼儿的活动中。如《幸福拍手歌》

②模仿动作

指幼儿在表现特定事物的外在形态和运动状况时所用的身体动作。如《我是小兵》

③舞蹈动作

指经过多年的演化和进步,已经程式化了的艺术表演动作。如《采茶舞》。

2. 舞蹈及其表现形式

①独舞

一个人独立地做动作,包括平行表演。

②双人、三人舞

小型的结伴舞,如《邀请舞》《猜拳游戏舞》。

③群舞

许多人按比较严格的队形和动作规定一起跳舞,如集体舞、表演舞等。

3. 音乐游戏及其分类

①音乐游戏是指在音乐的伴随下进行的幼儿游戏活动。它是一种比较特殊的韵律活动,是一种有规则的活动。

②音乐游戏按主题可分为有主题和无主题音乐游戏(如《小猫敲门》《抢位子》);按形式可分为歌舞游戏(如《袋鼠》《猫捉老鼠》)、表演游戏(如《熊与石头人》)和听辩反应游戏(如《什么乐器在歌唱》)等。

(二)幼儿园韵律活动的目标

1. 能够感知、理解韵律动作与音乐的关系,尝试进行创造性的动作表现。

2. 能符合音乐的情绪要求以及音乐表现手段和表情作用来做动作。

3. 喜欢参加韵律活动和音乐游戏,积极体验参与韵律活动和音乐游戏的快乐,主动地追求用身体动作探索、表达音乐以及与他人合作表演的乐趣。

4. 能够较自如地运用和控制自己的身体动作,能够掌握运用较简单的道具,能够在合作性的韵律活动中运用动作和表情与他人交流、配合。

三、打击乐演奏活动

在幼儿园音乐教育当中,打击乐演奏活动是非常重要的组成部分,也是幼儿非常喜爱的活动之一。

(一)幼儿打击乐演奏的选曲

在打击乐活动中可以选择节奏分明的乐曲,最好是幼儿熟悉的童谣、民歌等。如《小雨滴溜滑梯》是一首轻松活泼、节奏感强的歌曲。在组织幼儿学习时,应该注重引导幼儿享受不同节奏所表达出来的快乐。曲中有三种不同的节奏型,将十六分音符的节奏作为教学重点，从声音中、动作中、语言中形成此节奏的概念，引导幼儿体验不同节奏的不同感觉，用边唱边打节奏的方式来练习和巩固。这样既激活了幼儿的思维，调动了他们的积极性，又体验到了成功的喜悦。如果幼儿不能准确地打出各种节奏型，也就不能整齐协调地进行演奏活动，所以选择乐曲很重要，这是能否让幼儿在音乐中感受到愉快享受的关键。

（二）幼儿打击乐演奏的知识技能

1. 了解乐器，掌握与乐器有关的知识，用自然协调的动作演奏出始终的音量和美好的音色，同时注意倾听音乐和他人的演奏，使自己的演奏与整体音响效果协调。

2. 了解音乐配器，能选择适当的节奏型以及何时的乐器，为幼儿自己所熟悉的乐曲设计伴奏，并且能够运用简单的图形、语言、动作等符号记录设计好的配器方案。

3. 了解指挥，知道如何用动作表示准备、开始和结束，同时知道如何用指挥动作来表现节奏和音色的变化，并能够使自己的动作与音乐相协调。

（三）幼儿打击乐演奏活动的目标

（1）让幼儿享受奏乐活动的快乐；

（2）发展幼儿运用打击乐器进行艺术展现的能力；

（3）发展幼儿感受音乐的能力；

（4）积累一定的音乐词汇；

（5）促进幼儿整体素质的全面发展。

四、音乐欣赏活动

在幼儿园音乐教育当中，音乐欣赏活动的教育内容主要有倾听周围环境的音响和欣赏音乐作品两种。

（一）幼儿园音乐欣赏活动教育内容

1. 倾听周围环境中的音响

（1）倾听活动室中的声音；

（2）倾听庭院、活动场所中的声音；

（3）倾听厨房中的声音；

（4）倾听马路上各种交通工具的声音；

（5）倾听建筑工地上各种建筑机械的声音；

（6）倾听在公园、郊外游玩时的声音；

（7）倾听家庭、社区生活中听到的声音。

2. 欣赏音乐作品

（1）优秀的中外少年儿童歌曲，包括创作歌曲和广泛流传的民歌、童谣等。如《滴哩》《摇篮曲》。

（2）有歌曲改编的器乐曲。如《跳绳》。

（3）专门为幼儿创作的简单器乐曲以及音乐童话片段。如《龟兔赛跑》。

（4）中外著名的音乐作品或其中的片段。如《野蜂飞舞》。

(二)幼儿园音乐欣赏活动的知识技能

(1)了解音乐作品的名称、主要内容和常见表演形式;
(2)了解常见乐器的名称;
(3)能听辩并理解音乐作品的主要情绪、内容、形象及作品的主要结构;
(4)能分辨常见人声和乐器的音色;
(5)能根据音乐作品的音响展开想象;
(6)能运用一定的媒介表达对音乐的感受。

(三)幼儿园音乐欣赏活动的目标

(1)发展感受音乐的能力;
(2)发展运用类比思维提高幼儿表达音乐感受的力;
(3)培养对音乐的探究参与意识,充分享受参与音乐过程的快乐;
(4)积累一定的音乐语汇,发展智力、情感、个性、社会性方面的优秀素质。

第三节 幼儿园音乐教育的实施

一、歌唱活动的实施

(一)活动选材

1. 歌词的选择
(1)歌词的内容和文字符合幼儿的理解能力;
(2)歌词的内容具有童趣、教育价值和音乐美;
(3)歌词的内容应该适于用身体语言来表现;
(4)歌词的结构应该简单多重复,多选用第一人称的歌曲。
2. 曲调的选择
(1)音域一般选择在适合幼儿年龄发生特点的区域内进行歌唱,使幼儿唱出自然、优美的声音;
(2)节奏选择不适宜太复杂,多以二分音符、四分音符、八分音符为主;
(3)节拍一般最好以2拍子和4拍子为主,也可以选择一些3拍子歌曲;
(4)旋律线起伏不宜有太大变化,一般掌握在三度或三度以下的音程内,多选用旋律相对平稳的歌曲。

(二)活动设计与组织

1. 活动设计
(1)老师引导幼儿教授新的歌曲;
(2)复习已学习歌曲;
(3)幼儿在理解歌曲后,在教师的引导下进行创造性的表现。

2. 活动组织

(1)设立一个具体的、形象的学习环境,帮助幼儿进行歌词记忆;

(2)教师带领幼儿静静的倾听歌曲,使幼儿充分感受歌曲的旋律;

(3)在幼儿歌唱活动的学习过程中,教师要善于观察,抓住重点,从而突破难点;

(4)在幼儿歌曲歌词内容中,教师应引导幼儿与各个学科领域相结合,促进幼儿各方面能力发展。

(三)活动功能

1. 思想性功能

歌词的内容弘扬真、善、美,鞭挞假、恶、丑,具有鲜明的政治立场,表达了一定社会形态下的价值观念及道德准则。

2. 教育性功能

通过演唱,理解与感悟歌曲所表达的思想情感,从而明辨是非,树立正确的人生观、价值观与世界观。

3. 创造性功能

歌唱活动中的创编歌词,创编旋律,创编表演动作,为幼儿创造兴趣、创造态度、创造精神、创造能力的培养提供具体可操作的学习条件与机会。

4. 社会性功能

歌唱活动中不同的演唱形式,如齐唱、领唱、合唱、轮唱、双声部合唱,需要幼儿相互合作、和谐一致,这无疑为幼儿社会性发展提供了平台。

5. 审美性功能

一首歌就是一首诗、一段美妙的乐章。歌曲是诗歌与音乐完美结合的结果。两种艺术形式和谐地整合在一起,构成了一首歌曲,其本身蕴涵了许多审美的因素,幼儿用动听的歌声将歌曲艺术地表现,亲身经历这令人陶醉的美妙时刻,充分感受歌曲带来的审美体验。

6. 知识性功能

歌词的内容极为丰富,其包含大千世界的各种自然、社会的现象,也艺术性地揭示一些物质运动变化发展的规律。

二、韵律活动的实施

(一)活动选材

1. 动作方面

(1)小班幼儿是以模仿动作和基本动作为主,如生活动作,或者模仿各种动植物等。

(2)中班幼儿可以增加眼神和脸部表情、耸肩、前后弯腰等。

(3)大班幼儿对合作性的动作或者有角色扮演的音乐游戏十分感兴趣,在音乐游戏中,可以比较自由地发挥自己的情绪不会受太多限制。

2. 音乐方面

应该多注意选用不同节奏、不同性质、不同风格的音乐,从而扩大幼儿的音乐视野,提高幼儿对音乐作出动作反应的能力,也可以为同一种动作选用不同的音乐,从而锻炼幼儿的迁移能力。

(二)活动设计与组织

1. 活动设计

(1)动作方面

①教师应组织幼儿仔细观察,对观察对象的形状特征、动态、发展变化等进行仔细探讨,从而引导幼儿自己模仿、联想以及创编动作,用肢体语言进行形象的模仿表现,同时教师应适当给予一些标准的示范。

②教师应引导幼儿边听音乐边想象,使幼儿将肢体语言和音乐相结合,配合表演,同时鼓励幼儿上台表演,树立幼儿的自信心,适当时教师要给予表扬。

(2)音乐游戏方面

③熟悉音乐,引导幼儿仔细倾听,理解音乐的性质。

④学习游戏动作,分别扮演学习游戏中各个角色的动作,引导幼儿自由创编。

⑤交代游戏的规则,带领幼儿进行音乐游戏。

2. 活动组织

(1)设立一个欣赏音乐的环境,引导幼儿理解音乐性质,加深肢体动作的印象;

(2)设立一个宽敞、宽松的表演场地,以便于幼儿进行模仿;

(3)设立探讨平台,充分发挥幼儿的想象。

(三)活动功能

1. 音乐性功能

提高幼儿辨别音乐性质的能力,更好的感受不同特点、不同性质的音乐,幼儿可以随音乐进行肢体动作,更好的感受音乐,获得亲身体验。

2. 创造性功能

韵律活动在促进幼儿想象力、思维和创造力的发展上起了重要作用。幼儿在音乐的伴随下进行各种动作,如模仿动物、植物,进行拍手、耸肩、摆臂等动作,经常进行有节奏的身体动作能够大大促进幼儿的创造力。

3. 协调性功能

幼儿时期正是动作发展的重要时期,进行有节奏的身体动作,通过学习各种模仿动作、基本舞步等,使大脑神经控制动作的能力和保持平衡的能力都有所发展,幼儿能灵活自如地作出各种动作,使韵律活动具备了加强幼儿身体协调性的功能。

4. 情感性功能

节奏是韵律活动中不可或缺的元素,节奏也是一种最具有力量的音乐快乐的源泉,幼儿通过有节奏的身体动作,增强了节奏感,与小伙伴合拍的进行同步动作,增强了自信心,也给幼儿打来了愉快的情感体验。

三、打击乐演奏活动的实施

(一)活动选材

1. 乐器方面

(1)选择的乐器音色要好,要适合幼儿的操作;

(2)在乐器的使用上,小班幼儿演奏时对手眼协调的要求不高,选择一些简单的铃鼓、串铃等;中班幼儿演奏要加一些肢体动作,因此可以选择木鱼、小锣等;大班的幼儿在演奏时对于肢体动作的协调性要求较高,所以经常选用一些三角铁、双响筒等。

2. 音乐方面

(1)主要选择一些节奏清晰、旋律优美,最好是幼儿比较熟悉的乐曲进行演奏。

(2)中班和大班的幼儿可以选择一些有对比、较鲜明的因素的音乐,从而提高幼儿的演奏兴趣。

(二)活动设计与组织

1. 活动设计

(1)新授课程

教师应导入打击乐演奏活动,运用一定的辅助材料促进幼儿学习各种节奏型,不断地熟悉音乐,分声部合乐练习,最后完整的演奏。

(2)复习巩固

复习是在打击乐演奏活动中非常重要的环节,能够提高幼儿对音乐的敏感性,增强幼儿的音乐记忆,久而久之形成良好的演奏习惯。

(3)创造性表演

当幼儿具备了打击乐演奏的基础后,教师可以适当组织幼儿进行讨论以及创编活动,使幼儿发散思维、展开想象,从而进一步提高和丰富幼儿的演奏经验。

2. 活动组织

(1)设立一个优雅的环境,组织幼儿认真的倾听音乐、感受音乐,引导幼儿充分的欣赏和理解音乐。

(2)教师应运用动作总谱、图形总谱、语音总谱等教学辅助材料,引导幼儿认识、讨论、学习不同的节奏型。

(3)在练习的过程当中,教师应该给幼儿创造机会,让幼儿练习的打击乐演奏活动与生活节奏有机地结合在一起,发挥幼儿的创造性。

(4)设立轻松、舒适的演奏氛围,引导幼儿学会看懂指挥,作出相应的执行动作,从而使打击乐活动达到和谐的效果。

(三)活动功能

1. 知识性功能

能帮助幼儿初步掌握乐器演奏的一般知识和技能,发展节奏感,培养幼儿对音色、曲式结构、多声部织体表心里的敏感性。

2. 音乐性功能

打击乐演奏活动能够提高幼儿对音乐的感受力和理解力,从而激发幼儿学习兴趣,提高幼儿审美心理素质,促进幼儿身心健康全面发展。

3. 合作性功能

打击乐演奏活动能够培养幼儿的合作意识、合作能力、创造意识、创造能力、组织纪律性和责任感。

四、音乐欣赏活动的实施

(一)活动选材

1. 音乐材料

(1)小班幼儿应选择歌曲内容简单、容易理解的,歌曲优美、积极向上,能让幼儿感受到音乐的美好,同时要有明显的教育意义。

(2)中班和大班的幼儿应选择一些乐曲结构相对工整,作品篇幅不宣过长,符合教育要求,易于感受和理解。

2. 辅助性材料

(1)动作方面

动作材料主要是通过肢体动作来表现不同的音乐情绪,教师应该引导幼儿在创编动作时考虑到动作与音乐的融合,既能够使动作伸展自然,又能够表现出音乐的优美旋律。

(2)语言方面

语言材料的选择以故事、民谣、绕口令等为主来表现音乐形象,在幼儿音乐欣赏活动当中,以音乐为主,语言为辅。

(二)活动设计与组织

1. 活动设计

(1)歌曲欣赏

首先,让幼儿完整的、安静的倾听歌曲,教师引导幼儿说出歌曲的性质以及歌曲表达的情绪;其次,教师运用直观的教具来帮助幼儿理解歌词、歌曲内容等,在幼儿进行创编动作时,教师应给与适当的指导;最后,教师要引导幼儿边听歌曲边完整的表演。

(2)器乐曲欣赏

首先引导幼儿欣赏器乐曲,并用语言表达出对曲子的理解和内心的感受;其次,再次欣赏曲子的同时,教师应利用直观的教具来帮助幼儿更深入的理解音乐作品,并鼓励幼儿根据音乐作品展开想象;最后,教师可以组织幼儿以游戏或者表演的形式来完整的欣赏。

(3)舞蹈欣赏

首先让幼儿完整的欣赏舞蹈,使幼儿有初步的印象;其次,组织幼儿进行探讨在欣赏过程中都了解了什么元素,比如服饰、动作等,并且教师要引导幼儿进行模仿表演;最后,让幼儿随着音乐进行表演,教师应给予相应的鼓励和表扬。

2. 活动组织

(1)设立一个有利于欣赏音乐的意境,培养和引导幼儿喜欢倾听,乐于接受,通过倾听和欣赏,使幼儿理解音乐内容和音乐的基本要素。

(2)教师应充分利用辅助材料,如动作材料、语言材料、视觉材料等,从而帮助和引导幼儿更好的理解音乐,使幼儿展开想象。

(3)设立一个平台让幼儿根据自己的体验和理解,通过自己的方式来表达幼儿对音乐的理解,同时,教师要不断地激励和表扬幼儿的欣赏音乐的热情和主动性。

(4)在欣赏活动过程当中,教师应有意识地与各个相关学科领域进行融合,从而提高幼儿各方面的能力。

（三）活动功能

1. 创造性

音乐欣赏活动有利于激发幼儿的想象力、创造力，促进幼儿智力发展。

2. 情感性

音乐欣赏活动能够激发幼儿的情感动力，唤起幼儿的情感体验，能够通过音乐所传达的情感信息引起幼儿的共鸣，这恰恰是对幼儿尽情情感教育的最佳途径。

3. 审美性

在音乐欣赏活动当中，音乐美的特质能够帮助幼儿提高审美能力，对于幼儿来说，通过聆听音乐获得美的感受以及精神愉悦，就能够达到审美教育的目的。

第四节　幼儿园音乐教育的评价

一、幼儿园音乐教育评价内容的判定

幼儿园音乐教育活动的评价内容，主要是通过对音乐教育活动的设计和实施过程的判定，来甄别儿童是否能够获得基本的艺术感知能力，音乐教育活动是否围绕《纲要》中艺术教育目标来进行。因此，我们大致可以从两个方面来评价幼儿园的音乐教育活动，即对幼儿感受能力的培养和幼儿园音乐教育活动的实施。

（一）幼儿感受能力的培养

幼儿艺术感受能力的培养是实现艺术教育目标的关键，音乐教育情感价值的实现可以促进幼儿艺术感受能力的形成，《纲要》艺术领域目标第一条就是："能初步感受并喜欢环境、生活和艺术中的美"。因此，只有让幼儿充分感知各种音乐的表现手段在作品中所表达的审美含义，才可以丰富他们的音乐体验和审美体验，才能够使他们成为有欣赏力的享受音乐作品的人。音乐艺术所具有的独特感染力也很容易引起幼儿的注意和兴趣，从而产生轻松、愉快、乐观的情绪，这对促进幼儿的身心和健康的和谐发展有着重要的作用。

关注幼儿的感知、想象与表达和交流等是实现艺术教育的途径，由于感知是审美活动的起点，没有感知就谈不上审美、想象和联想，所以在幼儿时期就应该更多的丰富他们的音乐经历，使他们对音乐具有敏感的感知和理解力，这对于他们成年以后欣赏音乐作品十分有利。因此，幼儿在音乐活动中所表现出来的想象与联想能力、表达与交流的能力都应该成为幼儿音乐教育评价的重要组成部分。

（二）幼儿园音乐教育活动的实施

1. 幼儿园艺术教育的活动目标

幼儿园艺术教育的活动目标是在全面理解《纲要》艺术领域目标的前提下，教师按照一定的发展阶段的教育要求和儿童自身的需要制定的一种对活动结果的期望。一般对于活动目标的评价应该包括三方面：一是具有音乐活动目标与艺术教育的总目标、年龄阶段目标以及学习单元目标是否有内在的逻辑关系；二是活动目标的设计是否达到了知识技能

(音乐语言)、过程方法(操作方法)和情感、态度、价值观(情感体验)三个层面的要求;三是活动目标的确立是否与幼儿的实际需要(年龄阶段特点)相适宜。

2. 幼儿园艺术教育评价活动方法是实现活动目标的手段和途径

活动方法是通过教学方法和学习方法的双向互动得以展开的。活动方法的评价主要表现在四个方面:

(1)活动方法的选择和运用是否与教学目标好内容相适应。

(2)活动方法的选择和运用是否符合儿童年龄特点和接受能力。

(3)活动方法的选择和运用是否强调并体现了儿童的主体性和自由性。

(4)活动方法的选择和运用是否能够有机地与音乐活动的设计以及教学环境、设施相联系。

3. 幼儿园艺术教育活动过程的评价

音乐活动过程主要指活动中师生相互作用的过程。它也是一个综合而复杂的动态过程,涉及教师、儿童以及其他各方面。为了更好地促进音乐活动的实施,这里评价的对象主要是教师在音乐活动中的行为,评价教师在教育过程中的行为可以着重于以下儿方面:

(1)教师的行为表现。

(2)教师的指导。

(3)教师在教学过程中的角色。

4. 幼儿园艺术教育活动效果的评价

活动效果在此主要是指从幼儿的行为表现中反映出来的教育效果。其中主要包括:

(1)幼儿参与活动的主动性、积极性是否高涨。

(2)幼儿的情绪是否振奋、愉快、轻松、自然;幼儿的注意力是否集中,在活动过程中情绪是否饱满;活动预期应掌握的知识、技能幼儿是否达成等。

(三)幼儿园音乐教育评价功能的界定

幼儿园音乐教育的评价的作用是了解教育的适宜性、有效性,调整和改进工作,促进每一个幼儿发展。评价过程,是教师运用专业知识审视教育实践,发现、分析、研究、解决问题的过程,也是自我成长的重要途径。对幼儿教学进行评价具有四个功能:第一,促进每一个幼儿的发展;第二,促进幼儿教师的专业成长;第三,提升幼儿教学功能的实效性;第四,促进幼儿音乐课程本身的发展。

1. 从评价性质上

从评价性质上分为量化评价和质性评价:

(1)量化评价

量化评价就是在教学活动过程中,把幼儿以及幼儿的学习情况,通过观察,客观的记录下来,形成的一些数据和量表,并进行分析。原因在于,这种运用分析的方法对幼儿及其表现难题可以通过进行分解和量化的方法,虽然对幼儿发展领域的简单问题可以通过技术性的方法来解决,但是这种评价方法没有把幼儿的整体发展作为关照对象,而幼儿的发展更多是具有复杂性和不确定性的问题,例如幼儿的兴趣、需要、情感、价值、社会性等复杂的、难以量化的一些复杂问题,紧靠实证主义的定量方法必然是无法解决的。

(2)质性评价

质性评价,强调的时评价者和被评价者的积极参加与和互动,而且评价者必须用多种视角和多种观点,用文字描述的方式,记录和分析个人的行为意义和独特体验。这种质的研究关注过程而不关注结果,不以知识获得多少为标准,是一种动态而非静态的评价方法。在质性评价中,教师只有理解了幼儿的思想、感情、价值观和知觉规则,才可能理解幼儿具体外显的行为。在评价过程中,教师更多的是一个倾听者、发现者、互动者。评价者只能通过"质"的方法通过与幼儿进行长期的交往与倾听,才能获得幼儿真实而完整、丰富而不断变化的个人话语,从而更准确地把握幼儿的个人意义建构,走进幼儿真实的价值世界,并最终促进幼儿主动而持续的成长与发展。

2. 从评价方式上

从评价方式上分,评价又可分为随机性评价和终结性评价。

(1)随机性评价

随机性评价融汇于整个音乐活动之中,根据活动过程中出现的问题和幼儿的反应进行评价。它的适用范围不仅对教学过程还针对幼儿的学习态度和情感。随机性评价不是音乐活动结束的时候进行的,而是和整个活动过程有机地融为一体,随时捕捉和分析幼儿在活动过程中的一个个片段,对活动中的幼儿的反应随时予以鼓励和纠正,同时也对教学活动进行适应性的调整。

(2)终结性评价

终结性评价与所设置的教学任务、课程目标密切相关。终结性评价的优点在于可以帮助幼儿在活动结束的时候再一次回顾所学习的内容,但不足之处是过于简单地处理了活动过程中出现的问题,不能及时对幼儿的最新发展区作出反应。

3. 从评价者的角度上

从评价者的角度上分,可以把评价分为自我评价和同伴评价。在幼儿园音乐教学中,这两种情况通常有助于教师获得可持续发展能力。特别是对于缺乏经验的新教师,具有良好自我反省的习惯和获得他人的教育经验,能更快促进教学水平的提高。

幼儿音乐教学评价应关注幼儿一生的可持续发展而非一时的表现,应全方位地关注整个教学活动所涉及的各种要素的协调分配而非某一方面的体现。这要求评价主体在对幼儿音乐教学进行评价时,应注意方法的多元化,而不能仅用一种方法来进行评价。首先,对幼儿音乐教学评价的方法可以采用观察记录法,通过平时的事件观察(幼儿在日常生活中用音乐表现自己的情感)、时间观察(定期观察幼儿在音乐方面的表现)、随机观察(根据自身时间的调整随即抽查幼儿的音乐表现)等,将收集的资料与同行或专家交流讨论,解读幼儿的音乐行为能力,科学地判断幼儿音乐潜能的个体差异,因人而异地制定出在每个幼儿"最近发展区"内的音乐发展计划,让每个幼儿都能在自己的原有水品上有所发展。其次,对幼儿音乐教学进行评价时,主张多元主体的共同参与。例如同行可能更多地是从活动是否符合幼儿教育教学的规律的角度区评价;而幼儿心理专家则可能更多的从活动目标的确定、内容的选择与组织实施是否符合幼儿心理发展的特点和规律的角度去评价;家长则可能更多的是从关注幼儿的发展变化的角度去评价。可以激发教师的创新意识和能力,提升教师的教育实践智慧。如定性和定量评价相结合,绝对和相对评价相结合,诊断性、形成性和终结性评价相结合等,体现出评价的个性、差异和异质性。

第五节 幼儿园音乐教育活动案例及评价

一、案例

案例是时间和理论相互融合的产物,既要有理论的高度,又要有实践的深度。教育案例就是叙述一个教育故事,它是教师的教育行为和教育思想的集中体现,在叙述一个故事的同时,人们常常还发表一些自己的看法,也就是评价,因此,一个好的案例就是一个生动的故事加上精彩的评价。案例的结构主要是由三部分组成的,即案题、案情和案析。

二、幼儿园开展音乐教育活动案例的意义

(1)音乐教育活动案例分析是教学理论提升的重要方法。

(2)音乐教育活动案例分析是教学问题解决的源泉之一。

(3)音乐教育活动案例分析是教学教师成长的有效途径。

(4)音乐教育活动案例分析有助于教师深入开展课题研究,为课题研究提供翔实的第一手资料。

三、幼儿园音乐教育活动案例及评价

1. 要有正确的教育理论支撑

设计和组织幼儿音乐教育活动需要正确教育观念的引领,必须树立正确的教育观和发展观,新《纲要》颁布以来,我们在教育观念上要有根本的转变,要以幼儿的发展为本,孩子是课堂的主体。教育的根本目的是为了每一位幼儿的发展,教师的“教”应该为幼儿的“学”服务,教师教的效果要体现为幼儿学的效果,衡量一节课成功与否的标准,应该看幼儿有无进步和发展,从“以教论学”到“以学论教”,总之,音乐教学活动要体现“以幼儿为主体,教师为主导”的教育理念。

2. 要掌握活动案例和评价的基本思路和内容

(1)活动案例的设计和组织

包括活动目标、活动准备、活动过程以及活动评价。

(2)活动案例评价的主要内容

①关注幼儿

幼儿在音乐教育活动中的表现应该成为课堂教学的主要内容,除了要关注他们的只是技能目标的达成之外,还应该关注他们在活动中,师生互动、自主学习、同伴合作中的行为表现、参与热情、情感体验和思考过程等,即关注幼儿是怎样学的。了解幼儿在课堂上如何讨论、如何交流、如何合作、如何思考、如何获得结论等,通过幼儿的这些行为表现,才是评价课堂教学的成败。

②关注教师

关注教师如何促进幼儿的学习,如教师如何激发幼儿的学习热情和探究兴趣、教师如何组织并促使幼儿进行思考、讨论、引导幼儿进行具体操作、探究以及教师如何评价和激励

幼儿的学习等,以此来评价教师的课堂行为表现。

【参考案例】

小班歌唱活动:《五官歌》

1. 活动目标

(1)熟悉音乐旋律,能配合音乐指认五官的位置。

(2)学习有节奏地唱准歌曲,喜欢和老师一起做音乐问答游戏。

2. 活动准备

(1)音乐录音磁带。

(2)请一名大班幼儿与教师配合对唱并表演。

3. 活动过程

(1)教师播放音乐,引导幼儿认真听乐曲,听口令指五官:教师即兴说出五官的名称,并不断地变换口令,逐步加快速度,幼儿听完口令立即用手指点五官,如:教师说“眼睛”,幼儿就用手指自己的眼睛。

(2)让幼儿欣赏教师和大班幼儿表演的游戏并加以模仿:

①在音乐得伴奏下,教师和大班幼儿表演游戏:“我们现在做的游戏和刚才大家一起做的游戏一样吗? 哪里不一样?”

②再次欣赏表演,幼儿拍打节奏。

(3)幼儿学习音乐并演唱。

①请全班幼儿跟着大班幼儿和教师对唱,边唱边拍手,手口同步。

②师生一起做音乐游戏,唱到“在这里”时,用手指点五官的位置。

③提醒幼儿注意唱准3 3 2 2| 1- - 0 ‖

4. 活动延伸

运用《五官歌》对幼儿进行音乐游戏。

附:音乐素材

五官歌

1=C4/4

3 5 3 5 6 5|6 i 6 5 - |3 3 2 2|1 - - 0‖

教师:两只眼睛在哪 里在哪里? 幼儿:眼睛在这 里。

两只耳朵在哪 里在哪里? 耳朵在这 里。

小小鼻子在哪 里在哪里? 鼻子在这 里。

小小嘴巴在哪 里在哪里? 嘴巴在这 里。

小小脸儿在哪 里在哪里? 脸儿在这 里。

5. 活动评价

《五官歌》是一首生动有趣的儿歌,儿歌中展现了人的五官的位置和用途,语言朗朗上口,容易被幼儿记住。幼儿对五官本身也是比较熟悉的,通过歌唱活动以及教师的引导,带领幼儿进行音乐游戏,进一步巩固五官在幼儿脑海中的印象,幼儿找对了位置都会很高兴。教师应鼓励和锻炼幼儿边唱歌边指出五官的肢体配合,声情并茂的朗读让幼儿更好地识记儿歌。在歌唱活动中,教师可以运用夸张的肢体动作,利用经常变化的人物、声音、物体等吸引幼儿的兴趣。

中班歌唱活动:《小海军》

1. 活动目标

(1)感受《小海军》原曲的坚定、雄壮、有力以及变速后音乐的轻柔与优美。体验音乐变化的神奇。

(2)尝试运用语言、节奏、动作等方式表现《小海军》原曲与变速后曲子的异同,重点感受与表现变速曲中所体现的小海军操练归来的各种生活情景。

(3)激发对小海军的热爱,增强幼儿大胆参与活动的自信心。

2. 活动准备

(1)初步能演唱歌曲《小海军》。

(2)Vcd 音频《小海军》。

(3)海军帽、彩旗等。

3. 活动过程

(1)演唱歌曲《小海军》,感受与表现原曲雄壮有力的音乐性质。

①让幼儿随着进行曲入场;

②师幼共同表演《小海军》;

③引导幼儿运用语言、肢体动作等方式表达对原曲雄壮有力性质的体验。问题:听了这首音乐有什么感觉? 音乐中的小海军们正在做什么?(幼儿纷纷用"雄壮、有力量、神气、有精神"等词汇来表达自己对音乐的感受,并且用动作、语言等方式表现和描述音乐中的小海军正在开炮艇、格斗、射击、瞄准、操练……由此可见幼儿对原曲音乐性质的理解比较到位,有自己的感受和体验)

(2)观看表现海军生活的记录片,同时欣赏《小海军》变速曲,引导幼儿感受乐曲变速后轻柔、优美的性质。

①鼓励幼儿大胆表达自己对音乐的理解。

提出问题:同样是《小海军》的歌曲,现在听起来感觉怎么样? 和原来有什么不同? 音乐中操练归来的小海军们在做什么?

(幼儿能运用"优美、安静、很慢、很轻、轻柔"等词汇来表达自己听完小海军的变速曲后的感觉)

刚开始他们只感受到和原来相比音乐速度变慢了,并没有发现音乐强弱的改变。教师将原曲和变速曲再次对比,并通过手势变化引导幼儿感受两曲之间力度的不同。幼儿感受到同样是《小海军》的歌曲,音乐的强弱、快慢改变了,听起来的也就感觉不一样了。

由于幼儿对海军的日常生活情景比较陌生,因此他们只能将自己的生活经验迁移到海军身上,认为操练归来后海军会做吃饭、洗衣服、睡觉等事情。

②引导幼儿运用身体节奏等方式表现对原曲与变速曲的理解。(头、肩、手、腿、膝、脚等身体部位都成了幼儿表现的道具,他们富有创造性地运用身体节奏较准确地表现音乐的

快慢、强弱，不难看出他们对原曲与变速曲的理解进一步深入了)

③观看海军生活记录片后，启发幼儿用动作表现变速曲中小海军的生活情景。首先，师幼共同表现(表现海军生活的记录片是帮助幼儿了解海军操练归来后的生活情景最直接、最便捷的方式。通过观看记录片，幼儿能用动作表现弹吉他、拉小提琴、写信、看书、打电脑等小海军操练归来后的生活。但是在初次的表现中，幼儿的动作比较单一，如有的幼儿一直做看书的动作，没有变化)。其次，教师伴随音乐有表情地朗诵散文诗，引导幼儿再次感受和表现变速曲所表达的情景(在散文诗的启发下，有些幼儿能边听音乐边根据诗的内容相应地变化动作)。

(3)创设情境。引导幼儿进一步感受《小海军》原曲与变速曲的区别，并表现小海军操练与生活的情节。

①幼儿在原曲的伴奏下表现小海军操练的情景。

②幼儿登上“军舰”，完整地表现原曲与变速曲中小海军的不同生活(活动至此，幼儿能较自主地、完整地运用体态表现原曲与变速曲中小海军的不同生活。尤其对原曲的表现从动作与力度上都十分到位，但是幼儿运用体态表现变速曲时动作的美感有待进一步提升)。

4. 活动延伸

组织幼儿在音乐活动室进行《小海军》音乐欣赏活动，也可以在家中进行亲子表演活动。

附：音乐素材

小 海 军

1=D $\frac{2}{4}$
神气自豪地

常福生 词
柴本尧 曲

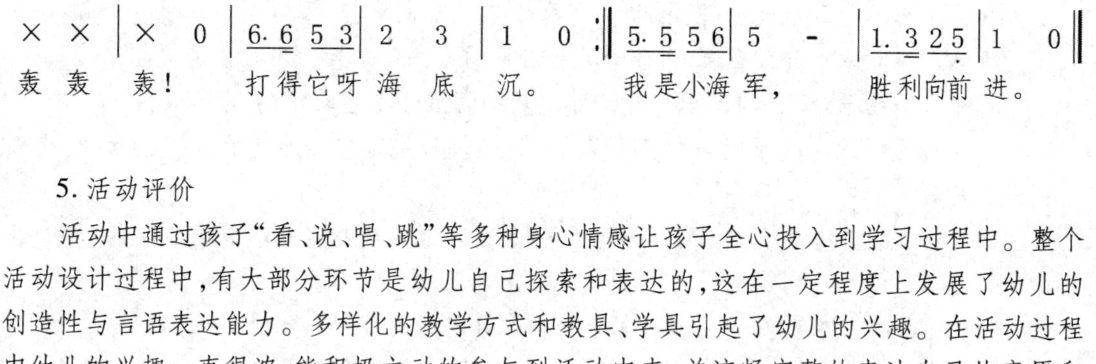

5. 活动评价

活动中通过孩子“看、说、唱、跳”等多种身心情感让孩子全心投入到学习过程中。整个活动设计过程中，有大部分环节是幼儿自己探索和表达的，这在一定程度上发展了幼儿的创造性与言语表达能力。多样化的教学方式和教具、学具引起了幼儿的兴趣。在活动过程中幼儿的兴趣一直很浓，能积极主动的参与到活动中来，并流畅完整的表达自己的意愿和想法，达到了预设的目标。孩子的思维空间是无穷的，在活动中孩子想象了许多关于海军作战和军舰样式、外形的情况出现。本次活动的效果很好，还可以随着孩子的兴趣开展一些展开活动满足孩子的好奇,让他们在快乐的同时增长知识。

大班音乐欣赏活动:《小老鼠打喷嚏》

1. 活动目标

(1)了解乐曲 ABA 的曲式结构,感受 A 段音乐的欢快、B 段音乐的舒缓。

(2)幼儿能够运用简单的符号来记录自己的想法,并能够随着音乐用表情和动作创造性的表现小老鼠生病、治疗锻炼、病好后高兴的样子。

(3)使幼儿充分享受情节表演带来的乐趣。

2. 活动准备

(1)物质准备

①《小老鼠打喷嚏》(音乐的瞬间)的音乐;

②图谱、头饰。

(2)经验准备

幼儿具有能够用简练的线条表现事物的经验。

3. 活动过程

(1)情景导入,激发幼儿的兴趣

①播放音乐,欣赏音乐,初步感受音乐。

②播放打喷嚏的声音,教师以故事的形式引导幼儿进入情境。并提问:这是什么声音啊? 小老鼠为什么会打喷嚏啊?

(2)分段欣赏音乐,引导幼儿用表情和动作来表现音乐内容

①欣赏 A 段音乐,引导幼儿表现小老鼠生病时难受的样子

组织幼儿倾听音乐,教师可以适当的用体态来引导,进行提问:小老鼠是怎样边走路边打喷嚏的呀? 小老鼠走几步打几个喷嚏呢?

出示图谱,组织幼儿听音乐学做小老鼠走两步打两个喷嚏的样子,引导幼儿把小老鼠难受的样子表现出来。

②欣赏 B 段音乐,幼儿用动作来表现小老鼠治疗打喷嚏的过程

组织幼儿讨论:小朋友们,有什么方法可以让小老鼠不打喷嚏呢? 请幼儿在图谱上记录自己的方法,并请幼儿跟着音乐学一学。

引导幼儿感受 B 段音乐,边看记录边做动作。

请幼儿周岁音乐进行表演,引导幼儿将自己的办法创造性的用动作表现出来。

欣赏 A 段音乐(第三段音乐),创编小老鼠病好后开心的动作,并进行表演

引导幼儿创编小老鼠病好了高兴事的动作,教师随时捕捉幼儿的创造性动作,带领幼儿集体表演。

组织幼儿听音乐进行表演,引导幼儿根据音乐的节奏表演出小老鼠高兴的样子,让幼儿尽情发挥。

(3)完整的欣赏音乐,进一步理解乐曲内容并进行表现

①组织幼儿完整欣赏,感受音乐 ABA 的曲式结构和音乐表现情绪,同时教师进行提问:这首乐曲一共有几段啊?

②引导幼儿戴头饰进行表演,重点要表现出小老鼠的表情和神态。

(4)组织谈话过程,拓展幼儿的生活经验

教师提问:小朋友们,我们平时在打喷嚏的时候需要注意些什么问题呢?要怎么样预防和治疗呢?

4.活动延伸

将头饰、音乐和图谱同房到表演区域,教师引导幼儿和同伴继续进行表演,拓展幼儿的想象力和创造力。

5.活动评价

这是一个融音乐欣赏和音乐游戏于一体的音乐活动,该乐曲为ABA三段式结构,A段音乐比较欢快,B段音乐比较舒缓,比较适合大班幼儿欣赏、游戏。老师教学时加入故事情节,进一步帮助幼儿理解音乐,且A段音乐中有规律的滑音,听起来像打喷嚏的声音,因此,老师就用了小老鼠打喷嚏这样一个故事情节来贯穿整个活动,帮助幼儿理解音乐。在这次活动中孩子们体验到了音乐活动带来的乐趣。孩子们情绪活跃主动参与的积极性非常高。在这个感冒多发的年代,多数幼儿有过感冒打喷嚏的经验,并且知道感冒打喷嚏要吃药、打针等。因此,在活动中,老师引导幼儿结合自己的生活经验,想办法为小老鼠治病,给孩子提供了展示自己的舞台,尝试用自己的身体和表情尽情地来表现小老鼠病前及病好后不同的神态,让幼儿在故事情节和表演过程中来理解乐曲的曲式结构,使之体验自由表达和创新的快乐,并让幼儿在音乐表演中体验到乐趣。在活动中通过听一听、学一学、做一做,使幼儿表现出了浓厚的兴趣,也发展了幼儿的想象力、表现力、创造力,达到了教育的最佳效果。

【思考与练习题】

1.选择

(1)在歌唱活动中,帮助幼儿清晰准确的表现内容和富裕感染力的表达情感的方法主要是(　)。

A.听录音带　　　B.欣赏录像带中的表演

C.听老师演奏　　D.教师正确的示范演唱

(2)幼儿音乐教育活动的内容包括歌唱活动、韵律活动、打击乐演奏活动和(　)。

A.音乐欣赏活动　B.数学活动

C.游戏活动　　　D.打节拍活动

(3)幼儿音乐活动中,韵律活动的材料包括音乐、道具和(　)。

A.形式　　　　　B.环境

C.动作　　　　　D.布景

2.判断

(1)音乐教育是以音乐为媒介的教育,由于音乐独特的艺术特征,有着其他教育学科不可替代的特殊作用。(　)

(2)歌唱活动是伴随着音乐进行并与音乐响协调的身体动作的表现活动。(　)

(3)音乐欣赏活动是指通过聆听音乐作品获得审美享受的音乐活动。(　)

3. 简答题

(1)简述幼儿园音乐教育的总目标。

(2)幼儿音乐教育的内容有哪些?

(3)如何组织幼儿歌唱活动?

(4)幼儿韵律活动的主要内容包括哪些?

(5)如何指导幼儿欣赏音乐作品?

4. 设计题

(1)设计小班“我的大鞋会唱歌”歌唱活动案例。

(2)设计中班“快乐的脚步”韵律活动案例。

(3)设计大班“钟表店”音乐欣赏活动案例。

第十章 当代流行的特色幼儿教育课程

【学习目标】

一、知识目标

了解蒙台梭利教育、奥尔夫音乐教育和瑞吉欧教育的教育思想、主要教育内容和方法。

二、能力目标

能够初步掌握蒙氏教具、奥尔夫音乐以及瑞吉欧方案教学的实施过程。

三、情感目标

对幼儿园课程的理念和模式有自己的理解。

【知识重点、难点】

一、知识重点

掌握蒙台梭利教育、奥尔夫教育和瑞吉欧教育的主要内容和方法。

二、知识难点

抓住蒙台梭利教育、奥尔夫教育和瑞吉欧教育的核心价值。

本章主要介绍了当前较为流行的一些幼儿教育课程,包括蒙台梭利幼儿教育课程、奥尔夫音乐幼儿教育课程、瑞吉欧幼儿教育课程。期望对课程理念的及课程模式的简要介绍,使学生在学习中国基本的幼儿园教育课程之外还能够了解国外哪些优秀的课程影响着我们,并且初步的了解这些课程的教育目的、基本内容以及方法等方面的知识,扩宽学生的视野,加深对相关课程理念的理解。

第一节 蒙台梭利幼儿教育课程

一、蒙台梭利的幼儿教育思想

(一)蒙台梭利与“儿童之家”

玛利亚·蒙台梭利(Maria Montessori,1870—1952),意大利著名幼儿教育家,蒙台梭利教育法的创始人,她早年从事医学工作,一直致力于智力障碍儿童的心理研究,是意大利第一位获得医学博士的女性,在学前教育史上,被誉为自福禄贝尔以来最具影响力的人物之一。蒙台梭利于1906年在意大利的罗马开办了一所儿童教育所,被称为“儿童之家”(Children' House),主要招收3—6周岁的儿童,在“儿童之家”里蒙台梭利践行了她的教育思想,并且发明了一套自己的教具和教学方法,进行了特殊儿童的治疗和教育,通过进一步的认识和了解儿童及幼儿教学事业,使得她的教育体系更为完善。蒙台梭利的教育理念在当时具有一定的进步意义,在世界范围内也得到广泛的传播。

(二)蒙台梭利教学法的基本理念

1. 尊重儿童的主体地位

蒙台梭利曾说过:“我们在很多时候并没有真正考虑过儿童们的特殊需要,而是强迫他们去遵循我们的指示。我们压制他们,甚至粗鲁的对待他们,然而却希望他们是顺从的、举止端庄的,而即使这样,他们对我们的忠诚与羡慕是如何的令人感动,所以,让我们用我们希望帮助他们形成的‘友好行为’去对待他们。”可以说,“尊重儿童”是蒙台梭利教育原理建立的基石,教师的职责并不是指挥儿童按照自己的希望去做事,而是在儿童需要作出选择时表示尊重,使之通过自我学习获得必要的知识和能力。

2. 重视敏感期的教育

“敏感期”是指某种特定的能力和行为获得发展的最佳时期。在这个时期学习更为容易,而一旦错过这个特殊时期,某种能力和行为便不会有明显的增长。蒙台梭利认为,每个儿童在发展的过程中都存在着敏感期,但因个人差异,这个时期的发生时间和持续长短都因人而异,因此就要求教师一定善于观察,及时发现儿童发展的需要,并为幼儿提供有效的环境。

3. 强调儿童“具有吸收能力的心灵”

“具有吸收能力的心灵”,蒙台梭利说:“人们也许会说,我们用自己的大脑获取知识,但儿童直接将知识吸进他们的灵魂中去。仅仅通过与生活环境的不断互动,儿童就学会说他们的母语。”这是她对“具有吸收能力的心灵”的解释。她认为,儿童能够自己教育自己。儿童自身蕴含着巨大的潜能,他们能够通过自身的努力去了解世界、解决问题,而教师要做的就是创建一个具有充分准备的环境,让儿童能够自由的选择,发展其兴趣并得到某个方面的训练。

4. 关注教育环境的创设

蒙台梭利在她的教育理念里一直强调要有“准备充分的环境”,她认为儿童只有在一个有充足准备的环境中才能达到最佳的学习状态，在这个环境中，儿童能够根据自己的喜欢自由的选择材料，这也是“儿童中心”教育模式的最大体现。

二、蒙台梭利的幼儿教育课程

（一）蒙台梭利幼儿教育课程目的和意义

蒙台梭利课程的目的是为了实现幼儿身心均衡的发展。在蒙台梭利教育体系之中，自由、作业、秩序是她课程的主体，儿童通过这三者之间的相互影响最终构筑身心的协调统一，其中，自由并不仅仅满足幼儿的需要，同时还使自由选择的作业符合他们自己的兴趣，并在作业的过程中达成良好的秩序。可见，秩序是在自由和作业的基础上建立起来的，而三者的协调是以作业为核心的。

蒙台梭利课程的意义对幼儿自身来说就是最大限度地帮助幼儿构建内在秩序，让幼儿的内在生命力表现出来，培养幼儿的注意力，通过作业不断的探索和发现自我。蒙台梭利把儿童的发展看成是“精神胚胎”的生命力体现，她尊重幼儿主体的理念，最大程度上挣脱了结构性课程对儿童的束缚。

（二）蒙台梭利幼儿教育课程内容和方法

蒙台梭利的幼儿教育活动一般可以包括三个基本领域：生活实践、感官教育和初步知识。而其中感官教育是其教育体系的重要组成部分，而且感官教育可以引发算术、语言、书写以及其他生活基本技能，能够很好地实现幼儿内部秩序的协调统一。教师通过为幼儿创设环境，保障幼儿发展的时空条件，然后对幼儿进行观察和引导，借用一定的教育对幼儿实施教育。

以下针对不同的内容，简要的介绍蒙台梭利幼儿教育的实施办法。

1. 生活实践活动

蒙台梭利认为日常生活是对幼儿实施教育的重要时机，旨在培养幼儿的独立性、自主性以及社会性等，而有关生活的实践活动可以分为以下 5 个方面：

（1）个人护理

个人护理主要是儿童进行的自我服务，一般包括穿脱衣物、日常盥洗（刷牙、洗脸、洗手等）、梳头发、系鞋带等。让幼儿学会自己照顾自己，养成良好的生活、卫生习惯。教师可以进行必要的指导，但不可完全包办。

（2）生活技能

生活技能方面的训练可以从儿童力所能及的事开始做起，比如，擦桌子、整理玩具、摆放椅子、扫地、端盘子；还可以进行“爱护环境”方面的活动，比如拾垃圾、扫叶子等。教师应为儿童创造这样的机会，让幼儿发现感知周围的环境以及爱护周围的环境。

（3）社会技能

儿童同样作为社会人，要与生活中的其他个体进行互动，这里的社会技能可以包括与同伴间的互动，比如学会说“你好”“谢谢”“不客气”“对不起”；跟客人打招呼，会用“欢迎”“慢走”“请用”等礼貌用语。这种技能的学习应该根据一定的情境进行。

（4）身体运动

身体运动包括散步或者与平衡有关的运动活动。比如教师可以让幼儿踩线行走；从固定一点走到另一点;手持物品运动,比如托盘、球,传递物品等,这属于大肌肉的训练项目,蒙台梭利还专门设计了相关器具,比如跳板、爬绳、摇椅等,这样的肌肉运动对于幼儿的意志力以及社会交际能力都有很大益处。

2. 感官教育活动

感官教育是蒙台梭利教学法的一大特色,主要涵盖了包括视、听、嗅、味、触等方面的感觉训练。蒙台梭利的感觉训练一般需要辅以相应的感官材料,这些蒙台梭利发明的教具有圆柱形积木、重量板、彩色木块或者一些音乐铃铛等,这些教具能够使儿童通过操作感知物体特点,比如形状、颜色、味道等,在"玩"中掌握这些材料的规律,同时在摆弄中获得乐趣,以下对蒙台梭利感官训练三种主要的感觉训练进行简要说明。

(1)触觉训练

在蒙台梭利的感官训练中,触觉是最为重要的内容,因为儿童最开始对外界世界的探索是以触觉代替视觉或听觉的。触觉训练主要包括。感受物体的属性,如软硬、材质、光滑程度、温度等,其次辅以视觉辨别物体的大小、形状等。以下列举三种蒙台梭利有关触觉训练的案例:

①滑度触觉训练

在一个长方形木板的一面上,依次或交替贴上光滑和粗糙的纸,让幼儿用手抚摸表面感受光滑与粗糙的区别。

②温度触觉训练

准备几个水杯(金属材质),分别倒入不同温度的水,然后让幼儿通过触摸杯壁感受温度的变化。

③重量觉训练

准备3种形状一样但重量不一样的木块或者小球,涂上不同的颜色,然后让幼儿双手各拿一个感受他们的重量。

(2)视觉训练

视觉是儿童观察世界、学习知识的一重要感官,在蒙台梭利的视觉训练主要辅以其他感官共同进行,训练内容主要有辨别物的形状、颜色以及度量,比如认识不同的几何图形;区别每种教具的颜色、区别不同教具的度量等,蒙台梭利专门设计了一套教具进行训练。

以下列举三种区别形状的视觉训练的方法:

①辨别度量

准备10个同样形状和材质的木质立方体,都是粉红色的,最大的是10厘米左右,每个立方体都比前一个小1立方厘米,如图10-1所示。让儿童以最大的一块为底,然后逐渐搭建,进而感知度量的变化。

图10-1 粉红塔

②辨别宽高

准备10块不同高度、宽度的棕色积木,如图10-2所示,让幼儿把积木从最厚的到最薄的依次排列开,最后看起来像一个阶梯,从而达到辨别宽高的训练。

③辨别颜色

准备2套相同的长方形小积木,如图10-3所示,儿童从2套中找出颜色相同或者色彩浓淡相对应的小积木,从而通过视觉进行色彩教育。

图 10－2　棕色塔

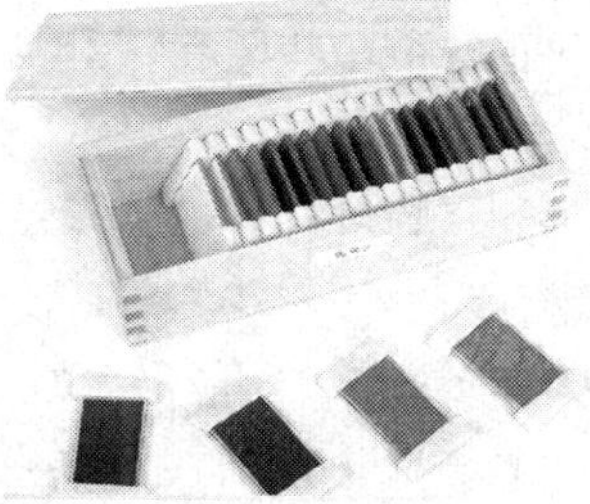

图 10－3　彩色木块

④辨别大小

准备 4 个中间有大小相同的圆洞，一个木块在高度上不同，一个在直径上不同，还有两个在高度和直径这两个变量上存在一定关联，如图 10－4 所示。让儿童随机移动这些木块，然后将每一个圆柱体放入相应的圆洞之中，从而达到辨别大小的训练。

⑤辨别长度

准备 10 根杆状红色木条，厚度相同，但长度从 1 厘米到 10 厘米不等，如图 10－5 所示。要求幼儿将这些红色木条按照从长到短的顺序进行排列，从而达到区别长度的训练。

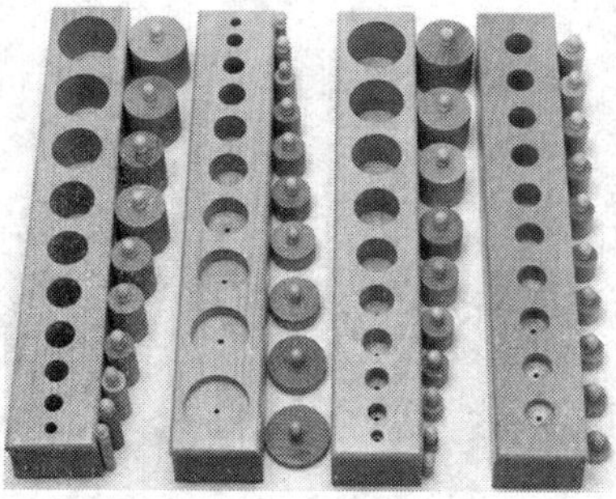

图 10－4　圆柱形积木

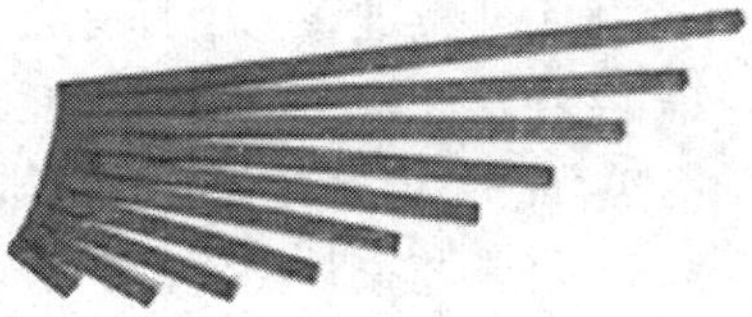

图 10－5　红色木杆

（3）听觉训练

听觉训练对幼儿音乐能力的培养有着重要的作用，主要包括辨别音色、音高及音量等，蒙台梭利的音乐教具有发音盒和音感铃，音感铃由 2 套铃铛构成，每套 8 个，形状、大小相同，有白色和棕色两种颜色构成，如图 10－6 所示。儿童通过操作去分辨声音的高低。

图 10－6　音感铃

3. 初步知识的学习活动

蒙台梭利说"儿童是几乎自然地进入写作和阅读的。"在她的教育体系中，一些初步的知识学习是在具有一定认知和感官基础上进行的，要按照一定的顺序展开练习，阅读是协作的副产物，而儿童在最起初并没有阅读、计算、写作等方面的意识的，这种意识是儿童通过操作而逐渐建立起来的。蒙台梭利希望,能通过一定的指导,让儿童获得初步的知识学习。

下面列举一些蒙台梭利材料是如何帮助幼儿进行阅读、计算及写作学习的:

(1)字母表

准备一套可移动的字母或数字表,然后让幼儿将已经认识的或者熟悉的字母或者数字摆一起。

(2)指令卡

每个卡片上印有一个单一行动的词组,让幼儿阅读卡片,并且按照词组表明的意思展开运动,比如跳、跑等。

(3)数棒

这是一套红、篮两种颜色的长方形木棒,如图10-7所示。然后让幼儿按照颜色相间的形式,将木棒从1~10依次摆放。让幼儿感受和理解数字和数量。

图10-7 数棒

从以上蒙台梭利的教育的内容和方法可以看出,她的教学法主要基于哲学、医学、心理学理论基础,其核心强调儿童是通过自我引导进行学习的,重视以感官教育激发并促进儿童学习,同时,儿童在操作的过程中与他人的交流、互动能够帮助幼儿发现问题、解决问题。其中教师的职责在于:

第一,尊重儿童的兴趣和需求;

第二,为儿童准备一个具有教育意义和安全的环境;

第三,在幼儿自主的活动中充当引导者,进行适时的介入和指导;

第四,观察、记录并分析儿童敏感期的学习需求;

第五,经常与家长交流沟通等。

三、对蒙台梭利幼儿教育课程的评价

(一)蒙台梭利幼儿教育课程模式为世界幼儿教育注入新活力

蒙台梭利幼儿教育课程模式迄今为止对世界幼儿教育都有重大的影响。她以其心理学为基础科学,研究儿童在整个发展过程中的重要教育契机——敏感期,关注儿童内部秩序的建构,同时强调操作对儿童发展的重要性,设计的一套教具能够帮助幼儿获得感官上的发展,强调个别化学习,这让成为整个教学过程行之有效的方法,有利于幼儿个体的个性化、多样性性发展。同时在教育过程中,重视环境对幼儿的影响,教师是"有准备的环境"的提供者、支持者和观察者,从幼儿教育的多样性来看,这都无疑为我们提供的丰富的经验。蒙台梭利课程模式对世界范围内的幼儿教育都具有重要意义,著名教育家皮亚杰说过:"蒙台梭利对于智力缺陷儿童心理机制细致的观察变成了一般方法的出发点,而这种方法在全世界的影响是无法估量的。"

(二)蒙台梭利幼儿教育在中国的本土化实践正如火如荼

蒙台梭利幼儿教育理念自引进中国以来,对中国整个幼儿教育产生了巨大的冲击,从某种程度上讲,这种教育理念和课程模式促进了中国幼儿教育课程的建设,如今各种蒙氏教育特色课程、蒙氏幼儿园,以及蒙氏早教中心遍布中国,可以看出,蒙台梭利幼儿园的本土化实践在中国是比较深入的,人们从各种角度去探寻蒙氏教育在中国幼儿教育课程中的可能性,并为之做了各种实践活动,将蒙氏教具带入课堂中,以不同的形式展示给幼儿,并且积极地融入本土特色,将蒙氏教具进行改造以适合我们的孩子使用。同时,蒙氏教育课程也逐渐成为各高师人才培养中的一项重要内容,并且成为各学前学术研究的重要理论基础。

(三)蒙台梭利幼儿教育尚具有一定的局限性

蒙台梭利的教学方法具有强烈的经验主义色彩,为此,她设计的教具讲究严格的操作步骤,对于儿童的指导教师也必须从儿童自身的经验出发,这从某种角度来说是完全尊重儿童个体发展的,然而过于机械化和形式化的操作方法使得教师在整个课程模式中处于被动、消极的地位,教师主导的作用不能很好地体现,这在关于对蒙台梭利教育评价的众多观点当中,是最为突出的。与此同时还有人批评了该课程模式偏重智育而忽视社会化的培养,艺术教育的重要价值被弱化。尽管如此,我们仍不能否认蒙台梭利幼儿教育在课程理念和操作方法上为我们带来的重大启示。总之,我们应该秉承“取其精华,去其糟粕”的思想为实现儿童身心健康发展汲取更大的力量。

第二节　奥尔夫幼儿音乐教育课程

一、奥尔夫音乐教育概述

(一)奥尔夫与奥尔夫音乐教育

1. 奥尔夫的简介

(1)家庭背景

卡尔·奥尔夫(Karl Orff,1895—1982),德国著名的作曲家、音乐教育家。出生在于德国慕尼黑郊外的一个军人世家,其祖父和父亲都是一名出色的军人,优良的家庭生活环境让奥尔夫从小受到人文精神的熏陶,这对幼年奥尔夫的文学、戏剧音乐创作能力都有极大影响,特别是母亲,对奥尔夫早期音乐萌芽阶段的教育为其之后在音乐方面的成就奠定了基础。

(2)音乐启蒙教育

从奥尔夫3周岁开始,他便跟着全家到慕尼黑附近的乡间生活,这让他有充分的机会去融入自然,而正是乡间的自然生活,激发了他对音乐的想象和灵感,从而提出了他整个音乐教育体系的一个重要教育原理——“原本性”,即人是在大自然的环境中逐渐构成自己最自然、原始的状态。从小在其祖父和母亲的引导下,奥尔夫有足够的机会观赏各种歌剧、音乐会以及一些音乐艺术活动,这对他之后建立自己的音乐教育体系有极大的启示。

(3)音乐教育体系初具雏形

17周岁之后,奥尔夫正式进入慕尼黑音乐学院进行系统的学习,在学习期间,奥尔夫在音乐、诗歌艺术领域方面表现出极大的热情，极力宣扬音乐与诗歌结合所表现的美，后在1924年与达尔克罗兹的学生多罗西·京特，创办了一所融合音乐、舞蹈和体操的音乐学校——“京特学校”，在这所学校里奥尔夫充分践行了他的音乐教育理念，倡导语言、音乐和动作融为一体的“整体的艺术”。

(4)奥尔夫音乐教育走向国际化

1949年，莫扎特音乐学院院长开始开设奥尔夫音乐课程，这使得奥尔夫音乐成为高师音乐教学的重要内容；自20世纪50年代起，奥尔夫的音乐教育开始在世界各国推广，日本、加拿大等国自此掀起了奥尔夫热；80年代出，中国也开始引入奥尔夫音乐教育体系，并深入到幼儿园音乐教育范畴内，对当代幼儿园音乐教育的改革有着巨大的影响。

2. 奥尔夫的音乐教育思想

(1)奥尔夫音乐关注儿童对音乐的本真理解，使幼儿音乐教育回归自然

在奥尔夫看来，音乐教育的成果并不是一场艺术展示，而是人们的自我流露和交流的需要，它自然的成为生活的一部分。他更强调儿童在音乐活动里一定是主动的参与者，而奥尔夫提出“原本性音乐”的核心就是即兴，儿童对音乐的表达一定是源于他们对生活的本真体验，并予以自己的个性化理解从而以多样的方式表现出来，例如舞蹈、朗诵、戏剧表演或者只是单纯的哼唱或者摆动，也是儿童对音乐的最直接的、最自然的感知。比如在“大声、小声”的音乐感知课上，教师播放音乐声音由大到小，再由小到大，让儿童用自己喜欢的方式表现他的感受，音乐调大后有的孩子捂住耳朵，有的用力跳起，有的手舞足蹈，在音乐调小后有的孩子左右摆动身体，有的趴在桌子上做睡觉状等。孩子们用自己最本真的方式表达着音乐带给他们的快乐，将儿童音乐教育回归自然，还原音乐的最原始形态。

(2)奥尔夫音乐倡导综合实践型的音乐教育，力求创建“整个的艺术”体系

奥尔夫曾说过：“尝试和做，意味着一切。人们只有真正体验过才能够真正理解语言文字的含义。”同时，奥尔夫极力倡导语言、舞蹈、戏剧等形式的结合，他认为“音乐出于动作、动作出于音乐”，音乐与动作的配合最重要的是要出于人内在的自然表现，是感官与肌肉的统一。在奥尔夫的音乐教育体系中，形体训练是比较重要的一环，在教学实践的起始，就应该考虑进去，比如在儿歌《小白兔》活动中，教师在首先向儿童展示“×××”的节奏卡片，配以拍手的动作，或者拍腿、跺脚、跳等动作轮换，然后再引导幼儿用自己的方式“有节奏”的表演出来，一边表演一边朗读，儿童通过拍奏、朗读、表演等形式将儿歌的音乐美、韵律美和愉快的情感浸润在整个活动之中，这种综合型的音乐体验方式代替了传统的教师“口耳传唱”的教学方式，使幼儿获得“整个”的发展。

(3)奥尔夫音乐强调融合音乐与民族文化的融合，体现音乐的本土特色

奥尔夫音乐的一大特色就是强调音乐活动的民族化，他倡导使用本土语言、歌曲、舞蹈以及具有一定民族特色的艺术表现形式，他认为人生活在具有文化熏染的环境当中，这种情感体验与音乐体验是相互影响的，为此具有民族特色的音乐教育更容易让人产生亲近之感，更容易去理解并与之产生共鸣。我国有着丰厚的文化积淀，如闽南童谣《相牵手、好朋友》、内蒙古民谣《吉祥三宝》和一些传统的童谣、儿歌，如《小白兔》《三只猴子》，谚语“人不在大小，马不在高低。人往高处走，水往低处流”、诗歌“忽如一夜春风来，千树万树梨花开”等，都可以采用朗诵的方式创编成韵律儿歌。可以看得出，这使奥尔夫音乐教育的本土化实践成为可能。

3. 奥尔夫音乐教育与世界三大音乐教育体系

世界三大音乐教育体系包括达尔克罗兹音乐教育体系、柯达伊音乐教育体系和奥尔夫音乐教育体系。三大教育体系相互关联,了解世界三大音乐教育体系有助我们更全面地了解奥尔夫音乐教育。

从体系形成的时间上来说,达尔克罗兹音乐教育体系要早于奥尔夫与柯达伊音乐教育体系的形成。因此,可以说达尔克罗兹音乐教育体系中最著名的、最核心的观点——“体态律动”,对柯达伊和奥尔夫的音乐教育思想都有巨大的影响。而在音乐教育的侧重点和具体方法上,三者又有所区别,达尔克罗兹关注的是身体对于内在的感知表现,身体运动与音乐情绪的紧密联系,而“体态律动”是儿童学习音乐的最主要渠道。柯达伊更注重母语在音乐教育中的作用,歌唱是音乐教育的重要内容,专注发展民族音乐。可以说奥尔夫的音乐体系是建立在达尔克罗兹“体态律动”和柯达伊民族化音乐教育及他的“节奏读谱、音高手势”的教学方法之上的,他立足于“原本性音乐”构想了音乐融合动作、语言、戏剧表演的教学方式,强调节奏、乐器教学的练习,律动始终贯穿于整个音乐体验之中,更关注的是儿童的创造能力和参与度。

世界三大音乐教育体系的相互影响为音乐教学提供了新的视角,奥尔夫音乐教育体系作为一重要组成部分,对于现代幼儿音乐教育具有巨大的借鉴价值。

(二)奥尔夫音乐教育的特点

以上通过了解奥尔夫本人的简介、奥尔夫音乐教育的主要思想及世界三大音乐教育体系,我们对奥尔夫的音乐教育有了初步的认识,下面通过阐释奥尔夫音乐教育的主要特点,进一步深入的学习奥尔夫音乐教育。其主要特点主要有元素性、创造性、整体性、主动性、体验性和民族性。

1. 元素性

奥尔夫音乐教育体系的核心要素即“原本性”,德文意为“Elementar”,又称“元素性”,奥尔夫把它比喻成一颗火种,而且要不断地延续下去。在音乐教学中,这个元素性主要表现在教师必须首先给儿童提供一个“元素”,比如声音的强度、速度的快慢、音色的强弱、旋律的走势等,然后在一个元素的基础上不断地加入新的元素,使之不断的延续。教师在这个过程中的主要任务是引导儿童在这个元素的基础之上不断的创造、丰富、延展,让每个儿童能够主动的参与其中,极大地激发他们的创造能力和表现能力,以游戏的形式贯穿始终。

2. 创造性

奥尔夫音乐除了本身重视音乐原本性的发展,另一个重要的特点就是创造性。因为儿童对音乐原本性的体验在实践上表现为对音乐的创造能力,而这种创造能力从某种意义上即是指“即兴表现”。这种即兴表现主要包括节奏、旋律、语言、动作等多方面,在教学中奥尔夫强调要首先要消除儿童的紧张情绪,力求幼儿主动参与到活动中去,然后感受音乐的变化,进而作出即兴性表现。奥尔夫音乐教育格外注重儿童对音乐的独创性表现,因为这种独创性必须是儿童结合自身的生活、知识以及周围环境中的经验,在此基础上进行的自然表现,真正实现“回归自然”的教育理念。

3. 整体性

整体性是奥尔夫音乐课程中的一独创性特点,这很大程度是受到奥尔夫青年时期对戏剧和文学的热爱的影响,该特点主要体现在形式上,他强调要将诗歌、语句、音乐、动作及戏剧表演等形式结合起来,这种方式有机地融合了儿童所喜爱的各种表现形式,为幼儿提供了更为丰富的、多样的审美体验。同时,整体性的特点不仅局限于对音乐本身的感知,还包括制作乐器、布置舞台、尝试作曲等方面,总之,要让儿童通过各种体验获得"整个"的发展,最终构建完满的人格。

4. 主动性

对比传统的音乐教育模式,奥尔夫音乐教育显然突破了人本主义理念下幼儿音乐教育的理解。传输式的音乐教育极大地束缚了幼儿对音乐天生的感知力,而这种接受式的音乐教育更加肯定了儿童自身的内在潜力。整个教学过程中,奥尔夫音乐极力为幼儿营造一个自由、愉悦的氛围,这样使幼儿更喜欢、更容易主动参与到活动中去,教师的任务是提供一定的音乐素材,比如一段旋律、一个节奏或者一些沙锤、手摇铃,等等。我们常能看到一个蹒跚学步的幼儿,在听到一段音乐之后"跳舞"的情景,这说明,幼儿对音乐具有天生的表现力,因此音乐教育的任务并不是教幼儿唱会一首歌曲、理解一个音符,而是尽可能地让儿童通过亲自体验,将音乐同生活相融合。

5. 体验性

体验可以说是"一种人由客体的刺激而生成的切身体验"。对内而言,这种体验更关注人的内在生命力,可以说是与环境相互作用而获得的一种感受;对外而言,可以是人对内心感知的一种外部表现,可以是一种语言、动作、表情。而音乐作为一种流动的符号往往以一种缄默型的表达方式传递着它的某种情绪。奥尔夫音乐力求儿童获得本真的情绪体验,首先是对音乐本身的感受,然后在将其内在感知以一种外部表现方式进行"表述",而这种"表述"就是对外而言的一些肢体动作、朗读、舞蹈或者是表演。奥尔夫音乐教育的目的并不是纯粹的知识传递,而是通过上述提到的这种由内而外的形式获得的体验。

6. 民族性

奥尔夫音乐教育的目的是提高国民的基础音乐素质,从而提高整体国民的素质。在奥尔夫的教育理念中,音乐是不分国界的,人们对音乐的理解受到本土文化的影响,奥尔夫认为将具有民族特色的内容融合在音乐当中,能够使本土文化得以传承,通过音乐的形式一方面向世人展示民族的内涵,另一方面为下一代更好的继承优良传统提供媒介。奥尔夫音乐民族性的特点对于各个国家进行音乐课程改革有着的推动力,同时也提供了相当丰富的音乐素材和教学方式,奥尔夫的音乐教育体系对于我国的幼儿教育具有巨大的借鉴价值。

(三)奥尔夫音乐体系下的幼儿音乐课程

1. 课程内容

当前,关于奥尔夫音乐教育内容的描述有多种,国内较为权威的以南京师范大学徐卓娅教授为代表。奥尔夫体系下的音乐课程一般可以包括三方面的主要内容,即语言造型、动作造型和乐器造型。

(1)语言造型又包括歌唱活动、节奏朗诵活动。

(2)动作造型又包括律动、舞蹈、戏剧表演、指挥、声势活动。

(3)乐器造型即指乐器演奏活动。

2. 课程形式

奥尔夫音乐教学形式以集体教学为主。集体教学的意义在于能够使幼儿得到更好的互动,同时丰富的教学材料和综合的教育内容能够增加幼儿的审美体验。奥尔夫认为,集体教学的目的就是为儿童创造更多的创造、交流和分享的机会,因此,集体教学能够更好地实现奥尔夫音乐体系“整个的艺术”和“原本性音乐”的思想。

3. 教学方法

由于奥尔夫音乐始终坚持以幼儿主体,强调幼儿对音乐的即兴创作能力,因此其音乐教育的主要方法是“引导创作法”,所谓引导创作法是指教师只为儿童提供一定的音乐元素,即最原始的节奏、音调或动作等,然后幼儿在教师的启发和引导下进行集体音乐创作的一种音乐教学方法。这种教学方法能够很好地践行奥尔夫音乐教育的理念和课程内容。

二、奥尔夫音乐在幼儿音乐课程中的应用

(一)语言在幼儿音乐课程中的内容和方法

在奥尔夫音乐课程当中,“节奏”是能够把语言、舞蹈动作同音乐进行有机融合的最核心、最基本的要素。“节奏”的一般含义是指一切有规律的轻重反复的各种变化的组合。节奏还存在于自然界和一些社会生活中,比如呼吸、钟表、奔马等。在音乐范畴中,节奏主要表示声音的长短,即“时值”。为了更好地了解语言在幼儿音乐课程中的应用,下面从节奏入手分别从名字和词句、古诗谚语和短句、童谣和儿童这三类入手进行介绍。

1. 名字和一般字词的节奏朗诵练习

奥尔夫用“节奏基石”一词来形容音乐中最小语言元素,包括由字和词促成的最小单元。音乐节奏的学习应该从“节奏基石”入手。在幼儿园中,通常以游戏的形式进行展开,下面列举两则幼儿园常见的两种游戏形式。

(1)活动目标

①认知目标

在节奏游戏中感受最基础的字、词。

②能力目标

能够按照不同的节奏准确说出名字或字词。

③情感目标

在游戏中体会到同伴互动的乐趣。

(2)活动准备

教师与幼儿一起围坐成一圈。

(2)活动内容

①名字游戏:有趣的名字

建议:

名字游戏一个结构简单,不需要许多材料的活动,幼儿喜爱且方便操作。这个游戏可以很快地帮助幼儿加强彼此的认识,适合新组建的幼儿集体。

不同字数名字有不同的节奏型,如:

两个字:	王　红	| × × |
三个字:	李小 明	| ×× × |
四个字:	欧阳 美惠	| ×× ×× |

首先,幼儿按顺序,依次边拍手边介绍自己的名字,可以直接说名字;

其次,也可以以"我叫,××"的形式,由教师指挥,幼儿一齐拍手;

然后,在幼儿彼此之间有了一定的了解,这样的形式不同再引发幼儿的兴趣时可以变换其他形式,比如用"他叫,××",先由老师发起任意指一名儿童,然后被点到的儿童以同样的方式任意指下一名儿童。期间幼儿一起跟着说话的儿童拍手打节拍;

最后还可以让幼儿自己决定名字的节奏型,或者打节拍的方式,比如说拍腿,跺脚,点头,等等。

总之,整个活动是一个循序渐进的过程,要把握奥尔夫音乐"元素性"的特点,其中教师可以根据班级幼儿的特点和时空特点适时开展。

②字词游戏

建议:

语言最小的组成单位就是字词。语言在节奏的练习最先应该从"有节奏的说字词"开始。这种形式可以很好地融合在幼儿音乐活动中,教师可以根据幼儿的年龄特征,选择适合他们年龄、贴近他们生活,能够引起他们兴趣的内容进行字词游戏,此类活动适合各活动间过渡。

以果蔬类字词为例,如:

词类	名称	节奏型
名　词	桃	| × 0 |
	菠 果	| × × |
	奇异 果	| ×× × |
	水晶 富士	| ×× ×× |
动词(形容词)+名词	吃 桃	| × × |
	扒 香蕉	| × ×× |
	摘西 红柿	| ×× ×× |
	红 红的 苹果	| × 0 | ×× ×× |

关于词的节奏训练应该从单个词入手,教师可以和幼儿一同商量每个词的节奏型,并且配以相应的动作,如拍手、摇头等,然后再不断地丰富,加上动词或形容词,这时可以用动作来表示形容词,比如可以配以相应的摘、扒、吃等动作,教师可以根据儿童的接受程度增减节奏型的难易,除了单纯地说,教师也可以用相应节奏型的音乐作为背景音乐,让幼儿能够根据音乐的变化进行想象和创造。

2. 古诗、谚语及短句的节奏短句练习

我国古代大量的成语、古诗词、谚语和歇后语为幼儿音乐活动提供了丰富的素材。这些古文和我们日常生活的短句一般都具有一定的节奏性,而这些节奏性能够很好地帮助幼儿进行记忆和理解,在幼儿音乐的创编活动中,这类题材一般会成为教师们的入手点。

(1)教学目标

①知识目标

通过古诗、谚语及日常生活的语言培养节奏感。

②能力目标

能够有节奏地进行朗诵并富有一定的感情。

③情感目标

体会文学作品以及日常生活语言节奏性的乐趣。

(2)教学准备

幼儿面向老师,按“同”字形围坐,古诗、谚语的节奏短句练习——古文多优美。

建议:

教师出示不同句式的古诗或谚语,如:

× × × × | × × × 0 | × × × × | × × × 0 ||

天 生 我 材 必 有 用, 千 金 散 尽 还 复 来。

× 0 × 0 | × × × | × 0 × 0 | × × × ||

不 怕 家 里 穷, 只 怕 出 懒 虫。

× × × × 0 | × × × | × × × × 0 | × × × ||

初 一 落 雨, 初 二 散, 初 三 落 雨, 到 月 半。

我们常见的古诗和谚语一般均讲究韵脚的运用,因此这样富有节奏的朗读使幼儿朗朗上口,节奏性体现的也比较明显。此外教师还可以变换多种方式进行,比如可以让幼儿围成一圈,边拍手边朗读,不必顾忌脚,让孩子们自然地跟着节奏走;把幼儿分成小组,给他们一段文字让他们按照自己喜欢的方式进行节奏创编,等等。同时,谚语的内容包罗万象,流传在民间且蕴含一定的道理,通过这样的教学方法,让幼儿在边玩边说中不仅体会的节奏的乐趣,还了解一些生活常识,古诗的融入更是对幼儿进行古典文学的启蒙教育,这对幼儿今后的学习大有益处。

3. 日常生活短句的节奏练习——我爱说话

建议：

生活短语也能成为语言节奏感训练的内容，如：

我有一辆大汽车。

冬天到了，树的叶子掉光了。

像这样的短语可以由几个小节奏型共同组成一个节奏短句，比如：

× × × × | × × × ||

（我 有 一 辆）（大 汽 车）

× × | × × × | × × × × | × × × ||

（冬天 快 到 了）（树 的 叶 子 掉 光 了）

像这样的短语在幼儿的生活中比比皆是，而教师需要用敏锐的观察力和头脑去发掘，并把他们融入孩子们的生活当中。与此同时，活动中可以让幼儿即兴创编短句，让幼儿自己"演奏"出自己创造的节奏短语，这里需要注意的是，节奏短语的创编需要幼儿具备一定的节奏感和生活经验，因此，一定要考虑到幼儿的原有经验以及是否具备一定的音乐能力。

4. 童谣、儿歌的节奏朗诵练习

童谣和儿歌是幼儿音乐的重要内容，那么作为语言节奏感的练习，童谣和儿童能为幼儿营造一个情境，这个情境大部分是诙谐幽默、快乐的，这里的由于蕴含的语言更为丰富，相应的节奏型也随着更为复杂。在奥尔夫音乐里，童谣和儿歌的学习更加注重韵律和动作的配合。以下例举一则案例——会变的画。

(1)教学目标

①知识目标

能听懂和理解童谣、儿歌的主要内容。

②能力目标

可以跟着节奏进行音乐律动，一边朗读一边动作。

③情感目标

愿意并且积极地参与活动。

(2)教学准备

一首童谣或者儿歌；让幼儿成"同"字形坐好。

建议：

教师一边念儿歌一边做动作：

蓝蓝的天上有画幅，（双手伸过头顶，手指并拢，拇指相顶，做上下扇动）
朵朵白云在变化，（双手手指弯曲，十指相对做方形状，轻点几下）
小鸡啄小米，（双手五指伸直，指尖相对轻点几下）
小鸭捉小虾，（双手学鸭子张合两下）
小鱼在游泳，（双手掌心相对，相互搓动掌心）
孔雀抖尾巴，（一手握拳，一手在其后抖动五指）
风儿捎来一句话：（双手伸过头顶，双手做捻指，然后双手伸"1"）

“蓝天就是动物的家。”(双手在头上方伸直,双臂做张开动作)

幼儿天性活动好动,手指游戏能够很好将动作与儿歌内容相融合,让幼儿在肢体动作中感知儿歌的韵律,这种趣味性十足的活动方式为幼儿营造了一个自由、丰富的快乐世界。同时,要注意的是“语气”在童谣朗读中的重要性,语气往往蕴含着某种内涵,具有一定的感情色彩,为此,教师在引导幼儿进行朗读时一定要把握关键字、词的语气,或加强或变弱,或悲伤或快乐。总之,语言的声调及语气能够帮助幼儿更好的领悟音乐情感意蕴。

(二)动作在幼儿音乐课程中的内容和方法

受到达尔克罗兹“体态律动”的影响,奥尔夫开始进行“动作与音乐教育彼此交融和补充”的探索,奥尔夫发现音乐、动作、舞蹈和语言原本就是紧密结合在一起的,动作是儿童对音乐最原始的表达,因此,在音乐教学中,动作成为整个活动的核心。“声势”是奥尔夫的动作造型的一重要概念,所谓声势活动是指“一种运用简单、原始的肢体动作,使之发出各种节奏声音的活动”,常被称之为“身体乐器”,最基础的声势动作包括拍手、跺脚、拍腿、捻指这四种。而这种声势动作在幼儿音乐活动中可以衍生其他的律动动作。

走路音乐在幼儿园的实用性非常强,无论是组织活动或者活动的过度,都很好地发挥了音乐的生活性、融合性的特点,使幼儿园活动以完整的状态与幼儿的生活相结合。因此这里以走路音乐作为奥尔夫律动动作的案例,希望能够为幼儿教师在开展音乐活动提供更多的借鉴。

小动物走路

1=C　2/4

3 5 1 | 3 5 1 | 6 5 4 3 | 2 — |

小 兔 子　走　路　跳　跳　跳,

2 4 2 | 2 4 2 | 5 4 3 2 | 1 — |

小 鸭 子　走 路 摇　摇　摇　摇,

1 4 4 | 4 6 6 | 5 6 4 5 | 3 — |

小 乌 龟,　走　路,　爬　爬　爬,

2 6 6 | 5 3. | 5 2 3 | 1 — ||

小 花 猫　走 路　静　悄　悄。

1. 教学目标

(1)知识目标

在跑跑跳跳中感知音乐的内容,理解其中的情绪。

(2)能力目标

能够运用走、跑交替动作,跟着音乐节奏进行律动。

(3)情感目标

充分参与到活动中,积极、大胆地表现自己。

(4)教学准备

一个足够每个幼儿活动的空间。

建议:

首先播放或弹奏《小动物走路》音乐,让幼儿初步感知音乐的节奏,动作律动的练习一般是结合游戏的形式,教师可以根据一段音乐去设计不同的律动游戏,比如:

1. 模仿表演

幼儿和教师跟着音乐绕圈行走,一边唱一边表演不同的小动物,在这个过程中,教师尽量地引导幼儿能够跟着音乐的节奏走,然后体现音的快慢,比如"小乌龟走路,慢吞吞"要适当地放慢速度,让幼儿体会音乐旋律变化所带来的情绪体验。

2. 创编表演

在幼儿对音乐的基本结构有了一定的经验之后,教师可以引导幼儿进行创编表演,这是可以脱离原有音乐的主要内容,比如去激发幼儿的想象,还有哪些动物走路都有什么特点,然后组词,再表演出来。这对幼儿的语言能力和音乐能力有更高的要求,而经过升华的音乐律动更能够激发幼儿去结合周围的生活经验和对音乐理解,进行艺术创造。

3. 与其他活动融合

音乐因其自身的特殊性质,使其能够很好地融入到其他内容、形式的活动当中,音乐律动能够使幼儿的积极得到充分的调动,因此作为课程的导入活动能够很好地发挥其作用。同时在语言和体育活动中,这种律动音乐可以配合相应的教学内容,相辅相成、相互补充。

(三)乐器在幼儿音乐课程中的内容和方法

小型打击乐器是音乐教学中应用范围最广、最简便,同时深受幼儿喜欢的乐器,在幼儿园里最常见的有手摇铃、木鱼、沙锤、三角铁、鼓、响板、八音板等。打击乐器最擅长的就是节奏感的训练,同时也可以很好地体现音乐其他要素特别是音色和音量的训练。

以下通过案例《不同的声音》来展示乐器是如何进行音色和音量训练的。

1. 教学目标

(1)知识目标

认识乐器并且指导乐器的使用方法。

(2)能力目标

能够通过操作乐器调节音的强弱、高低。

(3)情感目标

体会演奏乐器的快乐和创造乐曲的乐趣。

2. 教学准备

人手一种乐器。

建议:

1. 体会乐器的音色

先由幼儿自由选择一种乐器,然后让他们使用乐器发声,期间教师可以启发幼儿"还可以发出什么样的声音",然后互相交换乐器体会不同乐器的音色。

2. 体会“开始和停止”

由教师指挥，用双手向前伸出表示开始，背后表示停止，然后让幼儿自己设定表示开始和停止的动作。

3. 体会“大声和小声”

这里可以用双手向上抬起表示大声，放下表示小声，还可以练习“渐强和减弱”，用蹲下表示减弱，起身表示渐强，然后让幼儿自己指挥大小声，由他们自己决定时间的长短、声音的变化以及演奏的次数。

4. 分声部演奏

在幼儿已经具备一定的音乐能力后，可以分声部演奏，比如规定一类乐器的节奏型，然后把幼儿分成几个小组，一个小组演奏一类乐器。然后根据教师的指挥共同演奏。

幼儿对能发生的器物天生具有好奇心，打击乐的练习能够很好地培养幼儿的注意力，但是幼儿最初是不会“演奏”的，必须经过一定的学习和练习他们才能够准确的理解和区别音的变化。奥尔夫强调让幼儿自己去探索乐器的一些规则，必须亲身去摇动或者敲击，教师的角色仅是个启发者，幼儿自己才是音乐“演奏家”和“指挥家”。

三、对奥尔夫幼儿音乐教育的评价

(一)奥尔夫音乐教育理念加深了对幼儿音乐教育的理解

传统的幼儿音乐教育在学习内容上主要注重音乐知识与音乐技能的学习上，在教学形式上仅局限于“口耳传唱”的方式，而奥尔夫音乐教育的引入，让人们对幼儿音乐教育有了新的审视，自此，幼儿音乐教育的脱离的束缚，开始真正的关注到幼儿对音乐的本真体验，在课程改革不断推进的影响下，幼儿音乐课程模式的革新及幼儿在音乐活动中的核心经验成为人们关注的要点，奥尔夫音乐教育体系对于我国幼儿音乐课程系统的构建也有着重要的影响。

(二)奥尔夫音乐教育回归自然的本质使儿童的天性得到解放

奥尔夫音乐教育的核心即是“原本性”音乐，这种“原本性”指向的是幼儿对音乐自然感知，这极大程度上解放了幼儿的天性，使音乐回归与自然。在奥尔夫音乐课程当中，幼儿能按照自己的理解演奏属于自己的音乐，它破除了传统音乐教育对儿童的禁锢。所以，奥尔夫音乐教育理念不仅仅是对幼儿音乐课程模式的思考，更是对人本真需要的思考。

(三)奥尔夫音乐教育本土化的应用应该立足与本国传统文化

奥尔夫音乐作为世界三个音乐体系之一，对世界各国音乐教育的发展幼儿重要影响，许多国家都引进了奥尔夫的思想进行了本土化实践。奥尔夫音乐是从 20 世纪 80 年代初期传入中国的，根据奥尔夫音乐融合性、民族性等特点，中国丰富的文化以及音乐基础都能够成为奥尔夫音乐本土化的重要基石。然而，全盘的照搬照抄是不明智之举，我们应该充分利用自己的本土特色，结合先进的教育理念，不断地完善自己的课程体系、深化课程理念，在不断探索中共同为幼儿建设更好的未来。

第三节 瑞吉欧幼儿教育课程

一、瑞吉欧幼儿教育的文化背景

瑞吉欧·艾米里亚是意大利北部的一个小镇,这里创造了一种独特的幼儿教育方式,也就是当今风靡世界的瑞吉欧教育体系,它不仅对欧美国家传统的教育理念有着巨大的冲击,如今也对中国幼儿教育体系的形成产生了重要的影响。

在近30年来,瑞吉欧教育系统受到世界许多国家的关注,比如日本、瑞士、法国、古巴等国家自1979年以来,曾多次组成参观团体进行深入的观摩、考查,与此同时,瑞吉欧又将它的教育体系通过举办主题展览的形式在各国之间进行交流。到20世纪90年代之后,随着瑞吉欧与国外的这种交流日益增多,瑞吉欧独特的教育体系也逐渐享誉世界。

1981年在瑞典举办的题为“如果眼睛能跃过围墙”的展览活动中,瑞吉欧幼儿教育成功地向人们开启了幼儿教育体系的新视野。可以理解为:只有冲破了世俗的、传统的观念围墙,才能看清儿童的潜在力量以及适应儿童需要的教育。自此,为了更清楚地表达这种理解,1987年在美国的展览会中更名为“儿童的一百种语言”,其含义是:儿童对周围世界的解读不仅仅通过语言输出这一种形式,他们虽不能像成人一样通过语言去表达,但儿童对世界的表达方式是独特而多样的。这种对儿童的新的解读让幼儿能够主动地、大胆地、充满兴趣地参与到各种活动当中,并且在各种体验型活动当中逐渐感知自我、寻找自我以及实现自我。

二、瑞吉欧幼儿教育的课程理念

(一)儿童观

1. 儿童是主动的学习者

在瑞吉欧的幼儿园里,幼儿们始终是各种活动的主导者,他们自己决定活动开始、进程和结束,教师是“点子”的参与者、启发者,儿童自身具有独特的学习方式,他们能够根据自身的经验,将头脑中的想法在各项方案里试行,教育工作者要做的就是提供一个方案,或者延承孩子们的某个方案,给予一个自由、愉快的氛围,创建一个丰富的、探索型的环境,然后让他们在试误中学会何为“正确”,在探索中了解“真理”。

2. 儿童是社会的一分子

在瑞吉欧眼中的儿童,他们始终是同成人一样,作为社会的成员在客观世界里进行着属于自己的“事务”,正是这些“事务”构成了社会文化,所以说他们既是历史的参与者,也是社会的延续者,同样也是社会未来的建设者。有人会说“孩子是活在自己的世界里的,一个成人读不懂的世界。”而这正是“儿童也是社会一分子”的最好证明,他们用自己的眼睛看世界,用自己的双手去探索世界,他们有权利去表达自己对事情的看法,对世界的理解。

3. 儿童是天生的艺术家

在《儿童的一百种语言》里,“语言”所展示的是儿童对事物的艺术性表达,包括绘画、音乐、动作、裁剪、建构等。我们常能看见,蹒跚学步的幼儿一听到音乐就会随着节奏“跳舞”,

学前期的儿童经常把自己喜欢的东西,想象的世界画出来,尽管在我们眼中“什么都不像”,成人长时间生活在已经具有规则的世界里,对事物的看法早已“中规中矩”,而儿童的艺术性表达是源于他们对世界的本真性的理解和个性化的创作,在承认儿童权利的基础上也必须认识到儿童天生的艺术能力,而教育要做的就是,鼓励和激发,而不是批评和束缚。

(二)教育观

1. 教育目标侧重儿童内在品质的培养

在整个教育体系当中,瑞吉欧教育首先强调的教育核心并不是任何外在的目标,而是要发展幼儿内在独立的人格。教育力求的是在这个和谐的环境之中,任何一个儿童和教师都能够感到自由、愉快、幸福,在这样的氛围下,儿童认知结构的建立并没有严格的外在要求,而是通过他们在活动中的切身体验,逐渐建构起一定的规则。这些规则可以有道德判断、科学常规、逻辑推理以及一些言语技能,最终形成儿童完满的人格。

2. 教学方法强调通过与环境的相互作用主动学习

瑞吉欧人曾讲“与其牵儿童的手,倒不如让他们靠自己的双脚站立着。”学习的质是儿童结合自身的经验与周围环境的相互作用,而这种学习方式必须是儿童主动的,这种主动性主要表现在他们的对方案的兴趣程度、探索的欲望以及对方案的创造上。教育应该以儿童为中心,以幼儿的兴趣和需求为出发点,儿童在整个课程的参与和决策上都保有一定的权利和机会。教育的重要职责是为幼儿提供一个可学习的环境,然后在这样的环境中,儿童逐渐实现对客观世界里人、事、物的理解和头脑中对这些信息的主动建构。

3. 教学内容讲究要自然地渗透在环境当中

环境是瑞吉欧教育体系当中重要的一环,和其他教育体系一样,瑞吉欧教育并没有专门的、规定性的教育内容,所有的内容通过方案产生,在方案中进行。对于幼儿来讲,知识的来源是在他们所处的世界当中,也就是环境,而幼儿园的环境创设主要依靠的是教师的布置和场地的安排,必要的物质材料和整个幼儿园氛围都是重要的教育内容,显性课程与隐性课程并行,最终充分发挥了整个瑞吉欧教育理念,为实现其幼儿自我的完满建构创造了条件。

(三)教师观

1. 教师是儿童行为的观察者、记录者、研究者

虽然瑞吉欧的整个教育理念里一直强调儿童主动性、弱化教师教的重要性,但这绝不代表教师的功能弱化,相反这一教育体系对教师的能力有着更高标准的要求,其中教师对儿童的了解,及对活动的发生发展有着重要的作用,在瑞吉欧课程中要求教师能够适时地去了解、观察儿童的行为,不仅能够敏锐的发掘幼儿言语和行为中的隐性问题,还需要具有敏锐的心灵,能够与幼儿共情,真正走进儿童的内心,切身体察幼儿的真实情感,同时对这些事件进行记录、编码,记录有文字(方案进程、儿童活动日志、工作反思等)、图像(儿童绘画、文字、手工等作品,生活和活动照片)、录像等方式,然后对这些素材进行整合分析,为生成下一个阶段主题活动作基础。

2. 教师是儿童的伙伴和向导

在“以学为主体,教为主导”教育理念的指导下,现代对教师的角色定位基本与瑞吉欧教育体系中的教师角色是一致的,而这里教师角色的最大特点,不仅仅只是儿童活动的参

与者，更加强调了教师具有平衡课程的作用，也就是以伙伴的身份，将方案的探索活动得到最大程度的展开。这里值得强调的是，教师的介入并不是随意的，而是需要教师应该捕捉最佳契机的能力，让幼儿觉得教师的加入是自然的、愉悦的，不应影响或者干扰，甚至破坏了幼儿的活动，把握教师角色这个重要的教育资源，通过直接或间接的方式参与到幼儿的活动中，帮助幼儿一起实现知识的建构。

3. 教师是活动材料的提供者

为了帮助幼儿能够自由的创建主题活动，对活动产生兴趣，进而对这个兴趣点生成课程，教师的首要任务就是协同幼儿、家长、社区等资源共同收集、创设幼儿园的环境，只有材料、工具、设备的空间布局、属性、样式尽可能多样、多元化才能最大程度地激发幼儿探索的欲望，为其主题活动的开展提供良好的物质基础。因此，在瑞吉欧教育理念下教师的一个重要任务就是提供足够的活动素材，这是各种其课程能否顺利开展的一个重要保障。

三、瑞吉欧幼儿教育的课程模式

《不，一百种是在那里》

孩子，是由一百种组成的。
孩子有一百种语言，一百双手，一百个想法，
一百种思考、游戏、说话的方式。
一百种总是一百种倾听、惊奇、爱的方式。
一百种歌唱与了解的喜悦。
一百种世界等着孩子们去创造，
一百种世界等着孩子们去梦想。
孩子有一百种语言，但是，他们偷走了九十九种。
学校和文化把脑袋与身体分开。
他们告诉孩子：不要用双手去想，不要用脑袋去做。
只要倾听不要说话，了解但毫无喜悦，
只有在复活节和圣诞节的时候，才去爱和惊喜。
他们告诉孩子：去发现早已存在的世界，
而一百种当中，他们偷走了九十九种。
他们告诉孩子，工作与游戏、真实与幻想、科学与想象、
天空与大地、理由与梦想不是同一国的。
因此他们告诉孩子，一百种并不在那里。
孩子说，不，一百种是在那里。

这是瑞吉欧幼儿教育的创始人罗里斯·马拉古奇编写的一首诗，他以诗意的语言，富有个性的揭示当前的众多教育常以科技理性去规范儿童，束缚儿童对生活的创造，泯灭儿童的想象力等问题，展现儿童本真的需要，倡导儿童的童年应该是快乐的、幸福的、自由的，为此，为儿童提供的课程应该是来自于孩子们生活的课程，在生活中展开的课程。

在瑞吉欧·艾米里亚幼儿教育的课程当中，最具特色的就是方案教学。想要了解瑞吉欧幼儿课程就必须先了解什么是方案教学、方案教学的特点、类型，以及方案教学的组织形式。

(一)什么是方案教学

1. 方案

方案,英文译为 project,有“计划、项目、设计”的意思。在幼儿园课程中所谓的方案,主要是指由一个或几个幼儿共同针对某一个主题进行的探索活动。

为了更清楚的展示在幼儿园课程当中“方案”的形式,这里以“汽车”方案为例。这个方案经历了将近一个月,首先教师发现班级的孩子有一段时间对汽车情有独钟,以此契机创建“汽车”方案,起初的一个礼拜,教师和幼儿围绕汽车的相关问题进行探讨,利用各种不同的形式,比如绘画、动作、建构、讨论等方式去表达他们观察和体验到的一些想法和记忆,做了各种尝试,探索汽车的形状、颜色、功能。第二周,老师允许孩子可以把关于车的模型、图片带到幼儿园进行展示,随后在各种尝试和探索中,有孩子发现,每个车子的车牌号都不同,不同的地方会用不同的字母表示;车子的运动原理不同,到这里关于汽车的方案已不仅仅局限于汽车的外部属性,孩子们的兴趣点开始转移到原理性问题上。这样一个活动大概可以延续到一个月左右,而一个方案的延伸过程和方向完全由幼儿自己决定。

方案可以是一个人或者一个小组再到整个班级的幼儿一起进行,而且每个方案的延续时间是不同的,短则几天,长则几周,关键取决于幼儿对方案的探索欲望。

由此可以看出,方案一般具有以下四个特点:

(1)方案是以“问题”为中心的一个或多个主题的组合。

(2)方案区别幼儿自发性游戏,是一种师生合作的、有计划的活动。

(3)方案延续的时间没有严格的限定。

(4)方案是一种生成的、探索型的活动。

2. 方案教学

美国幼教专家凯茨将方案教学法定义为,是“以某一种主题活动核心,然后根据幼儿的兴趣逐渐向扩散,编制主题网络,制定主题网络程序,继而让幼儿对主题网络中的子主题活动进行研究探索的一种教学活动。”早在 20 世纪 20 年代,在美国进步主义教育运动的推动下,方案教学作为一种独特的教学方式被应用在许多学校之中,在杜威教育思想的影响下,其学生克伯屈 1918 年在《方案教学法》中系统地论述了方案教学的一般程序,即决定活动目标、制订活动计划、具体实施、对计划是否按照目标实施的评论。此后在美国的“开放学校”中方案教学成为其主要特色,可见方案教学由来已久。

方案教学不仅是一种教学法,也同样指明了教什么、学什么,它强调方案应该符合人性方式,儿童的参与必须是主动的、自愿的,方案教学的价值在于幼儿在各种探索活动中,与环境所提供的人、事、物进行有意义的互动。但,这里需要强调的是,方案并不应该代替所有的幼儿活动,它应该作为幼儿整个课程的一部分,使课程得到平衡,最终实现幼儿全面的综合发展。

(二)瑞吉欧方案教学的类型

根据方案的最终目的不同,方案的类型也不同,有学者将其大致分为建构活动、调查活动和戏剧活动。这种分类几乎涵盖了当前幼儿园课程规定的五大领域内容,具有一定的借鉴价值。

1. 建构活动

这里的“建构活动”与我们理解的一般意义上的幼儿园建构活动是有区别的。通常我们理解的建构活动是指“幼儿通过使用一些建构材料来建筑和构造各种建筑或物体的手的操作活动”，而这里的“建构活动”的含义更为广泛，它主要包含绘画、剪纸、手工道具制作、粘贴等活动，幼儿可以利用木头、各种废旧纸盒、积木或者棍棒等材料制作各种道具、模型和一些艺术创作的操作性活动，可以看出，这里的建构活动范畴更广，更具综合性。

例如在“大房子”的主题中，儿童利用大纸箱、废报纸、木板，旧布等材料组成一个“房子”，还房子画上窗户，涂上颜色，做一个桌子等。可以看出一个这样的建构活动也需要一定计划，比如要建什么，建多大，需要哪些材料等，而且儿童还必须运用一定的数学知识进行计算、测量、估计，美术能力进行调色、绘画，语言能力与同伴交流互动，在一个活动中幼儿能够获得多方面的发展。

2. 调查活动

调查活动是指幼儿为了获得某个事物或事件的更全面的认知，进而作出的一系列的探索性活动。这类活动的主要目的是为了让幼儿通过各种方法来获取资料，形成概念。调查活动的策略可分为两类：行动性策略、接受性策略。行动性策略有发现问题、作出估计、预设情况、进行实验、探索、实物操作；接受性策略有提出问题、观察倾听、收集素材、实验验证、验证观察、得出结论。

比如在“鸡蛋和小鸡”主题，幼儿在一次参观农场的活动中，发出疑问“小鸡是怎么来的?”“我们怎么把小鸡从蛋里拿出来”“为什么有的蛋里出来的是小鸡有的是小鸭呢?”等等。在这个过程中，教师的协助和引导能够让幼儿对问题有更深的思考。某个物品、事件或者是天气的变化，观察活动无论时间的长短、内容的多少，在这期间都能使幼儿有所收获。

3. 戏剧活动

戏剧活动在幼儿园中是一种常见的活动类型，它与一般概念上的戏剧表演或者角色扮演的游戏在形式上相似，在瑞吉欧的方案教学中，它主要是指扮演与方案主题相关的角色的一种活动，通常戏剧是有一个剧本，规定了一定的情节、角色以及道具设置。

需要注意的是，这种方案活动是有年龄差异的：对于年龄较小的幼儿来说，戏剧表演主要依赖与剧本，根据幼儿的年龄特点，他们能按照自己的理解，对相应的人物和情节的设定进行角色扮演，却很难对人物和情节进行再创造；而对于学前期的幼儿来说，这种戏剧活动通常情况下是即兴的演出，随着幼儿对人物或情节的想象对剧本进行创造；针对学龄期的幼儿来说，更为深入的戏剧活动则是先由儿童通过讨论，然后拟定演出计划，制作和收集演出道具，最后再进行表演活动。在戏剧表演的过程当中，这种方案中幼儿都很容易将新、旧知识经验进行有机的融合，即，将新的“剧本”(经验)与头脑中旧的经验融合，经过内化最后用自己的方式表达出来。

总而言之，在幼儿的活动方案中，建构活动、调查活动、扮演活动是最为常见的，然而他们彼此之间既相互区别又相互联系，一般情况下，幼儿会在调查活动获得信息和建构活动中收获材料的激发下展开扮演活动，同时又在扮演活动中发现新的问题，以此逐渐形成良性的互动模式。

（三）瑞吉欧方案教学的组织形式

瑞吉欧教育体系下的方案教学与我们熟悉的“主题活动”相似但有区别。通常幼儿园组织的主题活动一般是以教师预先设定的教案进行展开，其中教案中已经规定了每一个环节或者阶段要进行的内容和方法。而在瑞吉欧方案教学中，这个“方案”更强调教师和幼儿要组成学习共同体。

下面就从方案的由来、方案的编制、方案的进行这三个部分来介绍瑞吉欧方案教学的主要组织形式。

1. 方案的由来

通常方案要有一个可供儿童探索的主题，而这个主题的来源主要有以下几个方面：

第一，来源于幼儿的日常生活和经验；

第二，来源于幼儿感兴趣的话题、事物；

第三，来源于课程指导手册中教师为幼儿选择的主题；

第四，来源于教师通过对幼儿的观察、倾听、谈话中收获的想法；

第五，来源于教师经验或者社会、社区资源等。

马拉古奇认为，最理想的情况是，当成人的兴趣和幼儿的兴趣刚好相同时，教师就很容易去支援儿童，发现其学习动机和探索的乐趣。需要关注的是，无论方案来源于何处，每一个方案必须是植根于儿童的生活，包括他们的一言一行，每一个想法，每一次创造或者每一次“灵机一动”。所以，教师首先要足够了解儿童，其次要能够敏锐地发现每一个创建主题的契机。

那么教师在选择方案主题时，需要考虑哪些呢？

（1）主题是否与幼儿的生活、家庭和社区经验相关，是否能够引起幼儿探索的欲望；

（2）主题是否建立在幼儿原有认知经验基础上，是否有助于幼儿知识、经验的提高；

（3）主题是否有利于幼儿进行主动的探索及彼此之间的互动；

（4）主题是否能够使幼儿有效地联结园内、外资源等。

比如“不同的鱼”主题就是教师在幼儿参观水族馆后，回到幼儿园孩子们仍对此保有极大的兴趣，教师通过根据幼儿日常生活的话题所捕捉到的主题。“打雷”主题也是发生在幼儿的生活之中，许多幼儿对“为什么会打雷”“雷到底是什么”这一类问题表现出强烈的求知欲。一个好的方案主题能够带给幼儿丰富的、多彩的体验，儿童能在该主题下最大程度的发挥自己的潜能，所以教师在日常生活中要有一双明亮的眼睛，还要有一个敏锐的头脑，寻找各种教育的契机。

总之，一个好的方案主题一定是儿童感兴趣的、可探索的，符合儿童身心发展规律的以及是有条件创设支持该主题的环境的。

2. 方案的编制

确立了一个主题之后，下面就需要编制一定的主题网络。主题网络主要是指“一个有许多与主题有关的子主题共同组成的放射状的图形。”主题网络的编制主要是为了能够预设主题可能延伸的方向，教师需要同幼儿一同完成。

主题网络的编制可以分为三个主要步骤：

补充小子主题——→预设小子主题——→制定初步主题

通常情况下,教师同幼儿共同确立一个初步的主题,然后教师引导幼儿尽可能多的去收集和整合该主题下的小子题或者是一个想法,而并不是每一个主题或者小子题都适合幼儿进行探索,为此最后需要对小主题进行补充。为了进一步补充子主题可能延伸的内容,教师可以通过谈话、绘画、动作、观察等途径,然后根据幼儿的信息反馈进而对主题网络进行修改、充实。比如以“有趣的冬天”为主题时,以“冬天”为核心概念,与之相关的小子主题可以有“冬天的变化”“冬天的活动”等,再将子主题放大,如“冬天的变化”可以发展为“吃火锅”“戴帽子”“呼吸冒白烟”等,“冬天的活动”可发展成“堆雪人”“滑冰”“冰雪节”等。

下面呈现一个主题网络设计方案,以主题“有趣的冬天”为例。

(1)主题的来源——孩子喜欢的事儿

冬天到了,孩子们很自然地感受到了季节的变换,“空气变冷了”“穿得多了”“下雪了”……孩子们对这种变化满心欢喜。冬天给孩子们带来的体验是欢乐的,他们感知着周遭环境的改变,在户外拥抱阳光,探索着冰雪的乐趣,主动地认识生活的变化,并对这种变化带来的问题抱以极大的热情,为此把“冬天”作为探索的主题引导幼儿获得发展的机会。

(2)环境的创设——孩子喜欢的幼儿园

制作冬天防寒御暖的海报、粘贴关于冬天的图画、和幼儿一起制作雪娃娃等。

方案主题网络的编制是为了教师能够尽可能地对方案进行的各种情况有所准备,继而能够从容地面对即时的各种状况,如图 10 - 8 所示。这里需要说明的是,在瑞吉欧,教师们并不一定将它以图文的形成写下来,通常只是跟幼儿的互动中逐渐在头脑中形成一个这样的模型。

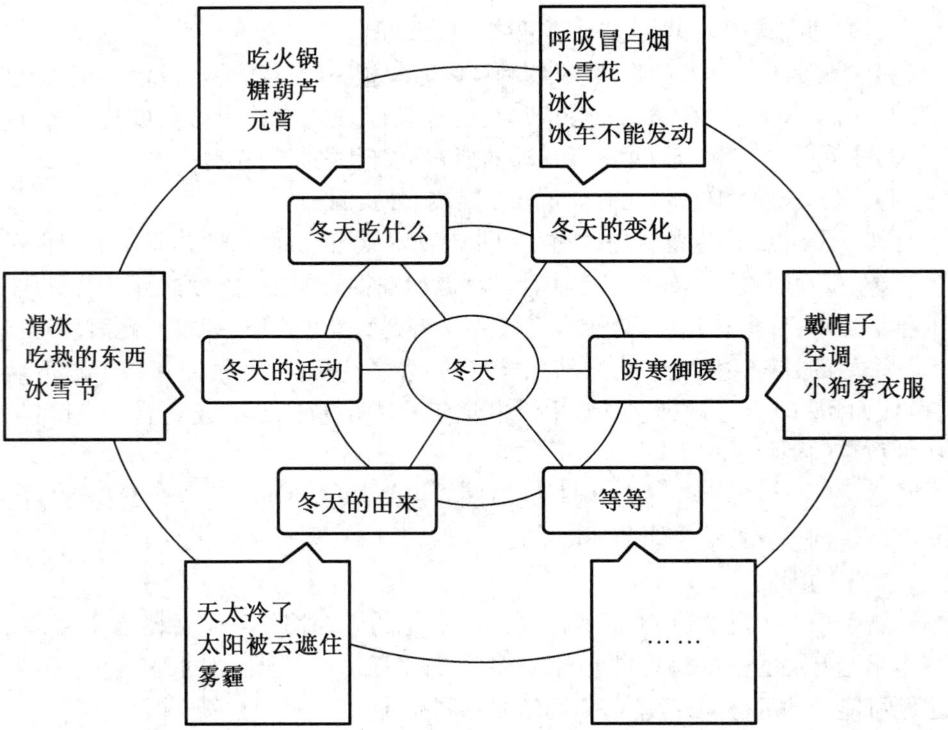

图 10 - 8 主题网络图

3. 方案的执行

瑞吉欧的教育理念强调，在执行一个方案时，制定一定的目标并且估评幼儿对此方案所设计到的相关问题的兴趣程度及知识准备是相当重要的一环，因此在方案尚未正式执行之前教师们需要一起开会、讨论方案的可能性和发展的方向。一旦方案确定下来就要准备进一步实施。

为了更清晰地展现整个方案的过程，我们以“冬天”方案为例来进行简要说明。

（1）建立集体认同感

瑞吉欧人认为，所谓方案的主题其实并不重要，重要的是儿童们能与其他伙伴相互沟通和互助，共同完成一个任务，寻找探索的乐趣，共同成长。为此，方案教学的首要一步就是在幼儿的意识里建议一个集体感，瑞吉欧教师称之为“我就是我们”，以表示是“我们”在工作，“我们”在分享，每个幼儿的集思广益共同推进整个方案的进行，而绝非单个儿童独自完成。

（2）鼓励儿童用自己喜爱的方式表达对冬天的认识

在一个瑞吉欧的工作坊当中，幼儿可以自由的活动和讨论。这里，教师让幼儿用自己最喜欢的方式表达冬天——绘画，尽可能的开阔幼儿的思路，比如“你看到的冬天是什么样的？”“你觉得冬天哪些事儿让你觉得快乐？”“冬天你都干了什么事儿？”等等。孩子们一边描绘着他们心里的冬天，一边愉快地讨论着……

（3）教师进行观察、记录、分析

在这一过程中，教师认真观察、记录着孩子们的讨论内容，发现孩子们对冬天的认识是有性别差异的，女孩们比较喜欢画雪人、房子，然后装饰成各种各样的颜色；而男孩关注更多的是他们能做的事情，比如有男孩会画踢球，玩雪等活动，边画边去极力地描述他们怎么玩的场景。;样的方式进行了几天之后，教师对幼儿是否真正对冬天这个主题有足够的兴趣和是否能持续下去的可能性进行评估。然后发现孩子们对冬天表现出极大的热情，并且已经不满足于“画”和“说”等表现形式。主题就此确立并继续延伸。

（4）去户外进行体验

之后的几天里，教师们尽可能多地带领孩子们参加户外活动，比如在操场上做各种游戏，这时候孩子们发现了很多问题“开始很冷，跑着跑着就不冷了”“呼出的气冒着白烟”“雪放在手里一会就化了，但在衣服上的雪就不会”，带孩子们去商场，让他们感受冬天不仅有冰和雪，还有“冰糖葫芦”“一直吹热风的空调”“香香的火锅”……户外体验让孩子们看到、摸到、闻到不一样的冬天，关于冬天孩子们有了更多不一样的体验，同时也发现了一些问题。

（5）动手操作继续探索

之后教师决定让孩子们用他们喜欢的方式再一次表现冬天，老师给孩子们提供一些黏土、纸、水瓶、温度计等材料，这是孩子对他们理解的冬天有了更丰富的表现，有很多孩子选择用黏土制作一些模型，比如“雪球”“蛋糕”“糖葫芦”“小汽车”，等等，还有孩子用水瓶装上水拿到室外，观察水的变化，然后认真地把它的变化画下来，把户外做的雪球拿到教室放到盘子里观察它是怎么“越来越小”，这个过程中孩子们对冬天的认识已经不仅局限在看到和听到的事情上，而更想去“研究研究”“为什么会这样”的事情上。

（6）表演

研究活动进行了一段时间后，教师又发现孩子已经学会了零度以下才会结冰、雪融化后先变成水再变成冰等一些知识，他们又自发组织了一次科学活动展览，扮演科学家的小朋友向别人展示他的发现和发明，并且把这个发明卖给其他小朋友，这是在其他的活动区内有幼儿把之前大家做的手工作品放在一起打算“开超市”，至此活动随着儿童兴趣的转移进入到了另一个活动环节中。

这样一个活动至少可以进行一两个月，可以看得出，在整个过程中，幼儿的学习是循序渐进的，一个好的方案具有活动综合性和多样性，以上方案涉及的活动包括谈话、手工、观察、建构、绘画、实验、角色扮演等活动。教师们始终以儿童的兴趣为前提，相信幼儿的潜能和能力，最大限度让孩子得到最大限度的发展，就像马拉古齐所说的一样：“与其牵起孩子的手，不如让他们靠自己的双脚站立。”

四、对瑞吉欧幼儿教育的评价

（一）瑞吉欧幼儿教育推动了中国幼儿园课程的改革

瑞吉欧幼儿教育理念在中国的引进，可以说这为中国幼儿园课程改革注入了新力量，它一方面加深了对幼儿园课程理论的理解，一方面丰富了幼儿园课程的展开形式。在新一轮的幼儿园课程改革中，2016 年最新颁布的《幼儿园工作规程》提出的幼儿园教育的指导思想强调：幼儿是教育过程的主体；幼儿是在同周围环境的相互作用中主动学习和发展的；幼儿的教育内容要以他们原有生活经验为基础；幼儿活动的环境要与教育内容相适应。瑞吉欧幼儿教育的特点是生成性、创造性、趣味性、探索性、生活性，这与我国幼儿教育的主体思想基本符合，并且从儿童活动的角度拓宽了幼儿园课程改革的新领域。

（二）瑞吉欧幼儿教育建构了幼儿身心健康的完满发展

瑞吉欧幼儿教育课程使幼儿在幼儿园的体验是完整的，很大程度上避免了五大领域课程对幼儿生活的割裂，幼儿以某一个主题为核心，始终根据自己的兴趣爱好进行活动，对于幼儿来说，在这一过程中他们表现的是最原始的自我状态，通过各项活动逐渐完善认知结构，在试误中探求真理，运用语言和艺术能力表达自我、展示自我，同时还在活动逐渐形成坚强勇敢、积极向上的意志品质。在以儿童中心为核心的课程建设中，瑞吉欧幼儿教育体系更好地体现了以“幼儿为主体，教师为主导”，儿童天性得到真正的解放，在探索型课程中儿童的潜能得到最大程度的发挥，有利于儿童综合能力的全面发展。

（三）避免瑞吉欧幼儿园课程本土化的应用流于形式

著名的教育家加德纳教授在《儿童的一百种语言》一书中阐述：“无论一个教育模式或体系怎么理想，它总要能够立足于当地的环境之中，没有任何一个人能把瑞吉欧搬到美国，也没有任何一个人能把杜威的新英格兰学校搬到瑞吉欧这个地区……”同时，国内许多关注瑞吉欧教育的专家、学者都提到过瑞吉欧幼儿教育的不可复制性。因此，瑞吉欧教育体系的推广必须考虑到本土条件和特点，教师在借鉴瑞吉欧课程时必须根据自身的基本情况，避免流于形式。与此同时，瑞吉欧幼儿教育的课程中对教师基本素质和能力的要求有更高的要求，幼儿园所提供的物质材料、场地要求、时间空间安排都需要我们提高关注。所以，要从本幼儿园自身的基本条件和环境入手，以小到大，才能有的放矢，同时考虑到本土文化的主要特点，我们在学习瑞吉欧的时候要取其精华去其糟粕，真正把瑞吉欧精神应用在本园的课程建设上。

本章作为幼儿园教育活动设计与实施的最后一章，介绍了在当前比较流行的三种特色幼儿园课程，这对于帮助我们理解世界幼儿教育的发展趋势有重要的作用，同时让我们能够更理性的思考幼儿教育和幼儿园课程，从而更好地帮助我们去设计并实施幼儿园教育活动。作为教师不仅要学习基本的专业知识，具备必需的专业技能，良好的素养要依靠对自身价值和对学前教育更为深入的认识。为此，在幼儿园课程实施上我们必须开阔自己的视野，加强自身的理论素养，依次在作为课程设计和实施的基础，真正的了解儿童并且具有驾驭各种教育活动的能力，为此告诫即将从事学前教育的幼儿教师们，“路漫漫其修远兮，吾将上下而求索”。

【思考与练习题】

1. 如何利用身边资源进行奥尔夫音乐活动？
2. 思考蒙台梭利感官教育的目的以及在五大领域中的应用。
3. 反思在瑞吉欧方案教学中如何培养幼儿的创造力。

参考文献

[1] 王道俊,郭文安.教育学[M].北京:人民教育出版社,2009.
[2] 杨旭,杨白.幼儿园教育活动设计与指导[M].上海:复旦大学出版社,2012.
[3] 刘晓东,卢乐珍.学前教育学[M].南京:江苏教育出版社,2009.
[4] 朱宗顺,陈文华.学前教育学[M].北京:北京师范大学出版社,2012.
[5] 袁爱玲.幼儿园教育活动指导策略[M].北京:北京师范大学出版社,2007.
[6] 李春玲.幼儿园大型活动组织与策划手册[M].北京:中国轻工业出版社,2015.
[7] 浙江省教育厅教研室.幼儿园经典音乐游戏[K].杭州:浙江人民出版社,2016.
[8] 杨旭,杨白.幼儿园教育活动设计与指导·综合版[M].2 版.上海:复旦大学出版社,2016.
[9] 罗鸿敏,王春明.幼儿园音乐教学·游戏化设计与指导[M].长春:吉林大学出版社,2016.
[10] 李妲娜,修海林,尹爱.奥尔夫音乐教育思想与实践[M].上海:上海教育出版社,2014.
[11] 方少萌.奥尔夫音乐教学法实用教程[M].上海:复旦大学出版社,2016.
[12] George S M.学前教育:从蒙台梭利到瑞吉欧[M].祝莉丽,周佳,高波,译.北京:中国人民大学出版社,2014.
[13] 屠美如.向瑞吉欧学什么[M].北京:教育科学出版社,2002.
[14] 吴晓丹.蒙台梭利教育思想与方法[M].上海:复旦大学出版社,2011.
[15] 施燕华.学前儿童科学教育与活动指导[M].3 版.上海:华东师范大学出版社,2014.
[16] 朱家雄.幼儿园课程[M].2 版.上海:华东师范大学出版社,2001.
[17] 中华人民共和国教育部.幼儿园教育指导纲要(试行)[M].北京:北京师范大学出版社,2001.
[18] 李季湄,冯晓霞.3—6 周岁儿童学习与发展指南解读[M].北京:人民教育出版社,2013.
[19] 周欣,黄瑾,杨宗华.幼儿园综合课程中的数学教育[M].南京:南京师范大学出版社,2012.
[20] 教育部基础教育司.幼儿园教育指导纲要(试行)解读[M].苏州:江苏凤凰教育出版社,2002.
[21] 张念芸.学前儿童美术教育[M].北京:北京师范大学出版社,2014.
[22] 徐卓娅.学前儿童音乐教育与美术教育[M].苏州:苏州大学出版社,2001.
[23] Edwards C.儿童的一百种语言[M].台湾:台湾心理出版社,2000.
[24] 高岚.学前教育学[M].广东:广东高等教育出版社,2001.
[25] 肖婷.幼儿教师如何把握教学活动的节奏[J].学园:学者的精神家,2015(11):38.
[26] 田永红.把握教育活动节奏优化教育活动效果[J].学校教育研究,2014(15):79-81.